中国图书馆事业发展报告
农村图书馆卷

主编：韩永进

编委：汪东波　申晓娟　于良芝
　　　邓菊英　杨玉麟　范并思
　　　万群华　王效良　李　丹
　　　石　鑫　张　凯　章　遥

国家圖書館出版社
National Library of China Publishing House

图书在版编目(CIP)数据

中国图书馆事业发展报告. 农村图书馆卷/韩永进主编. --北京：
国家图书馆出版社,2016.3
ISBN 978 – 7 – 5013 – 5712 – 3

Ⅰ.①中⋯　Ⅱ.①韩⋯　Ⅲ.①农村图书馆—图书馆事业—研究报告—中国　Ⅳ.①G259.2

中国版本图书馆 CIP 数据核字(2015)第 256554 号

书　　名	中国图书馆事业发展报告·农村图书馆卷	
著　　者	韩永进　主编	
责任编辑	金丽萍　唐澈	

出　　版　国家图书馆出版社(100034　北京市西城区文津街 7 号)
　　　　　　(原书目文献出版社　北京图书馆出版社)
发　　行　010 – 66114536　66126153　66151313　66175620
　　　　　　66121706(传真),66126156(门市部)
E-mail　　nlcpress@ nlc. cn(邮购)
Website　www. nlcpress. com ──→投稿中心
经　　销　新华书店
印　　装　北京华艺斋古籍印务有限责任公司
版　　次　2016 年 3 月第 1 版　2016 年 3 月第 1 次印刷

开　　本　710×1000(毫米)　1/16
印　　张　21.75
字　　数　335 千字

书　　号　ISBN 978 – 7 – 5013 – 5712 – 3
定　　价　98.00 元

序

自20世纪初至今,我国公共图书馆事业历经百余年的风雨,进入了最好的发展时期。随着国家对公共文化投入的逐步增加,公共图书馆也开始回归公益服务的本质。特别是"十一五"时期以来,我国公共图书馆事业作为现代公共文化服务体系建设的重要组成部分,在设施网络、经费投入、人才队伍、基础业务、公共服务等方面都取得了巨大的进步。

相对而言,农村图书馆事业是我国公共图书馆事业发展和现代公共文化服务体系建设中比较薄弱的环节,将公共图书馆服务向农村地区延伸,打通公共图书馆服务的"最后一公里",使农村居民充分享受基本公共文化服务的权利,最终实现公共图书馆服务在广大农村基层地区的全覆盖,已经成为各级政府部门的共识。为此,国家先后投入大量资源,推动乡镇综合文化站工程、农家书屋工程、文化信息资源共享工程等重大公共文化工程建设,各地积极探索总分馆制、流动图书馆等农村公共图书馆服务模式,吸纳社会力量参与农村图书馆建设,在农村图书馆事业发展进程中逐渐积累了一些鲜活而成功的实践经验。与此同时,我国图书馆学界也积极围绕农村图书馆事业发展出现的新情况、新问题开展调查研究,不断取得新的研究成果,为政府制定出台相关政策、推进农村图书馆事业发展提供了丰富的理论指导。

为系统梳理我国农村图书馆发展历程,全面总结有关理论研究成果和实践经验,研究建设中的问题并探讨解决方案,就未来发展路径提出建议,国家图书馆研究院联合业界与学界专家学者,历时近两年,组织编撰了《中国图书馆事业发展报告·农村图书馆卷》(蓝皮书),以帮助广大图书馆从业者深刻认识农村图书馆的发展现状,为各级文化主管部门推动农村图书馆事业发展提供参考借鉴。全书分为总报告,设施建设、资源建设、服务、管理体制与运行机制和社会力量参与建设五个分报告,文末还提供了三个附录资料,分别是相关政策文件目录、重要著作目录及重要研究项目目录,为进一步研究提供资料线索。

我们真诚地希望能借本书引发业界同人对我国农村图书馆事业未来发

展的更多关注和思考。但因编者视野局限,特别是关于农村图书馆事业发展还缺乏系统的调查统计基础,书中内容难免有偏颇与不足之处,恳请各位读者批评指正。

韩永进
2015 年 12 月

目　录

表目录

图目录

第一章　总报告

　　本书所述农村图书馆是指地处农村地区,主要服务农村居民的图书馆设施。1949年以来,我国农村图书馆通常按设置层级分为县级图书馆、乡镇图书馆(室)和村图书馆(室)。其中,县级图书馆是在县辖区设置的、以全县居民为目标人群的图书馆,乡镇图书馆(室)是在乡镇辖区设置的、以全乡镇居民为目标人群的图书馆,村图书馆(室)是在村庄设置的、以全体村民为目标人群的图书馆。对于那些设置在乡镇和村一级的图书馆设施,我国习惯上多以"图书室"命名之。至于"馆""室"之间存在怎样的实质性差别,研究和政策类文献都很少给出明确阐释。为了全面反映我国农村图书馆事业的发展状况,本书将冠名"图书馆"和"图书室"的设施都视作农村图书馆事业的组成部分,并出于表述的方便,将它们统称为"图书馆"(引用其他文献时除外)。

　　按照上述理解,我国农村图书馆事业可以追溯到20世纪初,几乎和公共图书馆同时起步。然而,有关农村图书馆史的研究大都显示[1-3],我国百年农村图书馆发展历程充满了低水平的循环建设,尤以新中国成立后乡镇和村级图书馆的重复建设最为明显。新中国成立后的六十余年间,中央和地方政府曾多次部署乡镇和村级图书馆建设,但由此设置的图书馆大都未能持久。最新一轮农村图书馆建设始于"十一五"时期,是伴随社会主义新农村建设而出现的,其目标是在乡镇一级建设全覆盖的乡镇综合文化站(含图书室),在行政村一级建设全覆盖的农家书屋,其范围之广、声势之大,都可谓史无前例。2014年启动的多项公共文化服务体系建设措施(如公共文化服务体系建设协调机制、公共文化服务标准化试点工作)以及2015年伊始出台的中共中央办公厅、国务院办公厅《关于加快构建现代公共文化服务体系的意见》,都预示农村公共文化建设在"十三五"时期将受到更大程度的关注。此次建设的结果能否持久,目前还不得而知,但已有学者指出,"十一五"时期实行的乡镇综合文化站图书室模式和农家书屋模式,在可持续性方面,依然不容乐观[4-5]。

　　这样一部农村图书馆事业史必定留下很多疑问:它在哪些历史时刻经历了哪些反复? 形成了怎样的农村图书馆发展道路? 周而复始建设农村图书馆的动力来自哪里? 为什么不能产生持久的结果? 在社会主义新农村建设

中重启的农村图书馆建设与以往有什么不同？还需要哪些变革才能保证其结果的持续性？

总报告部分以新一轮农村图书馆建设为背景，以回答上述问题为目标，以普遍均等的公共图书馆服务理论为基础，以相关史料和本研究收集的问卷调研数据为依据，回顾20世纪初以来我国农村图书馆事业发展历程，审视当前农村图书馆建设现状，总结近百年我国农村图书馆建设的经验教训，为新时期农村图书馆建设提出可行性建议。本研究所依据的史料主要来自以下方面：①公开发表和出版的有关农村图书馆的调研报告、报道和统计资料。在这方面，本研究主要查阅了自民国以来的主要图书馆学刊物（收录在国家图书馆民国期刊数据库、全国报刊索引数据库和CNKI数据库中的刊物）、全国性报纸（《人民日报》《文汇报》《光明日报》）、历年《中国图书馆年鉴》和部分图书馆史著作。②有关农村文化及社会教育事业的档案资料。在这方面，本研究共访问了四所档案馆（中国第二历史档案馆、天津市档案馆、山东省档案馆、陕西省档案馆）。在第二历史档案馆，主要查阅了民国时期公布的图书馆与民众教育馆规章；在其他档案馆，主要查阅了新中国成立后农村文化建设方面的档案资料，同时补充查阅了民国时期图书馆与民众教育馆的相关资料。此外，本研究还利用了国家图书馆研究院2014年年初对全国农村图书馆建设现状问卷调查收集的现状数据。问卷数据分A、B、C三个部分，分别针对省、县和乡镇层级的图书馆情况。本章主要采用了B卷数据，旨在考察21世纪以来，政府和图书馆职业在县、乡、村图书馆发展中的作用，据此判断21世纪农村图书馆发展模式的转变。

总报告结构如下：首先从理论和国际经验两方面阐释农村图书馆在普遍均等公共图书馆服务体系中的定位（第一节）；接着介绍我国农村图书馆的社会经济环境（第二节）；随后分别考察我国县级、乡镇及村级图书馆的发展历程和趋势（第三至第六节）；最后总结我国百年农村图书馆事业的阶段性、起伏原因及其对未来的启迪（第七节）。

第一节　普遍均等公共图书馆服务体系中的农村图书馆：理论定位与国际经验

如前所述，长期以来，我国农村图书馆事业一直被认为包含县、乡、村三个层级,但这三个层级之间的语义关系似乎从来没有被厘清过。虽然很少有人质疑县级图书馆的上位概念是公共图书馆,但乡镇及村级图书馆的定位却始终模糊不清。将其排除在公共图书馆范畴之外似乎缺乏足够的理论依据和国外参照,而将其纳入公共图书馆范畴又缺乏足够的现实依据——它们与稳定规范的公共图书馆实在无法同日而语。1949 年以后,我国公共图书馆的研究话语和管理话语(政府政策、规划文本、统计标准等)都谨慎地保持着乡镇及村级图书馆与公共图书馆的区分,在研究过程中将其排除在公共图书馆的研究对象之外,在文化发展规划中将其排除在公共图书馆发展规划之外,在图书馆统计评估中将其排除在公共图书馆的数量之外。以文化发展规划为例,截至目前的主流规划话语始终是"两馆一站一室",即在县级建设公共图书馆和文化馆,在乡镇建设综合文化服务站,在村建设综合文化室。可见,不管乡镇及村级图书馆与县级图书馆和公共图书馆之间存在怎样的语义关系,它们在我国从未获得公共图书馆的实际定位。

然而,一旦超越我国实际情况,转而从公共图书馆理论和其他国家农村图书馆的发展过程审视农村图书馆定位,就会发现,农村图书馆是一个国家公共图书馆服务体系顺理成章的组成部分。从理论上说,农村图书馆隶属于公共图书馆的依据至少来自三个方面。

第一,农村图书馆具备公共图书馆的基本特征。2010 年国际图联和联合国教科文组织出版的《公共图书馆服务指南》将公共图书馆定义为"由社区通过国家、地方政府或其他社区组织建立、支持和资助的图书馆;它向一个社区的所有成员,不管其种族、国籍、年龄、性别、宗教、语言、身体条件、经济及就业状况如何,平等开放;通过向社区成员提供各类资源和服务,使他们可以获取知识、信息及创作类作品"[6]。根据这一定义,公共图书馆的基本特征包括:由社区成员实际出资建设并为社区所拥有,由政府或其他社区组织代理建设,为所有社区成员服务。包括我国在内的大多数国家的农村图书馆都符合上述特征,即在政府或社区组织代理下利用居民缴纳的税收或集资而建设[7]。

第二,在现有的、国际通行的图书馆类型中[8],公共图书馆最适合承担为农村人口服务的责任。2013 年版《信息与文献——国际图书馆统计》(ISO 2789—2013)将图书馆划分为以下类型:国家图书馆、高等学校图书馆、公共图书馆、中小学校图书馆、专业图书馆、政府机构图书馆、医疗服务图书馆、学会协会图书馆、工商企业图书馆、区域图书馆、媒体图书馆、贮存图书馆、其他专门图书馆。除了公共图书馆,其他图书馆类型都不具备服务农村人口的法定责任或覆盖能力。虽然图书馆界确实存在兼任学校图书馆和公共图书馆的"联合图书馆"案例[9]和建设联合图书馆的建议[10],但这并不意味着农村居民可以被普遍界定为中小学图书馆的法定服务对象。

第三,农村图书馆是专业化公共图书馆服务逐步覆盖全社会的必然结果。所谓专业化是指公共图书馆聘用受过图书馆学专业训练的馆员,在行业组织的支持下,运用图书馆学的理论、技术和方法,遵循图书馆职业的道德规范,科学规范地运行各类图书馆业务,包括建设高质量的馆藏体系、设计合理有效的服务内容和形式、实施复杂服务、指导非专业人员实施简单服务等。19世纪中叶以来,专业化公共图书馆一直被认为是社会发展的重要力量。联合国教科文组织的《公共图书馆宣言》把公共图书馆称作"通向知识之门",认为它"为个人和社会群体的终生学习、独立决策和文化发展提供了基本的条件"[11]。世界各国不断开展的公共图书馆影响力评估研究都显示,公共图书馆对社会发展产生多方面的价值,包括但不限于:①通过支持婴幼儿的启蒙、辅助各年龄段的正规教育、支持从幼年到老年的自主学习和研究兴趣等,促进个人发展;②通过培育有参与能力的公民以及保障信息的自由平等获取,支持民主制度的运行;③通过为所有人提供平等开放、安全温馨的场所以及为弱势人群提供有针对性的服务,促进社会和谐[12]。所有上述价值都具有明显的外部性,即利用公共图书馆的个体行为能同时产生惠及他人和全社会的效果。这一属性使公共图书馆成为世界各国公认的公共品,也使公共图书馆服务与教育一样,成为现代社会的普遍权利。

普遍均等的公共图书馆服务要求覆盖全社会的公共图书馆服务体系(设施布局)作为支撑。所谓"全覆盖"是指一个社会的所有人口都能就近便捷地享受公共图书馆服务,而所谓"就近",通常是一些人为规定的标准,有些国家按地域面积或服务半径界定"就近"服务标准,有些按服务人口界定,有些则按读者访问图书馆的路程时间界定。国际图联/联合国教科文组织2001和2010版《公共图书馆服务发展指南》都建议:在城市和近郊,利用私人交通工具到达最近的图书馆的时间不超过15分钟[13-14]。近年来我国很多地区也提出了"15分钟文化圈"概念,即任何人步行15分钟都能到达最近的公共文化服务设施。

纵观世界主要国家(如欧洲诸国、美国、加拿大、澳大利亚、日本、韩国)的公共图书馆发展历程,可以发现,其公共图书馆大都经历了逐渐覆盖全民的过程,这个过程也是公共图书馆覆盖范围从城市扩展到农村的过程。在公共图书馆的发源地英国和美国,其公共图书馆服务体系分别于20世纪20年代和 50 年代开始覆盖农村。英国公共图书馆覆盖农村的过程是由 1919 年的公共图书馆法而启动的。1919 年之前的公共图书馆法规定,只有人口在 1 万人及以上的城镇政府可以在物业税中加征公共图书馆建设费,用于建设为当地所有人服务的图书馆。1919 年的公共图书馆法将"许可"范围扩大到满足条件的郡政府。由于郡政府的管辖区域主要是农村地区,这条规定实际上意味着公共图书馆的法定覆盖范围开始向农村扩展[15]。当时英国总人口约为 4330.8 万人,国内生产总值(GDP)53.99 亿英镑,人均 124.7 英镑①。根据 MeasuringWorth 的换算,这分别相当于 2008 年价格水平的 2215.14 亿英镑和人均 5154.1 英镑[16]。另据 Kingsley Davis 对世界城市化进程的研究,英国早在 1900 年就完成了城市化过程,是当时世界上唯一城市人口占多数的国家(其中约有 40% 的人居住在 10 万人及以上的大城市),到 1926 年,英国的城市人口已占 78.7%[17]。这意味着,在当时的英国,所谓"覆盖农村"就是覆盖剩余的 20% 多的人口。美国公共图书馆从城市扩展到农村的过程主要得益于 20 世纪 50 年代中期通过的《图书馆服务法》(*Library Services Act*)。在这部法令开始酝酿的 20 世纪 40 年代中期,美国公共图书馆服务仅覆盖不足一半的美国人口,1/5 的县根本没有任何图书馆服务[18]。为了改变这一状况,时任美国国家农业图书馆馆长的 Ralph Shaw 等专业人士提议起草一部法令,要求联邦政府为地方政府提供公共图书馆补贴,以扩大公共图书馆的覆盖范围。1946 年,该法令首次由亚拉巴马州议员 Lister Hill 提请审议;1956 年,经过其支持者长达 10 多年的努力,《图书馆服务法》终于得以通过。根据这部法令,1957 年至 1961 年,联邦政府每年拨出 750 万美元的公共图书馆经费,按各州农村人口比例和州财政能力分配到州,同时要求州政府和地方政府提供配套资金,在人口不足 1 万人的社区发展公共图书馆,由此开始了美国公共图书馆服务对农村地区的全覆盖。1956 年,美国总人口约为 1.68 亿人②,国

① 人口数据来自 UK Public Spending [EB/OL]. http://www. ukpublicspending. co. uk/ spending_chart_1919_2010UKb_14c1li011mcn__UK_Gross_Domestic_Product_GDP_History; GDP 数据来自 Bank of England 提供的英国历年经济数据. 见:Bank of England. Three centuries of data on the UK economy [EB/OL]. http://www. bankofengland. co. uk/statistics/Pages/default. aspx. 同时参考了 MeasuringWorth 提供的数据. 见:Lawrence H. Officer and Samuel H. Williamson. What Was the U. K. GDP Then? [EB/OL]. http://www. measuringworth. org/ukgdp/.

② 数据来自 US Government Spending [EB/OL]. http://www. usgovernmentspending. com/spending_chart_1950_1970USb_15s2li011mcn__US_Gross_Domestic_Product_GDP_History.

内生产总值约为 4501 亿美元[19],人均 2679.2 美元。1960 年,美国城市人口占 70%,约有 53% 的人口集中在 213 个城市(面积仅占美国国土面积的 0.7%)[20]。

按照国际图联和联合国教科文组织的"公共图书馆"定义,我国最早的公共图书馆出现在 20 世纪初。很多公共图书馆史研究都显示[21-22],公共图书馆是我国在经历了鸦片战争和甲午海战等屈辱之后,励精图治,从西方引进的强国之道的组成部分;而普遍均等服务理念又构成了公共图书馆发展之道的组成部分。20 世纪初很多介绍西方公共图书馆概念、理念、实践的著述,都对此有专门阐释。例如 1921 年刘国钧先生在讨论近代图书馆之性质及功用时特别强调,"近代图书馆乃为多数人而设,而非为少数人者。故其目的在使凡有阅读能力者,不问其年龄阶段与性别之如何,皆得有其适当之读物"[23]。1927 年,李小缘先生也提出,"公共图书馆之目的,乃为社会一般民众,无论高深学者,或普通农工商兵皆可得用书读书之机会"[24]。

在 20 世纪的大部分时间里,我国有超过 70% 的人口居住在农村。这些人口分布在数十万个村庄,并按村庄形成基本的社会管理单元。这些村庄分别隶属于数万个乡镇,而这些乡镇又分别隶属于数千个县。可以想见,要在我国实现"普通农工商兵皆可得用书读书之机会"的普遍均等公共图书馆服务,其过程必然伴随着图书馆设置层级的逐步下移和每个层级设置比例的逐步提高。从这一意义上说,纵然我国农村图书馆没有获得公共图书馆的正式定位,其状态(特别是每个层级的状态)依然反映着整个公共图书馆事业的阶段性。

总报告的基本思路正是建立在对农村图书馆的上述理解和预期之上。它按照图书馆的设置层级,分别回顾县级、乡镇级和村级图书馆在我国设置和发展的历史,并以普遍均等公共图书馆服务的内在要求和国外农村图书馆的发展历程为参照,透视我国农村图书馆发展的阶段性及其问题。

第二节　我国百年农村图书馆发展环境概述

如前所述,我国最早的公共图书馆出现在 20 世纪初,即起步于日渐衰落的晚清帝国。从那时到 1949 年,中国社会在列强入侵、政府腐败、军阀混战、社会动荡、灾害频发的种种苦难和厄运中,日趋贫弱,而农村又是贫弱中国的最贫弱之处。

20 世纪 20 年代末之前,内外交困的晚清政府和军阀混战的北洋政府都无暇关注农村发展,而农村内部原有的精英阶层纷纷迁居城市,导致农村缺乏治理,治安混乱,设施(特别是水利设施)凋敝。南京国民政府由于过度依赖外来资本,很早就向农业机械化和集约化程度都很高的国家敞开农产品市场,导致这些国家的廉价农产品大量倾销,严重冲击国内传统小农经济,致使农业生产持续衰落,土地所有权更加集中(例如,在 1929 年的江苏无锡地区,11.3% 的地主和富农掌握了 65% 的土地);不仅如此,民国时期,地主通过地租对农民的剥削也显著加重:在大部分地区,地租都占到全部收成的一半甚至更多,有些地区高达 70%、80%[25]。当时的一些学者将地主对农民的剥削视为农村社会矛盾激化的主要原因[26]。此外,民国时期,政府对农民的苛捐杂税也十分繁重,例如,根据 1934 年的资料,江苏省田赋附加税多达 147 项[27]。所有这一切,加上其他天灾人祸,导致晚清和民国时期我国农村极其落后。在此情境下,我国一大批知识分子曾先后在不同地区发起乡村建设实验,旨在通过改善农村治理、教育、基础设施,挽救农村,振兴国家。然而,这些实验的经验未及总结和推广,就因日本对华入侵而不得不中断。随后,农村便在连年的战火中陷入更大的苦难。

1949 年中华人民共和国成立以后,中国共产党就开始在农村实施土地改革,通过没收地主的土地分给农民,保证耕者有其田。随着农民获得土地,为了克服小农经济分散经营的局限,中共中央自 1951 年起开始鼓励农民在自愿的基础上开展互助合作,但两年之后,农村进入以合作社为基本形式的社会主义改造时期,随后又发展到高级合作社,并于 1958 年发展到人民公社。

对于从土地革命到合作化再到人民公社的农村制度变迁,存在不同解读。官方解读是将其视为农村社会主义改造过程(即把分散的小农组织起来,形成社会主义集体经济),但在学术界,比较有影响的解读是将其视为我国工业化原始积累的需要[28]。不管哪种解读更接近于现实,农村确实为我国的工业化做出了巨大牺牲:一方面被高度提取剩余,陷入长期的贫困,另一方面又受制于严格的户籍制度①,农民少有流动。其结果是,首先,我国的工业化并没有伴随城市化,农村人口长期居高不下(详见表 1 - 1);其次,城乡差距不断拉大,城乡二元结构成为我国社会的最显著结构。

---

① 我国 1958 年出台户籍制度,21 世纪初略有放松,但直到目前都没有取消。

人民公社制度一直持续到 20 世纪 80 年代初。80 年代的农村改革,恢复了家庭自主经营,人民公社逐渐解体。但与此同时,国家对"三农"的财政投入也大幅度减少。1986 年以后,联产承包解放的生产力达到饱和。此后,随着农村人口增长和土地资源减少,农民收入增速减慢,城乡收入差距持续拉大。为了增加收入,不少青壮年农民开始通过外出务工增加收入,导致中国农村人口结构的显著变化。在不少农村地区,留守的老人、妇女、儿童成为主要的人口构成。

20 世纪 90 年代末,在对"三农"问题的关注中,就有学者提出新农村建设的主张[29]。他们认为,当时我国已进入资本和劳动力双重过剩时期,应以新农村建设作为扩大消费、吸收过剩产能、扩大就业的途径。在此情境下,继十六大提出城乡统筹发展和十六届三中全会提出科学发展观之后,十六届五中全会系统提出了社会主义新农村建设战略,我国正式进入以"两个反哺"(工业反哺农业,城市反哺农村)为特征的城乡协调发展时期。

由此可见,自公共图书馆进入我国后的百年,农村始终未能摆脱落后,融入中国现代化进程。由于我国的工业化没有伴随相应的城市化,农村的贫困就意味着绝大多数人口的贫困。因此,直到 20 世纪末,我国农村图书馆事业始终不得不面对以下现实:①目标人群庞大:根据学者言心哲所著《中国乡村人口之分析》提供的统计资料[30],1927 年,国民政府中央土地委员会估计的我国农村人口比例为 80%;1928 年,国民政府立法院估计的河北农村人口比例为 80%,辽宁为 82%,江苏为 78%,山西为 83%,浙江为 79%;1932 年,商务部估计的农村人口比例为 79%;1948 年国民政府主计部统计局编印的《中华民国统计年鉴》显示的农村人口比例为 73%[31]。新中国成立后,我国农村人口比例长期高于 70%,直至 20 世纪 90 年代中期(见表 1–1)。②农村人口中文盲比例持续偏高:根据 1948 年国民政府主计部统计局编印的《中华民国统计年鉴》,民国时期不存在界定文盲人群的统一标准,因而不存在有关这一人群比例的统一资料,但地区性统计资料显示,有些县(如云南的呈贡县、昆阳县)的文盲人群比例高达 90% 以上[32];新中国成立后我国虽然开展了大规模的扫盲运动,但农村的文盲率依然长时间地维持了较高水平,例如 1959、1965、1979、1981 四个年份,农村仅青壮年文盲率就分别高达 43%、48.4%、30%、25%;到 2011 年我国乡村 15 岁及以上人口的文盲率依然高达 8.05%,其中女性的文盲率为 11.85%[33]。在一个文盲率很高的社会中,虽然图书馆可以在扫盲等方面发挥重要作用,但高文盲率也往往意味着阅读需求不足,容易造成图书馆利用率低下,缺乏持久发展激励。③地方经济薄弱:如前所述,民国时期我国农村地方经济几近崩溃;1949 年以后,农村又被高度提取剩余以支持国家工业化,县及以下政府可支配的经济资源常常被称为"吃饭财政",即仅能维持人员工资,没有余力发展地方公共事业。

我国农村图书馆事业正是在上述环境中起步和发展的。

表 1－1　1949—2010 年我国农村人口比例、农村人口贫困发生率及
全国人均国内生产总值(GDP)

年份	1949	1952	1957	1962	1966	1978	1985	1990	1995	2000	2005	2010
农村人口比重(%)	89.36	87.54	84.62	82.68	82.14	82.09	76.29	73.59	70.96	63.78	57.01	50.05
人均GDP(元)		119	168	173	254	381	858	1645	5046	7858	14 185	29 762
农村人口贫困发生率(%)	79.39	66.11	66.51	69.99	66.41	66.49	14.8	9.4	7.1	10.2	6.8	

数据来源:(1)1978 年及以前的所有数据来自:李小军编. 数读中国 60 年[M]. 北京:社会科学文献出版社,2009:132.《中国农村贫困监测报告》也提供了 1978 年的人口贫困发生率(33.1%),与李小军的数据存在较大出入(李小军的数据是根据世界银行的贫困线标准推算得出)。

(2)1985 年以后的贫困发生率数据来自:国家统计局农村社会经济调查总队. 中国农村贫困监测报告(2000,2003,2010 卷)[M]. 北京:中国统计出版社.

(3)1985 年以后的 GDP 数据来自:国家统计局. 中国统计摘要(2011 卷)[M]. 北京:中国统计出版社,2011.

(4)1985—1998 年的人口数据来自《中国人口统计年鉴 1999》;1999—2008 年的数据来自《中国统计年鉴 2009》;2009—2010 年的数据来自《中华人民共和国年鉴 2012》。

第三节　我国县级图书馆的发展历程

一、民国时期公共图书馆的拓展和县级图书馆的起步

如前所述,现代意义的公共图书馆在我国起步于 20 世纪初,它是我国在探索强国之路、学习西方经验的过程中,作为启迪民智的途径而引进的。自 1904 年至 1910 年,湖北、湖南、黑龙江、江苏、山东、山西、云南、浙江、广西等

省先后建立了省级图书馆。与此同时,浙江海宁、山东冠县和荣成、辽宁安东等地还出现了我国最早的县级图书馆[34]。1910年清学部拟定并颁布《京师及各省图书馆通行章程》,该章程明确规定,"京师及各省省治,应先设图书馆一所",对于省以下的府、厅、州、县,章程没有规定要同时设立,而是原则性地规定"各依筹备年限依次设立"[35]。换言之,我国第一部图书馆法令只对省级图书馆提出了现时设立的法定要求。

辛亥革命后的中华民国政府比较注重民众教育,在新成立的教育部下专门设立负责大众教育的社会教育司,其职责之一就是促进和监管公共图书馆建设。为了加强图书馆对普通民众的教育作用,社会教育司开始倡导在学术性图书馆之外设立面向大众的通俗图书馆。1913年,京师通俗图书馆和天津通俗图书馆同期开放[36]。1915年社会教育司颁布《图书馆规程》和《通俗图书馆规程》两个法规,前者关乎学术性较强的阅读和学习需要,后者关乎普通民众的一般阅读需要。这两个规程分别规定,各省、各特别区域应设立图书馆,各省治、县治应设立通俗图书馆,由此赋予省和特别区建设学术性公共图书馆的法定责任,赋予省和县建设通俗图书馆的法定责任。其中《通俗图书馆章程》首次将"应设"图书馆的法定范围和法定责任从省下移至县。

我国公共图书馆法定设置层级的再次下移发生在1927—1932年间。1927年,南京国民政府的中华民国大学院公布图书馆条例15条,规定各省区应设图书馆,各市县根据地方情形设立图书馆。1930年,国民政府的教育部公布图书馆规程14条,该规程更新了1915年《图书馆规程》的内容,其中第7条规定,图书馆为便利阅览起见,应当设立分馆、巡回文库及代办处。1932年,南京国民政府颁布《民众教育馆暂行规程》,通令各省县设立民众教育馆。民众教育馆是对普通民众实施社会教育的综合性机构,其中包含了通俗图书馆、博物馆、艺术馆等多种机构的功能。除了规定省县"应设"民众教育馆,《民众教育馆暂行规程》还规定,民众教育馆应逐渐推广至乡村,"每县得就本县原有自治区或学区划分民众教育区,分设民众教育馆,名为县立某地民众教育馆"[37]。由此将县立民众教育馆的设置层级下移至县内的区辖区。这些条款显示,1927—1932年间的法令依然维持了省、县"应设"图书馆的法定责任,但把这一责任的法定覆盖范围延伸到了更低一级的行政辖区。

这段发展历程显示,从清末到民国时期,我国公共图书馆覆盖范围的拓展大致经历了以下阶段：①1915 年以前,各省被赋予设置省级图书馆的法定责任,省立图书馆得到迅速发展,个别地区出现了县立图书馆；②1915—1927 年各省和特别区被赋予同时设置学术性图书馆和通俗性图书馆的法定责任,县被赋予设置通俗图书馆的法定责任；③1927 年以后,县立图书馆和民众教育馆被要求通过分馆或巡回文库覆盖更多人口,县立图书馆和民众教育馆的设置层级进一步下移,法定覆盖范围扩大。

　　由此可见,我国的县级图书馆与省级图书馆一样起步于晚清时期,并因 1915 年的《图书馆规程》《通俗图书馆规程》以及 1927—1932 年的图书馆条例 15 条、图书馆规程 14 条、《民众教育馆暂行规程》而得到较快发展。到 1935 年,我国已有县图书馆 771 所,此外还有 1002 所民众教育馆所附设的图书馆设施[38]。但关于民众教育馆的普遍设立对图书馆事业的影响,李小缘先生认为弊大于利。他认为通俗图书馆可以涵盖民众教育功能,而民众教育馆却不能涵盖所有的图书馆功能,将通俗图书馆隶属于民众教育馆是轻重倒置,不仅限制了通俗图书馆的功能,也导致它的存亡依赖于民众教育事业的成败[39]。

二、1949 年以后的县级图书馆

　　由于战争(特别是日本侵华战争)对我国图书馆的巨大破坏,同时由于发挥通俗图书馆功能的民众教育馆在新中国成立后多被接管改造成文化馆①,因此,新中国成立之初,明确称作"县图书馆"的机构非常少,县级图书馆设施主要以文化馆图书室的形态而存在。根据 1950 年春国家文物局图书馆处所做的全国图书馆事业调查报告[40],当时全国县(市)立图书馆只有 30 所(省市县立公共图书馆总数为 67 所②),而 1949 年的县市级文化馆数却已达 896 所③,是独立建制县图书馆的近 30 倍。新中国成立初期中央和地方政府出台

---

　　①　1951 年,华东军区委员会文化部在其发出的《关于今冬明春重点开展文化馆工作的指示》中提到,当时华东全区的人民文化馆,已发展到接近每县一所,其中一部分文化馆是由旧民众教育馆接管改造的。由此可知,当时有一些幸存的民众教育馆被改造成立了新中国的人民文化馆。

　　②　关于全国公共图书馆总数,各种统计资料提供的数据并不一致,例如《新中国六十年统计资料汇编》中的数据为 63 所。

　　③　查自中国经济信息网统计数据库的"县市级文化馆数"。

的关乎农村文化工作的文件都规定,在没有公共图书馆的县,文化馆图书室承担图书馆的职能。1951年《山东省人民政府关于人民文化馆(站)组织及工作纲要试行草案》所规定的文化馆第一条工作内容就是建立图书室、阅览室,组织读书会(组),举办巡回阅览等,开展群众性的读书运动。同年浙江省文教厅发布文件要求图书馆和文化站图书室加强工厂和农村的图书流通站建设。1956年文化部发布的《关于改进和进一步加强农村文化工作的指示》,一方面指定县图书馆承担农村图书室业务辅导工作,另一方面要求没有图书馆的县,应加强文化馆的图书室建设,配备专职干部,充实图书设备,开展阵地活动和辅导工作[41]。因此,在新中国成立后的相当长时间里,我国的县级图书馆设施事实上包含独立建制的图书馆和文化馆图书室两大部分。

当时我国正在进行农村政治经济体制的深刻变革——土改和合作化。对于这场变革与农村文化教育的关系,文化主管部门普遍形成了以下认识:首先,土改带来的是农民政治和经济的翻身,翻身后的农民一定会产生强烈的文化需求,浙江省文教厅1951年通令图书馆和文化馆广泛设立工厂和农村图书流通站,就是基于这样的预期[42];其次,合作社是对农村进行社会主义改造的战略部署,1956年文化部和共青团中央联合发出《关于配合农村合作化运动高潮开展农村文化工作的指示》,就是基于这样的判断。对农民需求和农村形势的上述认识使新中国成立初期的文化主管部门普遍认定,必须在农村大力开展阅读活动,保障图书供给。县图书馆和文化馆在这方面被赋予了重要责任。这段时间文化主管部门下发的文件(如1955年文化部下发的《关于加强与改进公共图书馆工作的指示》、1956年文化部《关于改进和进一步加强农村文化工作的指示》、1956年文化部和共青团中央的《关于配合农村合作化运动高潮开展农村文化工作的指示》)都一再重申,县图书馆和文化馆图书室要把服务农民作为主要任务,在农村建设图书流通站,并对农村图书室承担业务辅导责任。

在这个过程中,文化主管部门逐渐认识到,依附于文化站的图书室力量过于薄弱,很难同时承担馆内服务(即"阵地服务")和对农村的辅导及流通站建设。1956年下发的全国文化局(厅)长会议参考文件注意到,各地文化馆站比较普遍存在"干部被抽调、编制和房子被占用、干部调动频繁"等混乱现象[43]。同年,山东省文化局《关于农村文化工作的规划》[44]也指出,"文化馆图书室在目前是起着公共图书馆的作用,但限于人数少、书少,远不能满足群众日益增长的文化要求"。因而,从20世纪50年代中期开始,中央和地方政府出台的关于农村文化建设的文件都开始鼓励建设独立建制的县图书馆。1956年文化部和共青团中央联合出台的《关于配合农村合作化运动高潮开展农村文化工作的指示》要求各地积极建立县图书馆,"各省、自治区应该着手以现有的县文化馆图书室为基础,筹建县图书馆"。山东省文化局也在其1956《关于农村文化工作的规划》中鼓励建立县图书馆,并规定"县公共图书馆建立后,县文化馆的图书室,即可与县图书馆合并"。1958年天津市《农村群众文化工作五年规划》(讨论稿)也酝酿在每个郊区建一座图书馆[45]。根据上述指示,自50年代中期开始,越来越多的地区开始设置独立建制的县级图书馆。1956年全国公共图书馆数量由1955年的96所增加到375所,随后又伴随国民经济的"大跃进"继续猛增至1960年的1093所(详见表1-2)。根据这段时间文化主管部门对县级图书馆的强调,增加的图书馆数量应该主要是县级图书馆。

然而,我国在1959—1961年经历了严重的经济困难,1962年中共中央召开政治局扩大会议,确立了"调整,巩固,充实,提高"的八字方针,"大跃进"期间发展起来的很多事业的规模都开始压缩,县级图书馆的数量也因此大幅度减少。"文化大革命"开始之后,全国图书馆事业整体受到严重冲击,县级图书馆的数量进一步减少,直到20世纪70年代初才开始逐步恢复。虽然从现有的官方统计资料无法确知每个年度县级图书馆的具体数量,但从各年度公共图书馆的总数量以及部分年度的县级图书馆数量(详见表1-2),基本可以估算出县级图书馆数量在这段时间的波动。

表1-2　新中国成立后各年份公共图书馆数量

年份	数量(个)	年份	数量(个)	年份	数量(个)
1950	63	1958	922	1966	523
1951	66	1959	1011	1967	470
1952	83	1960	1093	1968	448
1953	93	1961	873	1969	400
1954	93	1962	541	1970	323
1955	96	1963	490	1971	392
1956	375	1964	543	1972	460
1957	400	1965	577	1973	523

续表

年份	数量(个)	年份	数量(个)	年份	数量(个)
1974	583	1988	2485	2002	2697(2243)
1975	629	1989	2512	2003	2709(2240)
1976	768	1990	2527(2165)	2004	2720(2262)
1977	851	1991	2535	2005	2762(2385)
1978	1218	1992	2558	2006	2778
1979	1651	1993	2572	2007	2799(2414)
1980	1732	1994	2589	2008	2820(2444)
1981	1787	1995	2615(2224)	2009	2850(2491)
1982	1889	1996	2631	2010	2884(2512)
1983	2038(1760)	1997	2661(2256)	2011	2952(2570)
1984	2217	1998	2731(2301)	2012	3076(1628)
1985	2344	1999	2767(2330)	2013	3112(1632)
1986	2406	2000	2675(2244)		
1987	2440(2099)	2001	2696(2228)		

数据来源:

(1)1995 年以前的数据来自:中国年鉴编辑部.中国年鉴 1983[M].北京:新华出版社,1983:628;新华通讯新中国年鉴编辑部.中国年鉴 1987[M].北京:新华出版社,1987:548;中华人民共和国年鉴社.中华人民共和国年鉴 1998[M].北京:中华人民共和国年鉴出版社,1999:827;中华人民共和国年鉴社.中华人民共和国年鉴 1999[M].北京:中华人民共和国年鉴出版社,1999:1092.

(2)1995—2011 年的数据来自《中国图书馆年鉴》各卷.

(3)2012、2013 年的数据分别来自:文化部财务司.2012 年文化发展统计公报 http://zwgk.mcprc.gov.cn/auto255/201404/W020140421388597656885.pdf;文化部财务司.2013 年文化发展统计公报[EB/OL].http://zwgk.mcprc.gov.cn/auto255/201405/t20140516_30294.html.

注:括号中的数据,2012 年以前为当年县级图书馆数量,2012—2013 年为当年县图书馆数量,即上述数据来源中的(1)和(2)使用的是"县级图书馆"的统计口径,而数据来源(3)使用的是"县图书馆"统计口径,其中,"县级图书馆"指县级行政区划(包括县级市和城市的县级区)所设图书馆,而"县图书馆"专指农村地区的县所设图书馆。

20 世纪 70 年代初,因"文革"而停办的图书馆陆续重新开放。1971 年全国出版工作座谈会在北京召开,会议纪要以及中共中央随后转发的《关于出版工作座谈会的报告》都特别指出,图书馆停止借阅的状况应当改变,要积极整理藏书,恢复阅读。整个图书馆事业的正常化自上而下推动了县级图书馆的恢复重建。与此同时,农村这块"思想文化阵地"再次受到关注,农村图书馆建设再现高潮(详见本章第六节),自下而上推动了县级图书馆的发展。自70年代初开始,县级图书馆的数量开始稳步增长。

20世纪80年代是县级图书馆发展历程中十分重要的十年。80年代初,我国在结束"文革"并启动改革开放后,着手重新部署国家的经济社会发展蓝图。1980年中央书记处下发的《图书馆工作汇报提纲》便是对改革开放后图书馆事业进行的部署。当时,我国共有地市县图书馆1620个,全国还有近半数的县没有图书馆[46]。在这样的背景下,《图书馆工作汇报提纲》提出的图书馆事业近期目标之一就是在1985年前将全国的省、市、县(区)图书馆基本建齐。随后,"六五"经济社会发展规划就明确提出了"县县有图书馆"的目标。到"十五"末期(2005年年底),我国有县级公共图书馆2385个,县级区划数2862个[47],县级图书馆的设置率达83%。

至此,我国公共图书馆经过近一个世纪的发展,基本实现了对大多数县级行政区的覆盖,但根据相关的统计资料和调研报告,直到21世纪初,我国县级图书馆对其目标人群的覆盖率(即能就近享受县图书馆服务的人口占全县人口的比例)和实际服务能力一直很低。几乎在所有地区,县级图书馆都是按"每县一馆舍"的标准建设,县政府通常也是按一个馆舍的规模配置资源,资源配置水平通常很低。如表1-3所示,从20世纪70年代末到90年代初,县级图书馆平均每馆购书经费从未逾万;1995年(首卷《中国图书馆年鉴》反映的年份),平均每个县级图书馆的总收入仅有8.8万元,购书经费1.2万元,馆藏总量5.7万册,新增藏书1500册(件)。另据文化部提供的统计资料,1998、2000、2003年,甚至2009年都有1/4左右的县级图书馆根本没有购书经费[48-51]。在西部欠发达地区,有些图书馆甚至不得不提取一部分工资用于购置图书,也有图书馆不得不占用一定比例的购书经费保证工资发放(这两种"挤占"现象分别被业内称为"书吃人"和"人吃书"现象[52])。按照这样的资源配置水平,县级图书馆满足县城居民的需要已十分困难,向县城以外的农村地区辐射几乎不可想象。因此,从"文革"结束直到21世纪初,虽然每个时期都有少数县图书馆试图在乡镇设置分馆和图书流通站,但县图书馆本身的资源条件决定,这样的分馆和流通站既不可能大量设置,也不可能持久。因此,截至21世纪初,我国公共图书馆虽然实现了对大多数县级行政区的覆盖,却没有真正覆盖农村人口。

表 1-3 20 世纪 70 年代到 21 世纪初我国县级图书馆的资源和服务状况

年份	机构数（个）	馆均职工数（人）	馆均总藏量（万册/件）	馆均书架单层总长度（千米）	馆均发放借书证数（千个）	馆均总流通人次（千人次）	馆均书刊流通册次（千册次）	馆均读者活动次数（次）	馆均总收入（万元）	馆均购书经费（万元）	馆均当年新增藏量（千册/件）	馆均公用房屋建筑面积（千平方米）	馆均阅览室阅座席数（个）
1979										0.5			
1980										0.5			
1983											4.4		
1985										0.5	3.2		
1990										0.8	1.7		
1995	2224	10.9	5.7	1.3	1.3	40.5	33.8	5.7	8.8	1.2	1.5	1.0	109.1
1999	2330	11.0	6.0	1.4	1.2	43.2	39.8	7.5	17.1	1.8	1.5	1.1	118.5
2002	2243	11.4	6.6	1.5	1.8	48.3	48.7	16.4	25.1	2.4	1.7	1.3	122.6
2003	2240	11.3	6.8	1.7	1.8	48.9	43.7	28.1	29.5	2.7	2.1	1.3	131.3
2004	2262	11.3	7.3	2.0	2.0	47.6	40.2	59.7	35.3	3.3	2.6	1.3	130.9
2005	2385	12.0	8.0	1.7	2.2	53.3	47.2	96.1	48.8	5.9	3.7	1.5	135.0
2006	2391	12.2	8.3	1.9	2.4	57.4	47.6	26.8	52.9	6.7	3.8	1.6	139.3
2007	2414	12.3	8.8	1.8	2.7	61.3	50.3	23.1	69.3	7.7	4.3	1.7	144.9
2008	2444	12.2	9.1	1.5	3.0	63.2	52.8	22.0	80.1	8.2	4.8	1.7	146.5

续表

年份	机构数（个）	馆均职工数（人）	馆均总藏量（万册/件）	馆均书架单层总长度（千米）	馆均发放借书证数（千个）	馆均总流通人次（千人次）	馆均书刊流通册次（千册次）	馆均读者活动次数（次）	馆均总收入（万元）	馆均购书经费（万元）	馆均当年新增藏量（千册/件）	馆均公用房屋建筑面积（千平方米）	馆均阅览室座席数（个）
2009	2491	12.2	9.9	1.6	3.6	75.7	59.6	13.6	97.7	13.0	5.7	1.9	161.0
2010	2512	12.2	10.4	1.8	3.6	71.5	57.7	14.7	103.4	11.7	5.4	2.0	170.5
2011	2570	12.2	11.5	1.7	3.5	80.2	62.4	16.5	124.7	13.4	6.8	2.1	179.6
2012	2683	11.9	11.4			88.7	70.4		142.3	16.7		2.2	181.8
2013	2712	12.0	12.6			97.5	76.4		153.7	18.4		2.4	198.4

数据来源：（1）1979—1990 年的平均每馆购书经费和平均每馆当年新增藏量来自《中国图书馆年鉴 2003》提供的现成数据。

（2）1995—2011 年的各项数据均根据《中国图书馆年鉴》各卷数据计算。

（3）2012—2013 年的数据来自：国家图书馆研究院.2013 中国公共图书馆事业发展基础数据概览［R］.国家图书馆研究院,2014.

为了监测全国公共图书馆的发展水平,加强中央政府对地方图书馆事业的引导,督促地方公共图书馆事业的发展,文化部自 1994 年开始对全国县级及以上图书馆进行评估定级,每四年评估一次,每次都产生四类图书馆:一、二、三级和未上等级图书馆。评估指标涵盖办馆条件、基础业务建设、读者服务工作、业务研究、辅导、协作协调、管理、表彰奖励等领域。评估结果也反映了县级图书馆自 20 世纪 90 年代以来的服务能力。在 1994 年的第一次评估中,全国参评的 2154 个市(地)县级图书馆中,只有 67 个(3%)评定为一级馆,452 个(21%)评定为二级馆,626 个(29%)评定为三级馆[53]。

县级图书馆对农村人口的覆盖能力自"十一五"开始得到明显改善。当时,随着十六届三中全会提出科学发展观、十六届五中全会出台社会主义新农村发展战略,国家开始以前所未有的力度加大了对农村和农业的投入,惠及包括县级图书馆在内的各项农村文化事业。与此同时,图书馆职业通过调研、会议、媒体宣传等专业活动,也开始集中暴露县级图书馆的原有窘况,推动全社会加强对县级图书馆的关注,并在这个过程中形成了专门讨论县级图书馆发展的专业平台——"百县馆长论坛"(截至 2014 年夏,百县馆长论坛已经分别于 2005 年在河南林州、2007 年在江苏常熟、2010 年在江苏江阴、2012 年在陕西神木举办四届[54])。这些专业活动为县级图书馆争取更合理的资源配置提供了专业论证和舆论影响。在城乡协调发展战略及图书馆职业活动推动下,县级图书馆逐渐进入新中国成立后最好的发展时期。如表 1－3 所示,2007 年县级图书馆的各项指标都较 2004 年的指标有大幅度的提高,其中总收入、购书经费及新增藏量的增长幅度最为明显。

自 21 世纪初至 2013 年,国家实施了若干对县级图书馆的发展产生深远影响的文化建设项目和政策。这些项目或政策集中体现了新时期县级图书馆发展环境的改善,也因此成为我国县级图书馆发展史上值得特别关注的事件。

按启动/发布的时间顺序,首先是全国文化信息资源共享工程(以下简称"共享工程")的启动。共享工程是由文化部负责实施的国家重点项目,起步于 2002 年,旨在利用现代信息技术,面向全国公众开发和传播数字化文化信息资源。为确保上述目标的实现,共享工程在各行政层级都建立了管理和实施项目的组织,并于 2005 年将县级组织确立为县级支中心[55],由此形成了包括国家中心、省级分中心、地市级支中心、县区级支中心和乡镇/街道/社区/行政村/单位等基层服务点的组织架构。县级支中心由各地的县级图书馆承担,在整个架构中起着承上启下的作用,他们既在一定程度上参与资源创建,又通过电子阅览室和读者活动负责资源传播,还承担对基层服务点的技术支持和辅导工作。工程为各级组织制定了与其功能相匹配的设备标准,其中县级支中心的配备标准是价值68万元的一整套设备,可支持资源制作、传输、播放、系统控制等功能,能满足中控机房、多媒体演示厅、电子阅览室、资源加工及办公区域、政务外网接入之所需。得益于该工程的推动,一大批县级图书馆在短短几年内就实现了现代信息技术从无到有的转变。2004年我国首次对公共图书馆的信息化水平进行统计,当年我国每个县级图书馆平均拥有10台电脑(其中用户终端6台)[56],2007年增长到20台(用户终端12台)[57]。

继共享工程之后,第二个深刻影响县级图书馆发展的事件是2006年《国家"十一五"时期文化发展规划纲要》的出台。这是我国首次出台由中共中央办公厅、国务院办公厅印发的,专门部署文化建设的中长期规划,把"抓好基层文化建设,加大力度改善农村及中西部地区公共文化基础设施条件,完善公共文化服务体系"确定为"十一五"时期文化发展的重点领域之一,提出要在农村基本解决农民群众看书难、看戏难、看电影难、收听收看广播电视难的问题,并为此赋予县级图书馆更明确的辐射农村的责任,要求"县(市)图书馆逐步实行分馆制,丰富藏书量,形成统一采购、统一编目的图书配送体系,充分发挥县图书馆对乡镇、村图书室的辐射作用,促进县、乡图书文献共享"。根据《国家"十一五"时期文化发展规划纲要》的部署,"十一五"时期全国出现了很多探索县域一体化公共图书馆服务体系的尝试,极大地推进了公共图书馆覆盖农村的进程(详见本章第六节)。

第三个重要事件是2008年《公共图书馆建设用地指标》和《公共图书馆建设标准》的出台。这两份标准是中央政府为规范各地公共图书馆建设用地规模、馆舍规模和投资规模而颁布的指导性文件。两份标准均自2005年开始制定,历时三年完成。在此过程中,国家建设普遍均等公共文化服务体系的战略目标日渐清晰,构建覆盖全社会的公共图书馆服务体系也因此成为两个标准的基本原则。为此,两大标准皆以辖区人口规模(而非行政层级)作为确定图书馆用地规模和馆舍规模的主要依据。它们根据图书馆所服务的人口规模,将其划分为大、中、小三个等级,分别确定了每个等级图书馆的服务半径、用地规模、馆舍面积等方面的标准。虽然这三个级别按统计概率大致对应省级、地市级和县市级图书馆,即大多数省级图书馆对应大型图书馆,大多数地市级图书馆对应中型图书馆,大多数县级图书馆对应小型图书馆,但标准允许基于人口规模的"错位":服务人口多的县级图书馆同样可以成为中型甚至大型图书馆,反之亦然。在这两个标准出台之前,我国县级图书馆的平均馆舍面积不足 2000 平方米,有 1/4 的县级图书馆馆舍面积不足千平方米[58],大大低于《公共图书馆建设标准》规定的小型图书馆标准。因此,这两个标准的出台不仅为地方政府针对图书馆建设项目的决策提供了规范,也为县级图书馆改善服务能力提供了依据。

第四个重要事件是 2011 年财政部、文化部《关于推进全国美术馆、公共图书馆、文化馆(站)免费开放工作的意见》的出台,在强调公共图书馆、美术馆、文化馆(站)公益性的基础上,要求公共图书馆、美术馆、文化馆(站)将公共空间设施场地和基本服务免费向公众开放。公共图书馆免费开放的空间设施场地包括:一般阅览室、少年儿童阅览室、多媒体阅览室(电子阅览)、报告厅(培训室、综合活动室)、自修室等;免费提供的基本服务包括:文献资源借阅、检索与咨询、公益性讲座和展览、基层辅导、流动服务,以及为保障基本职能而实施的辅助性服务如办证、验证及存包等。并要求各级财政部门按照"增加投入、转换机制、增强活力、改善服务"的原则,建立免费开放的经费保障机制,中央财政同时安排专项资金,重点对中西部地区美术馆、公共图书馆、文化馆(站)所需经费予以补助,对东部地区予以适当奖励。随后不久,财政部即公布,2011 年中央财政对三馆免费开放提供 18 亿元专项基金,主要用于对中西部地区进行补贴,并确定县级图书馆的补助标准为 20 万元。对很多县级图书馆而言,免费开放政策的出台不仅仅意味着公共图书馆公益性的回归,而且意味着经费保障条件的显著改善。

第五个重要事件是 2011 年国家公共文化示范区(项目)创建工作的启动。国家公共文化服务体系示范区(项目)创建工作是中央政府为了推动公共图书馆服务体系的制度创新和模式创新、引领和带动基层文化建设,根据《国家"十二五"时期文化改革发展规划纲要》的战略部署而启动的公共文化领域创新工程,包括国家公共文化服务体系示范区和国家公共文化服务体系示范项目两类,分别由地级市人民政府和文化主管部门自主申报,由文化部和财政部审批、立项和支持。根据 2010 年《文化部财政部关于开展国家公共文化服务体系示范区(项目)创建工作的通知》《国家公共文化服务体系示范区(项目)创建工作方案》和《国家公共文化服务体系示范区(项目)创建标准》,2011 年 5 月至 2013 年 9 月,首批获得示范区创建资格的 31 个地级市和示范项目创建资格的 47 家单位在全国不同地区,进行了创新性的公共文化服务体系建设。虽然首批获准单独立项的县级市为数不多,但不少地区的县级图书馆都是当地示范区(项目)建设的重要参加者。例如,在苏州市和嘉兴市获准立项的示范区(项目)建设中,其辖区的县级市图书馆就扮演了十分重要的角色,是这两个地区分别创建的县域总分馆体系的总馆。

随着县级图书馆发展环境的改善,很多地区的县级图书馆也开始在更大程度上辐射农村。首先,一些县级图书馆延续以往服务农村的做法,开始自主地在县城之外设置分馆和流通点。例如江苏省射阳县图书馆根据本县农家书屋发展需要,选择条件较好的乡镇,通过与乡镇政府合作,在乡镇建设分馆,以此支持和辅导农家书屋建设[59]。尽管这类分馆的目标依然只是为了提高县图书馆资源在农村的传播(尚未提升到追求普遍均等公共图书馆服务的高度),建设方式依然是县图书馆与基层组织或图书室合作,但借助农家书屋和共享工程配置的资源,分馆规模和规范性似乎都比以往有显著提高。例如,某些县图书馆要求其乡镇分馆要拥有 100 平方米的馆室,1—2 个专职管理员,不少于10 000册藏书,能全天候开放。其次,借助最新的图书馆管理系统,一些县级图书馆已开始尝试与辖区内的乡镇/村图书馆建立基于各种资源共享方式的联盟。例如,山东诸城市图书馆配合该市的农村社区化发展战略(即将分散的村庄整合为社区,以社区为平台提供城乡一体化公共服务),在市图书馆与社区图书馆之间建立了通借通还的资源共享体系[60]。再次,在少数发达地区,县级图书馆已经开始与县级政府联手在县域范围内建设由县级政府主导并资助、由县级图书馆管理和运行,以改善全县公共图书馆布局和提高人口覆盖率为目标的图书馆群(总分馆体系)。广东省佛山市禅城区是最早建设这类分馆的地区。2007 年之后,浙江嘉兴、江苏苏州和江阴地区的市县政府也开始完全或部分地承担乡镇和村图书馆的建设责任。在这样的总分馆体系中,由于总分馆的主要资源都来自于县级政府,总馆自然成为这些资源的统一管理者和相应服务的设计者及提供者。这意味着总馆需要为分馆事宜一方面向县市政府负责,保障县市政府提供的资源得到有效管理并产生效益,另一方面要向分馆所在地的民众负责,保证他们能够获得与总馆所在地民众大致相同的服务。例如,在嘉兴的县域总分馆体系中,县市图书馆首先要协助政府在全县范围内合理布局分馆;其次要统一采购、处理和配置分馆资源,维护分馆资源的元数据和用户数据,设计分馆服务内容和服务标准,直接实施复杂服务(如参考咨询),指导当地员工实施简单服务;再次,负责整个总分馆系统的资源调配和通借通还。显然,由于县市政府对全县公共图书馆建设责任的担当,县市图书馆的总馆角色也被赋予很多新内容,这是我国县级图书馆发展史上非常重要的转变。

回顾新中国成立以后我国县级图书馆的发展历程,可以发现,1949 年至 2013 年年底的县级图书馆大致经历了四个发展阶段:起步阶段(1949—1960)、衰退阶段(1961—1970)、发展阶段(1971—2005)、拓展和转型阶段(2005—2013)。在起步阶段,我国县级图书馆的主要存在形式是文化馆的图书室,相对独立的图书馆开始陆续出现;在衰退阶段,县级图书馆作为"大跃进"后调整、巩固的对象,规模被大大压缩,继而又因"文革"的冲击,数量继续减少;在恢复和发展阶段,县级图书馆随着整个图书馆事业的恢复而复苏,并因乡镇及村级图书馆的建设而得到推动,"六五"期间开始向"县县有图书馆"的目标挺进,"十五"末期覆盖大部分县级行政区;在拓展和转型阶段,县级图书馆在基本覆盖县级行政区后,开始支持县级政府在辖区内建设更多的图书馆,原有的县图书馆与新建的图书馆群之间开始形成规范紧密的总分馆体系。

第四节　我国乡镇图书馆的发展历程

一、民国时期的乡镇图书馆

如前所述,20 世纪初,晚清和民国时期通过迭次发布的数个图书馆规程和民众教育馆规程,分三个步骤逐步下移了公共图书馆的设置层级,提高了图书馆服务的人口覆盖率。这三个步骤分别是:①规定省应设、县可设图书馆;②规定省应设普通图书馆和通俗图书馆,县应设通俗图书馆、可设普通图书馆;③规定省、县应设省立民众教育馆和县立民众教育馆各数所,其中对县设民众教育馆的规定是,就原有自治区或学区划分民众教育区,分设县立民众教育馆,同时规定图书馆和民众教育馆应设巡回文库和分馆。乡镇图书馆起步于第三拓展阶段。在此之前,已有个别农村地区酝酿甚至尝试过乡镇图书馆建设。例如,1912 年 5 月,直隶总督张金波发布公告,"城镇乡村均应设立图书馆"[61];同年湖南湘乡青树镇成立湘乡青树镇儿童图书馆[62];1923 年,江西兴国县乡立图书馆呈民国教育部准予备案;1924 年云南腾冲县和顺乡和顺阅读书报室建立。但乡镇图书馆的正式起步却是 1928 年以后。1928 年,和顺阅读书报室正式成为和顺图书馆;1932 年民国教育部出台《民众教育馆暂行规程》,规定民众教育馆的基本设施之一就是阅览部,同时规定阅览部要设巡回文库;同年发布的《关于全国社会教育实施报告》重申全国各县分区设立民众教育馆,作为各区的永久性社会教育中心机关;根据教育部的文件精神,地方政府也相继颁布了相应政策,如浙江省教育厅颁布了《各县市十八年度社会教育设施注意要项》《各县市分区设立民众教育馆办法》,江苏省颁布了《各县社会教育设施注意要项》,将各县划分为若干区,在区中心设置了民众教育馆或农民教育馆[63]。1932 年以后,以区为覆盖单位的县立民众教育馆、以乡镇为覆盖单位的民众教育分馆和巡回文库就比较迅速地发展起来。1932 年江苏省共有民众教育馆、农民教育馆 374 所,其中有 29 个将馆址设在乡镇[64];同年湖北省要求各县的民众教育馆设置巡回文库,巡回到乡镇,其中仅恩施一县就设立了 22 处乡镇巡回文库[65];1938 年,当时的广西省政府制定了《广西各县设置巡回文库办法》,规定各县自 1938 年起,一律分区设置巡回文库,由县政府根据地方交通状况,划二至五乡镇为一巡回区,每区划分若干巡回单位,办理巡回阅览事宜;1940 年广西省政府又组织了"普设民众图书馆委员会",制订了广西省普设民众图书馆计划,要求每个乡镇中心学校应设民众图书馆一所,至 1942 年,广西的 100 个县市共设立乡镇中心学校图书馆2302 所,乡镇巡回图书馆 2302 个[66]。

尽管没有足够的资料来判断民国时期图书馆及民众教育馆的图书室在乡镇层级的普及程度,但根据民国教育部关于"在县域内划分区,按区设置民众教育馆"的指令以及上述各地的实施程度判断,以"县立民众教育馆图书室"和巡回文库为存在形式的乡镇图书馆,在民国时期已相当普遍。

二、1949 年以后的乡镇图书馆

1949 年中华人民共和国成立之后,经过短暂的过渡,1952 年我国即对县级行政区进行了"划乡建镇"的行政区划。每个县划分为若干区,每个区辖若干乡镇。1958 年以后,人民公社成为我国基层政权的基本组织方式,乡镇也随之转化为人民公社。改革开放后,我国取消人民公社,恢复乡镇建制。根据新中国成立后我国县域范围的行政建制变迁,本书把对应区、乡镇、人民公社行政区划,并以该行政区内全部人口为服务对象的图书馆,统称乡镇图书馆。

如上节所述,20 世纪 50 年代,我国县级图书馆还十分薄弱。不仅独立建置的县图书馆凤毛麟角,即使是文化馆的图书室,也没有普及到所有县。可见当时的国家财力还很难顾及乡镇图书馆的发展。或许正因为如此,20 世纪五六十年代出台的中央和地方政府的文化政策,凡涉及县以下的图书馆,都鼓励农民独立自主兴办。根据我国农村社会的组织结构,村舍是社会管理的

基本单元,因而独立自主兴办农村图书馆的最合适单位是村而不是乡镇。因而,就投入机制而言,新中国成立初期的乡镇图书馆上不及国家财政,下不及村民集资,可谓处在"前不着村,后不着店"的尴尬地位。此外,在功能定位方面,乡镇图书馆同样处在"高不及县馆、低不如村馆"的境地:其专业力量和资源条件不足以辅导和支持村级图书馆,其服务半径又不能就近便捷地覆盖全乡民众。或许正是由于投入机制和功能定位的双重尴尬,在新中国成立之后的相当长时间,大多数地区都越过乡镇一级,在加紧建设县图书馆的同时,直接发展农民自办的村级图书馆。例如1951年,山东省人民政府发布的《关于人民文化馆(站)组织及工作纲要试行草案》就规定,市县应设人民文化馆,农村的区应设人民文化站,但区人民文化站当时还不能大量设立,只能有重点地试设。到1965年,山东省文化局在其《本局关于贯彻华东农村文化工作座谈会意见》的文件中,依然只提在一些重点地区试办民办文化站[67]。与山东的情况相类似,天津市文化局1958年在其起草的《农村群众文化工作五年规划》(讨论稿)中确认乡文化站对于辅导群众性文化活动是必要的,但它同时指出,乡设文化站只能由群众自办[68]。

虽然很难找到有关这一层级图书馆的系统统计资料,但零星证据显示,截止到20世纪70年代末,乡镇图书馆的数量一直很少。1955年,天津市人民政府在《天津市郊区农村文化设施情况、初步规划意见及今冬明春的工作计划》文件中显示,当时天津4个郊区共有4个县级文化馆,但只有两个文化站[69]。1964年文化部副部长徐光霄在山东调研期间,山东省的汇报提纲也显示:当时全省共有26个市县图书馆,130处文化馆,但只有个别县市设有乡镇文化站[70]。在全国范围内,相关统计资料显示,20世纪60、70年代,即使把城市的街道文化站和农村的乡镇文化站合并统计,这一层级的文化站数量也十分有限,长期徘徊在1000—3000的区间(见表1-4)。考虑到并非每个乡镇文化站都能维持图书室的开放,乡镇图书馆规模可能远低于表1-4显示的数量。

表1-4 20世纪60、70年代乡镇(街道)文化馆数量

年份	乡镇(街道)文化站数(个)	年份	乡镇(街道)文化站数(个)
1962	1192	1975	2717
1965	2125	1978	4053
1970	1794	1980	5609

数据来源:《中国统计年鉴2012》(数据未包括其他部门所属乡镇文化站)

我国乡镇图书馆的显著发展出现在 20 世纪 80 年代。1980 年中央书记处下发的《图书馆工作汇报提纲》在提出"1985 年前将全国的省、市、县（区）图书馆基本建齐"的同时，也提出了公共图书馆逐步覆盖乡镇的目标。对此，《图书馆工作汇报提纲》指出，1985 年以后根据国家经济水平和小型分散、方便群众的原则，县、区行政主管部门应有计划地与有关部门配合，逐步在公社、街道设立分馆。从这时开始，中央和地方政府下发的政策文件一改 80 年代前对乡镇图书馆的忽略，将乡镇图书馆的建设提到了重要的议事日程（详见表 1－5）。例如，1980 年中宣部在其发布的《关于活跃农村文化生活的几点意见》中，要求没有文化站的公社积极创造条件，争取在几年内普遍建立文化站。

与此同时，我国农村率先开始的经济改革在很多地区都产生了蓬勃发展的乡镇企业。1978 年，全国乡镇企业 152.43 万个，从业人数 2826.5 万人，总收入 431.46 亿元；1982 年乡镇企业 136.12 万个，从业人数 3112.9 万人，总收入 771.78 亿元[71]。乡镇企业的飞速发展，一方面带动了乡镇集体经济的壮大，另一方面带动了当地的城镇化进程，即带动了人口向中心镇的集中。以乡镇企业为经济基础，乡镇层级的各项事业都得到了发展，为乡镇图书馆的发展提供了契机。1980 年，文化部发出的《文化部关于加强群众文化工作的几点意见》就指出，"现在，许多地方小城镇的工业、财贸、卫生、教育等方面的建设，有了一定的基础，而文化战线既缺少设施，队伍也不健全，与农村新的形势和群众的需要很不适应"，要求采取有效措施，把小城镇建设成农村的文化中心。随后，国家将乡镇文化站（含图书室）建设正式列入国民经济和社会发展第六个五年计划，并提出了"乡乡有文化站"的目标。

在这样的背景下，含图书室的综合性乡镇文化站首先在各地迅速建立起来。根据 1984 年国务院办公厅转发的《文化部关于当前农村文化站问题的请示》提供的数据，1978 年全国农村有文化站 3264 个，到 1982 年年底，已猛增到 32 780 个[72]。此外，相对独立（独立命名甚至独立建制）的乡镇图书馆也首先在长三角、继而在全国其他地区发展起来。到 1988 年年底，上海已经建设乡镇图书馆（室）220 个，共有工作人员近 400 人，藏书 150 余万册，阅览室座位 6400 余个，馆舍面积 16 000 余平方米，全年接待读者 340 余万人次，流通书刊近 500 万册次[73]。在同期的江苏省，全省 2047 个乡镇已建有 1800 多个乡镇图书馆，平均每馆藏书 2240 册[74]。为推动乡镇图书馆的进一步发展，上海、江苏自 20 世纪 80 年代末至 90 年代初，召开了多次不同范围的乡镇图书馆建设会议。例如,1989 年 5 月 6 日,张家港市文教局在杨舍镇召开了全市乡镇创万册图书馆座谈会,会议明确了"以全面深化改革为中心,争创万册图书室为目标,加速建成一个与社会经济相适应的图书设施"的乡镇图书馆发展战略[75];同年 11 月,江苏省和上海市联合在无锡县杨市镇举行了"上海、江苏地区乡镇图书馆(室)经验交流暨学术研讨会";1990 年 1 月,上海市在上海县三林乡召开"上海市乡镇图书馆工作经验交流现场会"。在此期间,江苏省出台了《江苏省乡镇图书馆(室)管理办法》;华东六省一市联合编写了《乡镇图书馆工作》。这些活动进一步推动了长三角地区乡镇图书馆在 20 世纪 90 年代的发展,并使万册图书馆成为这一地区 90 年代乡镇图书馆建设的主旋律。1993 年 3 月,无锡、吴江、张家港三县(市)同时宣布所有乡镇建成万册图书馆;1994 年年底,常熟市也宣布普遍建成乡镇万册图书馆[76];1995 年苏州市所辖六县(市)的 152 个乡镇全面建成万册图书馆[77];1998 年 4 月底,盐都县 20 个乡镇全部建成了万册图书馆,成为苏北地区率先普及万册图书馆的县[78];同年,连云港市 118 个乡镇的 103 个乡镇图书馆,有 68 个(66%)达到万册图书馆标准[79]。与此同时,浙江省也开始加大力度打造乡镇一级的文化中心。1995 年,浙江省文化厅按文化部建设"万里边疆文化长廊"的总体要求,在全省启动了"全国万里边疆文化长廊 浙江东海明珠工程"。按照工程的建设规划,经济强县的乡镇文化中心的建筑面积要不少于 1500 平方米,其他地区不少于 1000 平方米,其中图书室(馆)面积不少于 100 平方米;年购实用新书 500 册以上,年订购报刊 100 种以上,藏书总量达到乡镇所在地人均 1 册以上[80]。根据 1999 年年底的一次抽样调查,被调查的 7 个县市的 183 个乡镇,有 30%的乡镇设置了 2000 册以上藏书规模的图书馆[81]。

20 世纪 80—90 年代,全国其他地区的乡镇图书馆也得到了迅速发展。广西壮族自治区 1989 年开展达标先进图书馆评比,1990 年有乡镇图书馆(室)1230 个,基本上实现了"乡乡有文化站,站站有图书室"的目标[82]。在湖南省,衡东县的 24 个乡镇,一度有万册图书馆 4 个,乡镇文化站图书室 20 个[83];泰兴县 43 个乡镇,有 39 个乡镇建立了文化中心图书室[84];怀化地区的 12 个市、县,一度建成万册乡镇图书馆 11 个[85]。在山东省,1992 年,中共山东莱州市委宣传部和莱州市文化局联合发出《关于在全市乡村图书馆开展"百馆创优"竞赛活动的通知》;1997 年,辽宁省大连市的 126 个乡镇,有 116 个建立了图书馆,覆盖率为 92%[86];1998 年天津市的 227 个乡镇中,同级图书馆(室)有 191 个,普及率 84.1%[87]。

表1-5 20世纪80、90年代我国出台的与乡镇图书馆建设相关的文件

年份	发布机构	名称	与乡镇图书馆相关的内容条款
1980	中央书记处	图书馆工作汇报提纲	争取在1985年前将全国的省、市、县(区)图书馆基本建齐。1985年以后根据国家经济的可能和小型分散,方便群众的原则,县、区行政主管部门应有计划地与有关部门配合,逐步在公社、街道设立分馆
1980	中宣部	关于加强当前农村宣传工作的几点意见	可在县、社文化馆、站的组织和指导下,按照业余、自愿、小型、多样、节约的原则,大力开展文艺表演、图书阅览、小型展览、美术等群众性的业余文化活动
1980	中宣部	关于活跃农村文化生活的几点意见	全国约有三分之一的公社,大都采取社办公助的形式建立了文化站,其他公社也可积极创造条件,争取在近几年内普遍建立文化站;有计划、有步骤,因陋就简地筹建一些影剧场、图书室、展览室、体育场等文化设施,体育工作也要加强经营管理,在可能的情况下不断增强文化事业本身的收入来发展自己
1980	文化部	关于加强群众文化工作的几点意见	要坚持"业余、自愿、小型、多样、节约"的原则;有步骤地,因陋就简地建设一些影剧场、图书室、展览室、文娱活动室、体育场等,把公社所在地(小城镇)逐步建设成农村文化中心;全国约有三分之二的公社还没有建立文化站,要争取在1985年以前分期分批地建立起来
1984	中宣部	关于进一步巩固和发展农村集镇文化中心的报告	集镇文化中心是位在乡镇(公社)党委和政府直接领导下的,对文化事业或设施试行统一领导管理的,综合性的基层社会文化组织,是农村建设社会主义精神文明的重要阵地和前进基地,是以共产主义思想为指导大学和社会文化乐园;集镇文化中心的经费,主要是依靠集体经济力量。要自力更生,因地制宜,采取多种渠道,妥善解决经费问题

续表

年份	发布机构	名称	与乡镇图书馆相关的内容条款
1984	国务院办公厅	文化部关于当前农村文化站问题的请示的通知	文化站是乡（镇）政府领导的群众办文化事业机构，业务上接受上级文化部门的领导；文化站的任务是：组织和举办群众文化艺术、文娱体育活动，向广大群众进行共产主义思想为核心的宣传教育，普及科学技术文化知识，活跃群众的文化生活，辅导农村群众文化活动，协助行政部门对农村群众文化事业、民间艺人和文化个体户进行管理
1987	中宣部、文化部等	关于改进和加强图书馆工作的报告	"六五"期间没有建立起县图书馆和城市区图书馆的，"七五"期间应继续进行建设……要继续办好文化站图书室或乡镇乡镇街道图书馆，视各地经济情况，可以国家办、集体办或民办公助
1997	中宣部等	关于在全国组织实施"知识工程"的通知	大力发展布局合理、方便群众的各种小型或流动图书馆。每年在全国发展1000个标准乡镇、街道图书馆，平均藏书2000册以上，其中，藏书万册以上的达到30%
1998	文化部	关于进一步加强农村文化建设的意见的通知	到2010年，全国农村要实现县县有图书馆、乡乡有文化站、村村有文化室，文化馆或综合性文化设施，有条件的积极建立文化室或图书室，满足人们就近、经常和有选择地参加文化活动的需要。搞好"两馆一站一室"建设。各地要把"两馆一站一室"建设列入当地的经济和社会发展总体规划，列入小康目标，列入年度计划，落实建设经费。对县级图书馆、文化馆的建设，要继续坚持地方投入为主、国家适当补助，积极争取社会投入的原则。各地要进一步拓宽投资渠道，在国家增加对农村文化设施建设资金投入的同时，鼓励集体、企业、个人和社会各方面的力量资助公益性文化建设，或兴办农村文化设施。政府兴办的图书馆、文化馆、文化站等公益性文化事业单位，要面向大众，面向市场，积极深化内部管理体制的改革，建立新的产品经营机制。在保证政府投入的前提下，要积极开展有偿服务和文化产品经营活动，通过增加自我创收，解决开展文化活动的经费短缺问题，增强自我发展能力

20 世纪 80 年代初到 90 年代末,全国此起彼伏的乡镇图书馆建设存在很多模式。最常见的方式就是由乡镇集体经济加上其他一种或几种经费联合支持的方式。这里的"其他"包括县财政补贴、图书馆或其隶属的文化馆的创收、企业捐赠、社会组织捐赠、个人捐赠等。其中的"集资、捐赠"元素,即"依靠集体和人民群众的自发力量"的元素,自新中国成立以来就是我国县以下图书馆的基本经费来源,而图书馆或文化馆的创收,即"以文补文"的元素则主要出现于 20 世纪 80 年代。1980 年,中宣部在其《关于活跃农村文化生活的几点意见》中提出"文化工作也要加强经营管理,在可能的情况下不断增强文化事业本身的收入来发展自己",从此,"以文补文"便成为建设乡镇图书馆和其他文化事业的"法定"方式之一。到 1998 年,中宣部《关于进一步加强农村文化建设的意见的通知》依然强调"在保证政府投入的前提下,要积极开展有偿服务和文化产品经营活动,通过增加自我创收,解决开展文化活动的经费短缺问题,增强自我发展能力"。这种由集体经济、以文补文以及其他不确定性经费兴办乡镇图书馆的方式,符合政府文件一再提倡的"业余、自愿、小型、多样、节约"的原则,因而一直是乡镇图书馆的主要办馆模式。此外,也出现过少数由县图书馆主办的乡镇分馆或流通站。但由于这段时间县级图书馆本身的资源条件不足以支撑大规模的乡镇分馆建设,因此,在全国范围内,通过这种模式建设的乡镇图书馆从来没有成为乡镇图书馆的主流。

20 世纪 80—90 年代乡镇图书馆的主流建设模式无论将其表述为"集体经济 + 以文补文 + 其他经费主办"还是"业余、自愿、小型、多样、节约",在当时就已经暴露出它对于保障农村图书馆服务的局限,并因此决定了当时乡镇图书馆与专业化公共图书馆之间的巨大差距。首先,"自愿多样"的乡镇图书馆经费在 20 世纪八九十年代具有高度的不稳定性。如本章第二节所述,当时我国依然处于高度提取农业剩余、全力保证工业化进程的发展时期,除了乡镇企业比较发达的长三角地区,全国大部分地区的乡镇财力十分薄弱,根本无力长期维持图书馆运行。即使是乡镇经济十分发达的长三角一带,乡镇政府也很难承担乡镇图书馆运行所需全部经费。例如,20 世纪 80 年代上海地区乡镇图书馆发展所需经费,只有一部分来自乡镇集体经济积累,剩余部分来自县财政的购书补贴、"以文补书"的创收、"一次性社会资助""乡、厂联办"等社会集资[88]。同样浙江省慈溪县的万册图书馆建设经费,只有一部分来自乡镇政府拨款,其他主要靠乡镇企业和社会各界资助[89]。"以文补文"的办馆方式同样不具有可持续性。这种市场化的经营方式依赖供给方的专业高效以及市场方的需求饱满,然而,对乡镇图书馆而言,这两个条件都难以企及,因而很难产生足够的收益维持图书馆的持久运行。其次,"业余"意味着由非专业人员甚至是非专职人员负责图书馆运行,也意味着乡镇图书馆无法按专业图书馆功能及其实现规律而运行。这一方面导致乡镇图书馆工作人员与专业化图书馆职业队伍的交流鸿沟,另一方面导致乡镇图书馆与公共图书馆之间的品质鸿沟,最后导致乡镇图书馆无法进入由效益推动的良性发展。

因此,20世纪八九十年代,虽然乡镇图书馆建设在全国呈此起彼伏的发展态势,但已有的零星证据显示,每个具体图书馆维持的时间似乎并不长。例如,湖南某县1982年开始建设乡镇图书馆,1987年时建成千册以上图书室33个,但1989年,只存留了13个[90]。辽宁省某市最多时拥有30余个乡镇图书馆,几年后幸存的仅有10所[91]。即使是乡镇经济比较发达的长三角一带,20世纪八九十年代的乡镇图书馆也少有稳定持久发展的。例如,浙江省通过东海明珠项目轰轰烈烈建设的乡镇图书馆,最后也只有少数幸存[92]。

迄今为止,乡镇图书馆发展的最深刻变化发生在21世纪。如前所述,这次变化发生在国家宏观发展战略转型的时代背景下。对农村图书馆事业来说,这一战略转型的核心意涵就是国家资源的重新配置,即从高度提取农业剩余到"以工补农"的转变。在这样的背景下,2005年中共中央办公厅和国务院办公厅联合发出的《关于进一步加强农村文化建设的意见》就提出要以政府为主导,以乡镇为依托,以村为重点,以农户为对象,发展县、乡镇、村文化设施和文化活动场所,构建农村公共文化服务网络;并同时提出,各级财政要统筹规划,加大对农村文化建设的投入,扩大公共财政覆盖农村的范围,不断提高用于乡镇和村的比例;保证一定数量的中央转移支付资金用于乡镇和村的文化建设;中央和省、市三级设立农村文化建设专项资金,确保农村重点文化建设的资金需求。

具体到乡镇图书馆的发展上,公共财政的介入主要采用了两种方式:一是各级财政对乡镇图书馆的补贴,二是乡镇图书馆建设主体的上移,即将原来由乡镇政府(或曰乡镇集体经济)承担的图书馆建设责任全部或部分地上移到县政府或地级市政府。其中第一种方式主要通过国家启动的几个农村文化建设项目而实现,例如全国文化信息资源共享工程(包括后来的公共电子阅览室工程)、乡镇综合文化站建设项目等。其中乡镇综合文化站建设是根据《中共中央办公厅国务院办公厅关于进一步加强农村文化建设的意见》的精神,被纳入《国家"十一五"时期文化发展规划纲要》的重点文化项目,于

2006 年启动。根据《"十一五"全国乡镇综合文化站建设规划》的规定,乡镇综合文化站是政府举办的集书刊借阅、宣传教育、文艺娱乐、科普培训、信息服务、文化遗产保护、体育健身等各类文化活动于一体的公益性文化设施,建设经费由中央专项补助资金、地方财政资金、自筹等多种来源构成。中西部以中央专项补助资金和地方财政的配套资金为主,东部则以各级地方财政投入和自筹为主。全国文化信息资源共享工程也是纳入《国家"十一五"时期文化发展规划纲要》的重点文化项目,其实施目标、过程及其对县级图书馆的影响在上一节已有讨论,这里需要补充的是,在共享工程的架构中,乡镇综合文化站和村文化中心共同构成了工程的基层服务点,享有特定的设备配置,负责向公众传播国家中心、省中心和市县中心提供的资源。乡镇基层点的资金构成与分配办法与乡镇综合文化站相似,同样动员了从中央到地方的各级财政力量。

在建设主体的上移方面,2005 年以来,全国已经有多个地区开展了将乡镇图书馆建设责任上移至县市政府或地级市政府的尝试。如前所述,最早开展这种尝试的地区是广东省佛山市禅城区。21 世纪初,佛山市禅城区在规划本区公共图书馆发展布局时,改变了"区政府只负责一座区级图书馆、街道乡镇政府负责各自辖区图书馆"的做法,改由区政府统一在全区的不同地段建设规模不等的图书馆。在这一新的制度框架下,区内所有图书馆均由区政府统一规划、资助和管理,由区图书馆统一运行,由此形成建设主体统一、管理统一、服务统一,覆盖全区的公共图书馆服务体系,整个体系被称作"禅城区联合图书馆"。继禅城区之后,浙江嘉兴等地也进行了类似的改革。2007 年,嘉兴市政府鉴于嘉兴图书馆自主建设的两所乡镇分馆所取得的巨大效益,决定由政府主导,在全嘉兴构建市/镇两级图书馆总分馆体系,并为此形成了专门的市长办公会议纪要,明确由嘉兴市图书馆作为总馆在城区的 18 个乡镇建立分馆,由镇政府提供分馆馆舍;每建一个分馆,一次性拨付嘉兴市图书馆购书经费 30 万元,一次性拨付开馆经费 30 万元,每年拨付运行经费 30 万元,前一项经费由市财政承担,后两项由市、区、镇三级政府各承担 1/3;每建一个分馆为嘉兴市图书馆增加两名编制(其中一名是事业编制)。2011 年苏州市申报成功的国家公共文化示范区创建方案也将乡镇图书馆建设责任上移至县政府。在此之前,苏州图书馆已经对如何通过分馆方式覆盖更多人口进行了长期自主尝试。在自主尝试阶段,分馆的建设责任依然由街道一级的基层政府承担(街道提供馆舍并承担分馆运行所需经费),但业务却全部委托给苏州图书馆实施,因而每个分馆都是苏州图书馆与基层政府合作的结果。在分馆建设取得显著成效之后,苏州图书馆开始督促当地政府通过制度创新主导覆盖全苏州的总分馆体系建设。2011 年,苏州市借创建国家公共文化示范区之机,启动以基层图书馆建设主体上移为主要内容的公共图书馆制度创新,其中就包括将乡镇图书馆的建设责任上移至县市政府、将乡镇图书馆的运行责任交给县市图书馆。根据这一新的制度框架,苏州市所辖的各县级市政府需要在辖区内设置县级图书馆一座,作为辖区总分馆体系的总馆,建筑面积不低于《公共图书馆建设标准》的规定,同时在每个镇、撤乡并镇的人口聚集地以及远离总馆的社区设置分馆。总馆和分馆之间实现文献资源统一加工和调配,服务统一设计和实施,人员尽可能的统一管理(以吴江市为例,总馆通过业绩考评和奖励方式加强对乡镇派出人员的管理),资源全面共享、通借通还[93-94]。近年来,特别是国家公共文化服务体系示范区(项目)启动以来,中西部地区也出现了不少类似案例。例如,陕西铜川市、重庆大渡口市、四川攀枝花市都通过国家公共文化示范项目确立了由区县财政承担乡镇图书馆运行经费的机制[95];河南省信阳市平桥区也由平桥区财政负责,在全区的 18 个乡镇建设了标准化的“平桥区乡镇图书馆”[96]。

　　21 世纪乡镇图书馆建设责任的上移是新中国成立以来我国乡镇图书馆经历的最深刻变化。这类乡镇图书馆与县级图书馆一样,由县政府充当建设主体,由县图书馆作为主要的运行主体,其建设和运行也因此发生了两个根本性变化:第一,随着乡镇图书馆建设责任(或建设主体)上移至县市政府,乡镇图书馆的建设和运行经费被纳入县市政府的财政预算,有了相对稳定的保障,也改写了我国“一级政府建一座图书馆”和“一县一馆舍”的历史,使更多的农村人口开始就近便捷地享受县级政府保障的图书馆服务。第二,随着其运行责任上移至县市图书馆,其主要业务(有些地区甚至是所有业务)成为县市级图书馆业务的组成部分,被纳入了专业化的轨道,使更多的农村人口能够就近便捷地享受专业化图书馆职业提供的服务。经过上述变革的乡镇图书馆虽然馆址设在乡镇行政区,以乡镇居民为目标人群,但却是县市级公共图书馆的组成部分,它们因此与 20 世纪 80—90 年代兴起的乡镇图书馆迥然不同。显然,这种“县立”专业化乡镇分馆模式彻底颠覆了我国长期实施的“业余、自愿、小型、多样、节约”的办馆模式,是乡镇图书馆发展史上里程碑式的转折,也是我国农村图书馆事业和公共图书馆普遍服务进程中“质变”性的进步。

上述乡镇图书馆的发展历程表明,新中国成立后至2013年年底的乡镇图书馆发展可以划分为三个不同时期:几近空白时期(1949—1979)、自主发展时期(1980—2005)、转型时期(2005—2013)。在几近空白时期,中央和地方政府的文件很少提到乡镇层级的图书馆,偶尔提到,也只是说在区级(新中国成立初期介于县和乡镇之间的级别)和大公社尝试设置。零星的地方性数据也表明,这一时期的乡镇图书馆数量确实很少。在自主发展时期,几乎所有的中央和地方相关文件都强调乡镇文化设施建设,很多地区都按照这些文件倡导的"业余、自愿、小型、多样、节约"原则,依赖乡镇集体经济、创收、捐赠,建设了乡镇图书馆,不少地区还设置了独立命名甚至独立建制(独立于文化站)的乡镇图书馆。在转型时期,有些地区已经开始将乡镇图书馆的建设责任全部或部分地上移至县政府或地级市政府,将图书馆的运行责任交给专业化图书馆;这些地区的乡镇图书馆由此成为当地专业化公共图书馆服务体系的组成部分,实现了公共图书馆对乡镇级行政区的覆盖。

第五节 我国村级图书馆的发展历程

一、民国时期的村级图书馆

从本研究收集的资料看,民国时期对于图书馆如何覆盖村落,存在两种提议。一是通过政府兴办的图书馆或民众教育馆的巡回文库来覆盖。早在1916年,《教育公报》就载文呼吁:"由各县设通俗文库总部一所,采集人民必需而易晓之各种图书(图如最简易之世界图、本国图及本省、本县等图;书如各种有益小说及新闻杂志、自治法令等项),输送城镇各支部,再由支部转送各村落阅览所,限定日期阅毕,由处送回总部收存。"[97]二是通过地方自治团体设立固定图书室。1931年国民党的南京国民会议期间①,在会议代表董霖等53人提交的"推广农村教育改良农事设施发展农村经济案"中,就将农村图书馆作为实施农村教育的三大设施之一(另外两大设施分别为农村学校和农业演讲会),提出农村图书馆"由地方自治团体募款举办之,每一农村须至少设立一个,内容不求丰富,而在于多备适合于农民需要之书籍"[98]。

---

① 查自山东省档案馆。该提案本身未见日期及出处,但根据统一档案卷宗中的其他提案和董霖的生平,可以判断这是他参加1931年南京国民会议时的提案。

从本研究收集的资料判断,相对而言,巡回文库是当时覆盖村庄的更常见方式。当时的浙江省、广西省、西康省、天津市都有民众教育馆或通俗图书馆通过巡回文库到达村庄的记载。如前所述,广西省于1938年度起,分区设置巡回文库,并颁行了《广西各县设置巡回文库办法》及《巡回文库图书目录》;每二至五乡镇为一巡回区,每个巡回区内再设若干巡回点[99]。可以推知,这样的巡回点至少要到达部分村落。西康省康定县民众教育馆有巡回书车,每月巡回康定二次或三次[100]。据称在河北定县,晏阳初开展的乡村运动也利用了巡回文库的办法[101]。

在部分地区的村庄设置固定图书馆的做法也有记载。例如广西省在1940年专门成立了普设民众图书馆委员会,其目标之一就是将文化运动推广至乡村,形成人人随时随地学习的氛围。普设图书馆委员会制定的图书馆推进程序分为两个阶段:第一阶段是提倡时期,由省政府拨款编印图书,分发各乡镇中心学校,限期一律成立民众图书馆。第二阶段是推广时期,应劝导全省各村街各学校各机关各工厂各大商店自筹经费普设民众图书馆。到1942年,广西除了在乡镇中心学校设置的图书馆2302个,乡镇巡回图书馆2302个,还有村街国民学校图书馆1162个,中等学校图书馆129个,合计5895个[102]。

二、1949年之前中国共产党领导的抗日根据地和解放区的村级图书馆

1949年以前,在中国共产党领导的地区,村图书馆被视为农村文化建设的重要平台。1938年陕甘宁边区教育厅印发的《社会教育工作提纲》将图书馆列入社会教育范围,要求"每县、区、乡、村都要有图书馆或红角的设立"[103]。1943年,胶东第三区党委实验区工作委员会所做的上半年试验区工作总结也提到,当时胶东农村设有村俱乐部,由村文教委员会主管,俱乐部的组织与活动中包括管理报纸图书,领导读报组[104]。可见,有形或无形的"图书室"是这种乡村俱乐部的重要组成部分。1949年新中国成立前夕,在已经解放了的东北地区,出现了大批由新华书店推动建设的村图书室,这些图书室主要由东北地区的出版发行机构主导,由农民自行建设和维持。据统计,当时整个东北地区已建设农村图书室近5000个。

1949年新中国成立以后,村文化俱乐部图书室和新华书店主导建设的图书室都作为新中国的农村图书馆建设方式而得到推广。

三、1949 年以后的村级图书馆

如前所述,1949 年中华人民共和国成立以后,我国立即着手进行土地改革。由于预见到土改之后的农民生活和农村发展会对图书产生巨大需求,农村图书室建设很快就被提到文化主管部门的议事日程。1951 年,当时的文化部部长周扬所做的《中央人民政府文化部 1950 年全国文化艺术工作报告与 1951 年计划要点》的报告专门指出,在整顿并充实中央、各大行政区及省市现有的图书馆的同时,在有条件的村镇设立图书室,发展农村图书网[105]。同年,山西省人民政府《关于建立农村流动图书馆大力开展农村文化工作的指示》、山东省文教厅发出的《关于推广农村图书室开展农村读书运动的指示》、浙江省文教厅《关于开展工厂农村图书流通站工作的指示》都指出,要通过农村图书室,活跃农村文化生活,提高农民文化科学及政治思想水平。

土地改革之后,农村很快就进入社会主义改造时期,自 1953 年起先后发动了农村合作社和人民公社运动。这场史无前例的社会主义改造无疑需要全民动员。在这样的背景下,从中央到地方,各级政府对农村文化事业又增加了以下认知:①农村在政治经济领域经历的重大变化迫切需要文化领域的配合,为此,农村文化必须做到"为农业的社会主义改造服务""为合作化服务"、为"巩固和发展人民公社"服务;②文化设施的建设和文化活动的开展是动员、教育农民的重要手段,也是文化部门参与农村社会主义改造的重要形式和途径;③在农村开展文化活动的最合适层级是村,因而最适合当时农村形势的文化设施是村级文化俱乐部、图书室、文艺队等文化设施。正是基于这样的判断,20 世纪 50 年代的中央和地方政府都反复提倡设置村级图书室或含图书室的村级文化俱乐部。

根据档案资料、报纸及专业刊物资料,50 年代的村级图书馆存在若干建设模式。第一种是地方政府主导,农民自主建设的图书室。山西省自 1950 年开始试点,1951 年普遍推行的农村图书馆就采用这种模式。1951 年《山西省人民政府关于建立农村流动图书馆大力开展农村文化工作的指示》明确提出,发动群众建立自己的小型图书馆;经费、地点和管理人员等问题,都应由群众自己解决。同年年底,山东省文教厅发出的《关于推广农村图书室开展农村读书运动的指示》要求农村按以下精神建立图书室:①凡学习积极性较高或有组织领导农民学习的村庄,都应成立农村图书室;②农村图书室经费由各村自己解决;③农村图书室需有一定数量的不脱离生产的管理人员;

④农村图书室成立后即应建立简单可行的登记制度、保管借阅等制度。

第二种模式是政府主导,农民自主建设的村文化俱乐部图书室。如前所述,村俱乐部作为组织、动员和教育农民的文化设施,早在新中国成立前夕就见于中国共产党领导的根据地或解放区。1949年以后,新中国继承了这种宣传教育农民的组织方式,并给予大力提倡和推广。1955年天津市人民委员会在其提出的《天津市郊区农村文化设施情况、初步规划意见及今冬明春的工作计划》中指出,农村俱乐部应以合作社为单位,在生产发展的基础上逐步建立;该工作计划还提议,各村庄可先办小型图书室,然后加进村剧团、放映站、收音站等其他文娱设备,从单项活动到多项活动,逐步形成,有了内容再盖房子。根据1956年文化部《关于改进和进一步加强农村文化工作的指示》提供的统计资料,当时全国农村已建有村俱乐部32万个,此外还有大量图书室、业余剧团及其他单项文化活动组织[106]。

第三种模式是由出版发行部门倡导和支持,由农民自主建设的图书馆。新华书店参与农村图书馆建设始于新中国成立前的东北地区。如前所述,1949年在新中国成立之前,东北地区就已经出现了大批由东北地区的出版发行机构主导、由农民自行建设和维持的农村图书室。1949年以后,新成立的出版总署延续了他们在东北的经验,在其他地区推广类似的农村图书馆。1950年,中央人民政府出版总署向全国发出开展全民读书运动的号召,责成各出版社和新华书店出版发行"读运丛书"25 000套,低价售给各地图书室,大部分供给了农村[107]。1951年,新华书店华南总分店发布《关于普遍建立工厂农村图书室开展读书运动的意见》,在华南区推广图书室建设,与此同时,西南、西北区也都启动了同样的图书室建设。根据1950年中央人民政府出版总署动员令和1951年新华书店华南总分店《关于普遍建立工厂农村图书室开展读书运动的意见》的精神,新华书店倡导兴办的农村图书室多采用以下建设方式:①经费从多渠道筹集:由组织上拨出补助款,由群众募捐,从合作社的纯利润中抽取、集体副业生产的收入;②管理人员从群众中选出或指定,以不妨碍其他工作为宜[108]。截至1951年,由新华书店倡导建设的农村图书室,东北区有4900多个,中南地区3100个,华北区4000个,华东区1500个[109]。

第四种模式是由县图书馆或文化馆设置的村级图书流通站。如前所述,20世纪50年代,中央和地方出台的各种文件都反复要求县图书馆和文化馆图书室服务农村,在村镇建立图书流通站。1951年,浙江省文教厅发出指示,要求位于城市和区镇的图书馆分别在工厂和农村设置图书流通站。该指示还特别强调,位于区镇的图书馆要与当地的文化站密切配合,划分地区,分工设立图书流通站,要依靠当地群众力量,在民校、俱乐部、农村剧团等原有农村组织中设置图书流通站。1956 年文化部共青团中央联合发出的《关于配合农村合作化运动高潮开展农村文化工作的指示》也要求新建的县图书馆和已有的文化站同农村俱乐部图书室密切联系,对它们进行辅导,并且通过它们使图书在农村中有计划地巡回流通。根据这些文件的要求,各地图书馆和文化馆在农村建立了很多图书流通站。例如,在浙江省,文教厅于 1951 年发出指示,到 1952 年上半年,杭州市皋塘文化馆就已经在 14 个乡建了 37 个图书流通站,每站平均配置图书 40 册;流通站分大站和小站两种,大站下设支站并负责对支站调配图书,小站为各自独立的流通站,站方直接与文化馆调换书籍[110]。

第五种模式是由个人或其他社会力量捐建的图书室。除了一些民国时期留存或新建的私人公益性图书馆(如广东省江门市霞村图书馆)[111],还有企事业单位捐建的图书馆(如中国人民解放军南昌步校协助建设的江西省新建县东城区长垅前进高级农业社图书室[112])。此外,还有共青团等组织发起的捐建图书室活动。例如,1955 年左右,山东省团委曾发动城市青年通过向农村捐赠图书的方式建设农村图书室[113]。

1959 年,随着"大跃进"的后果开始显现,我国进入持续三年的经济困难时期。1960 年 3 月文化部在山西省太原市召开了全国农村文化工作会议,讨论新形势下"如何争取农村文化工作更大更好的跃进问题"。会后,《图书馆通讯》以《把农村图书馆工作推向新阶段》为题,专门介绍了此次会议。山西文化会议之后不久,第二届全国人民代表大会第二次会议在北京召开。文化部部长沈雁冰和副部长钱俊瑞分别做了题为《为实现文化艺术工作的更大更好的跃进而奋斗》和《文化必须大力支持农业》的报告,指出:所有文化事业单位都应该以开展农村群众文化工作作为自己的重要任务。根据这几次会议的精神,从 20 世纪 60 年代初直到"文革"开始,各地陆续出台了建设农村文化设施的文件和措施。例如,1963 年天津市文化局出台了《关于加强农村文化工作的意见》;1964 年山东省在文化部副部长徐光霄赴山东调查农村文化工作期间,做出了《目前农村文化工作基本情况和今后意见》的报告;1965 年,中共山东省委宣传部、山东省文化局、共青团山东省委分别做出《关于当前农村文化工作的情况和今后的意见》《关于贯彻华东农村文化工作座谈会意见》《关于举办农村文化活动阵地的情况报告》。1965年,为进一步推动和规范农村文化建设,共青团中央宣传部印发了《农村俱乐部工作要点(修改草案)》,随后又于1965年印发《农村文化室活动要点(修改草案)》,后者建议今后用"文化活动室"代替"农村俱乐部",指出文化室的活动之一就是办好图书室,做好图书宣传和阅读指导工作;文化活动室一般建立在生产大队。

根据1964年年底的数据,山东全省农村已有36 055个团支部办起了俱乐部,占农村团支部总数的46.7%,其中65%的俱乐部有图书室[114]。1965年7月底的数据显示,天津市已有541个生产大队建立了文化俱乐部(约占全部生产大队总数的76%)[115]。从这时期的政策导向和实际建设案例来看,20世纪60年代村级图书室建设的主要模式依然是政府主导下的农民自主建设,也有部分图书室依靠捐赠,另有一些图书室是县级图书馆建设的图书流通站。换言之,60年代初期,除了没再见到新华书店主导的图书室建设,村级图书室基本沿用了50年代的建设模式,但与50年代不同的是,在当时的宏观背景下,图书室开始被赋予更多的意识形态使命。

"文革"开始以后,农村图书馆事业与整个图书馆事业一起陷入停滞。从1966年到1972年,有关农村文化建设的政策文件和相关报道几乎为空白,直至1973年。1973年到1976年,湖北、新疆、甘肃、四川、内蒙古等都在当地主要媒体上报道了村级图书室的建设经验。从数量上看,这段时间很多地区的村图书室再次出现了遍地开花的全覆盖势头(见表1-6)。

表1-6 20世纪50年代至"十五"末期村级图书馆数量

年份	全国	地区
1951		山东1400个村庄建立了农村图书室[116];由新华书店倡导建设的农村图书室,东北区有4900多个,中南地区3100个,华北区4000个,华东区1500个[117]
1956	农村图书室182 960个[118]	山东省在文化馆站直接掌握下较完整的俱乐部已有10 000个,农村图书室7500余个[119]
1958	农村图书室约288 326个[120]	
1964		山东省65%的俱乐部都有图书室[121]

年份	全国	地区
1965		山东全省农村已有36 055个团支部办起了俱乐部,占农村团支部总数的46.7%[122];截至7月底天津已有541个生产大队建立了文化俱乐部(约占全部生产大队总数的76%)[123];广西玉林县有图书室198个,其中民办的139个,县图书馆办的农村图书室、图书流通站、集体借书小组59个[124]
1972		江苏省南通县观河公社17个大队和12个县社企事业单位共办了29个农村图书室[125]
1974		湖北省汉阳县353个生产大队中有333个建立了中心图书室,有810个生产队建立了图书小组[126]
1975		北京郊区80%以上的大队办起了图书室[127]
1981		天津宁河县图书馆帮助恢复和建立农村大队图书室49个[128]
1983		吉林省延吉县的20个公社230个大队共建图书室50个[129]
1995		山东省莱州市乡村两级建成了五千册以上的馆112个,其中万册以上的馆27个,五千册以下的图书室800多个[130]
1998		天津市全市共有3894个村庄,建有图书室1475个,普及率占37.9%[131]
2000		深圳市宝安区百村书库工程,126个行政村建有104个图书室[132]

注:这一时期村级图书馆的数量主要来自媒体及专业刊物上的调研或报道。

改革开放之初,中共中央和政府文化主管部门对农村文化形势的基本判断是,"文革"时期农村文化的极度贫乏,为赌博、迷信、低俗文化提供了空间,而这些文化已经开始影响农业生产和农村社会秩序,因此要把发展农村文化、活跃农村文化生活看成是农村全面建设的重要内容[133]。基于这样的判断,20世纪80年代初,中宣部、文化部连续发出有关农村宣传文化工作的意见和指示,如1980年中宣部《关于活跃农村文化生活的几点意见》《关于加强当前农村宣传工作的几点意见》、文化部《关于加强群众文化工作的几点意见》,1981年中共中央办公厅《关于关心人民群众文化生活的指示》,1984年中宣部《关于进一步巩固和发展农村集镇文化中心的报告》、国务院办公厅转发的《文化部关于当前农村文化站问题的请示》。农村图书馆的建设与其他农村文化事业一起再次受到关注。但与此前几次农村文化建设高潮相比,乡镇层次的文化设施受到更大程度的关注(如前所述,1980 年以后发布的几份有关农村建设的重要文件,都首先强调公社文化站、小城镇文化中心的建设)。但从各地报道的情况看,这个时期的村级图书室也得到了同步发展。虽然不存在官方的统计资料,但从各地零散的统计数据(详见表 1 –6)判断,各地分散的、此起彼伏的、时断时续的村级图书室建设贯穿了 20 世纪的八九十年代。

1998 年文化部发布的《关于进一步加强农村文化建设的意见》首次提出"两馆一站一室"农村文化设施全覆盖格局,即在全国农村实现县县有图书馆、文化馆,乡乡有文化站,村村有文化活动室的目标,并要求各地要把"两馆一站一室"建设列入当地的经济和社会发展总体规划,落实建设经费。此后,随着城乡协调发展战略和社会主义新农村建设规划的提出,村级文化设施再次成为农村文化建设的重点。2005 年由中共中央办公厅和国务院办公厅联合发出的《关于进一步加强农村文化建设的意见》提出要以政府为主导,以乡镇为依托,以村为重点,以农户为对象,发展县、乡镇、村文化设施和文化活动场所,在 5 年内基本形成县、乡、村文化基础设施相对完备的、全覆盖的农村公共文化服务网络。2006 年的《国家"十一五"时期文化发展规划纲要》进一步提出,要在巩固县县有图书馆、文化馆的基础上,基本实现乡镇有综合文化站,行政村有文化活动室。根据中央政府的总体规划和要求,各地也都出台了普及到村的当地文化建设规划。例如 2006 年四川省委办公厅、省政府办公厅联合下发《关于进一步加强农村文化建设的实施意见》,明确提出,经过 5 年努力,建立健全覆盖全省的农村公共文化服务体系,到 2010 年,基本实现"一县两馆"(文化馆、图书馆)、"一乡一站"(综合文化站)、"一村一室"(文化活动室)、"一人一册"(图书)的目标[134]。宁夏则计划用 3—5 年时间在全区 187 个乡镇和 2376 个村各建设一个图书室[135]。

根据中共中央办公厅和国务院办公厅《关于进一步加强农村文化建设的意见》,2005 至 2010 年间,中央各部委实施了若干普及到行政村的图书室建设项目和相关文化教育项目。专门的图书室建设项目包括新闻出版总署牵头实施的农家书屋项目和民政部牵头实施的万家社区图书室援建和万家社区读书活动;相关项目包括文化部负责实施的全国文化信息资源共享工程和中组部负责实施的全国农村党员干部现代远程教育项目。虽然后两个项目的建设者很少将其宗旨与农村图书馆服务相关联,但从专业化图书馆职业的角度看来,它们所要实现的,都是十分典型的公共图书馆功能。在公共图书馆相对发达的地区,专业化图书馆队伍事实上已经开始对上述资源进行整合,即开始将它们纳入正在形成的农村公共图书馆服务体系。

农家书屋是由新闻出版总署会同中央文明办、国家发改委、科技部、民政部、财政部、农业部、国家人口计生委联合发起的农村文化设施建设项目,该项目以行政村为单位,在全国设置名为"农家书屋"的图书室,旨在解决农村居民"买书难、借书难、看书难"的问题。由上述部委联合印发的《"农家书屋"工程实施意见》要求每一个农家书屋原则上配备可借阅的实用图书不少于1000册,报刊不少于30种,电子音像制品不少于100种(张),具备条件的地区,可增加一定比例的网络图书、网络报纸、网络期刊等出版物。根据《"农家书屋"工程实施意见》的最初构想,农家书屋的设置和启动将通过政府组织与社会捐助来实现,后期管理与维持则由农民自主负责,经营模式包括出版物经营活动。2008年项目全面实施后,农家书屋的设置经费和"十一五"时期的运行经费主要来自各级政府的财政补贴,2009年中央财政安排13.954亿元专项资金,并要求地方各级财政部门安排好地方配套资金。在运行模式方面,农家书屋基本上放弃了最初设计的"租借售"混合设施而成为单一性质的图书室,其业务活动主要由当地农民自主承担。根据新闻出版总署公布的通报,截至2012年8月底,农家书屋工程共建成农家书屋600 449个,提前3年实现了对全国行政村的全覆盖,农家书屋工程就此宣布全面竣工[136]。

万家社区图书室援建和万家社区读书活动是由中央文明办、民政部、新闻出版总署、广电总局联合开展的城乡社区图书室援建活动。援建经费一部分来自援建活动的主办单位和参加援建的出版单位,另一部分来自当地的福彩公益金,文化建设、社区建设、社区公共服务设施建设资金,另外还有社会团体捐赠、企事业单位和个人捐赠等。活动自2003年9月启动,到2009年共援建6期,其中前3期以援建城市社区图书室为主,自2006年起把援建范围从城市扩展到农村,并开始与农家书屋工程相衔接,被纳入农家书屋工程整体规划。

如前所述,共享工程是由文化部负责实施的国家重点项目,旨在利用现代信息技术手段,面向全国公众开发和传播数字化文化信息资源。工程的目标之一是建成覆盖所有行政村的基层服务点。2005年文化部、财政部发布的《关于进一步加强全国文化信息资源共享工程建设的意见》提出,2010年前,基本建成覆盖城市大部分社区和农村乡镇、村的基层工作网络;2007 年《文化部、财政部关于进一步推进全国文化信息资源共享工程的实施意见》再次重申,到 2010 年,基本建成资源丰富、技术先进、服务便捷、覆盖城乡的数字文化服务体系,努力实现"村村通"。为此,2007—2010 年间,中央财政投入 24.76 亿元,其中的一部分用于补贴中西部地区的基层服务点建设。根据文化信息共享工程的官方报告,截止到 2011 年年底,共享工程已经在 602 000 个行政村建设了基层服务点,覆盖率达 99%[137]。

全国农村党员干部现代远程教育工程由中组部实施,旨在通过现代远程教育技术向农村党员干部提供培训课程、材料及其他信息资源。项目于2003—2004 年、2005—2006 年先后在 3 个和 9 个省份进行试验,2007 年推广至全国。项目建设的主要内容包括:建成基于多种技术的远程教育平台和网站、可全国共享的分布式资源库、覆盖所有行政村的远程教育终端接收站点。其中终端站点的接收模式可对接卫星传送、有线电视网传送或宽带互联网传送,也可以是其他适合当地情况的模式。站点首先考虑依托农村中小学的终端站点;需另行建设的站点经费主要由地方解决,中央给予适当补助。根据2012 年全国农村党员干部现代远程教育网络建设工作综述,项目共建设乡镇级村级接收站点 70 多万个[138]。

与 21 世纪以前的村级图书室建设相比,农家书屋、共享工程的村级服务点、农村党员干部现代远程教育的终端接收站点在设置阶段都动员了各级财政力量,且有从中央到地方的专门组织予以推动,因而其设置模式已经与以往的"业余自主"设置模式十分不同,这也是这些项目能够在较短时间内,覆盖几乎所有行政村的原因。然而,作为项目的产物,这些设施大都没有解决持久运行的长效机制问题,即尚未找到可取代"业余自主"模式的新运行模式。在专业化图书馆职业队伍看来[139],"业余自主"的运行模式恰恰是以往农村图书室无法持久运行的根本原因,这是因为,以我国农村的贫困状况,"自主"根本无法保证图书馆运行所需的后续经费,而"业余"则导致图书馆无法产生应有效益,其结果几乎总是导致已经建成的图书馆很快失去有用性,进而自生自灭。在这些专业人士看来,除非将村级图书室纳入专业化公共图书馆服务体系(在人口相对聚集的大村设置县图书馆分馆,在人口相对分散的小村设置流通站),否则,那些在国家重大项目和各级财政力量支持下迅速普及的农家书屋及其他文教设施,同样难逃短命的结局。零散的调研结果大都支持图书馆专业人员的判断和预期,这些调研显示,即使在经济比较发达的江浙一带,农家书屋早在"十五"末期就已显现维持困难:例如,根据苏州市文广新局开展的专项调研,吴江市的农家书屋有约三分之二无法维持正常开放[140]。

在图书馆职业的推动下,近年来,不少地区已经开始探索村级图书馆的新运行模式。其中浙江嘉兴地区和江苏苏州地区的尝试都同时考虑了运行经费和专业化改造问题,代表了新时期村级图书馆的转型。

嘉兴市的村级图书室是其"总馆—乡镇分馆—村分馆/图书室"公共图书馆服务体系的组成部分。其中村分馆和图书室的设置及运行模式是该市乡镇分馆"多级投入"模式的延伸,其设置和运行经费都由市/县(市)、乡镇分担。嘉兴市直属乡镇所辖的村级分馆和图书室,经费由嘉兴市政府、区政府及乡镇政府共担;各县(市)所辖乡镇的村级分馆和图书室,由县(市)政府和乡镇政府共担。由于主要经费不再依赖村级集体组织或村民集资,因而图书室的布局可以打破行政村界限,在人口相对密集、规模较大的村庄设置分馆,在规模较小的行政村设置图书室。在业务上,市县图书馆对乡镇分馆实施统一管理,并通过分馆管理村分馆/图书室,对不同部委建设的各类资源(包括农家书屋的图书资源、共享工程的数字化资源、农村党员干部远程教育的培训资源)进行整合。通过上述投入模式和专业化改造,嘉兴地区的村级图书室正在告别以往"业余自主"的运行模式,成为专业化公共图书馆服务体系的组成部分[141]。

苏州地区村级图书室的建设模式是苏州承担的"国家公共文化服务体系示范区"的创新内容之一。如前所述,苏州示范区的创建目的是为建设覆盖全社会的公共图书馆服务体系进行制度设计。在由此形成的制度设计中,村级图书室被界定为县级流动图书馆的停靠点,并接受县图书馆乡镇分馆的指导,对村级各类信息资源(包括共享工程的资源以及农村党员干部现代远程教育的资源)进行整合。虽然这样的村级图书室依然依赖当地兼职人员维持开放,但由于县市政府的经费保障和县市图书馆的运行干预,它们已经与专业化公共图书馆有了更深的联系。

上述回顾显示,1949年至2013年年底的村级图书馆发展史大致可以划分为两个时期:业余自主发展时期(1949—2005)和转型时期(2005—2013)。在自主发展时期,政府每隔一段时间就高调倡导村级图书室建设,但不提供任何实质性支持,而是让村集体或农民自主承担图书室的设置和运行经费,自主维持图书室的开放和服务。由于村集体和农民不具有维持图书室运行的经济和专业能力,那些为响应政府号召而设置的图书室通常不能持久,因而,村级图书室的自主发展时期也是其周而复始重复建设的时期。在转型时期(2005年以后),中央政府开始通过农家书屋等全国性项目,动员各级财政力量在全国设置"村村有"的图书室,一些地区的地方政府甚至进一步将村级图书馆的运行经费也纳入财政预算,使之成为县级图书馆的分馆或流通点。

第六节　县乡村一体化的公共图书馆服务体系

前面三节的回顾显示,民国时期,我国的县、乡、村层级都已有图书馆存在,其中乡镇和村庄层次的图书馆主要是县立通俗图书馆或民众教育馆的分馆或巡回文库。虽然这样的分馆和巡回文库的总数量远没有覆盖全社会,每个分馆和巡回文库的藏书量也十分有限,但通俗图书馆或民众教育馆及其分馆或巡回文库却上下联通,自成体系,可以视作当时县乡村一体化的"县立公共图书馆服务体系"。

1949年新中国成立后,我国的县、乡、村图书馆在大部分时间里是分头发展。其中县图书馆由国家兴办,乡镇和村的图书室则由这两个层级的集体经济或农民集资兴办,由此形成了县、乡政府和村级组织同时充当农村图书馆建设主体的制度安排。如前所述,由于每级政府和组织的经济能力都十分有限,他们对自身责任的担当大都表现为在各自的辖区建一座图书馆。因此,即使在农村图书馆建设的高潮时期,农村图书馆的分布也未超越"一级政府(组织)一个图书馆"的格局。由于这些图书馆的建设主体各不相同,因而,有多少个图书馆,就有多少个管理单元,图书馆之间各自为政,资源基本无法共享。

我国图书馆学研究者将这种格局称作"套杯式"格局,因为在这样的格局里,县乡村图书馆虽有层次之别,却互不隶属,资源互不相通[142]。这些研究者同时指出,对于建设覆盖全社会的公共图书馆服务体系而言,这样的格局具有多种缺陷。首先,在这样的格局中,图书馆的设置层次越低,其发展能力越弱。绝大多数乡镇政府和村级组织的财力事实上不足以支撑图书馆建设。他们即使因自上而下的指令勉强设置了图书馆,也无力维持其运行。至于运行图书馆的专业力量,这一层级更是薄弱。因此,按照"一级政府(组织)建设一个图书馆"的格局,县以下事实上产生不了稳定专业的图书馆,因而无法产生覆盖整个农村的公共图书馆服务体系。其次,在这样的格局中,由于无法打破行政区划按需设馆,只能按"每乡一馆(室)"和"村村有"的布点方式覆盖乡镇和村,至于这样的布点方式是否科学合理、经济高效,则无法保障。再次,在这样的格局中,由于图书馆之间无法共享资源,因而无法实现图书馆建设中的规模经济效应,必定增加整个农村图书馆事业的运行成本。

正如前面的回顾已经显示的,21 世纪以来,我国一些发达地区的地方政府和图书馆职业在探索普遍均等公共图书馆服务体系的实现路径时,已经注意到现有格局的局限,且已开始尝试将县乡村图书馆纳入同一管理单元,形成一体化的农村公共图书馆服务体系。2011 年以后,通过国家公共文化服务体系示范区(项目)创建工作,更多地区启动了同类尝试。前面各节虽然已经从各层级图书馆发展的角度讨论了这些地区的创新,但这里有必要从整体架构的角度再现"一体化体系"的创新之处。

如前所述,最早将不同层次的图书馆纳入同一管理单元、形成一体化公共图书馆服务体系的地区是广东省佛山市禅城区。该地区自 2005 年开始建设人财物统一管理的全区公共图书馆服务体系。在新体系中,所有图书馆的设置和运行经费均由区财政负责,所有政策、监管、评估等事宜都由区文化局负责,所有业务都由区图书馆负责。区政府因此成为整个禅城区公共图书馆服务体系的建设主体,区文化局成为其监管主体,区图书馆成为其运行主体。原有的区图书馆成为体系的总馆,新建的小图书馆则构成其分馆(详见图 1 - 1)。由于各图书馆的设置和运行不再依赖区以下的基层政府或组织,图书馆的布局也就不再受其行政区划限制,可以按需设馆。虽然禅城区在启动上述创新之时已不再是严格意义上的农村地区,但作为新时期最早的一体化公共图书馆服务体系,其建设理念和方式在城乡公共图书馆服务体系的探索历程中,都应占有一席之地。

浙江省嘉兴市也在"十一五"期间启动了一体化公共图书馆服务体系建设。嘉兴地区的公共图书馆服务体系由市政府统一规划设计,市政府和各县(市)政府分头建设,由此形成若干相对独立的"市—乡—村"或"县—乡—村"一体化服务体系及全市的公共图书馆联盟。其中嘉兴市直辖区域(市本级)的一体化服务体系自 2007 年开始建设,其他县市自 2008 年开始建设,所有体系均采用相同模式并具有同样的架构。以嘉兴市直辖区域的服务体系为例,该体系由嘉兴市图书馆(总馆)、乡镇/村分馆(设置在乡镇中心或人口大

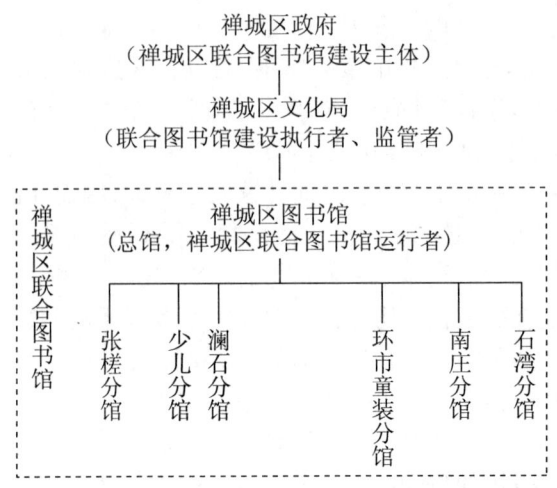

图1-1　广东省佛山市禅城区公共图书馆服务体系架构

村)、汽车图书馆、村图书室、机构流通站或24小时自助流通站构成,其中市图书馆的经费(包括其运行的汽车图书馆和流通站所产生的经费)由市财政承担,乡镇/村分馆及村图书室的经费由市政府、乡镇所属的区政府、乡镇政府共同承担,业务由市图书馆统一管理,由市馆的派出人员和乡镇派出人员共同实施(其中村级分馆和村图书室的日常业务主要由乡镇分馆督导管理)[143]。市图书馆通过对文献的集中处理和调配、对服务的设计督导甚至直接实施、对手机图书馆和电视等数字资源传播体系的统一管理、对通借通还系统的支撑、对汽车图书馆的运行、对所有员工的培训和考评等,联通了三个层次,初步形成了辖区一体化的公共图书馆服务体系。其整体架构如图1-2所示。

与嘉兴市一样,苏州地区的公共图书馆服务体系也是由市政府统一规划设计,市政府和各县(市)政府分头建设,形成若干相对独立的“市—街道(乡镇)—社区(村)”或“县—乡—村”体系以及全市的公共图书馆联盟。其中“县—乡—村”体系由县市图书馆(总馆)、乡镇分馆、流动图书车、村综合信息服务中心/流动车停靠点构成。体系内图书馆的绝大部分经费都由县级市政府负责,分馆的业务由县市图书馆统一管理,由乡镇派出人员负责实施(县市图书馆以业绩考核和奖励的形式加强控制);村综合信息服务中心由乡镇分馆负责督导,由县市图书馆的流动图书车负责图书更新调配。县市图书馆通过对分馆的统一管理、流动图书车在各村的定期停靠、图书通借通还,初步形

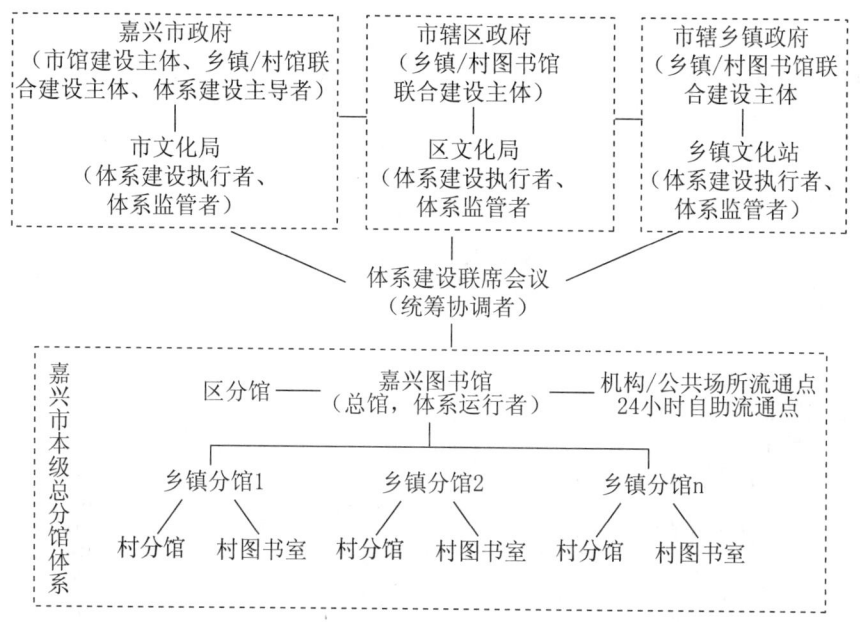

图 1 - 2　嘉兴市直辖区域(市本级)公共图书馆服务体系架构

成了辖区一体化的公共图书馆服务体系。

除了嘉兴和苏州,参与国家公共文化服务体系示范区(项目)建设的重庆市大渡口市、陕西省铜川市、四川省攀枝花市也开展了县、乡、村一体化公共图书馆服务体系的建设实验。其中大渡口市尝试创建的是双重意义的一体化体系:图书馆、文化馆一体化及县、乡、村一体化,即"一个总馆 + 多个分馆 + 若干服务点"的县乡村图文一体化体系。它将县图书馆文化馆一起界定为该体系的总馆,将乡镇文化站界定为分馆,村/社区文化室(农家书屋)界定为服务点[144]。陕西铜川市尝试建设的是以市、县、乡、村资源充分共享为特征的一体化体系,资源由区县分别投入并拟定采购计划,统一招标,市馆统一配送,全市流转。攀枝花市尝试建设的是以统一的计算机管理系统、统一的虚拟服务平台、统一文献采购加工与配送、远程智能监控为基础的一体化体系[145]。

表 1 - 7 是问卷调研所反映的当前全国县乡村一体化公共图书馆服务体系的建设情况。如表所示,在所有提供有效问卷数据的县市(样本总量 N = 127)中,目前已经建成县域总分馆体系的县市约占 28.3%,但总分馆体系覆盖所有乡镇的县市仅占 11.8%,覆盖一半及以上乡镇(含全覆盖)的县市比例

为14.9%。在已开展总分馆体系建设的县市（N=36）中，不足70%的总分馆开展统一采购，75%开展统一编目，同时开展这两项业务的只有58.3%。这些数据显示，虽然我国已经开始出现县乡村一体化的农村公共图书馆服务体系，但像嘉兴和苏州那样通过制度创新建设全覆盖的县域公共图书馆服务体系的地区依然很少。

表1-7　我国县市总分馆体系建设情况

	数量（个）	比例（%）
已开展通借通还业务的县市	26	20.5 *
已建成县域总分馆体系的县市	36	28.3 *
总分馆体系已覆盖全县的县市	15	11.8 *
总分馆体系覆盖一半及以上乡镇的县市	4	3.1 *
总分馆体系覆盖少数乡镇的县市	14	11.0 *
实施统一采购的总分馆	25	69.4 **
实施统一编目的总分馆	27	75.0 **
实施统一采购和分编的总分馆	21	58.3 **
开展书刊流转的总分馆	29	80.6 **
开展巡回讲座展览等活动的总馆	27	75.0 **

* 占问卷反馈馆比例；** 占总分馆体系比例

此外，如嘉兴地区、苏州地区和大渡口市的县乡村一体化公共图书馆服务体系所示，由于我国农村现有行政/财政体制的限制，目前在县域范围内建设的一体化公共图书馆服务体系还不得不采用非常复杂的协调机制（治理结构），以协调众多利益相关者的责权关系。按照我国现有的行政与财政体制，县、乡政府作为我国农村的两级政府，各自具有相应的财权与事权（至于其财权与事权是否匹配则是另外的问题）。正是这种相对独立的财权与事权造成了"一级政府一座图书馆"的公共图书馆建设体制。一旦试图打破这一体制，建设一体化的公共图书馆服务体系，就不得不重新界定各级政府对"一体化体系"的责任分工、协调机制以及由此形成的不同级别图书馆间的关系，同时还要建立相应的监督机制确保每个利益相关者按既定责权关系行事。由此产生的必定是十分复杂的县域公共图书馆服务体系治理结构。如果还需协调文化馆与图书馆之间的关系，体系的治理结构也将更加复杂。如图1-1和

图 1-2 所示,嘉兴地区县乡村一体化公共图书馆服务体系所需的治理结构远比已经城市化的禅城区复杂。不难理解,需要协调的权责关系越多、治理结构越是复杂,推动一体化建设的难度也势必越大,除非一个地区的政府和图书馆职业对建设县乡村一体化公共图书馆服务体系拥有足够的共识、决心和执行力,否则很难想象它的实施。这至少可以在一定程度上解释为什么县乡村一体化公共图书馆服务体系尚不普及的原因。不管怎样,嘉兴和苏州等地区为了建设一体化公共图书馆服务体系而不得不采用的复杂治理结构,已经暴露了农村现有行政和财政体制对普遍均等公共图书馆服务的制约。推动农村行政及财政体制改革,简化一体化农村公共图书馆服务体系的治理结构,或许应该成为农村图书馆事业发展与研究的新课题。

第七节　总结与展望

以上历史回顾显示,我国农村图书馆事业起步于清末民初,随后经历了其法定建设责任从省扩展到县、责任覆盖范围从城市扩展到农村的发展过程。1915 年的《通俗图书馆规程》首次规定,县政府具有"应设"通俗图书馆的法定责任(此前的《京师及各省图书馆通行章程》和 1915 年的《图书馆规程》均规定县"可设"图书馆);1930 年的图书馆条例 14 条和 1932 年的《民众教育馆暂行规程》规定,县政府的法定图书馆责任应该覆盖整个县域范围,即通过设立多个县立民众教育馆、分馆和巡回文库覆盖全县人口。其中,对各级政府图书馆责任的规定使"官办"成为民国时期农村图书馆的主要建设模式(根据中华图书馆协会 1935 年的统计,当时全国共有公共图书馆 933 所,民众教育馆 1002 所,但只有私立图书馆 75 所[146]);对"法定图书馆责任"覆盖范围的规定,使县、乡、村图书馆设施天然联通,构成了当时的县立图书馆服务体系;对"法定图书馆责任"执行方式的规定使农村图书馆设施具备了两种存在形式:①独立建制的图书馆及其巡回文库;②民众教育馆附设图书馆设施及其巡回文库。

1949 年中华人民共和国成立后,农村图书馆同样受到高度关注。除了"文革"时期,每隔几年政府就会出台农村文化建设的相关文件,而在几乎所有文件中,都有专门针对农村图书馆的规定。从发展过程来看,新中国成立以后的县、乡、村级图书馆之间没有渐进次序,几乎同步发展,但发展路径截然不同。其中县级图书馆走的是官办路线,其存在方式包括独立建制的图书馆和文化馆的图书室(对应民国时期民众教育馆的图书室)。截至 2013 年,独立建制的图书馆经历了四个发展阶段:①起步阶段(1949—1960),即相对独立的图书馆开始陆续出现阶段;②衰退阶段(1961—1970),即独立建制的县图书馆数量在经济危机和"文革"冲击下持续减少时期;③发展阶段(1971—2005),即独立建制的县图书馆数量重新稳步增长阶段,直至覆盖近80%的县级行政区;④拓展和转型阶段(2005—2013),即县图书馆与县政府联手在县辖区建设图书馆群,并充当其总馆的时期。其中第四阶段也是县级图书馆的办馆条件最好的时期,这一时期公共财政对图书馆的投入不仅使所有的县级图书馆装备了现代信息技术,也使它们回归公益,实现了基本服务和场所的免费提供和开放。

乡镇及村级图书馆在 21 世纪以前主要走"非官办"路线,即由乡镇/村集体或农民按"业余、自愿、小型、多样、节约"的原则,自主设置并维持其运行。其存在形式非常复杂多样,但主要是文化站的图书室。截至 2013 年年底,乡镇图书馆经历了三个发展时期:①几近空白时期(1949—1979):乡镇图书馆在政府文件中很少被提及、在现实中很少被设置;②自主发展时期(1980—1999):乡镇图书馆在政府倡导下,按"业余、自愿、小型、多样、节约"原则迅速发展;③转型时期(2005—2013):在部分地区,乡镇图书馆的建设责任开始全部或部分地上移至县政府或地级市政府,运行管理责任移交给市县图书馆。村级图书馆经历了两个发展时期:①业余自主发展时期(1949—2005):村级图书馆由村集体或农民自主设置、自主运行;②转型时期(2005—2013):村级图书馆普遍由公共财政提供设置经费,部分地区开始由公共财政提供运行经费。

由此可见,"十一五"和"十二五"对于新中国成立后的农村图书馆事业而言,具有划时代的意义——县、乡、村图书馆及其相互关系在这一时期都经历了深刻转型。乡镇及村级图书馆的转型尤为明显。"十一五"之前,乡镇和村级图书馆的基本办馆模式是"业余自主"。"业余"指由农民自己管理和运行图书馆,"自主"则指由乡镇或村集体经济甚至农民集资承担农村图书馆的建设和运行经费。这一办馆模式导致乡镇和村级图书馆既不具备公共图书馆的专业化品质,也不具备可持续发展的能力,并因此在乡镇/村级图书馆和专业化公共图书馆之间划分了难以逾越的鸿沟。这也是我国图书馆统计工作无法将乡镇/村级图书馆计入公共图书馆数量的原因。自"十一五"开始,全国范围的乡镇和村级图书馆普遍采用了由各级公共财政提供初始经费的设置模式,在江苏、浙江、广东等发达地区,还出现了由公共财政提供运行经费、由专业化图书馆职业负责日常运行的运行模式。这些变化颠覆了"业余自主"的农村图书馆发展模式,不仅开启了对农村图书馆的专业化改造过程,也代表了我国公共图书馆从城市走向农村并最终覆盖全民的真正开端。随着最近两年公共文化服务体系建设政策和措施的密集出台(如 2014 年启动的公共文化服务体系建设协调机制、公共文化服务标准化试点工作、2015 年伊始出台的《关于加快构建现代公共文化服务体系的意见》),我们似乎有理由期待公共文化服务体系建设在"十三五"期间攀升更高的战略地位,也有理由期待上述重大变化在"十三五"期间得以延续和发展。

从公共图书馆理论和国际经验的角度审视我国农村图书馆的发展道路,其艰难曲折实属情理之中。从理论上说,农村图书馆建设是普遍均等公共图书馆服务的内在要求,世界主要国家也都是通过建设覆盖全社会的公共图书馆服务体系,逐步将图书馆服务普及到农村。以此为参照审视我国农村图书馆的发展历程,不得不承认,无论是民国时期还是新中国成立后的相当长时间内,我国都不具备向农村提供普遍均等公共图书馆服务的条件。换言之,与英美等国相比,我国农村图书馆事业属于超前发展。这种超前性首先表现在,我国农村图书馆事业起步于城市化率很低的社会发展阶段,英美等国的公共图书馆都是在完成工业化和城市化之后才开始覆盖农村,而我国的城市化率在民国时期只有10%左右,新中国成立后长期低于30%;其次表现在它起步于人均 GDP 很低的经济发展水平,我国的人均 GDP 直到 20 世纪末都未超过美国 20 世纪 50 年代的水平;此外还表现在它起步于文盲率很高的农村教育水平,英国在 20 世纪 20 年代的文盲率为 1.5%,而我国当时为71.%[147],有些农村地区的文盲率甚至高达90%。农村图书馆事业相对于社会经济水平的超前性决定,我们事实上没有能力用普遍均等的公共图书馆服务体系覆盖农村,只能勉强建设远低于公共图书馆水平的"准图书馆设施"。因此民国时期的农村图书馆多采用巡回文库的方式,新中国成立之后则主要采用"业余自主"的办馆方式。

从很多意义上说,我国农村图书馆事业的发展环境在"十一五"期间出现了重大转折。这一时期,我国的人均 GDP 开始超过美国在 20 世纪 50 年代的水平(2005 年,我国人均 GDP 为13 943.6元[148],不考虑价格和购买力因素,与美国 1956 年的人均 2686.3 美元相近),城镇人口持续稳定增长并于 2011

年超过农村人口，城乡协调发展战略正式启动。所有这一切都为我国按普遍均等公共图书馆服务的内在要求，重新设计农村图书馆的发展道路提供了契机，促成了少数地区农村图书馆的转型和县乡村一体化公共图书馆服务体系的形成。

然而，目前在全国范围推广上述转型依然存在很多障碍。首先是我国现有行政/财政体制的制约。如前所述，在我国现有行政/财政体制中，县乡政府各自具有相应的财权与事权，其事权包括在各自的辖区建设和管理图书馆设施，即充当管办一体化的图书馆建设主体和监管主体，并在各个层级形成独立而狭小的图书馆管理单元（多数情况下每个单元只包含 1 所图书馆）。在这样的体制架构下，每所图书馆分别向其所属的县乡村政府或组织负责，互不隶属，各自为政，无法自然形成县乡村一体化的公共图书馆服务体系。如果要将这样的图书馆整合为一体化的公共图书馆服务体系，就需要县市政府和县市图书馆的强力推动并针对众多的责权关系建立复杂的协调机制，其难度足以令多数地区的县市政府和图书馆望而却步。根据"十二五"和十八届三中全会精神启动的公共图书馆治理结构改革，并不触及上述体制架构，而只是在同一管理单元中改变管理权限的分配方式，将公共图书馆的管理权限由政府独揽改为由更多的利益相关者分担。这相当于增加了一体化公共图书馆服务体系需要协调的利益关系总数，因而很可能在一段时间内增加协调难度。

其次是文化站图书室作为县以下农村图书馆存在形态的传统及其形成的思维惯性。如本研究所示，以文化站图书室的形式提供图书馆服务源于民国时期民众教育馆的图书室。作为覆盖农村居民的主要"图书馆设施"，这种形式在民国时期和现在都为我国所特有。它将公共图书馆的多元功能分解化约为民众教育馆/文化馆中的图书借阅功能，曾被李小缘先生尖锐批评为"轻重倒置"。20 世纪 50 年代，政府和图书馆界逐渐意识到，文化馆图书室无法承担公共图书馆的所有功能，于是开始在县级行政区推行独立建制的县级图书馆。由于国家财力不足以在乡镇行政区同时建立图书馆和文化馆，成本低廉、功能单一的文化馆图书室被保留作为县以下农村图书馆的合法形式；此后，相关的图书馆学研究文献、图书馆统计评估文献、文化政策与规划文本等又逐渐形成了与之相呼应的话语体系，塑造了我们对农村图书馆的认知，引导我们将不得已而为之的图书室当成农村图书馆的合理形式，把"县有图书馆，乡镇及村有图书室"视作理所当然的农村图书馆事业格局。我国文化发展规划一再重申的"两馆一站一室"农村文化规划思路表明,上述认知已根深蒂固。十八届三中全会提出建立公共文化服务体系建设协调机制,统筹服务设施网络建设。根据这一精神,我国于2014年成立了国家公共文化服务体系建设协调组,同时启动基层综合性文化服务中心建设试点工作。未来基层综合性文化服务中心涉及的上级部门将更加多元,其功能也将更加多样,可以想见,整个文化服务中心的功能越是多元和细化,留给图书室的功能就可能越是单一。这样一来,县乡村一体化公共图书馆服务体系建设不得不面临以下问题:县级公共图书馆在乡镇和村一级的对接平台是什么? 换言之,应该纳入县域一体化公共图书馆服务体系的乡镇和村级成分是什么? 是整个综合文化服务中心还是其中的图书室? 可以肯定的是,功能单一的图书室无法托起专业化公共图书馆的使命,亦无法为图书馆学理论和技术提供应用平台,因而很难满足一体化公共图书馆服务体系提出的"统一服务"要求。如果继续以文化中心图书室作为图书馆服务在农村的存在形式,很难想象普遍均等的公共图书馆服务能真正实现。而如果公共图书馆服务体系在乡镇和村级的对接平台是整个文化中心,那么现有的农村图书馆事业发展规划就存在"名"与"实"的关系问题:我们怎么可能以"文化中心"之名发展出专业化公共图书馆服务之实? 怎么可能期待文化主管部门按专业化公共图书馆的要求为其配置资源,特别是人力资源? 又怎么可能期待其工作人员以"文化中心人员"的身份培育出图书馆职业认同感、职业道德自律意识、职业知识更新(继续教育)意识? 新近出台的《关于加快构建现代公共文化服务体系的意见》将文化馆与图书馆同时确定为综合文化服务中心的总馆,使"名"与"实"的问题变得更加复杂,这是因为,在即将出现的"一分二总"局面中,文化馆总馆和图书馆总馆势必要划分各自的责任范围,即将什么功能归于什么名下的问题。专业化图书馆的功能比以往任何时候都需要一个正当的名分来加以整合,农村图书馆的发展已经到了不能不在意名称和话语的时刻。

再次是县级图书馆自身力量的薄弱。虽然"十一五"以来县级图书馆的发展环境已明显改善,但由于县级图书馆长期投入不足,起点低下,再加上我国图书馆职业整体缺乏专业门槛,因此,在很多地区,县图书馆尚无力承担"县乡村一体化公共图书馆服务体系"的运行责任。

世界公共图书馆的发展规律以及我国长三角、珠三角等地区的创新经验已经为我国农村图书馆事业指明了方向:在条件成熟时需要果断放弃"业余自主"的农村图书馆建设模式,将农村图书馆纳入专业化公共图书馆的发展轨道。这意味着,我们需要对以往发展和管理农村图书馆的思路做出若干具体的改变:①改变由集体经济和农民集资设置和运行乡镇和村级图书馆的投入方式,将县市政府对农村图书馆的责任制度化,由县政府建设覆盖全县的公共图书馆服务体系。考虑到我国目前的农村行政/财政体制尚不支持这样的公共图书馆服务体系,文化主管部门和图书馆职业有必要推动整个农村行政/财政体制的改革,以简化县乡村一体化公共图书馆服务体系的责权关系。②改变严格按行政区划设置图书馆的布局模式,对农村图书馆、图书流通站和流动图书车的停靠点进行统一布局,合理规划,追求公共图书馆服务对人口的高效覆盖。③改变以乡镇文化站图书室、村文化中心图书室作为农村图书馆存在形式的命名方式,以"图书馆"或"图书馆服务点"的名义整合基层文化服务中心的图书馆功能要素,打造能应用图书馆学知识体系、支撑公共图书馆综合功能的业务平台(这并不影响图书馆与文化中心共享空间和后台服务)。④改变每个图书馆各自为政的管理模式,将县域范围的所有固定图书馆和流动图书馆作为同一管理单元,实行人财物统一管理。⑤改变农村图书馆的业余服务模式,依托县市级图书馆的专业力量,科学地开展图书馆资源建设和服务设计,最大限度地实现乡镇和村图书馆的公共图书馆服务功能。⑥在概念上淡化县、乡、村图书馆的区分,强化总馆—分馆—流通站/流动图书车停靠点的区分。⑦在公共图书馆研究、规划、管理和统计工作中,将由此形成的农村图书馆纳入公共图书馆的范畴。⑧在实施公共图书馆治理结构改革、公共文化服务标准化、基层综合性文化服务中心建设时,同步考虑上述改革需要,确保我们针对不同问题而启动的改革措施彼此关照,互为条件。

一个国家的公共图书馆服务体系由城市发展到农村是公共图书馆价值的内在要求,也是这个国家社会经济发展水平的体现。那些曾经在我国农村周期性出现的、不能持久运行的"类图书馆设施",是我国特定时期社会经济发展水平的产物,代表了我们在无力建设普遍均等公共图书馆服务体系之时,依然试图将部分图书馆功能植入农村的努力。当社会经济发展水平足以支撑普遍均等的公共图书馆服务体系,政府和图书馆专业队伍应该有足够的勇气宣布让各种"类图书馆设施"退出历史舞台,用规范专业的公共图书馆服务体系取而代之。

参考文献:

[1][92] 李超平.从全覆盖和可持续发展角度看总分馆制及其建设主体的选择[M]//于

良芝等.公共图书馆建设主体研究——全覆盖目标下的选择.北京:国家图书馆出版社,2011:59—71.

[2] 徐苇,盛芳芳.农村图书馆:中国图书馆事业发展中难解的一个结[J].图书馆论坛, 2004(5):23—26,32.

[3] 王效良.基层图书馆的农村服务工作[M].北京:国家图书馆出版社,2010:1—6.

[4] [139] 于良芝.我国基层图书馆的专业化改造——从全覆盖到可持续的战略转向 [J].图书馆建设,2011(10):7—11.

[5] 于良芝,于斌斌.关于我国基层图书馆的竞争性话语比较[J].图书馆论坛,2011(6): 80—87.

[6] Koontz C,Gubbin B. IFLA Public Library Service Guidelines.[M/OL].2nd edition. Berlin, Munich:De Gruyter Saur,2010:1[2014 - 06 - 01]. http://www.ifla.org/en/publica-tions/ifla-publications-series-147.

[7] 邱冠华,于良芝,许晓霞.覆盖全社会的公共图书馆服务体系——模式、技术支撑与方案[M].北京:北京图书馆出版社(今国家图书馆出版社),2008:28—48.

[8] The International Organization for Standardization. Information and Documentation — International Library Statistics(ISO2789:2013),2013[M/OL].[2014 - 06 - 01]. https://www.iso.org/obp/ui/#iso:std:iso:2789:ed - 5:v1:en.

[9] Gunnels C B,Green S E,Butler P M. Joint Libraries:Models That Work[M].Chicago:ALA Editions,2012:103—150.

[10] 李国新.我国乡镇社区图书馆的现状与发展[J].图书馆论坛,2007(6):59—63.

[11] 联合国教科文组织.公共图书馆宣言[M/OL].1994[2014 - 05 - 20]. http://www.ifla.org/VII/s8/unesco/chine.pdf.

[12] Kerslake E,Kinnell M. Public Libraries,Public Interest and the Information Society:Theo-retical Issues in the Social Impact of Public Libraries[J]. Journal of Librarianship and Information Science,1998,30(3):159—167.

[13] Koontz C,Gubbin B. IFLA Public Library Service Guidelines.[M/OL].2nd edition. Ber-lin,Munich:De Gruyter Saur,2010:57[2014 - 06 - 01]. http://www.ifla.org/en/publi-cations/ifla - publications - series - 147.

[14] Section of Public Libraries,IFLA. The Public Library Service:IFLA/UNESCO Guidelines for Development[M]. München,K. G. Saur,2001:42.

[15] Moor N. Public Library Trends[J]. Cultural Trends,2004,13(1):27—57.

[16] Officer L H. Williamson S H. What Was the U. K. GDP Then?[EB/OL]. Measuring-Worth,2014[2014 - 06 - 30]. http://www.measuringworth.org/ukgdp/.

[17] Kingsley D. The Urbanization of the Human Population[J]. Scientific American,1965,213 (3):3—15,4.

[18] Casey G M. Administration of State and Federal Funds for Library Development[J]. Library Trends,1978(fall):145.

[19] Williamson S H. What Was the U. S. GDP Then? [EB/OL]. MeasuringWorth,2014. [2014 – 06 – 30]. http://www. measuringworth. org/usgdp/.

[20] Kingsley D. The Urbanization of the Human Population[J]. Scientific American,1965,213 (3):3—15,3.

[21] 程焕文. 晚清图书馆学术思想史[M]. 北京:北京图书馆出版社(今国家图书馆出版社),2004:329—331.

[22] 范并思等. 20 世纪西方与中国的图书馆学——基于德尔斐法测评的理论史纲[M]. 北京:北京图书馆出版社(今国家图书馆出版社),2004:166—169.

[23] 刘国钧. 近代图书馆之性质及功用[M]//中国图书馆学会主编. 百年文萃——空谷余音. 北京:中国城市出版社,2005:25.

[24] 李小缘. 图书馆学[M]//南京大学信息管理系编. 李小缘纪念文集. 南京:南京大学出版社,1988:55.

[25][27] 祝彦. 救活农村——民国乡村建设运动回眸[M]. 福州:福建人民出版社,2009:2.

[26] 李怀印. 华北村治:晚清和民国时期的国家与乡村[M]. 中华书局,2008:23.

[28] 温铁军等. 八次危机——中国的真实经验[M]. 北京:东方出版社,2013:26.

[29] 林毅夫. 新农村运动与启动内需[J]. 中国物资流通,1999(10):8—12.

[30] 言心哲. 中国乡村人口之分析[M]. 上海:商务印书馆,1935:3.

[31] 殷梦霞,李强. 民国统计资料四种第十四册[M]. 北京:国家图书馆出版社,2010:194,218.

[32] 殷梦霞,李强. 民国统计资料四种第十四册[M]. 北京:国家图书馆出版社,2010:206.

[33] 国家统计局人口和就业统计司. 中国人口和就业统计年鉴 2012[M]. 北京:中国统计出版社,2013:83

[34] 陈源蒸,张树华,毕世栋. 中国图书馆百年纪事(1840—2000)[M]. 北京:北京图书馆出版社(今国家图书馆出版社),2004:8—12.

[35] 程焕文. 晚清图书馆学术思想史[M]. 北京:北京图书馆出版社(今国家图书馆出版社),2004:232.

[36] 陈源蒸,张树华,毕世栋. 中国图书馆百年纪事(1840—2000)[M]. 北京:北京图书馆出版社(今国家图书馆出版社),2004:20.

[37] 中华民国教育部. 教育部公布民众教育馆暂行章程[B]//中华民国史档案资料汇编43 卷,1932.2.2:785. 查自中国第二历史档案馆.

[38][146] 中华图书馆协会. 全国图书馆及民众教育馆调查表[M]. 北平:中华图书馆协会,1935:61.

［39］李小缘.中国图书馆事业十年来之进步［M］.1936:26.查自:国家图书馆.民国图书数据库［M/OL］.［2014-07-30］http://mylib.nlc.gov.cn/web/guest/minguotushu.

［40］中华人民共和国文化部文物局图书馆处.全国图书馆事业的问题与展望(节录)［J］.浙江省立图书馆通讯,1951(9):1—4.

［41］［106］中华人民共和国文化部.关于改进和进一步加强农村文化工作的指示［B］.1956.查自天津市档案馆.

［42］浙江省立图书馆通讯编辑部.浙江省文教厅指示开展建立工厂农村图书流通站工作［J］.浙江省立图书馆通讯,1951,2(20):4—5.

［43］文化部社会文化事业管理局.文化馆、站混乱现象(文化部社会文化事业管理局——全国文化局(厅)长会议参考文件第四号)［B］,1956.11.2.查自天津市档案馆.

［44］山东省文化局.关于农村文化工作的规划［B］.1956.1.16.查自山东档案馆.

［45］［68］天津市文化局.文化局农村群众文化工作五年规划(供讨论用)［B］.1958.4.查自天津市档案馆.

［46］中央书记处.图书馆工作汇报提纲.见国家图书馆研究院编［G］//我国图书馆事业发展政策文件选编.北京:国家图书馆出版社,2014:67—68.

［47］中国图书馆学会.中国图书馆年鉴2006［M］.北京:现代出版社,2008:456.

［48］文化部财务司全国公共图书馆购书经费低于人员费用的增幅［EB/OL］.(2005-05-27)［2014-12-26］.http://59.252.212.6/auto255/200505/t20050527_20564.html.

［49］文化部财务司.从数据看"九五"期间全国文化事业发展中存在的问题［EB/OL］.(2005-05-27)［2014-12-26］.http://59.252.212.6/auto255/200505/t20050527_20576.html.

［50］文化部财务司.全国县级文化单位业务经费严重不足农村文化活动受到制约［EB/OL］.(2005-05-27)［2014-12-26］.http://59.252.212.6/auto255/200505/t20050527_20615.html.

［51］文化部财务司"十五"以来全国公共图书馆发展情况分析［EB/OL］.(2011-01-05)［2014-12-26］.http://59.252.212.6/auto255/201101/t20110105_20114.html.

［52］李国新.我国公共图书馆事业进一步发展的突破口——县级图书馆的振兴与乡镇图书馆的模式［J］.图书馆,2005(6):1—5.

［53］图书馆杂志编辑部.全国公共图书馆评估定级揭晓［J］.图书馆杂志,1995(1):52.

［54］李超平."百县馆长论坛"的历史意义［J］.中国图书馆学报,2013(1):27—35.

［55］文化部,财政部.关于进一步加强全国文化信息资源共享工程建设的意见［EB/OL］.(2005-04-13)［2014-06-30］.http://www.cpll.cn/law6906.shtml

［56］中国图书馆学会.中国图书馆年鉴2005［M］.北京:现代出版社,2006:616.

［57］中国图书馆学会.中国图书馆年鉴2008［M］.北京:国家图书馆出版社,2009:630.

［58］李国新,冯守仁,鹿勤.公共图书馆规划与建设标准解析［M］.北京:国家图书馆出版

社,2009:41

[59] 姚启玮.拓展馆外服务给力农家书屋——射阳县图书馆设置分馆为"农家书屋"服务的尝试[J].公共图书馆,2012(2):41—43.

[60] 臧运平等.我国农村地区公共图书馆建设的诸城模式研究[J].中国图书馆学报,2012(5):4—16.

[61] 陈源蒸,张树华,毕世栋.中国图书馆百年纪事(1840—2000)[M].北京:北京图书馆出版社(今国家图书馆出版社),2004:17.

[62] 陈源蒸,张树华,毕世栋.中国图书馆百年纪事(1840—2000)[M].北京:北京图书馆出版社(今国家图书馆出版社),2004:18.

[63] 朱煜.江苏民众教育馆研究(1928—1937)[D].苏州:苏州大学,2012.

[64] 周慧梅.民国时期民众教育馆变迁的制度分析[J].教育学报,2008(2):10—16.

[65] 王效良.基层图书馆的农村服务工作[M].北京:国家图书馆出版社,2010:1

[66][99] 麦群忠.关于农村图书馆室发展路向的思考[J].图书馆界,1996(2):1—6.

[67] 山东省文化局.本局关于贯彻华东农村文化工作座谈会意见[B].1965.8.16.查自山东省档案馆.

[69] 天津市人民委员会.天津市郊区农村文化设施情况、初步规划意见及今冬明春的工作计划(天津市人民委员会(55)会收文密字第84号)[B].1955.12.5.查自天津市档案馆.

[70][114][121] 刘盛春.目前农村文化工作基本情况和今后意见(汇报提纲)[B].1964.6.查自山东省档案馆.

[71] 国家统计局农业统计司.中国农业的光辉成就统计资料:1949—1984[M].北京:中国统计出版社,1984:125—126.

[72] 国务院办公厅.国务院办公厅转发文化部关于当前农村文化站问题的请示的通知[B].1984.3.28.查自山东省档案馆.

[73][88] 杨振龙.在上海市乡镇图书馆工作经验交流现场会上的讲话[J].图书馆杂志,1990(2):27—29.

[74] 江建洪.写在苏沪乡镇图书馆会议之后[J].图书馆杂志,1990(3):42—47.

[75] 缪建新.张家港市召开乡镇创万册图书馆座谈会[J].江苏图书馆学报,1989(3):14.

[76] 王学熙.中国农村发展乡镇图书馆之路——苏南地区发展乡镇图书馆事业探讨[J].中国图书馆学报,1995(4):35—39.

[77] 王学熙.机遇·目标·措施——苏州市六县(市)乡镇全面建成万册图书馆的启示[J].江苏图书馆学报,1995(2):44—45.

[78] 江苏图书馆学报编辑部.江苏省盐都县20个乡镇全部建成万册图书馆[J].江苏图书馆学报,1998(3):32.

[79] 陈浩,魏世伦.连云港市乡镇图书馆实施"知识工程"调查[J].图书情报论坛,1998

（3）：45—48.

［80］沈红梅,吴荇.长三角地区农村图书馆建设的历史经验及发展启示［J］.图书馆建设,
　　　2008（9）：16—19.

［81］徐关元.乡镇图书馆发展模式的探讨［J］.图书馆杂志,2006（6）：43—45.

［82］唐建样.认真总结经验促进我区乡镇图书馆（室）事业的繁荣发展（一九八九年全区
　　　乡镇图书馆检查评比总结）［J］.图书馆界,1990（3）：1—4.

［83］曹湘平.衡东县农村图书馆的调查与分析［J］.图书馆,1991（3）：39—43.

［84］周晓季.谈乡镇图书室的承包管理一泰兴县乡镇图书室调查报告［J］.图书馆,1991
　　　（6）：61—63.

［85］沈小丁,齐柏俐.怀化地区乡镇图书馆调查报告［J］.图书馆,1995（4）：46—48.

［86］孙世菁.浅析大连地区乡镇图书馆的发展［J］.图书馆学刊,1997（6）：45—47.

［87］［131］天津市文化局.天津市农村乡镇图书馆（室）建设调查报告［J］.图书馆工作与
　　　研究,1998（3）：23—24.

［89］图书情报知识编辑部.浙江慈溪县创办乡镇万册图书馆［J］.图书情报知识,1989
　　　（3）：79—80.

［90］李辉.试析农村图书馆（室）建设的起落［J］.图书馆,1990（3）：48—52.

［91］郭晶娜.乡镇图书馆事业的困境与探索——兴城市乡镇图书馆（室）调查分析［J］.图
　　　书馆学刊,1993（6）：60.

［93］邱冠华.示范区创建中深化“苏州模式”的制度设计研究［J］.中国图书馆学报,2012
　　　（3）：20—25.

［94］邱冠华.苏州总分馆制度设计的背景、思路与成效［J］.图书馆,2014（2）：27—30.

［95］［145］李超平.“国家公共文化服务体系示范项目”对地级市公共图书馆服务体系建
　　　设的推动［J］.图书馆建设,2012（10）：1—4.

［96］王宏鑫等.走向农村公共图书馆服务的整体化平台——河南信阳“平桥模式”研究
　　　［J］.中国图书馆学报,2013（4）：4—15.

［97］李希泌,张树华.中国古代藏书与近代图书馆史料［M］.北京:中华书局,1982:257.

［98］董霖等.推广农村教育改良农事设施发展农村经济案［B］.1931.（原档案未标注日
　　　期,但根据提案人生平等推测,应为1931年南京国民会议期间的提案）查自山东省
　　　档案馆.

［100］车莉.抗战时期西康省的民众教育馆［J］.西南民族大学学报（人文社会科学版）,
　　　　2011（11）：210—214.

［101］宁艳艳.晏阳初与定县平民教育中的巡回文库［J］.图书馆工作与研究,2005（3）：
　　　　34—36.

［102］麦群忠.关于农村图书馆室发展路向的思考［J］.图书馆界,1996（2）：1—6,3.

［103］陈源燕,张树华,毕世栋.中国图书馆百年纪事（1840—2000）.北京:北京图书馆出

版社(今国家图书馆出版社),2004:77

[104] 于明.团结知识分子开展农村文化运动[B]//胶东第三区党委实验区工作委员会.上半年试验区工作总结.1943.8.20.查自山东省档案馆.

[105] 中央人民政府文化部.中央人民政府文化部一九五零年全国文化艺术工作报告告一九五一年计划要点[J].文物参考资料,1951(6):11—22.

[107][109][117] 浙江省立图书馆通讯编辑部.农村图书室已在全国范围内建立起来[J].浙江省立图书馆通讯,1952(5):8.

[108] 新华书店华南总分店.关于普遍建立工厂农村图书室开展读书运动的意见[J].浙江省立图书馆通讯,1951(9):5—6.

[110] 浙江省立图书馆通讯编辑部.杭州市皋塘文化馆1952年上半年图书流通站工作总结[J].浙江省图书馆通讯,1952(3):10—11.

[111] 吴汉华.中国民间图书馆研究[M].武汉:武汉大学出版社,2014:96.

[112] 邱有龙.一个为农业生产服务的农村图书室[J].文汇报,1958-01-26(3).

[113] 中国新民主主义青年团山东省委员会.关于建立农村图书室和开展图书阅读工作的一些问题和意见[B].1955.7.15.查自山东省档案馆.

[115][123] 天津市文化局.天津市文化局关于加强农村文化工作的措施[B].1965.10.20.查自天津市档案馆.

[116] 山东省文教厅.关于推广农村图书室开展农村读书运动的指示[B].1951.12.24.查自山东省档案馆.

[118] 陈源蒸,张树华,毕世栋.中国图书馆百年纪事(1840—2000)[M].北京:北京图书馆出版社(今国家图书馆出版社),2004:148

[119] 山东省文化局1956年文化工作基本总结及1957年文化工作计划纲要[B].1956.11.20.查自山东省档案馆.

[120] 陈源蒸,张树华,毕世栋.中国图书馆百年纪事(1840—2000)[M].北京:北京图书馆出版社(今国家图书馆出版社),2004:162

[122] 共青团山东省委关于举办农村文化活动阵地的情况报告[B].1965.5.3.查自山东省档案馆.

[124] 充实农村文化室活动占领文化阵地,玉林广泛建立农村图书室[N].广西日报,1965-10-12(3).

[125] 共青团南通县观河公社委员会.依靠群众办好农村图书室[N].新华日报,1973-11-1(2).

[126] 以基本路线为纲,加强社会主义思想文化阵地,汉阳县普遍建立农村图书室[N].湖北日报,1974-1-21(2).

[127] 农村图书室威力大——北京郊区农村图书室的调查[N].光明日报,1975-7-23(3).

[128] 李辅臣,王作金.宁河县建起一批农村图书室[J].图书馆工作与研究,1981(4):29.

[129] 崔英哲.延吉县农村图书室的现状及其发展方向[J].图书馆学研究,1983(2):2—29.

[130] 广秋,图圃.建设阵地 服务经济——莱州市巩固发展乡村图书馆新举措[J].山东图书馆季刊,1995(3):44—46.

[132] 陈杏."百村书库"成为求知的殿堂——深圳市宝安区农村图书馆建设纪实[N].中国文化报广东专刊.2000-07-27(6).

[133] 中宣部.关于活跃农村文化生活的几点意见[B].1980.1.4.查自山东省档案馆.

[134] 四川省"两办"下发实施意见进一步加强农村文化建设[N].中国文化报,2006-07-25(1).

[135] 何然.宁夏年内将建成500个农村图书室[N].华兴时报,2006-08-03(3).

[136] 农家书屋工程提前三年完成任务[N].人民日报,2012-09-28(1,18).

[137] 文化部社会文化司.文化部关于全国文化信息资源共享工程暨公共电子阅览室建设试点工作督导情况的通报[EB/OL].(2012-12-05)[2014-12-26].http://59.252.212.6/auto255/201202/t20120227_28187.html.

[138] 中央政府网站(2012).全国农村党员干部现代远程教育网络建设工作综述[EB/OL].(2012-10-15)[2014-12-26].http://www.gov.cn/jrzg/2012-10/15/content_2244057.htm.

[140] 潘丽敏.吴江市整合农村信息服务资源的探索与展望[J].图书与情报,2011(3):91—93.

[141][143] 李超平.嘉兴模式的延伸与深化:从总分馆体系到图书馆服务体系[J].中国图书馆学报,2012(3):12—19.

[142] 邱冠华,于良芝,许晓霞.覆盖全社会的公共图书馆服务体系——模式、技术支撑与方案[M].北京:北京图书馆出版社(今国家图书馆出版社),2008:186.

[144] 李国新.示范区(项目)创建与公共图书馆发展[J].中国图书馆学报,2012(3):4—11.

[147] 祝彦.救活农村——民国乡村建设运动回眸[M].福州:福建人民出版社,2009:129.

[148] 中华人民共和国国家统计局.中华人民共和国2005年国民经济和社会发展统计公报2005[EB/OL].(2006-02-28)[2014-06-30].http://www.stats.gov.cn/tjsj/tjgb/ndtjgb/qgndtjgb/200602/t20060227_30019.html.

（执笔人：于良芝 王哲）

第二章　农村图书馆设施建设

第一节　农村图书馆设施概述

一、农村图书馆设施界定

关于图书馆设施的讨论,通常有两种思路:一种思路是,以公共文化服务体系或公共文化设施体系等为语境,把图书馆整体作为体系构成的一部分进行研究和论述。图书馆本身即是一种设施类型,基于此的议题可以涉及图书馆建设的方方面面,包括设备、资源、经费、管理等。目前基层图书馆的建设和发展,涉及"设施"这一主题词,不论是学术研究,还是政策制定和工作实践,大都属于此种情况。特别是近年来公共文化服务体系建设的蓬勃开展,图书馆作为一类重要的公共文化设施受到各界广泛关注,从图书馆免费开放到加强基础设施建设、各项文化工程的实施等都成为热议的话题。另一种思路是,在图书馆自身语境中,把其开展工作、服务的物质环境和手段作为研究对象,研究内容涉及建筑结构、设备安排、环境布局等方面。本章即是在这样的语境范畴下论述图书馆设施,把图书馆中有别于资源和人员的实体统称为设施。基于此,农村图书馆设施即是指农村图书馆中区别于资源和人的一切实体,是农村图书馆建立和运行的载体和物质基础。图书馆的各项服务都必须依托设施来开展和实施,图书馆设施的建设水平是决定图书馆服务能力和服务水平的重要因素之一。

按照我国一直以来以行政区划设置图书馆的惯例,我国农村图书馆主要由县级图书馆、乡镇图书馆和村图书馆三级体系构成,这个在农村地区建立的庞大体系为广大农村居民的生产、生活、学习和娱乐提供信息服务。

其中县级图书馆是具有独立建制的最低行政级别公共图书馆,承担着公共图书馆的全部职能,其建设主体为县政府。县级图书馆设施的内涵同理于公共图书馆。从我国历年对公共图书馆的官方统计数据来看,县市级图书馆与设施相关的统计大项有:书架单层总长度、计算机台数、公用房屋建筑面积、阅览室座席数等。2013年第五次全国公共图书馆评估定级工作将馆舍建筑面积、阅览座席、计算机数量作为县级图书馆设施设备的主要评估标准项,同时对宽带接入情况、存储容量、图书馆自动化管理系统也有一定程度的考虑。2008 年 11 月发布实施的《公共图书馆建设标准》,将公共图书馆建设内容归纳为房屋建筑、场地、建筑设备和图书馆技术设备四大类,并列举出每一类的具体建设内容,如表 2 - 1 所示。这是第一部较为系统地针对公共图书馆建设制定的国家标准,对县级图书馆设施建设具有重要指导意义。

表 2 - 1　《公共图书馆建设标准》建设内容

项目	具体内容
房屋建筑	包括藏书、借阅、咨询服务、公共活动与辅助服务、业务、行政办公、技术设备、后勤保障八类用房
场地	包括人员集散场地、道路、停车场、绿化用地等
建筑设备	包括给水排水、通风空调、强弱电及网络布线等
技术设备	包括电子计算机、网络设备和相关外围设备,视听及音像控制设备,文献数字化加工与复制设备,图书防盗设备,文献消毒设备,流动图书车,缩微制品摄制、冲洗及阅读设备,视障和老龄阅读设备,装裱及文献修复设备,自助借还设备,书架、阅览桌椅、目录柜、出纳柜台等家具设备,其他设备等

　　县级图书馆是城市图书馆和农村图书馆联系的纽带,在农村图书馆体系规划和建设实施中承担着举足轻重的地位,但是县级图书馆的主要服务对象还是城镇人口,农村居民使用概率非常低。据统计①,截至 2013 年年底,我国有县级图书馆 2712 个,馆均建筑面积 2400 平方米,其中 619 个馆舍面积小于 800 平方米,馆均阅览室终端 31 台,这对我国广大的农村人口来说,可谓杯水车薪,更何况由于受到空间距离的限制,县级图书馆的设施并不能为农村居民所用。

　　乡镇图书馆和村图书馆面向农村,直接服务于农民,与农村居民获取文献信息服务关系最为密切,其设施能够真正为农村居民所用,是本章关注的重点。乡镇和村图书馆数量庞大分布广泛,馆内设施的建设方式和建设主体

---

　　①　数据来自《2013 中国公共图书馆事业发展基础数据概览》,国家图书馆研究院编制。

情况复杂不能一概而论,有关乡镇、村图书馆的建设标准和统计数据长久以来缺失,这些都增加了对此类农村图书馆的设施进行论述的难度。

绝大多数乡镇和村图书馆都没有独立建制,而是与其他公共文化相关的设施共同构成文化馆站,由本地有关部门进行统一管理和维护,有的甚至并未冠以图书馆(室)的名称,但是都承担了基层图书馆的功能。随着农村基层文化越来越受到重视,共享工程、农家书屋等各项惠民工程陆续在全国范围内开展,这类农村图书馆设施条件均得到不同程度的改善,设施内涵越来越丰富,馆舍从无到有,面积有所扩大,设备种类增加。

农村图书馆的名称设置种类众多,这与本地区公共文化发展规划、基层政府承担着多种职能角色、各种文化工程在基层的延伸等多种因素有关。所设名称不同,设施建设的侧重点也不同。

以图书馆命名的大多有独立馆舍,或至少具备独立空间,有的还可能实行独立建制,其至少承担了包括图书馆书刊借阅典藏等传统服务,由于空间、人员、管理等优势在数字化信息、读者活动等服务方面较为突出,其设施建设内容基本等同于小型公共图书馆,包括房屋建筑、空间布局、技术设备等,此类是基层图书馆较为理想的组织形式。

文化站室中的图书室主要提供书刊借阅服务,书刊架、阅览桌椅、阅览设备为其专用设施,此外,文化站室还承担着文体活动、教育培训、展览展示等多种功能,这些服务的设施也能为图书室所共用。

以共享工程基层服务点挂牌命名的则配备了网络、计算机、电视机等设备,方便农村居民使用共享工程专门为农民打造的海量数字资源。

公共电子阅览室是在共享工程的基础上,对基层服务点的升级改造,结合技术发展提升了原有网络条件,增加了计算机等相关设备,大大提升了数字资源服务水平,目前公共电子阅览室在农村的普及工作主要集中在乡镇。

农家书屋在广大农村的覆盖率非常高,建设初衷是解决农民“买书难、借书难、看书难”的问题,由新闻出版部门组织实施,此项工程在设施方面的显著成效表现在迅速提高了在农村地区承担图书馆功能的馆舍数量,同时配备了书架、阅览桌椅等。

流动图书车的管理使用单位是县级以上公共图书馆或具有一定规模的乡镇图书馆,服务地区主要包括企业、学校、农村等布局较分散的单位,特别是经济条件落后、资源匮乏的偏远地区,有效缓解了这些地区缺少图书馆、借书困难、书刊陈旧等问题。

二、农村图书馆设施发展历程

自新中国成立的几十年中,我国多次尝试在农村建设图书馆,并出现过若干次农村图书馆建设的高潮。在很长一段时期内,作为服务载体的具体设施的建设并未得到足够重视,基础设施建设薄弱长期以来都是专家、学者、政府部门讨论农村图书馆建设的主要问题,也是农村图书馆的一个较为显著的特点。有关专门论述设施建设情况的文献资料或者政府文件更是少之又少,特别是统计数据的缺失导致难以从宏观角度全面掌握农村图书馆特别是其设施的建设情况,只能通过关于农村图书馆发展历程的研究文献梳理出设施建设的线索。

结合农村图书馆的发展历程和设施的建设特点,本章将农村图书馆设施的发展划分为两个阶段。

1. 第一阶段:新中国成立初期至 20 世纪末,传统设施发展阶段

1949 年冬,东北地区率先建立小型农村图书室,新华书店东北总店的农村发行部门,在"面向工农兵"总方针指导下,在东北地区共成立 4937 个农村小型图书室。关内苏北、华北、山东、西北老区等地的新华书店也迅速组织加强送书下乡工作,农村小型图书室在内蒙古、广西、广东、山东、山西、浙江、陕西西安、江苏等省、市和自治区迅速发展起来[1]。

文化部 1950 年全国文化艺术工作报告和 1951 年计划要点提出:"有条件的村、镇设立图书室,发展农村图书网。"《1956 年到 1967 年全国农业发展纲要(草案)》提出,从 1956 年,按照各地情况,分别在 7 年或 12 年普及包括图书室的农村文化网[2]。

据不完全统计,到 1956 年年底,全国农村图书室发展到 182 960 个,至1958 年 6 月,全国农村图书室约有 288 326 个。从这时起,中国农村开始了"大跃进",农村图书馆发展也不例外。1958 年 10 月 11 日,《人民日报》发表文章《民办图书馆人人夸赞》称,全国各地已办起大批民办图书馆。"大跃进"催生了一大批农村图书馆(室),1959 年年底,全国约有农村公社图书馆(室)20 多万个[3]。

1972 年起,湖北省图书馆派人协助汉阳县文化馆办农村图书室。1973 年10 月 7 日,湖北省馆和汉阳县文化馆的《他们是怎样办好农村图书室的——汉阳县石山公社龙霓大队调查报告》在《湖北日报》发表,并配有短评。1974年至 1975 年,沈阳市图书馆增加拨款 4.3 万元,在为 79 个农村公社图书馆配

置图书基础上,为 2 个县图书馆和 4 个郊区的 49 个公社图书馆送书139 000 册[4]。

通过以上数据可以看出,新中国成立初期阶段,农村图书馆建设以农民学习文化知识为诉求,主要实现了农村图书馆从无到有、由少到多的实质性普及。那么,设施建设的内容也即围绕阅读,包括馆舍、书架、桌椅等。

改革开放以后,进入以经济建设为中心的新历史时期,这给农村经济社会的全面发展创造了良好的物质条件和基础,在新农村的建设热潮下,农村图书馆事业进入繁荣发展的阶段,农村图书馆不仅数量大幅增长,设施方面无论是馆舍还是设备条件都跨上了一个新的台阶,国家有关文件也出现了改善办馆条件,解决馆舍、经费、设备等问题的内容。

1981 年,中共中央文件《关于关心人民群众文化生活的指示》指出:"进行社会主义建设的根本目的,除了满足人民群众对于物质生活的需要,还要满足人民群众对于文化生活的需要。"要求各地根据经济发展水平和人民群众需要,逐步建立起群众艺术馆、图书馆、文化馆等文化设施,"其中有些文化设施,随着农村经济的发展,也应在集镇和村庄逐步建立起来。"文件批转的中共中央宣传部、文化部、共青团中央《关于活跃农村文化生活的几点意见》提出,在建设农村集镇文化中心的同时,要积极帮助有条件的生产大队、生产队恢复和建立俱乐部或青少年之家、图书室、科技组、体育组等业余文化组织,逐步形成以集镇为中心的农村文化网。在文件推动下,全国农村集镇文化中心、文化站纷纷建立起来,图书室作为这些文化设施的重要组成部分,也得到蓬勃发展,设施数量得以迅速提高。1982 年 11 月 30 日,五届人大五次会议《关于第六个五年计划的报告》要求在第六个五年计划(1981—1985)期间基本做到县县有图书馆,乡乡有文化站[5]。

1997 年 1 月,由中宣部和文化部牵头,国家教委、国家科委、广播电影电视部、新闻出版署、全国总工会、共青团中央、全国妇联共同组成全国"知识工程"领导小组,向全国印发了《全国"知识工程"实施方案》。明确指出,该工程是以发展图书馆事业为手段,以倡导读书、传播知识、推动社会文明与进步为目的的一项社会文化系统工程,这充分肯定了图书馆对传播文化知识、建设精神文明的重要作用。该方案也对全国农村图书馆设施建设予以政策性指导,工程总体目标中有两项涉及农村图书馆,第一:完善图书馆布点及条件建设,使图书馆网点遍及城乡各地,指出要"普及图书馆网点,继续加强县级以上公共图书馆建设,并大力发展布局合理、方便群众的各种小型或流动图书馆(室)""每年在全国发展 1000 个标准乡镇、街道图书馆""按照各级、各类型图书馆的评估标准,对图书馆的办馆条件逐步进行改善,解决县级以下基层图书馆的馆舍、编制、经费、设备等问题"。第二:把知识送到农村去,提高广大农民素质,为科教兴农贡献力量,提出"到 2010 年,实现经济较发达地区的农村每个乡镇都有一个规模不等的图书馆(室),平均藏书 2000 册以上,其中藏书万册以上的达到 30%""有条件的村设立图书室""继续发展汽车图书馆,为牧区和人口稀少的农村服务""县级图书馆要重点面向农村,坚持送书下乡,送知识、信息下乡,并大力支持乡镇图书馆和农村图书室的建设"[6]。

在这一阶段,国家大力支持和发展文化建设,农村图书馆,特别是县级以下基层馆得到了前所未有的大发展。1979 年至 1990 年,云南省腾冲县图书馆协助建立了近 100 个农村图书室;江苏省苏州市所辖的吴江、张家港、常熟、昆山、太仓、吴县等县(市)的乡镇于 1994 年年底全面建成万册图书馆;1994 年广西实施"知识工程",在全省兴建乡镇图书馆,其到 1999 年年底的目标是"在广西 1361 个乡(镇)都普遍建有规模不等的图书馆(室)";1986 年至 2001 年,湖北省财政每年下拨 200 万元乡镇文化站建设补助款,完成全省文化站站舍新建任务。以农村文化站数量来看,1978 年全国有文化站 1729 个,1979 年猛增到 22 304 个,1981 年 28 417 个,1986 年达到 53 519 个。1995 年深圳宝安区委区政府做出决定,在省级文明村松岗镇的溪头村投资 130 万元建一个规模大、设施好、质量高的村级图书馆,这是一所占地 250 平方米、藏书 4 万多册的村级图书馆[7]。

尽管这些建设实践并没有对具体设施的情况多加描述,但是仍然可以以此为线索分析出此阶段设施发展的特点:第一,随着农村图书馆馆藏数量的增加,必然伴随馆舍面积扩大,书架数量增加,以维持馆藏陈列和借阅;第二,各级政府逐渐提高对基层文化建设的重视程度,改善设施条件具备了一定资金保障,甚至是专项资金;第三,在经济较发达、文化事业发展基础良好的农村地区,图书馆设施水平也较高。

虽然具有一定政策指导和经费保障,农村图书馆设施在馆舍数量、面积上都有所改善,但是人们对图书馆服务的整体认识仍停留在借还书上,同时电子、数字化技术并未得到广泛普及,加之数字鸿沟的影响,农村利用计算机、网络等手段获取信息资源的条件不成熟,设施内涵并没有走出传统图书馆的范围,大都是馆舍面积、书架、桌椅等诸如此类。

2. 第二阶段:进入 21 世纪至今,传统设施和现代化设施齐头并进

20 世纪几次农村图书馆运动推动了其设施的建设进程,实现图书馆在农村地区的普及,馆舍数量越来越多,设施条件越来越好,而新世纪农村图书馆建设在基层文化建设蓬勃发展和信息技术的广泛应用的背景下,则同时完成了设施在质和量两个方面的飞跃,以此提升了农村图书馆服务内容和服务水平。

本阶段农村图书馆设施建设的成果主要体现在以下方面:

(1)出台了《公共图书馆建设用地指标》《公共图书馆建设标准》《乡镇综合文化站建设标准》等一系列设施建设方面的国家标准。这些文件的出台填补了图书馆设施建设标准的空缺,特别是《乡镇综合文化站建设标准》的出台,为各级农村图书馆馆舍建设、阅览等各类用房面积安排、各种阅览设备的配置等提供了依据。县级和乡镇图书馆设施建设和修缮有了明确的指导性文件,各地在新建、修缮村图书馆也可以此作为参照,布局和设置日趋科学合理。

(2)建筑面积较快增长,设施条件不断改善,通过实施县级图书馆建设、乡镇综合文化站建设、共享工程、农家书屋、广播电视村村通等重大文化惠民工程,全国范围内的农村图书馆和群众文化设施状况都得到很大改善。

"十五"期间,国家实施了县级"两馆"建设规划,中央财政安排 4.8 亿元,补助全国 1086 个县级公共图书馆和文化馆建设项目。"十一五"期间,为解决县级图书馆、文化馆设施设备落后等问题,中央财政对全国面积未达标的县级"两馆"修缮给予资金补助,使其更好地为基层群众提供文化服务。在中央财政资金的带动下,各地纷纷加大投入,图书馆设施状况得到极大改善。到 2013 年年底,全国共有县级图书馆 2712 个。

"十一五"期间,文化部与国家发展和改革委员会联合制定并实施《全国"十一五"乡镇综合文化站建设规划》,中央财政共投入乡镇文化站设施建设资金 39.48 亿元,重点支持 2.67 万个乡镇综合文化站建设,投入乡镇文化站内容建设专项资金 11.62 亿元,为中西部 22 个省(区、市)已建成且达标的17 227 个乡镇文化站购置基本业务设备和共享工程设备[8]。在实施规划时,中央财政对国家级贫困县、西部地区特别是西藏地区给予了重点倾斜。截至2012 年,规划项目基本上全部建成投入使用,带动地方配套资金 50 亿元左右[9]。截至 2013 年,全国共有群众文化机构44 260个,其中乡镇综合文化站34 343个;全国群众文化机构实际使用房屋建筑面积3389.39 万平方米,藏书

23 013万册,计算机29.22万台,对公众开放的阅览室99.73万平方米[10],占建筑总面积的2.94%。

(3)现代化技术设备得以在农村地区图书馆广泛应用。农村居民获取信息的方式和阅读习惯随着互联网和计算机设备的普及逐步改变,因此设施建设的工作重点也逐步向现代化、数字化倾斜,在经济相对发达的地区,互联网和计算机的覆盖率都达到较高水平。在始于2002年的共享工程带动下,农村基层网络设施建设取得突破性成就。2012年,文化部、财政部联合发文,决定于"十二五"期间在全国实施"公共电子阅览室建设计划",此计划是在共享工程的基础上,结合数字资源建设,对农村现代化设备的全面提升。结合文化部2010年印发的共享工程乡镇、村基层服务点年度配置标准和2011年印发的公共阅览室设备配置标准[11],目前农村图书馆数字化设备的配备要求如表2-2所示。各地共享工程分中心和支中心根据配置标准,并结合实地情况,在广大农村地区普及建设基层服务点。截至2011年年底,共享工程建成1个国家中心,33个省级分中心(覆盖率达100%),2840个县级支中心(覆盖率达99%),28 595个乡镇基层服务点(覆盖率达83%),60.2万个行政村基层服务点(覆盖率达99%),部分省(区、市)村级覆盖范围已经延伸到自然村[12]。

表2-2　共享工程、公共电子阅览室配置标准

序号	设备名	共享工程		公共电子阅览室		备注
		乡镇	村	乡镇	村	
1	网络	◎	—	◎	◎	*共享工程乡镇服务点不少于4台,村服务点1台,公共电子阅览室不少于10台,行政村不少于4台 **软件包括:工程应用软件、信息浏览监控软件、杀毒软件、设备远程管理软件等
2	电视信号	◎	—	◎	—	
3	PC服务器	◎	—	◎	—	
4	电视机	◎	○	◎	◎	
5	投影机	◎	○	◎	◎	
6	终端计算机*	◎	○	◎	◎	
7	音箱	◎	○	◎	◎	
8	DVD	◎	—	◎	○	
9	网络连接设备	◎	○	◎	◎	
10	打印机	◎	—	◎	—	

续表

序号	设备名	共享工程		公共电子阅览室		备注
		乡镇	村	乡镇	村	
11	中央控制台	◎	—	◎	—	◎:必配项
12	软件**	◎	—	◎	◎	○:选配项
13	卫星数据接收	○	—	○	—	—:未涉及
14	小型 NAS 存储	○	—	○	—	
15	IPTV 机顶盒	○	—	○	—	
16	卫星机顶盒	○	—	○	—	
17	移动播放器	○	○	○	○	
18	多功能一体机	○	—	○	—	
19	高清视频播放机	—	○	—	—	
20	光盘架	—	—	◎	○	
21	光盘刻录塔	—	—	○	—	
22	移动终端自助服务设备	—	—	—	○	

第二节　农村图书馆设施发展现状分析

一、农村图书馆设施建设背景

　　第一,是政策的扶植。在文化大发展、大繁荣和社会主义新农村建设的时代背景下,各级政府对农村文化建设的重视程度大大提高,全国和地方政府先后出台了有关加强农村基层文化建设的政策性文件,如《中共中央、国务院关于推进社会主义新农村建设的若干意见》(中发〔2006〕1 号),《文化部关于加强村级文化建设的指导意见》(文社文发〔2011〕11 号),《广东省人民政府关于进一步加强基层文化建设的意见》(粤府〔2005〕50 号),《山东省委办公厅、省政府办公厅关于加强公共文化服务体系建设的实施意见》(鲁办发〔2007〕33 号),《广东省建设文化强省规划纲要(2011—2020 年)》《江苏省农村公共文化服务管理办法》(2012 年,江苏省人民政府令第 77 号)等,都明确提出要加强农村文化建设,把改善基础设施作为一项重要工作。农村图书馆作为农村文化建设的重要组成部分,也得到持续关注和重视,不论出发角度是基层文化还是图书馆建设,农村图书馆设施改善都是一项重要工作。随着建设工作的不断推进,相关政策性指导的关注点从农村应该建有图书馆也转变提升为应该建成一定规模、实现一定功能的图书馆,并给予相应的经济政策支持。

2002 年 1 月 30 日,《国务院办公厅转发文化部、国家计委、财政部关于进一步加强基层文化建设指导意见的通知》(国办发〔2002〕7 号)中指出,"十五"期间要以社区和乡镇为重点"加快推进基层文化设施建设",要努力实现"县县有文化馆、图书馆"的目标。经济条件较好、人口规模较大的县可分设文化馆、图书馆;经济欠发达、人口规模较小的县可将文化馆、图书馆合二为一建设。农村要因地制宜建设乡镇文化站和村文化室,地广人稀、人口分散的少数民族地区、边疆地区、边远山区和农牧区要积极发展流动文化车、汽车图书馆和流动剧场等。把文化设施建设纳入城乡建设整体规划,把群艺馆、文化馆、图书馆、文化站作为重点列入建设规划。切实加强文化设施的管理和利用,完善群艺馆、文化馆、图书馆必要的设备和装备,加强对设备的日常维护保养。

十六届五中全会提出建设社会主义新农村是我国现代化进程中的重大历史任务,明确提出要强化政府对农村的公共服务,大力发展农村公共事业。乡镇综合文化站作为长期以来巩固基层文化的重要阵地,成为建设发展的重点。2006 年,国家发改委、文化部联合启动了《"十一五"全国乡镇综合文化站建设规划》,规划指出,截至 2005 年,全国已建立乡镇综合文化站机构34 593个,占乡镇总数的 97%,但实际上,全国还有26 712个乡镇没有文化站设施或站舍面积在 50 平方米以下,而且现有文化站站舍大部分建于 20 世纪七八十年代,站舍破旧落后,设备严重缺乏,急需改建或扩建,镇文化站设施设备建设严重落后、不能适应农村文化建设需要的矛盾十分突出。规划总体目标设定为"改善乡镇文化机构的基础设施和装备条件""到 2010 年,全国所有农村乡镇建立具备综合服务功能的文化站"。规划指出,"开办图书室,组织群众开展读书活动"是乡镇综合文化站的职能,规定新建和改扩建文化站项目建设规模应不低于 300 平方米,基本功能空间应包括书刊阅览室,主要用于图书、报刊的借阅。

2013 年 1 月 30 日,文化部印发的《全国公共图书馆事业发展"十二五"规划》指出,"十二五"期间公共图书馆建设的基本思路是"保基本、强基层、建机制、重实效"，在设施建设方面，要加强乡镇、社区图书馆(室)及服务网点建设，推进流动图书馆设施建设，形成覆盖城乡、比较完备的公共图书馆设施网络建设，并提出到2015年，县级公共图书馆覆盖率要从2010年的86.10%达到100%。

第二，是行业发展趋势。我国公共图书馆事业经过十几年的快速发展，在城市中心馆建设方面已经较为成熟，但是在基层和农村还比较薄弱。同时伴随社会环境区域化、体系化的发展趋势，图书馆事业关注的重点也逐步转向基层，转向农村。农村图书馆经过多年的发展实践，虽然建设数量上取得突破性成就，但是也面临可持续发展的种种相关问题，如何建设好和使用好农村图书馆，这个问题逐渐受到业界和学者的关注，有关农村图书馆研究讨论越来越多，设施也开始作为一个独立的主题受到行业的广泛关注。

由中国图书馆学会举办的"百县馆长论坛"自2005年至今已经成功举办了四届，这是一个专门面向县级公共图书馆馆长的全国性论坛，每一届都围绕一个主题进行讨论，并形成一个"共识"。已举办的四届主题分别是"县级图书馆的生存与发展""社区乡镇图书馆建设与发展""构建体系、提升服务、持续发展""免费开放环境下县级图书馆的建设与服务创新"。县级图书馆在整个图书馆体系的中心馆和基层馆间起到了承上启下的作用，对县级图书馆的研讨议题必然涉及基层图书馆的生存和发展，论坛围绕县级图书馆对乡镇、社区图书馆发展建设中的核心作用、公共图书馆服务体系建设等方面交流经验，探讨出路[13]。

由中国图书馆学会社区与乡镇图书馆专业委员会举办的"中国社区乡镇图书馆发展战略研讨会"已成功举办十二届，每届围绕社区乡镇基层图书馆设定一个主题，以征文和报告的方式进行交流研讨，为图书馆从业人员，特别是基层图书馆员提供良好的交流平台。

2008年，两部与图书馆设施建设相关的国家标准先后出台，全国于2008年6月1日开始实行《公共图书馆建设用地指标》，2008年11月1日开始实施《公共图书馆建设标准》，这是首次以图书馆设施作为独立主题的指导性文件，其出台在深入调研全国图书馆发展现状的基础上，为全国公共图书馆建设设立了标准。县级图书馆作为具有独立建制的公共图书馆，其设施建设发展有了明确具体参考依据，农村基层图书馆设施建设也有了具体参照。

2012年5月1日，由文化部组织实施，由中国图书馆学会主编的《乡镇综合文化站建设标准(建标160—2012)》发布实施，该标准第一次在全国范围内把视角对准农村基层文化设施,其中对图书馆设施提出明确建设指标,包括:应该设置书刊阅览用房(包括书刊阅览室、少年儿童图书阅览室、电子阅览室等);根据文化站面积类型,书刊阅览用房面积要达到一定比例;要配置书报刊阅览设备(书架、书柜、阅览桌椅及相关设备等);要配置共享工程设备(PC服务器、投影仪、计算机和相关设备、卫星信号接收器等);要配置综合文化车(送戏、送书下乡等流动文化服务综合用车)等。这给农村图书馆设施配置提供了具体依据,使农村图书馆设施建设步入有序的工作轨道。

第三,是信息技术的推动。信息技术的飞速发展和广泛应用正在逐渐改变着人们获取信息的方式和阅读的习惯,根据中国互联网络信息中心 2014 年 1 月发布的第 33 次《中国互联网络发展状况统计报告》,截至 2013 年 12 月,我国网民规模达 6.18 亿,其中农村人口占 28.6%,规模达 1.77 亿[14]。互联网和计算机设备在广大农村的需求量逐步提高,在农村图书馆普及数字化设备势必为一个发展趋势。共享工程、数字图书馆推广工程、公共阅览室建设计划等各种工程把视线投向农村,信息化在农村图书馆开始普及,丰富了其设施的内涵。

二、农村图书馆设施主体构成

不同于城市公共图书馆,基层图书馆的主体构成是非常复杂的,农村图书馆更是如此。从图书馆体系治理的角度,有设置主体、建设主体、管理主体和实施主体等[15],单就建设主体来说,又可分为单级独立建设主体与联合建设主体,主要建设主体与支持性建设主体、法定建设主体与非法定建设主体等[16],具体到基层图书馆的设施,也都涉及以上方方面面。由于农村图书馆设施内涵的多样化,不同类型设施的配置、建设和维护情况也呈现出多样化,其主体构成不能一概而论。

从农村图书馆设施的供给使用链条角度将这一过程分解为安排设计、建设、使用、运维四个阶段,与之对应的主体则可称为安排设计主体、建设主体、使用主体和维护主体。安排设计,指对农村图书馆设施进行设计和规划,包括馆舍标准、设备种类、配备数量等,即安排设计主体解决农村图书馆设施应该建什么的问题。此处设施建设是相对狭义的,指各类设施从采购到安装这一从购到置的过程,建设主体解决了设施由谁来建的问题。使用主体即为设施的使用者,即解答设施为谁而建。运维指的是设施建成后为保证其使用并充分发挥其功能所做的工作总和,运维主体解决的是设施建成后如何正常运行的问题,是设施得以服务于读者的保障。

从公共文化的角度来讲,我国公共文化建设一直以来是以政府为主导的,虽然近几年不论是理论研究还是工作实践,有大量对公共文化建设和供给方式改革的探讨,但是对于政府主导这一方式是充分肯定的,实践中公共文化建设的主体也仍然以政府为核心。农村图书馆属于农村基层文化建设的一个重要组成部分,其设施建设自然也是以政府为主导,由于受到行政体制分级管理的限制,基层进行文化设施建设实践情况复杂,图书馆设施供给使用链条的过程中,主体的表现方式是多样化的,其分工组合方式也是多种多样。从宏观上来说,参与农村图书馆设施构建的主体有:政府机关,包括中央和地方各级政府机关;政府机关的代理机构,以县级以上公共图书馆为主;村委会。一般来说,安排设计主体以政府机关为主,中央和地方政府通过政策性文件或工程项目的方式对设施建设做出规划性指导,同时可能提供必要的经费支持;建设主体为设施建设的具体执行人,一般由政府的代理机构来承当,代理机构可能是图书馆、下级机关政府或村委会;使用主体是广大农村居民,也即设施的服务对象;乡镇图书馆以依托乡镇综合文化站为主,少数为独立建制图书馆,运维主体为乡镇政府或站馆本身,村图书馆的运维主体一般是村委会。

我国农村图书馆数量庞大、分布广泛,受到体制、地域差别、经济文化背景以及当地政府重视程度等多方面影响,具体到某一地区、某一类设施,甚至同一地区的乡镇和村图书馆,设施供给使用链条中的主体构成也是复杂多样的,都是多主体共同参与。

三、农村图书馆设施建设方式

农村图书馆设施主体构成复杂,不能一概而论,各地区积极探索适合当地具体情况的农村图书馆建设方式。与城市公共图书馆相比,我国农村图书馆普遍存在办馆经费有限、受重视程度不高等问题,使农村图书馆设施建设受到直接影响,从图书馆自身角度出发,往往容易被忽视,难以摆脱困境。在文化大发展、大繁荣的时代背景下,国家对公共文化事业高度重视,适时推出了全国文化信息资源共享工程、农家书屋工程、广播电视村村通工程、农村党员远程教育、数字图书馆推广工程、公共电子阅览室建设计划等一系列文化工程,大力推动了农村基层文化发展。农村图书馆设施建设借助了这些文化工程实施的契机,相互融合,相互补充,也进入了快速发展的阶段。虽然各个地区农村图书馆设施发展实践各具特色,但是在大环境的影响下也具有共性,表现在几个方面。

1. 借"农家书屋"建图书馆传统设施

2007 年 3 月,新闻出版总署会同中央文明办、国家发展改革委、科技部、民政部、财政部、农业部、人口计生委联合发出了《关于印发〈"农家书屋"工程实施意见〉的通知》,开始在全国范围内组织实施农家书屋工程。《"农家书屋"工程实施意见》明确表示,该工程着力解决农民群众"买书难、借书难、看书难"的问题,通过在农村建立自管自用的书屋和农民自助读书组织,让农民在家门口就能学习知识、获取信息,其中长期目标是通过 5—10 年的建设,在全国农村逐步建立起"供书、读书、管书、用书"的长效机制。虽然农家书屋建立的出发点是围绕解决出版供应链的种种问题,工程建设前期提供的书刊资源并未切实结合农民阅读需求,但是农家书屋在广大农村承担了图书馆的一定功能,实现了农村图书馆的普及。

从设施建设来说,新闻出版总署 2008 年发布的《农家书屋工程建设管理暂行办法》中关于书屋建设标准与要求规定,"农家书屋的出版物由政府统一配备,每个书屋图书一般不少于 1500 册,品种不少于 500 种(含必备书目),报刊不少于 30 种,电子音像制品不少于 100 种(张),并具备满足出版物陈列、借阅、管理的基本条件""农家书屋的房屋由当地解决,应充分利用村委会、村党组织活动场所、村文化活动中心等公共设施,不搞重复建设""目前尚无公共设施的行政村,亦可利用村级学校、村民闲置住房等农村现有设施办书屋,因地制宜,综合使用,方便群众",关于书屋验收与检查规定,"农家书屋建成后,省级新闻出版行政部门应按照新闻出版总署制定的验收标准组织逐一验收。验收内容为农家书屋房舍、配备的出版物和基本设备情况、管理制度制定和公示情况、管理员人选情况等"[17]。总署 2010 年 8 月下发的《关于切实提高农家书屋使用率的通知》中规定,农家书屋每周开放时间一般不得低于 5 天,每天开放时间不低于 4 个小时,有条件的地方要做到天天开放[18]。这些规定的实施,对设施发展影响重大,帮助其取得较大进展。首先,出版物的陈列和借阅,必须配备一定面积的场所和借阅桌椅,促使馆舍建立起来;第二,利用现有设施办书屋的规定,降低了建设难度,更容易为基层所接受;第三,验收和检查对工程起到监管作用,保障实施;第四,关于开放时间的规定对提高设施使用率起到一定作用。2012 年,农家书屋迎来 64 万行政村全覆盖,为农村图书馆开展服务提供了场所。

在农村基层,农家书屋与图书馆的功能太过相似,往往联合建设,农家书屋的设施都为图书馆所用。以杭州市萧山区为例,该区把农家书屋建设与全区公共图书馆服务连锁体系建设相结合,从 2008 年开始实施"4341"工程,把图书馆分馆建设作为农家书屋的载体,其具体建设标准为:每个镇(街)支馆达到 4 个 3 的标准,即藏书量(包括电子读物)不少于 3000 册,报刊不少于 30 种,阅览座位不少于 30 个,计算机不少于 3 台,每个村(社区)分馆达到 4 个 1 的标准,即藏书量(包括电子读物)不少于 1000 册,报刊不少于 10 种,阅览座位不少于 10 个,计算机不少于 1 台。截至 2010 年年底,共建成镇级支馆 29 个,村级分馆 521 个。2008 至 2010 年,萧山区投入专项资金 560 余万元支持全区图书分馆建设,其中有少部分用于购买设施设备,各镇(街)村(社区)也安排专项资金用于硬件设施建设和日常管理经费的支出[19]。

2. 以"共享工程"为契机普及现代化设备

全国文化信息资源共享工程由文化部和财政部共同组织实施,自 2002 年起经过 10 余年的建设发展,基本实现了"十一五"期间建成"资源丰富、技术先进、服务便捷、覆盖城乡的数字文化服务体系,实现'村村通'"的目标。共享工程以数字资源建设为核心,截至 2011 年年底,其数字资源建设总量累计达到 136.4TB,包括艺术欣赏、农业科技、文化教育、知识讲座、少儿动漫等视频类资源34 809部(场)、21 964小时,建成 207 个地方特色专题资源库[20],而传播利用这些数字资源的前提和基础,就是相关数字化设备的广泛普及。共享工程开始之初,正值我国互联网络技术刚开始迅速发展,农村地区信息化技术设备的普及率尚低,城市和农村间"数字鸿沟"显著。共享工程的实施在缩小城乡"数字鸿沟"等方面发挥了重要作用,特别是其关于基层服务网点设备配置标准的规定,为农村图书馆设施在传播使用数字资源方面的建设内容提供了明确依据。在相应的财政政策保障机制下,各地大力推进共享工程建设,分中心、支中心、基层服务点纷纷成立,并按照文件要求配备了网络、计算机、电视机等数字化设备,设施水平得到前所未有的提高。根据 2011 年年底的统计数据,共享工程共建成28 595个乡镇基层服务网点,60.2 万个行政村基层服务网点,按照设备配置标准,结合本地具体情况,全部配备了网络、电视信号、PC 服务器、电视机、投影机、终端计算机等设施。

比如,北京市共享工程建设经过多年发展,建成 1 个省级分中心、23 个地市级分中心,4271 个基层服务点[21],仅通过共享工程北京市分中心,就先后投入专项资金约 2783 万元用于乡镇、村基层服务点设备购置,包括电视机

3652 台,计算机 4323 台,投影机 141 台和其他设备设施等。

山西省已建成省级分中心 1 个,市级支中心 6 个,全省 119 个县级图书馆基本建成标准化、规范化的县级支中心,建成乡镇基层服务点 894 个,街道基层服务点 81 个,社区服务点 788 个,与农村党员干部现代远程教育工程合作,全省28 236个行政村全部建成拓展型村级基层站点。"十一五"期间,中央财政投入经费13 914万元,其中设施建设经费13 514万元,省财政投入 6553 万元,其中设施经费 5702 万元。按照中央要求,每省各县支中心每县补助 68 万元,村级站点每站补助 5000 或 6000 元,所需经费由中央政府与地方财政各负担 50%。对地方负担部分,山西省按省、市、县 4:3:3 比例负担,即县级支中心中央补助 34 万元,省级补助 13.6 万元,市县负担 20.4 万元;村级站点中央对 1/3 的村补助 3000 元,2/3 的村补助 2500 元,省级补助 1000 元,市县负担 2000 元。按照要求资金主要用于配备相应设备以及对场地的改造[22]。

3. 多项工程合作共建互为补充

新农村建设和文化大发展大繁荣时代背景下,国家对农村基层文化建设的重视程度逐渐增加,很多国家级工程项目把目光投向农村,或多或少地影响了农村图书馆设施的建设和发展。除了共享工程和农家书屋工程,广播电视村村通工程、农村电影放映工程、农村党员干部现代远程教育工程、乡镇综合文化站建设等都对农村基层设施改善助以一臂之力。这些工程在基层的延伸大多由乡镇政府或村委会来管理和实施,共建共享互通有无,有利于合理配置资源,减少重复投入。

例如,《全国文化信息资源共享工程"十一五"发展规划》[23]明确指出,该工程要"加强与全国农村党员干部现代远程教育、农村中小学现代远程教育、广播电视村村通、有线数字电视和乡镇综合文化站建设等国家重点项目,以及科技、农业信息化等相关项目的共建共享,实现优势互补"。2005 年 1 月,文化部和教育部联合印发了《教育部、文化部关于在农村中小学实施全国文化信息资源共享工程的通知》,2006 年 12 月,全国农村党员干部现代远程教育试点工作领导协调小组办公室与全国文化信息资源共享工程领导小组办公室联合印发了《关于做好农村党员干部现代远程教育工程与全国文化信息资源共享工程资源整合工作的通知》,部署共建共享工作。

北京市共享工程建成 4271 个基层服务点,其中 3953 个村级基层服务点全部同时为农村党员干部远程教育基层点;山西省共享工程建设与农村党员干部现代远程教育工程合作,全省28 236个行政村全部建成拓展型村级基层站点。辽宁省结合本省实际,通过"广电模式"实施共享工程进村入户,具体做法是:用已经覆盖全省98%以上地区的广播电视村村通网络,传输共享工程的信息资源,采用"进村和入户相结合、广播和点播相结合"的方式分层次推进,让广大农民群众在家里用电视机就能收听收看共享工程的节目[24]。

四、农村图书馆设施发展特点

农村图书馆设施建设和发展的最显著特点是差异性。由于数量庞大,分布广泛,易受当地政策影响,农村图书馆设施在宏观上表现出来的最大特点就是差异性,不论建设方法还是发展水平,地区差异都非常明显,中西部地区不同于东南沿海地区,经济发达地区不同于经济落后地区,即使在同一地区,不同基层图书馆设施也存在差异。

长期以来,由于乡镇、村图书馆并不属于公共图书馆的范畴,图书馆统计工作缺失,缺少具有系统性的数据支撑,因此很难全面客观地掌握基层农村图书馆设施情况。2014年上半年,国家图书馆研究院通过问卷的方式对北京、河北、黑龙江、辽宁、海南、宁夏、四川、贵州、青海等部分省市的县级、乡镇、村图书馆进行广泛调研,问卷由当地各级文化行政主管部门填报,其中一部分问卷得到回收,这些统计数据能够从某种程度上客观反映我国现阶段农村图书馆设施建设差异较大的现状。

以问卷回收情况相对较好的北京市为例,问卷调查显示(见表2–3),北京市217个乡镇建有图书馆208个,建有率为95.9%,其中有116个馆建有电子阅览室,占56%;乡镇图书馆平均阅览面积为82平方米,各区县差异较大,丰台区、海淀区平均阅览面积达到200平方米以上,海淀区平均阅览面积达429平方米,而大兴区平均阅览面积只有17平方米;图书馆平均配备计算机台数为9台,其中平谷区、顺义区、通州区较为突出,均达到20台以上,通州区平均配备32台。村图书馆方面(见表2–4),北京市4137个行政村建有图书馆4074个,建有率为98.5%;村图书馆平均阅览面积为28平方米,平均面积最大的是丰台区87平方米,最小的是大兴区只有5平方米;平均配备计算机0.7台,其中朝阳区最高,达到3台,丰台区、顺义区也都达到1台以上。需要说明的是,问卷结果具有一定的客观性,但是与真实情况还存在一定差距,这与问卷填写者的个人理解有关,也说明不同文化主管部门对图书馆设施的认识还存在差异。

表2-3　北京市乡镇图书馆设施问卷调查汇总

区县	乡镇数（个）	乡镇图书馆数（个）	建有电子阅览室数量（个）	阅览面积（平方米）	平均阅览面积（平方米）	配备计算机台数（台）	平均计算机台数（台）
昌平区	20	18		1843	102		
朝阳区	43	43	43	7724	180	394	9
大兴区	14	12	3	200	17	47	4
房山区	23	23		460	20		
丰台区	5	5	5	1230	246	20	4
海淀区	7	7	5	3000	429	34	5
怀柔区	14	14		795	57	2	0
门头沟区	9	5	3	200	40	30	6
平谷区	16	16	16			320	20
顺义区	19	19	19	475	25	380	20
通州区	15	15	15	380	25	484	32
密云县	17	16	3	485	30	57	4
延庆县	15	15	4	350	23	108	7
合计	217	208	116	17 142	82	1876	9

表2-4　北京市村图书馆设施问卷调查汇总

区县	行政村数（个）	村图书馆数（个）	建有电子阅览室数量（个）	阅览面积（平方米）	平均阅览面积（平方米）	配备计算机数（台）	平均计算机台数（台）
昌平区	303	303		6000	20		
朝阳区	369	369	73	23 272	63	1110	3
大兴区	527	464	7	2300	5	254	0.5
房山区	461	461	2	9500	21	25	0.1
丰台区	68	68	45	5948	87	180	2.6
海淀区	82	82	2	4000	49	14	0.2

续表

区县	行政村数（个）	村图书馆数（个）	建有电子阅览室数量（个）	阅览面积（平方米）	平均阅览面积（平方米）	配备计算机数（台）	平均计算机台数（台）
怀柔区	284	284	14	9018	32	77	0.3
门头沟区	177	177	11	2667	15	134	0.8
平谷区	271	271					
顺义区	405	405	120	12 690	31	600	1.5
通州区	484	484	484	22 515	47	484	1
密云县	330	330		9000	27	76	0.2
延庆县	376	376		5264	14		
合计	4137	4074	758	112 174	28	2954	0.7

农村图书馆设施建设和发展的另一个特点是多主体多渠道投入。虽然我国早在19世纪末出现公共图书馆萌芽的同时就已有乡镇、村级图书馆的建设服务活动，但是乡镇、村图书馆一直没有被纳入公共图书馆事业发展的宏观体系，国家文化主管部门在"以评促建""以评促改"的图书馆事业统计评估工作中也未对乡镇、村图书馆进行平等考量。长期游离于公共图书馆事业发展体系之外的尴尬境地，导致自上而下对基层农村图书馆实行统计规划，制定统一标准是个难解之题，而且，大多数乡镇、村图书馆由乡镇政府或村委会直接管理运维，无论从全国文化主管部门还是从图书馆行业来说，指导性都会流于表面。这就导致我国农村图书馆设施通过各种重大工程多渠道建设，工程推进中多主体投入。如，在嘉兴市图书馆乡镇分馆的建设实践中，由市、区、镇三级财政共同承担，乡镇分馆需要的馆舍由乡镇负责建设，设备费用由区财政给予补助，日常运营所需要的水电费、通讯费以及部分当地管理人员的工资等由乡镇负担，并于年底考核后，区财政按考核等级分别给予5万元到8万元的补助，分馆的图书、报刊、数字资源、计算机管理软件以及市馆派出管理人员的工资由市馆提供，每设立一个分馆由市财政每年给市馆10万元到15万元购书费和一定的相关经费[25]。

基于差异性和多渠道投入的特点，农村图书馆设施发展现状异常复杂，加大了宏观规划和指导的难度。根据文化部于2013年1月30日向全国印发的《全国公共图书馆事业发展"十二五"规划》，"十二五"期间有多项重点工作与农村图书馆设施建设紧密相关,这些工作的开展将有助于农村图书馆设施发展迈上一个新的台阶。

一是加强基层公共图书馆设施建设。加大县级和县级以下基层图书馆设施建设力度,重点向贫困地区、落后地区、革命老区和基层农村倾斜,充分发挥县级图书馆承上启下的枢纽作用,在县县有图书馆的基础上,进一步在全国乡镇文化站、村文化室都设立图书室或图书馆服务网点,巩固和规范已有独立建制的基层图书室。

二是推进流动图书馆设施建设。依托已有的图书馆阵地服务,大力推动流动图书馆设施建设,建立流动书库,为中等城市图书馆和县级图书馆配备流动服务车等流动服务设施设备。实现阵地服务与流动服务相结合,因地制宜开展流动服务,建立起灵活机动、惠及基层群众的流动服务网络,推动图书馆服务进一步向基层、社区延伸。

三是继续实施共享工程。进一步发挥各级公共图书馆在全国文化信息资源共享工程中的主体作用,在"十一五"基本实现"村村通"的基础上,大力推进进村入户,广泛开展惠民服务,实施以"农村实用技术人才培养计划"为重点的网络培训。

四是实施公共电子阅览室建设计划。以保障人民群众的基本网络文化权益为目标,以未成年人、老年人、进城务工人员等群体为重点服务对象,依托共享工程的服务网络和设施,以及共享工程、数字图书馆推广工程丰富的数字资源,与共享工程建设、乡镇文化站建设、街道(社区)文化中心(文化活动室)建设,以及中央文明办组织实施的"绿色电脑进西部活动"相结合,在城乡基层大力推进公共电子阅览室建设,努力构建内容安全、服务规范、环境良好、覆盖广泛的公益性互联网服务体系。进一步完善全国各级公共图书馆、文化馆(站、室)的软硬件设施,增强各级公共图书馆、文化馆(站、室)的数字文化服务能力,把更多适应人民群众需求的数字资源传送到社区、城镇和农村,活跃基层群众的文化生活,推进全社会的信息化。到"十二五"末,努力实现公共电子阅览室在全国乡镇、街道、社区的全覆盖。

第三节 农村图书馆设施存在的不足

农村文化设施建设是整个文化服务体系中的末梢神经,是保障公民基本文化权利,提高全民素质的重要途径。覆盖全社会的公共文化服务体系能否实现,很大程度上取决于位于末端的基层神经是否发育良好、健康成长。公共文化服务,是政府公共服务的重要内容。

2005 年中共中央办公厅和国务院办公厅联合发出的《关于进一步加强农村文化建设的意见》就提出要以政府为主导,以乡镇为依托,以村为重点,以农户为对象,发展县、乡镇、村文化设施和文化活动场所,构建农村公共文化服务网络;并同时提出,各级财政要统筹规划,加大对农村文化建设的投入,扩大公共财政覆盖农村的范围,不断提高用于乡镇和村的比例;保证一定数量的中央转移支付资金用于乡镇和村的文化建设;中央和省、市三级设立农村文化建设专项资金,确保农村重点文化建设的资金需求。

根据《并于进一步加强农村文化建设的意见》精神,"十一五"期间中央各部委实施了若干普及到行政村的图书室建设项目和相关文化教育项目。关于图书室的建设项目包括新闻出版总署牵头实施的农家书屋项目和民政部牵头实施的万家社区图书室援建和万家社区读书活动;图书馆服务相关项目包括文化部负责实施的全国文化信息资源共享工程和中组部负责实施的全国农村党员干部现代远程教育项目。在公共图书馆发展相对完善的地区,专业化图书馆队伍事实上已经开始对上述资源进行整合,将它们纳入正在形成的农村公共图书馆服务体系之中。

近年来,不少地区已经开始探索农村图书馆的新运行模式。比如,由市、区县、乡镇等多级政府共同承担经费,建设总分馆体系的村级分馆和图书室,就是被广泛应用的模式。由于主要经费不再依赖行政村集体组织或村民集资,因而分馆布局可以打破行政村界限,在人口相对密集、规模较大的村庄设置分馆,在规模较小的行政村设置图书室。在业务上,市县图书馆对乡镇分馆实施统一管理,并通过乡镇分馆管理村级分馆和图书室,同时能够实现对不同部委建设的各类资源进行整合。

长期以来,在城乡二元体制结构影响下,"重城市轻农村、重经济轻文化"的认识和做法使我国农村的图书馆建设工作从总体来说还比较薄弱,特别是农村图书馆设施建设仍然较为滞后。当前农村图书馆基础设施建设普遍较为匮乏,城乡之间图书馆设施差距很大,而且呈扩大趋势。同时,现有的图书馆设施与资源也不能满足广大农民群众日益增长的精神文化需求。

当前,农村图书馆设施方面仍然存在着一些不足,而造成这些不足的主要原因还是全国农村图书馆设施建设不平衡。受我国城乡建设、发展程度的制约,各省市经济、文化水平存在着一定的差距,从而造成了设施建设、发展的不平衡。北上广等发达城市的农村图书馆设施建设及发展情况明显好于其他二、三线城市,东部沿海地区明显好于西部内地,平原地区明显好于山区。发达地区的和欠发达地区的农村图书馆设施,存在共性问题,同时也略有不同。

一、发达地区农村图书馆设施存在的问题

发达地区由于经济、文化水平较高,在设施建设方面占有优势。尽管农村文化设施建设的每一个工程、项目都制定了相应的政策和规划,有明确的工作目标,有严格的考核评估,也有财政投入奖励,每个工程都设计了一系列建设、管理、运行和评估体系。然而,就总体而言,看起来很完美的诸多工程、项目并未达到预期的效果,各类设施并未真正引起民众很大的兴趣。即使是投入大量资金、建得很大气的某些乡镇文化艺术中心,其主要功能还是以展示地方实力为主,而缺少真正为老百姓所用的文化服务内容。具体表现为:

第一,农村图书馆设施多渠道投入造成管理和运维不力。现有的农村图书馆设施多头建设明显,如:共享工程和乡镇综合文化站建设由文化部负责实施;农家书屋由新闻出版总署会同中央文明办等七部委联合发起;农村综合信息服务站由各类涉农部门发起和实施,其中也涉及文化生活信息的服务;农村党员干部远程教育由中央办公厅启动实施,当中又涉及农村党员干部文化素养的培养;等等。上面齐抓共管,下面千头万绪,作为这些工程项目的依存组织,乡镇和村只能忙于应付和应对,无从考虑其实效,造成管理不力,使用不善,通过验收后便无人管理,使设施形同虚设。同时,多渠道投入导致设施功能雷同和重叠现象明显,造成重复建设。各类文化基础设施建设的功能类同或重叠的现象较为普遍,其功能都涉及图书借阅、信息整合与传递、阅读指导与组织等。造成这些的主要原因是没有创设一个统一的、专业化管理平台,各类文化设施就难以盘活各种分散的资源。而公共财政资源的短缺也不允许政府对同类设施进行持续不断的投入,最后导致各种资源不断老化,失去原有的利用价值。

第二,设施建设存在重建设、轻使用的现象。各建设部门对文化设施的硬件建设都制定有明确的任务要求,但缺乏契合基层农村居民实际需求的文化活动,或活动内容空泛僵化,无从发挥设施的实际效用。其原因主要是工程建设脱离群众基础,与农民实际文化需求不协调。比如农家书屋工程,各地建设热情都很高,建成后农民却很少去看书或借书,一方面送下去的图书并不是农民想看的,另一方面图书更新速度慢。缺失真正为老百姓所用的文化服务内容,与农民的实际需求不协调。必然导致设施使用率不高。

二、农村图书馆设施普遍存在的问题

发达地区农村图书馆存在的某些问题,因为欠发达地区受经济水平等因素制约,可能暂时还没有遇到,或者只是刚刚出现一些苗头。但是反过来,欠发达地区农村图书馆遇到的问题,发达地区却不一定已经彻底解决。农村图书馆设施普遍存在着以下问题:

第一,建设投入欠缺,先进文化难以普及。经济基础决定上层建筑,农村的经济基础普遍较低,文化水平不高。资金困难是制约农村文化设施建设最主要的瓶颈,农村文化建设的速度与人民群众的需求仍有很大差距。近年来,国家和省级财政对文化建设的投入不断加大,但农村文化设施建设的总体投入规模依然不足,由于缺少资金,很多农村图书馆设施都没有达到应有的建设标准。另外,目前各类文化活动大部分仅限于城镇,边远地区的农民群众很难享受到文化服务。村级书刊报纸受经费限制每年订得较少,而且大多是党报党刊,适合农民口味和需求的科技报或书籍少之又少,并且投递后,或因无人管理而流失,或被放置在村部,一般村民很难看到,大多失去了应有的意义。在这样的情况下,尤其是在农民本身的文化水平就不高的阶段,无法培养他们参与文化活动的积极性,日后更加难以调动。这也就给将来农村图书馆设施的发展增加了难度。所以,资金投入欠缺是一方面问题,还有一方面问题是资金如何能用到关键的地方,有的放矢,避免资金的浪费。

第二,缺乏图书馆场所。首先,虽然农家书屋、共享工程等文化工程的普及程度很高,几乎实现了在农村地区的全覆盖,但是乡镇图书馆、村图书馆的覆盖率尚未达到工程水平,通过2014年对各地农村图书馆事业发展情况调查问卷发现,有些省市的实际覆盖率更低,说明通过文化工程建立起来的承担图书馆功能的设施,离理想水平还有较大差距。建筑空间是一个设施是否存在的主要判断标准,如果没有独立的馆舍空间,相应的设备也无法很好地陈列和使用。随着国家文化发展力度的加强,馆舍空间得到了一定程度的改善,但是仍然有待彻底解决。其次,大量的乡镇图书馆、村图书馆没有独立馆舍,大部分地区图书馆和其他文化设施共用一个场所。这个问题可以从两方面来看:一方面,合用一个场所,可以有效利用现有场地,避免资源的浪费,比如农家书屋、共享工程的村级服务点、农村党员干部现代远程教育等项目的设备汇集在一个公共的空间里,农民在一个固定的地点即可享受全部的资源,有效地节约了空间反复建设造成的资金浪费;另一方面,一个场所为众多项目所用,又难免造成分工不明,责任不清,管理不当等一系列问题。

第三,农村图书馆位置欠佳。所谓位置欠佳,主要是针对没有独立馆舍的农村图书馆。有的乡镇图书馆和乡镇政府机关或办事窗口共用一处场所,即使是乡镇政府,对于普通老百姓来说,也是较难出入的地方,机构办事也可能受到读者经常出入的影响,这种形式的场所共用对双方都不方便,久而久之,积极性自然就不高了。同时,受这些场地办公时间的影响,图书馆的开放时间也受到制约。政府机关的工作时间大多朝九晚五,而大多数农民白天要劳作,尤其是春播、秋收时节,只有到了晚上才能抽出一些时间来,这时候也就是图书馆设施利用率最高的时间,然而政府却已经下班锁门,导致的直接结果就是,农村居民没有场所去获取自己需要的文化资源。更有甚者,村民们并不知道还设有这样的文化设施,图书被束之高阁。造成这个问题的主要原因是当地政府工作懈怠:一方面可能宣传力度不够;另一方面,不排除当地政府只是为了应付上级,在接受检查的时候才开放。另外,即使有独立馆舍,由于选址不合适,比如位置偏僻、距离远、环境嘈杂等,当地农民使用不方便,最后往往就形成了无人问津的局面。

第四,设备缺乏、老化,现代化水平较低。图书设备是图书馆的构成要素之一,也是图书馆实现科学管理的一种工具和条件。缺乏必要的设备,不仅使图书馆无法提高工作效率,而且使读者使用文献资料发生困难,同时也会因缺少设备而无法使用。藏书设备,主要是书架、书桌、书目柜等,是传统图书馆最主要、最基本的设备。以农家书屋为例,根据《农家书屋工程建设管理暂行办法》,"农家书屋的出版物由政府统一配备,每个书屋图书一般不少于1500册,品种不少于500种(含必备书目),报刊不少于30种,电子音像制品不少于100种(张),并具备满足出版物陈列、借阅、管理的基本条件"。换句话说,在农家书屋这项工程上,政府更多的是负责图书的配备,而书架、桌椅等陈列借阅设备,往往需要当地自行解决,各地在项目执行中也大都以上级政府提供图书、书屋自配书架的方式推行,而农村缺乏购买配套设备的资金的情况比比皆是,难免造成藏书、阅览设备缺乏的局面。计算机设备、视听设备,是现代化图书馆的标志之一,全国文化信息资源共享工程在建设数字资源的同时很好地完成了在农村地区推广计算机设备、网络技术普及这项任务,但是相对于居民的实际需求,很多地区的计算机数量还比较少。同时,随着信息技术的不断进步,计算机设备、视听设备更新换代的速度越来越快,这对农村图书馆设施建设来说无疑是一个巨大的挑战和难题。即使满足了当下的需求,但是随着现代化水平的不断发展,这些图书馆设施很快就不得不面临设施老化这一现实问题了。设施建设本来是一项长期的工作,一旦意识到设施现代化不足的问题,想要重新纠正,往往需要费更大的周折。如果资金又不足的话,这个问题便很可能不得不被搁置,长期得不到有效的解决。

第五,设备管理、维护水平较低。加强设备的日常维护、保养和维修工作,对设备合理使用、按章操作、定期检修,可以提高设备的完好率和使用率。特别是对于现代化设备,制定严格的保管、使用与维护制度,可以保证其正常运行,延长其使用寿命。但是大部分农村图书馆没有专门的设备管理和维护人员,即使有,也不够专业。尽管在设立站点的时候,会组织设备日常管理、维护的相关培训。毕竟这些管理员并不是专业人员,水平有限,遇到专业的问题往往束手无策。特别是涉及一些网络技术的问题,即使是专业人员也可能有一定难度。再加上之前提到的设备老化问题,更增加了设备出现问题的概率。于是一旦遇到较大问题,就只能等待上级或者更上一级单位派专业人员来帮助解决,有的甚至不了了之,导致问题解决速度就异常缓慢,设备要闲置很长时间。

第六,设施利用率有待提高。影响图书馆设施利用率的因素有很多,除了上述设施自身的问题之外,农村图书馆馆藏文献信息资源、所提供的各项服务、人员管理等因素也都会影响设施的使用情况。比如,很多农村中的居民大部分为留守人员,以老人和儿童居多,对信息技术的使用能力较弱,加之缺少专业人员的指导,从而在一定程度上影响了设备的利用;现有的农村图书馆在资源建设上虽然也考虑了农村居民的需求,但是对其文化需求的认识和实际需求还存在一定偏差,导致很多农家书屋建成后,农民很少去看书和借书,共享工程配备的设备大多闲置或移作他用,资源也少人问津;相比近些年城市公共图书馆越来越重视开展各类阅读活动,且形式丰富多彩,农村图书馆在读者服务和阅读活动的开展方面意识还比较薄弱,大多数农村图书馆仅限于提供书刊借阅服务,数字资源服务近年来有所提升,但是互动性较高的其他类读者服务寥寥无几,虽然农民整体文化水平不高,但是形式多样的互动参与活动同样能够有效调动其阅读积极性;此外,农村基层文化人才队伍建设长期处于薄弱状态,条件差、待遇低、编制有限,难以提供招揽人才的良好条件,大多由村民自发或兼职担任文化活动工作,而且往往身兼数职,图书馆工作仅是其工作中一小部分,增加了管理图书馆和开展服务活动的难度。这些建设和管理上的诸多问题虽然与设施不直接相关,但都会导致图书馆设施不能得到充分使用、利用。

第七,过度依赖国家的项目建设。目前的农村图书馆设施大多数是在国家项目的推动下建设起来的。依托于国家项目,迅速普及并壮大。短时间来看,农村图书馆设施发展势头良好。尽管依然存在上述这样或那样的种种问题,但是毕竟是经历着一个从无到有,从少到多的发展过程。但是作为项目的产物,难免缺乏长效机制。长此以往,受机制限制,上述这些问题也会长期存在,很难得到改观。农家书屋、共享工程的村级服务点、农村党员干部现代远程教育的终端接收站点在设置阶段都动员了各级财政力量,且有从中央到地方的专门组织予以推动,这也是这些项目能够在较短时间内,覆盖几乎所有行政村的原因。然而,作为项目的产物,这些设施大都没有解决持久运行的长效机制问题,图书馆运行所需的后续经费难以保障,无法产生应有效益,其结果几乎总是导致已经建成的图书馆很快失去有用性。

总之,农村图书馆设施建设还不够完善,仍然存在着很多问题。如何解决上述提到的问题,积极、有效地推动农村图书馆事业发展,需要我们不断反思和实践。

第四节　改善农村图书馆设施的对策建议

农村图书馆设施是文献信息资源服务的前提和保障,建设符合农村居民需求的农村图书馆才能最大限度地吸引读者,提升服务效能。因此,明确未来农村图书馆发展的趋势与目标是奠定农村图书馆设施建设与发展的基础,为农村服务的图书馆应主要面向读者,以图书应用与开展阅读活动为主要业务,因此在设施设备建设的规划上应做到重使用、轻库藏、方便服务等特点。

一、完善与建立农村图书馆设施设备建设标准体系

《关于加快构建现代公共文化服务体系的意见》《国家基本公共文化服务指导标准(2015—2020 年)》《公共图书馆用地指标》《公共图书馆建设标准》《公共图书馆服务规范》等政策文件的颁布实施,为县级图书馆建设提供了有

力保障。《乡镇综合文化站建设标准(建标 160—2012)》的发布实施,弥补了基层图书馆设施建设标准的空白,对工作实践具有重大指导意义。基于目前广大农村图书馆设施比较落后、城乡发展水平差距较大的现实,不仅需要各级政府加强领导,保证对公共图书馆基础设施建设必要的持续性投入,更需要不断落实与细化相关的标准,以此促进针对不同类型农村图书馆建设标准体系的规范与建立。

1. 完善农村图书馆设施建设标准

《公共图书馆用地指标》《公共图书馆建设标准》《公共图书馆服务规范》等政策文件的颁布实施,为县级图书馆建设提供了有力保障。

《公共图书馆建设标准》以服务人口数量作为图书馆的建设依据,把公共图书馆划分为大型馆、中型馆、小型馆,大型馆服务人口150万以上,中型馆服务人口在20—150万以上,小型馆服务人口20万以下,对公共图书馆总建筑面积以及相应的总阅览座位数量有明确要求,同时对基层图书馆建设做了简要说明,服务人口 3 万以下的,不建设独立的公共图书馆,应与文化馆等文化设施合并建设,其用于图书馆部分的面积,参照 3 万服务人口的建筑面积、千人阅览座位指标执行[26],如表 2 - 5 所示。《公共图书馆服务规范》对公共图书馆计算机配置数量及用途、网络与带宽接入指标也做出明确规定,如表 2 - 6、表 2 - 7 所示[27]。

表 2 - 5 《公共图书馆建设标准》控制指标

规模	服务人口 (万)	建筑面积		阅览座位	
		千人面积 指标 (平方米/千人)	建筑面积 控制指标 (平方米)	千人阅览 座位 (座/千人)	总阅览座 位(座)
大型	400—1000	9.5—6	38 000—60 000	0.6—0.3	2400—3000
	150—400	13.3—9.5	20 000—38 000	0.8—0.6	1200—2400
中型	100—150	13.5—13.3	13 500—20 000	0.9—0.8	900—1200
	50—100	15—13.5	7500—13 500	0.9	450—900
	20—50	22.5—15	4500—7500	1.2—0.9	240—450
小型	10—20	23—22.5	2300—4500	1.3—1.2	130—240
	3—10		800—2300	2.0—1.3	60—130

表 2 - 6 《公共图书馆服务规范》计算机设备保障指标

等级	计算机总数量（台）	其中:读者使用计算机数量（台）	其中:OPAC 计算机数量（台）
省级馆	100 以上	60 以上	12 以上
地级馆	60 以上	40 以上	8 以上
县级馆	30 以上	20 以上	4 以上

表 2 - 7 《公共图书馆服务规范》网络与带宽接入指标

等级	互联网接口	局域网主干	局域网分支
省级馆	≥100 兆	≥千兆	≥百兆
地级馆	≥10 兆	≥千兆	≥百兆
县级馆	≥2 兆	≥百兆	≥百兆

相关标准的颁布对县级以上公共图书馆有了明确的指导作用,近年来随着我国公共文化事业的发展,县图书馆的发展逐步加强。我国农村人口占全国人口绝大多数,县级图书馆在城市中心图书馆与乡镇、村图书馆之间起到了承上启下的作用,也是城乡文化互通的重要枢纽。对于经济条件相对落后,教育资源不够充分的农村地区,通过县级公共图书馆的服务予以弥补,有助于降低城乡之间的文化鸿沟,发挥图书馆的社会文化引领作用。落实《公共图书馆用地指标》《公共图书馆建设标准》等各项法规标准,是保障县级公共图书馆建设根本。

我国目前独立建制的公共图书馆是县以上公共图书馆,乡镇或社区综合文化站、村图书室一般是与其他文化活动场所合建,属非独立建制。包括图书馆(室)在内的综合文化活动站建设,国家将另行制定专门的工程项目建设标准加以规范,因此,《公共图书馆建设标准》也不向县以下的、包括乡镇和社区综合文化站之内的图书馆(室)延伸。从以上特点可以看到,《公共图书馆建设标准》对促进我国公共图书馆事业的发展虽然重要,但它所能解决的问题是有限的,可以发挥的效能是特定的,试图通过这一标准解决公共图书馆建设中的所有问题是不现实的[28]。2012 年 5 月 1 日《乡镇综合文化站建设标准(建标 160—2012)》的发布实施,弥补了基层图书馆设施建设标准的空白,对工作实践具有重大指导意义,较直观地对乡镇图书馆设施做出说明。同时,结合现代化发展趋势还应该不断完善有关基层图书馆建设标准,有效地打造广域的图书馆服务网络。

因地域、经费、合建等因素的制约,农村图书馆设施的建设政策应该因地制宜,根据不同地区经济发展程度,结合本区域特点。比如,以服务人口为依据,把人口作为设施建设的标准,根据人口按需而定,国家制定最低保障性标准,各地方根据经济发展水平制定本地区的具体实施机制。

2. 完善农村图书馆设施的服务与应用标准

现有农村图书馆发展和服务水平不一,应针对不同服务对象和不同类型农村图书馆的服务情况开展调研,制定相关图书馆设施的服务标准。如针对成人与儿童,不同的阅览桌椅服务的人数与服务效果存在差异,各馆计算机设备、残疾人保障设施设备的服务效果也有所不同,同时在阅读空间的保障、阅览家具的布局等方面也缺乏详细的指引性标准。因此完善与制定设施设备服务的标准,将有利于农村图书馆服务的规范与效能的提升。

《关于加快构建现代公共文化服务体系的意见》指出:"加快推进公共文化服务数字化建设。结合'宽带中国''智慧城市'等国家重大信息工程建设,加快推进公共文化机构数字化建设。统筹实施全国文化信息资源共享、数字图书馆博物馆建设、直播卫星广播电视公共服务、农村数字电影放映、数字农家书屋、城乡电子阅报屏建设等项目,构建标准统一、互联互通的公共数字文化服务网络,在基层实现共建共享。"怎样合理利用农村图书馆的设施设备才能满足图书馆多种服务的需要,同一台设备如何应用才可以最大化的兼顾不同项目的需求,就需要科学制定与不断完善农村图书馆设施设备应用指导标准。这样不仅有利于农村图书馆设施设备的有效利用,避免重复投入,而且更有利于设施设备制造商开发出适于农村图书馆多用途的设施设备。最终使农村图书馆从硬件水平的一致向规范服务的统一迈进。

3. 建立设施后续运维经费的保障标准

虽然有关政策的实施对改善农村图书馆设施状况有所帮助,但是使其从根本上摆脱困境还需要较长的过程,特别是沿边地区、偏远山区和广大农牧区等图书馆设施落后问题仍然存在。农村基层图书馆更是因为没有政策的长期有效保证,存在着设施设备简陋陈旧、计算机设备面临更新换代,因阅览面积不固定导致的许多设施设备挪作他用或封库无法使用等问题。此外,国家推行实施的一系列重点文化工程,也较为普遍地存在后劲不足的问题,很多地区的乡镇、村图书馆发展极大地依赖于这些工程的实施,然而这些工程在各地区布点之后,往往并没有实现与当地相关政策制度的有效接轨,工程过后,基层图书馆的设施设备虽已齐备,却无法长期持续地开展服务,更谈不上对其各项业务工作的提升和拓展。因此,应根据不同地区经济的发展,制定设施运行与维护经费保障政策,落实图书馆设施的相关运行、维护经费,才能使农村图书馆健康发展,成为农村文化建设的桥头堡。

二、完善农村图书馆设施建设的重点内容

1. 完善统筹协调机制,实现资源整合,实现科学有效建设

目前由中央政府、文化部、国家新闻出版广电总局、教育部等推行各种送文化进农村工程已取得了显著的成就。共享工程截至 2011 年年底,建成 1 个国家中心,33 个省级分中心(覆盖率达 100%),2840 个县级支中心(覆盖率达 99%),28 595 个乡镇基层服务点(覆盖率达 83%),60.2 万个村基层服务点(覆盖率达 99%)。农家书屋工程"十一五"期间在全国建立 20 万家农家书屋,预计到 2015 年基本覆盖全国行政村。现代农村中小学远程教育工程为全国约 11 万个农村小学教学点配备教学光盘播放设备和成套教学光盘,使全国 38.4 万所农村小学初步建成卫星教学收视点,同时,卫星教学收视点还成为中央确定开展的全国农村党员干部现代远程教育的主要依托,全民党员干部现代远程教育网也于 2010 年基本建成农村党员干部现代远程网络。不少农村图书馆因为这些举措得以建立并开始运转,为推进农村信息化建设奠定良好的基础。同时,多方面的投入也带来了部分馆在设施建设上重复建设或缺失等问题,因此各部委或各项惠农工程实施机构之间应建立统筹协调机制,保障农村图书馆设施的合理规划与科学布局。

2. 完善农村图书馆流动设备、流转书库等设施建设

完善公共图书馆服务体系,建立总分馆模式的农村图书馆资源配送体系,保障农村图书馆可持续发展。通过县级和县级以上公共图书馆建立配送书库,配备流动图书车、图书捐赠车等设备,为农村图书馆提供定时的图书更新及流转服务,保障农村图书馆文献资源的持续发展。北京市历年都将送书下基层列为年度重点活动,全市各区县图书馆配流动送书车和图书捐赠车,并由各公共图书馆建立配送书库,向农村提供包括送书、集体外借等服务,使农村图书馆日常的文献资源得以有效补充及流转。

3. 完善农村图书馆基础服务及网络服务设施建设

完善的图书馆服务应该以方便读者为目的,以适应时代发展趋势为方向。为农村居民开展服务,图书馆应按照有关标准进行设施的配备,同时可

根据服务人口特点及相关调查研究有侧重地进行调整。

由中国新闻出版研究院组织实施的第十一次全国国民阅读调查从 2013 年 9 月开始全面启动,此次调查可推及我国人口 12.20 亿,其中城镇居民占 51.4%,农村居民占 48.6%。报告显示:2013 年我国成年国民图书阅读率为 57.8%,较 2012 年上升了 2.9 个百分点,数字化阅读方式的接触率为 50.1%,较 2012 年上升了 9.8 个百分点,各媒介综合阅读率为 76.7%,较 2012 年上升了 0.4 个百分点。2013 年我国国民人均纸质图书阅读量为 4.77 本,报纸和期刊阅读量分别为 70.85 期(份)和 5.51 期(份),电子书阅读量为 2.48 本。与 2012 年相比,纸质图书、电子书的阅读量略有提升,报纸和期刊的阅读量均有不同程度的下降。与 2012 年相比,传统纸质媒介中,2013 年我国成年国民对图书、报纸和期刊的接触时长均有不同程度的减少;新兴媒介中,上网时长和手机阅读的接触时长呈增长趋势,电子阅读器接触时长略有下降[29]。

从调查数据可以看出,大众对纸质图书仍有主要需求,农村图书馆在保障纸质图书服务上仍需占主要比重,对书架、书车、纸质图书加工设备的投入也应给予充分保障。

同时,对推广电子文献阅读设备的投入应作为未来发展的主要投入方向,如互联网接入、计算机设备、无线网络设备等获取电子文献等设备应列入农村图书馆的建设及发展规划之中。广西壮族自治区苍梧县在农家书屋升级中,一方面做好传统出版物更新增配,另一方面逐步配置卫星数字发行系统和电子阅读设备,通过进行数字化升级,逐步实现农家书屋网络化、数字化,解决传统书屋报纸图书读物更新慢、运输不便、借阅不便、内容不足等问题[30]。

4. 完善系统软件和办公自动化软件

构建和完善农村图书馆计算机管理系统和配套办公自动化软件是农村图书馆迈向现代化的标志。近年来全国大力推进公共图书馆总分馆体系建设,农村图书馆正被逐步纳入其中,通过各类工程为农村图书馆配备了计算机设备,但对于农村图书馆管理员所使用的办公自动化软件或图书馆系统软件的开发还有所欠缺。当系统软件需要安装及定时更新时,由于农村图书馆技术水平有限,出现问题得不到及时解决,只能依靠手工借阅,久而久之则致使农村图书馆管理员对图书馆系统软件产生抵触,不利于农村图书馆基础业务现代化的发展。因此研发由区域内中心图书馆为系统管理与服务方,解决图书馆系统与数据的安装、存放、管理与维护等工作,农村图书馆等基层馆不用本地安装客户端与数据库,只通过互联网 Web 网页客户端访问与使用的图书馆系统软件,将大幅提升图书馆系统的稳定性与利用率。

其他非图书馆系统的办公自动化软件及安全防护软件的配备也应与农村图书馆计算机设备配套配备。由于经费有限,多数农村图书馆所配备的软件多属于免费的民用级别,不能达到企业级防护标准,随着公共图书馆系统网络化的延深发展,势必将对整体系统带来隐患,因此对农村图书馆计算机设备的配备上,应更加注重、不断完善农村图书馆自动化软件与图书馆系统软件的建设,真正促进其现代化技术的实践应用。

5. 完善服务于弱势群体的设施配备

截至 2012 年年底,我国老年人口数量达到 1.94 亿,占总人口的 14.3%。农村老年人口占 70% 左右,农村留守儿童有 6102.55 万,占农村儿童 37.7%,占全国儿童 21.88%。根据中国残联〔2012〕25 号文件,2012 年我国残疾人总数为 8502 万,这些残疾人中农村残疾人占 3/4,是残疾人总数的 75% 左右。根据 2012 年国民经济和社会发展统计公报显示的数据,按照农村扶贫标准年人均纯收入 2300 元(2010 年不变价),2012 年末农村贫困人口为 9899 万人,全国农民工总量为 26 261 万人,其中,外出农民工 16 336 万人,本地农民工 9925 万人。

保障居民平等地获取文献资源是公共图书馆不断努力的方向,在农村图书馆设施的建设上也应充分考虑本馆所服务对象的特点,应根据本区域内弱势群体的特点有针对性的给予配备,如盲道、坡道、桌椅包边等无障碍设施、盲文阅读设备、儿童桌椅书架等,以此来扩大服务范围,保障弱势群体获得文献的权利。在对弱势群体的服务中,无论投资规模大小,设施的投入都是以满足读者需要为中心,诸如老花镜等小件辅助阅读设备也会收到良好的服务效果。

6. 加强阅读活动与读者培训设施建设

随着图书馆业务的不断扩展,通过阅读活动吸引居民到图书馆获取文献已成为有效的手段。2012 年全国县级公共图书馆举办各类讲座活动 28 779 次,490.84 万人参加,举办培训班 15 878 个,培训 141.91 万人次[31]。分布在农村的基层图书馆也开展了形式多样的阅读活动和读者培训,因此在设施方面也给予保障,如阅读活动场所的设立,舞台、灯光、扩音、投影等设备的使用,这些设备将为培训农村读者掌握现代化信息获取技术提供有力支持。

三、农村图书馆设施的管理与利用

加大对硬件设备的投入力度,完善设备管理的约束机制,充分保证固定资产登记管理,努力挖掘现有设备的潜力,定期检查、维护维修,适时进行升级改造,延长设施设备的使用寿命是农村图书馆开展服务的有力保障。

1. 加强农村图书馆设施建设的整体规划与布局

上级主管部门对本辖区的农村图书馆设施设备在整体调研的基础上,根据不同区域特点统筹规划,在购置设备之前进行论证,根据服务范围及服务对象需求,对农村图书馆设施的布局进行规划,对相似图书馆设备的生产制造和供应情况进行了解,确定所需设备的规格标准。依据不同馆舍条件,对相关采光、家具设计进行研究,合理布局,最大限度地挖掘馆舍潜能,尽可能做到节能减排、科学环保,营造舒适的读者阅读环境。

对于经济欠发达地区,由主管机构对所辖图书馆,采用集中采购、统一配发的方式可以有效地降低成本。而在经济较发达地区,可根据所在地域文化特色,通过定制特色化的设施设备,建成不同风格、主题鲜明的农村图书馆,将更加有利于地方文化的彰显,为读者带来更加深刻的图书馆阅读体验。

2. 完善农村图书馆设施的登记管理与更替报废

不断加强、完善农村图书馆的设施设备的固定资产管理规范,健全固定资产管理制度,及时登记入库相关设施设备,定期予以清点核实,建立设施设备档案,有条件的可以进行计算机管理,指定专人负责,实行岗位责任制度。

对固定资产的管理可根据设施设备的性质和用途进行分类管理,制定科学有效的管理办法,严格要求按工作流程及业务手续进行管理,实行民主化管理,广泛听取意见及建议,不断完善固定资产的管理工作。

农村图书馆还应定期清查不能正常使用的设施,并及时进行妥善处理以排除安全隐患。对陈旧的设施定期检查与评估,核算其维修成本,决定是否对其进行改造,对于进行报废处理的设施要严格遵守相关规定,做好报废设备的登记与备案工作。

3. 设施的专业化委托管理

对于有条件的农村图书馆可以开展设施的专业化委托管理,以解决农村图书馆专业技术不足的缺点。比如计算机等自动化设备维护的委托,相对农村图书馆来说,专业计算机公司可以提供整套的应用方案,包括咨询、软硬件系统维护,有的还可以在签订协议的情况下,通过网络联机提供远程诊断和维护的功能。

后勤业务委托是将管理与服务分离的有效手段,图书馆设施由专业物业公司代为管理,农村图书馆馆员可以专注于业务与服务,从而提高效能。随着经济发展,部分农村图书馆实现了改扩建,书库和阅览室面积增加,个别还增建了如报告厅、展示厅、会议厅、自习室、多媒体视听中心、卫星直播厅、文化休闲室等活动场所,随着专业化设施的不断增加,安防保卫、绿化保洁、物业维护等的专业化委托将是今后发展的趋势。

4. 加强馆员对设施使用的培训

将对设施的使用培训纳入图书管理员上岗培训之中,建立培训长效机制,积极开展设施正确使用与维护的培训,使他们熟知所用设施设备的性能、配置,严格按照操作规程,合理使用设备,定期检查设施完好性,保证其正常运行,延长农村图书馆设施的使用寿命。

农村图书馆的设施是有效开展各项业务与服务的基础,因此馆员在日常工作中,应树立图书馆安全意识,日常设置安全条例及预案,严格执行防火、防水和防虫等制度,责任明确,对各项设施设备的管理有账可查,杜绝图书馆设施设备被挪用问题,以保障农村图书馆各项业务及服务的开展。

四、农村图书馆设施建设的社会化实践

探索多元化的管理模式,引导社会力量,采用多种模式,开辟各种途径,参与基层公共文化设施的管理是我国公共文化建设的新兴话题。

1. 农村图书馆设施的社会化管理

农村图书馆的设施因人力不足出现荒废或闭馆的现象较普遍,可积极探索社会管理途径,引进社会力量参与管理。通过图书馆专业培训、制定相关考核标准、量化读者需求、制定读者反馈机制等,规范与利用社会力量开展服务。

城市化进程的加速,使农村住宅小区化建设也不断涌现。现代多数住宅小区由开发商兴建,对小区文化品位的追求不断增加,图书馆配套设施虽不断完善,但缺乏专业人员管理,因此完善这些图书馆设施的接收利用或开展共建合作机制,将是农村图书馆设施扩充的有效途径。

北京市朝阳区图书馆积极探索公共文化设施多元主体管理方式。2014年1月2日,朝阳区文化委、朝阳区图书馆与朝外街道图书馆、悠贝亲子图书馆签订《社会力量参与朝外地区图书馆运营合作协议书》,此举标志北京市朝阳区在公共文化服务社会化方面取得了阶段性成果。朝外街道图书馆作为北京市第一家采用政府购买服务,引进民办图书馆团队管理政府公共图书馆,自签约以来,运转正常,服务效能显著提升。此外,天天有故事会,周周有亲子阅读活动,已形成常态,成为图书馆的特色。目前社会力量与朝阳区图书馆已签订合作协议并实现进驻,实现常态化运行。以朝外街道图书馆为起步朝阳区图书馆还将以 CBD 文化创意分馆为试点,CBD 图书馆宣传推广阶段工作已经开始启动,配套的资源整理、场地设施完善工作基本完成,为后续工作打下坚实基础。

从上例可以看出现代公共图书馆在城区已积极试点图书馆设施的社会化管理模式,通过不断深入探索、完善引导社会力量参与公共文化建设的研究,必将为今后农村图书馆设施设备的社会化管理的发展提供借鉴经验。

2. 农村图书馆设施的社会捐赠探索

基于目前图书馆捐赠多以图书的形式,可以尝试探索农村图书馆设施的捐赠机制,改变以往由公共图书馆将淘汰设施捐赠给农村图书馆,造成读者到馆阅读体验不佳的现状。建议由当地政府或文化主管部门,设立农村图书馆设施的捐赠制度,鼓励企业与社会进行捐赠。经过对各图书馆服务对象的调研,形成不同的设施需求,并结合所需设施的合理采购价格,定期向社会公示,促进捐赠的透明化与公开化。对于所接收的设施要求其符合国家相关安全标准,并对捐赠者给予一定的政策优惠或名誉奖励。通过不断完善和长期开展农村图书馆的社会捐赠制度,使农村图书馆的各项设施可以按需配备,并且为读者带来良好的阅读体验。

3. 农村图书馆设施的志愿者队伍建设

鉴于部分农村图书馆资金缺乏的现状,应积极探索建立志愿者队伍对农村图书馆设施设备进行定期维护和管理。并且,通过志愿者队伍积极引导读者正确利用图书馆设施,鼓励他们向社会宣传图书馆的重要性,引导社会关注农村图书馆设施的建设。

参考文献:

[1] 朱燕平.中国农村图书室建设第一个高潮的形成及其影响[J].江苏图书馆学报,1999
(6):60—63.
[2—5][7] 徐苇,盛芳芳.农村图书馆:中国图书馆事业发展中难解的一个结[J].图书馆
论坛,2004,24(5):23—32.

[6] 国家图书馆研究院. 我国图书馆事业发展政策文件选编(1949—2012)[M]. 北京:国家图书馆出版社,2014:143—145.

[8] 文化部. 近几年我国文化投入情况及对策建议[EB/OL]. (2011 - 08 - 23)[2015 - 03 - 15]. http://zwgk. mcprc. gov. cn/auto255/201108/t20110823_20110. html.

[9] 饶权. 对当前我国文化设施建设的几点思考[J]. 演艺科技,2012(6):40—45.

[10] 文化部. 中华人民共和国文化部2013年文化发展统计公报[EB/OL]. (2014 - 05 - 16)[2015 - 03 - 15]. http://zwgk. mcprc. gov. cn/auto255/201405/t20140516_30294. html.

[11] 文化部全国公共文化发展中心. 全国文化信息资源共享工程概览[M]. 第1卷. 北京:中国文史出版社,2014:256—283.

[12] 文化部全国公共文化发展中心. 全国文化信息资源共享工程概览[M]. 第1卷. 北京:中国文史出版社,2014:2.

[13] 李超平. "百县馆长论坛"的历史意义[J]. 中国图书馆学报,2013,39(204):27—35.

[14] 中国互联网络信息中心. 中国互联网络发展状况统计报告(2014年1月)[EB/OL]. (2014 - 03 - 05)[2015 - 03 - 15]. http://www. cnnic. net. cn/hlwfzyj/hlwxzbg/hlwtjbg/201403/P020140305346585959798. pdf.

[15] 李明生. 我国公共图书馆服务体系的治理主体设置研究[J]. 图书与情报,2012(2):37—42.

[16] 蒋永福,刘春艳. 公共图书馆建设主体:概念、类型与设置原则[J]. 图书馆建设,2010(11):2—5.

[17] 新闻出版总署. 关于印发《农家书屋工程建设管理暂行办法》的通知[EB/OL]. (2008 - 07 - 21)[2015 - 03 - 15]. http://www. law - lib. com/law/law_view. asp?id = 261512.

[18] 新闻出版总署农家书屋工程建设领导小组办公室. 新闻出版总署关于切实提高农家书屋使用率的通知[EB/OL]. (2010 - 09 - 22)[2015 - 03 - 15]. http://news. 9ask. cn/fagui/zyfgk/201009/877373. shtml.

[19] 徐草. 以基层公共图书馆为主体实施"农家书屋"工程建设的实践探索——以萧山区"农家书屋"工程建设为例[J]. 图书情报论坛,2014(2):46—49.

[20] 文化部全国公共文化发展中心. 全国文化信息资源共享工程概览[M]. 第1卷. 北京:中国文史出版社,2014:2.

[21] 文化部全国公共文化发展中心. 全国文化信息资源共享工程概览[M]. 第2卷. 北京:中国文史出版社,2014:442.

[22] 文化部全国公共文化发展中心. 全国文化信息资源共享工程概览[M]. 第2卷. 北京:中国文史出版社,2014:574.

[23] 国家图书馆研究院. 我国图书馆事业发展政策文件选编(1949—2012)[M]. 北京:国

家图书馆出版社,2014:207—212.

[24] 文化部全国公共文化发展中心. 全国文化信息资源共享工程概览[M]. 第2卷. 北京:中国文史出版社,2014:716.

[25] 沈红梅. 打破城乡二元结构创建新型乡镇图书馆模式——浙江省嘉兴市图书馆乡镇分馆建设实践[J]. 图书馆建设,2008(7):11—13.

[26] 中华人民共和国文化部. 建标108—2008 公共图书馆建设标准[S]. 北京:中国计划出版社,2008.

[27] 中华人民共和国文化部. GB/T 28220—2011 公共图书馆服务规范[S]. 北京:中国标准出版社,2012.

[28] 《公共图书馆建设标准》编制组. 关于《公共图书馆建设标准》的若干问题[J]. 国家图书馆学刊,2007(5):9—19.

[29] 中国新闻出版研究院. 第十一次全国国民阅读调查报告[EB/OL]. (2014 – 04 – 23)[2015 – 03 – 15]. http://www.chuban.cc/yw/201404/t20140423_155079.html.

[30] 陀航. 广西苍梧:电子书进入农家书屋[EB/OL]. (2014 – 11 – 19)[2015 – 03 – 15]. http://www.gapp.gov.cn/news/1672/231903.shtml.

[31] 中国图书馆学会,国家图书馆. 中国图书馆年鉴2013[M]. 北京:国家图书馆出版社,2013:504—505.

（执笔人：邓菊英　徐冰　于景琪　张小野　杨洁雄）

第三章　农村图书馆资源建设

第一节　农村图书馆资源建设的基本状况

民国时期,我国公共图书馆事业极其落后,县级以下的农村图书馆更是寥寥无几。从新中国成立之初直到20世纪末,我国农村图书馆事业的建设和发展主要依靠政府相关部门运动式的推动,一直未能建立起农村图书馆可持续发展的长效机制。那些在运动高潮中草草建立的农村图书馆,大多数在运动过后趋于沉寂和消亡。正如臧运平等所指出的,我国自新中国成立初期就开始建设农村图书馆,然而,没有任何一次农村图书馆建设运动产生持久的效果。在周而复始的建设、关闭、建设、关闭的循环中,农村公共图书馆服务依然停留在几近为零的水平上。我国农村图书馆发展遗留给新时期建设者的,也是失败的教训多于成功的经验[1]。针对新中国成立以来我国农村图书馆事业发展的怪圈,王宏鑫等认为,新中国农村公共图书馆体系建设与农村改革发展的历史密切相关。到了农村综合改革阶段之后,由于农村综合改革触及了农村上层建筑与经济基础不相适应的某些深层次问题,随着农村经济政治文化和社会管理体制的不断完善,与之相应,国家一系列文化发展规划政策都把重点放在了农村,农村公共图书馆体系建设有望步入健康发展之路[2]。近年来,党和政府在总结以往农村文化事业建设经验和教训的基础上,通过推动知识工程、全国文化信息资源共享工程、农家书屋工程、公共电子阅览室工程等大型公共文化惠民项目建设,有力地促进了我国农村图书馆事业的发展,使我国农村图书馆在资源建设方面取得了可喜的成就。

一、农村图书馆资源建设历程

从民国时期直到20世纪末,我国能够长期坚持开展服务工作的农村图书馆数量极少,馆藏资源极为稀缺。进入21世纪后,随着我国经济实力增强、公民权利意识觉醒和公共图书馆理念的普及,农村居民享受公共文化服务的权利和农村图书馆的发展问题受到党和政府的高度重视。为了保障农村居民能够享受到平等的公共文化服务,消除数字鸿沟,党和政府在大力发展农村文化事业时,为农村图书馆的资源建设投入了大量的人力、财力和物力,改善了农村图书馆资源建设长期以来的窘迫状况。

新中国成立后,党和政府曾经积极推进农村图书馆事业发展和资源建设。1950 年 12 月,文化部 1950 年全国文化艺术工作报告与 1951 年计划要点提出:"在有条件的村、镇设立图书室,发展农村图书网。"[3] 1956 年 1 月,文化部和中华全国供销合作总社联合发布了《关于加强农村图书发行工作的指示》,明确规定要把大量适合农民需要的通俗读物及时地送到农村[4]。据统计,1958 年仅农村人民公社图书馆的藏书总量就达 1 亿册左右[5]。从 20 世纪 60 年代开始,受自然灾害、经济倒退和"文化大革命"的影响,我国农村图书馆事业跌入低谷,一些图书馆的藏书遭到严重破坏。到 1970 年时,全国仅有公共图书馆 382 个,文化馆 2303 个[6],是新中国成立后的最低值。尽管无法找到当时农村图书馆文献资源的统计数据,但是根据当时社会经济发展的整体状况,不难推断出农村图书馆事业的艰难处境。

20 世纪 80 年代,在改革开放政策的影响下,我国农村图书馆事业得到了一定程度的恢复和发展,馆藏文献资源也得到了一些有益的补充。据统计,1988 年年底,上海市有 220 所乡镇图书馆,总藏书超过 150 万册,平均每个乡镇图书馆藏书 7000 册。藏书最多的乡镇图书馆可以达到 44 000 册[7]。20 世纪 90 年代,由于我国文化政策的影响,农村图书馆事业遭受了一些损失。农村图书馆文献资源不仅难以得到有益的补充和更新,而且资源流失、损毁的事情时有发生。这种状况一直持续到 20 世纪末才逐渐得到扭转。1997 年开始实施的知识工程,计划到 2010 年,实现经济发达地区的农村每个乡镇都有一个规模不等的图书馆,平均藏书在 2000 册以上,其中,藏书万册以上的达到 30%,有条件的村设立图书室[8]。

2002 年,文化部要求在"有条件的地方要积极推行中心图书馆与分馆制,发挥中心图书馆的资源优势,对区县、乡镇、社区、学校图书馆等实行文献统一采购,集中分编,通借通还,资源共享,增强中心图书馆的辐射能力和基层图书馆的服务能力,更好地为群众服务"[9]。2006 年,《国家"十一五"时期文化发展规划纲要》要求"县(市)图书馆逐步实行分馆制,丰富藏书量,形成统一采购、统一编目的图书配送体系,充分发挥县图书馆对乡镇、村图书室的辐射作用,促进县、乡图书文献共享"[10]。这是改革开放以来首次明确将农村图书馆事业发展和资源建设问题写入国家文化发展规划,对此后农村图书馆的文献信息资源建设和共享影响深远。2012 年,《国家"十二五"时期文化改革发展规划纲要》进一步要求加快城乡文化一体化发展。增加农村文化服务总量,缩小城乡文化发展差距,以农村和中西部地区为重点,加强县级文化馆和图书馆、乡镇综合文化站、村文化室建设,深入实施广播电视村村通、文化信息资源共享、农村电影放映和农家书屋等重点文化惠民工程,扩大覆盖、消除盲点、提高标准、完善服务、改进管理[11]。对于打破我国城乡壁垒,实现普遍均等的公共文化服务提供了政策支持。农村图书馆事业迎来了又一次建设高潮,农村图书馆资源建设也取得了可喜的成就。

二、农村图书馆资源的数量

长期以来,我国农村图书馆的资源统计工作十分薄弱,从一个侧面反映了我国农村图书馆事业的薄弱。从 1986 年开始,《中国统计年鉴》开始增列了全国文化站的统计数据,但是至今没有相关图书馆的文献资源统计数据。从 1996 年开始出版的《中国图书馆年鉴》各卷至今没有农村图书馆的资源统计数据。

尽管如此,我们仍然可以从其他数据和调研情况中对我国农村图书馆的资源数量有一个概括的了解。据统计,从 2002 至 2012 年,全国文化信息资源共享工程经费投入总额达 66.87 亿元[12]。经过 10 余年的建设,共享工程已经拥有 136.4TB 的数字资源[13]。预计到 2015 年,该工程数字资源总量将达到 530TB[14]。2007 年,国家新闻出版总署会同中央文明办等八部委联合发出《关于印发农家书屋工程实施意见》[15]的通知,开始实施农家书屋①工程,要求每一个"农家书屋"原则上可提供借阅的实用图书不少于 1000 册,报刊不少于 30 种,音像制品不少于 100 种(张)。工程计划到 2015 年覆盖全国[16]。实际上在 2012 年 8 月就已经提前完成了任务,实现了对全国农村的覆盖。另据统计,截止到 2013 年年底,全国群众文化机构拥有藏书23 013万册,比上年增长 10.7%[17]。

2014 年年初,课题组通过国家图书馆研究院向全国发放了农村图书馆资源调查问卷。截至 2014 年 8 月共收到北京、贵州、海南、河北、黑龙江、宁夏、

---

①　注:"农家书屋"是一个广义的概念,包括一些沿海地区的"渔家书屋",牧区的"牧家书屋"和林区的"林家书屋"等。

青海、四川、浙江9省/直辖市/自治区335个区县部分农村图书馆的反馈,其基本馆藏资源统计结果如表3-1、3-2所示:

表3-1 9省/直辖市/自治区乡镇图书馆基本馆藏资源一览表①

省、市、自治区	受调查县区数（个）	受调查乡镇数（个）	乡镇图书馆数量（个）	藏书总量（册）	报刊种数（种）
北京	13	217	208	2 203 936	1758
贵州	73	1188	1227	3 138 704	53 652
海南	14	164	160	537 923	1975
河北	38	663	576	1 473 020	3736
黑龙江	91	909	761	1 526 266	3894
宁夏	18	155	125	694 279	532
青海	17	108	94	165 800	76
四川	53	1196	970	2 480 479	1942
浙江	18	246	231	3 964 098	36 195

表3-2 9省/直辖市/自治区村图书馆基本馆藏资源一览表②

省、市、自治区	受调查县区数（个）	受调查农村数（个）	村图书馆数量（个）	藏书总量（册）	报刊种数（种）
北京	13	4137	4074	6 917 028	48 765
贵州	73	14 902	15 212	29 896 624	104 608
海南	14	2221	2295	2 596 377	2087
河北	38	11 783	11 255	99 412 372	86 439
黑龙江	91	8063	6834	11 154 486	35 793
宁夏	18	1814	1927	2 930 763	2681
青海	17	894	745	1 094 929	140
四川	53	14 792	15 046	21 394 130	12 057
浙江	18	4150	4204	5 949 677	28 339

①② 数据来自国家图书馆研究院2014年年初对全国农村图书馆资源建设问卷调查的统计。

此外,从 19 世纪 80 年代开始,一些 NGO(非政府组织)开始在中国援建民间图书馆。截至 2010 年,这些 NGO 共向内地民间图书馆捐赠书刊达 1034 万本,其中 2008—2010 年捐赠约 144 万本[18]。NGO 对农村图书馆的援建从一定程度上缓解了我国农村图书馆资源贫乏的现状。但是 NGO 的援建力量十分有限,不可能从根本上解决我国农村图书馆资源建设的主要问题。只有以政府为主导,从发展机制上着手,才有可能使我国农村图书馆的资源建设获得必要的可持续发展。

三、农村图书馆资源的类型

从资源类型上来看,农村图书馆收藏的文献信息资源主要以通俗读物、科普读物为主,兼顾农、林、牧、渔业生产和地方文献等。载体形式上主要是普通图书和报刊,其他载体的文献信息资源很少。究其原因,一方面是基于我国农村人口文化程度普遍较低,阅读需求有限和农业生产、农民生活的具体特点形成的。另一方面,农村图书馆资源的类型也和政府相关部门进行农村图书馆资源建设的导向有关。

从 20 世纪末开始,随着电子技术、计算机技术和网络技术的快速发展,我国农村图书馆收藏的文献信息资源开始呈现出多样化发展的趋势。但直到现在,农村图书馆的文献信息资源仍然以纸质图书、期刊和报纸为主,或者有一些影视光盘。共享工程和农家书屋工程等项目为农村图书馆配备了一些电子资源和网络资源。但是由于数字鸿沟的普遍存在,加上一些网络资源在使用时还存在着一定的壁垒和障碍,导致这些电子资源和网络资源的利用情况并不乐观。而且越是中西部不发达地区,电子资源和网络资源的拥有量越少,利用率越低。

2013 年 1 月,文化部印发的《全国文化信息资源共享工程"十二五"规划纲要》要求进一步研究制定《文化共享工程 2013—2015 年资源建设规划》,明确资源建设的目标、任务、分类体系、建设重点和建设方法,提高资源建设工作的整体水平。加大资源征集力度,确保资源增量。以文化艺术类、群众文化类、进城务工及农业科技类、生活服务类、少儿教育类等资源为重点,建设若干主题鲜明、体系完整、质量上乘、具备公共文化服务基础性的专题资源库,提高资源建设的系统性、针对性、实用性[19]。

从调研情况来看,农村图书馆目前的资源类型一般有图书、报刊、光盘和网络信息资源。其中图书和报刊是农村图书馆最主要的资源类型。一般来说,乡镇图书馆大都拥有图书2000册左右,经济发达、文化基础好的乡镇图书馆可能会拥有图书万余册甚至数万册。一个乡镇图书馆订阅的报刊一般在数种到数十种之间,也有极少数乡镇图书馆订阅的报刊超过100种。大多数乡镇图书馆还拥有少量科普和影视光盘。村图书馆大都是在知识工程、农家书屋工程等实施过程中建立的。每个村图书馆一般拥有图书1000余册,少数村图书馆的藏书可以达到数千册甚至上万册,报刊数十种甚至更多。无论是乡镇图书馆还是村图书馆大都拥有共享工程所提供的网络信息资源。还有不少地方采用"易播宝"设备定期更新音像资源,比较好地解决了农村图书馆音像资源建设问题。

第二节　农村图书馆资源建设的渠道

"资源与服务"是图书馆事业发展永恒的主题,资源是服务的基础,服务是对资源的充分利用。在我国,由于农村图书馆长期游离于体制之外,在制度、经费、人才等方面均缺乏保障,导致绝大多数农村图书馆难以长期持续发展。21世纪以来,情况已有改变,一方面,中央政府对"三农"问题的持续重视,共享工程、农家书屋、公共文化服务示范区(项目)建设等项目先后实施,给农村图书馆提供软硬件设施及信息资源,形成了以行政命令为基础的"自上而下"的资源建设渠道。另一方面,居民自办、社会力量援办一直是农村图书馆发展中不可或缺的力量,近年来发展尤为迅速,尽管这类图书馆的信息资源数量少、质量也参差不齐,但相对而言,在一定程度上它更符合农村居民的实际需求,形成了一种"内外结合"的内源式的资源建设思路。此外,在党和国家大力推进公共文化服务建设的背景下,基层公共图书馆(尤其是市、县级公共图书馆)获得了更多的发展机遇与资源,公共图书馆总分馆体系、延伸服务、服务重心下移等得到了理论界和实践界的重视,总分馆体系为农村图书馆的发展带来了机遇。具体而言,当前中国的农村图书馆信息资源建设主要有如下5种渠道:农家书屋工程自上而下的统一规划式建设、共享工程集中扩散式建设、农村居民自筹自管式建设、社会力量捐赠援助式建设和公共图书馆总分馆体系的资源共建共享式建设,下文将分述之。

一、农家书屋工程统一规划式建设

由原国家新闻出版总署牵头,2005 年试点,2007 年全面推开,2012 年提前完成的农家书屋工程,是"在行政村建立的、农民自己管理的、能提供农民实用的书报刊和音像电子产品阅读视听条件的公益性文化服务设施。每一个农家书屋原则上可供借阅的实用图书不少于 1000 册,报刊不少于 30 种,电子音像制品不少于 100 种(张)"。同时,"把各部门、各地区在农村文化建设中的类似项目结合起来,相互补充,同步推进,实现资源整合,广泛动员社会力量参与,鼓励国内外各界采用多种形式、多种渠道进行捐助"[20]。截至 2012 年,"全国共建成达到统一规定标准的农家书屋 60.0449 万家,投入资金 180 多亿元,配备图书 9.4 亿册、报刊 5.4 亿份、音像制品和电子出版物 1.2 亿张、影视放映设备和阅读设施 60 多万套,全面覆盖了全国具备条件的行政村"[21],提前 3 年完成了建设任务。项目完成后,中央财政"十二五"期间安排了农村文化建设专项资金,每个农家书屋每年可以获得 2000 元补充,用于馆藏资源的补充更新。

在资源建设方面,农家书屋采取"自上而下"的规划式建设。由原国家新闻出版总署拟定并以政府文件的形式下发《农家书屋重点出版物推荐目录》,如 2008 年《关于印发农家书屋重点出版物推荐目录的通知》中给出图书 2134 种、报刊 99 种、音像制品和电子出版物 288 种,并要求"在推荐目录中选购出版物的比例不得低于 70%;本省(区、市)版出版物比例不得超过 30%""各类图书在每个书屋 1500 册图书中所占的比例:政经类 4%、科技类 40%、生活类 10%、文化类 35%、少儿类 10%、综合类 1%。"[22]地方新闻出版系统在此框架内负责采购图书音像资料并配送至每个农家书屋;馆藏资源补充更新时,也是由地方新闻出版系统根据推荐目录拟定本地域的更新目录,同样负责采购和配送工作。

在馆藏组织方面,农家书屋根据实际情况,一般把图书分为政经、科技、生活、文化、少儿、其他等六大类。在索书号方面,采用"图书类别名称＋图书序号"的基本格式,如某个农家书屋里面有 120 种政经类图书,书屋管理员可以将这部分图书依次编为:政经类 001、政经类 002……一直排到政经类 120[23]。可以说,农家书屋放弃了使用广泛的《中国图书馆分类法》,采取简明、宽泛的分类方法,其优点在于方便图书的分编、排架,方便农家书屋管理员熟悉业务;但弊端也不容忽视,它导致农家书屋的馆藏自成体系,与其他图书馆的馆藏组织体系不一致,为乡镇、县级公共图书馆等系统对其开展业务指导增加了难度,而且使农家书屋无法与各级各类公共图书馆、中小学图书馆等的馆藏书目数据共建共享,或开展更深层次的合作、整合。

这种规划式建设方式的优势是可以很好地控制农家书屋的馆藏资源的质量,基本上杜绝了劣质、盗版等资源涌入农家书屋,也便于农家书屋的分编上架等业务工作;但也有弊端:一是同一地域(如县)内同一批建设的农家书屋,其馆藏资源几乎完全一致,同一批更新的馆藏资源也完全一致,这就造成了同一地域内农家书屋的馆藏高度重复,而每个农家书屋的馆藏只有数千册,年更新仅数十册,难以满足农村居民多样化的需求,也不符合馆藏资源优化配置的要求;二是尽管新闻出版广电总局发文要求"基层选书与集中采购"相结合,但这种"自上而下"的规划式建设提供的资源还是与农村居民的实际需要存在一定的鸿沟,容易出现"供给与需求"之间的不对称;三是当前农村文化建设主要由文化部牵头,而农家书屋由国家新闻出版广电总局牵头,主管部门的不同导致农家书屋与其他农村图书馆,如共享工程、各类民办图书馆等存在隔阂和混乱,限制了农村文化信息资源的整合。在地方行政机构中,文化系统和新闻出版通常被合并为一个机构,称为"文广局""文广新局"等,因此农家书屋的后续管理、督察、出版物的更新等通常由县级公共图书馆具体负责实施,如云南省保山市隆阳区图书馆一直负责该区农家书屋的建设工作和后续的出版物更新等工作,但又无法与其他农村图书馆等文化建设项目结合起来开展工作。

因此,在现有框架下探讨农家书屋后续的资源建设,建议:一是改变"自上而下""整齐划一"的下拨式资源建设思路,转而根据农村居民的"需求"为每个农家书屋配置资源,这样既可以让补充更新的资源更符合不同地域农村居民的需求,又可以避免同一地域同一批次资源完全一致的弊端;二是优化资源配置,让农家书屋的馆藏资源流动、共享起来,在农家书屋馆藏资源不一致的前提下,以县级或乡镇为单位,对不同农家书屋的馆藏定期流动,促进资源共享,使有限的资源最大限度地利用起来;三是加强与共享工程、民办图书馆等整合的力度和程度,如利用共享工程的计算机设备与农家书屋的纸质馆藏配合起来,形成小型的复合图书馆;四是主管机构评估时,将共享工程、农家书屋、民办和社会力量援建的图书馆等整合起来一起评估等。

二、共享工程集中扩散式建设

全国文化信息资源共享工程建设始于 2002 年,最初主要集中建设县级及以上支中心,2006 年开始基层服务网点的试点工作,才逐步延伸至乡镇和村一级。截至 2013 年,全国文化信息资源共享工程已建成 1 个国家中心,33 个省级分中心,2843 个市县支中心,29 555 个乡镇(街道)基层服务点,60.2 万个行政村(社区)基层服务点,部分省(区、市)村级覆盖范围已延伸到自然村[24]。按该工程的顶层设计,有 4 项主要内容:征集、整合加工数字资源传送到全国各级中心及基层点;采购软、硬件设备安装于全国各级中心及基层点;依托现有图书馆、文化馆(站)系统铺设基层服务点;培训各级计算机及卫星接收操作人员[25]。与之相对应,共享工程县级支中心及基层服务点主要挂靠在县级图书馆和乡镇文化站,村基层服务点设在村(居)委会。目前还通过广电卫星推进共享工程进村入户的工作,利用数字电视、直播星等提供服务。

共享工程的建设思路是由中央财政统一配套建设基层分中心和服务点的计算机等硬件设备;由国家中心、省级分中心和县级支中心三级参与文化信息资源的建设,并将优秀资源统一整合到共享工程的主站"国家数字文化网"平台和共享工程专网上,截至 2011 年年底,通过广泛整合公共图书馆、博物馆、美术馆、艺术院团及广电、教育、科技、农业等部门的优秀数字资源,共享工程数字资源建设总量达到 136.4TB,整合制作优秀特色专题资源库 207 个[26]。到 2015 年,共享工程数字资源总量预计达到 530TB[27]。各省级分中心和县级支中心也建设了数量和质量可观的数字信息资源,如内蒙古分中心建设了蒙古族文化艺术资源库、内蒙古草原风情旅游资源库、蒙医药资源库、内蒙古农牧业实用技术资源库、内蒙古历史文化多媒体资源库(历史文化遗迹子库)、内蒙古三少民族多媒体资源库(达斡尔族子库)和内蒙古红色革命多媒体资源库 7 个多媒体资源库[28]。甘肃省共享工程资源库有《甘肃地方特色美食》专题片、"甘肃古长城遗址"多媒体资源库和"甘肃红色历史"多媒体资源库等 22 个[29]。宁波市支中心建设了《四明丛书》全文数据库、《申报》宁波史料数据库、宁波市图书馆馆藏地方老报纸(1899—1999 年)数据库、宁波文史资料数据库、宁波本地特色视频资料数据库等[30]。用户可以通过"国家数字文化网"及各省级分中心和县级支中心的文化信息网使用,也可以通过各分/支中心、基层服务点的共享工程专用计算机,访问共享工程专网,使用或访问当地分/支中心镜像站的资源。

共享工程的这种集中扩散式的数字资源建设思路,非常好地解决了基层支中心和服务点技术、设备、人才等相对不足的问题,技术、平台及其后台维护由国家中心及省级分中心负责,基层支中心和服务点通过远程操作的方式维护本地资源,并利用国家及本地资源服务用户即可。同时,由于数字资源的使用几乎无须考虑受并发用户及使用次数的因素,其管理又属于科层式的体系结构,由国家中心负责平台和业务工作(如分类、编目等)标准的制定,能够较好地在全国范围内实现共建、共知与共享。但是,在实际运作过程中,其资源建设至少存在如下三个方面的难题有待破解:

1. 基层支中心的信息资源建设经费不足

当前共享工程的资金投入方面,主要是中央财政前期的计算机等软硬件设备的一次性投入以及后期的运行经费(如电费、网费、活动经费等),尤其是自2011年以来的,中央财政为地市级、县级公共图书馆和乡镇综合文化站的基本公共文化服务项目提供经费补助,加上地方配套,县级图书馆和乡镇文化站每年可分别获得20万和5万元的补助[31],每个村级文化设施每年可获得1万元的文化获得经费,但这部分资金主要用于用户共享工程的日常运行和服务经费,少有进行信息资源建设的经费投入。尽管中央每年都在专门下拨专项资金的同时要求各省根据规定的比例落实配套资金,投入本地区的县级支中心、乡镇和村基层共享工程建设中。但各省在落实配套资金方面,依然是经费投入不足,一方面,政府投入的有限经费主要用于各省、市级图书馆建设,用于边远地区县级支中心、乡镇基层服务点、村基层服务点的建设经费少之又少,即使一些地区落实了设备购置经费,但未能落实运行维护的费用。如山西省共享工程,自2010年山西省文化厅拨款160万及国家给各县拨款48万之后,2011年起共享工程再无专项资金,共享工程的建设、运行、维修等费用均是省图书馆出资[32]。另一方面,一些省份未能按照中央要求落实共享工程建设资金,有的地方甚至挪用中央拨款,挪用设备和资金等。如陕西省榆林市榆阳区金鸡滩镇综合文化站是共享工程的一个基层服务点,中央财政和省财政为"免费开放"下发的5万元补贴并没有到位,应该是被镇财政"挪用"[33]。云南省楚雄州姚安县的一些乡镇就存在共享工程乡镇服务点的电脑被乡镇领导当作办公电脑使用的情况,保山市也有一些乡镇服务点的摄像机被用来当地政府采写新闻、录像等。在云南省村级基层服务点,电脑被村委会挪为办公电脑使用的现象非常普遍,当地居民没有机会去使用这些设备。政策、资金和管理制度的执行不到位,直接影响到共享工程软硬件设施维护及信息资源建设。

2. 信息资源在不同地域的适用性不够

共享工程这种层级式的体系结构,虽然较好地解决了资源总量和更新的问题,但也产生了在地方适应性不够的问题,因为各地的文化传统、产业发展各不相同,居民欣赏的角度也有所不同,对信息资源的需求也不一样,如河南省安阳县图书馆王爱红认为,"海量资源覆盖面虽然很广泛,但针对性和适应性较差,一些农业科教片并不适宜在各地推广,因此真正适应安阳本地广大基层群众需要的资源并不多。缺少本地特色资源,也是制约安阳县共享工程服务工作的重要屏障"[34]。广西南宁的"部分县区县级支中心的资源建设只是依靠上一级的中心建设,没有充分利用条件构建属于本县区的特殊资源,在一定程度上显得文化资源不足,或是缺乏特色"[35]。黑龙江黑河市爱辉区图书馆赵小明也认为,"国家中心的数字资源虽然丰富,但真正适应广大农村基层群众急需的资源还应大力加强。受版权制约等原因使得影视资料、名家讲座等群众喜爱的文化资源更新慢,新片、大片少"[36]。

3. 信息资源下传方式过于复杂

共享工程的主站"国家数字文化网"(http://www. ndcnc. gov. cn/)及各省级中心网站虽然提供了一定量的数字资源,这一部分资源在互联网上是没有使用限制的。但如果想使用更多的信息资源,需要通过卫星站下传到各支中心,支中心才可使用;而如果是基层服务点需要使用这类资源,则需由支中心通过拷贝、刻录等方式配送过去,才可使用。事实上,这种有限制、又过于复杂的下传方式,一方面人为制造了主站与基层服务点之间的鸿沟,让一部分有用的资源因基层服务点"不知道"而无法提供使用;另一方面,它还增加了信息资源下传的人力、财力和物力。如果能够通过互联网的方式下传全部资源,定能将海量的数字资源提供至更切合用户需求的地方。

为此,我们建议:一是提高对地方信息资源建设的重视,给基层提供更多的资源建设自主权;二是改变现有数字资源下传方式,尽可能消除基层服务点获悉、使用主站资源的障碍。

三、农村居民自筹自管式建设

中国的农村图书馆事业肇始于民办。民国时期,公共图书馆事业未延伸至农村,农村图书馆均由民间力量创建和管理,延续至今的广东梅县松口图书馆、云南腾冲和顺图书馆等堪称楷模。改革开放以来中国民办公益性图书馆开始零星出现,进入 21 世纪,民间底层增加了更多的公益性私人图书馆[37]。据王子舟和吴汉华的整理,截至 2014 年 5 月 28 日,"文化火种寻找之旅"网站已经集合了 388 家民办公益图书馆[38],王子舟先生于 2010 年保守估计"目前国内社会个体兴办的图书馆总数已经超过了 600 个"[39]。再加上村委会等兴办的图书馆,这已经是当前中国农村图书馆发展的一股重要力量。

民办图书馆具有多样化的特征,其发展状况也因时因馆而异,在馆藏资源方面体现为多寡不均。据王子舟和吴汉华 2009 年对"文化火种寻找之旅"网站收录的 288 家民办图书馆的问卷调查,我国民办图书馆的资源状况具有"藏书离散程度比较大,藏书分布极不均匀"的特征:民办图书馆藏书数量在 1000 册及以下的占 5.8%,在 10 000 册及以下的占到 70.9%,藏书量均值为 111 415 册,而中位值为 6030 册,众值为 10 000 册,标准差 13 432。藏书最多的为 80 000 册,而藏书最少的仅 305 册。还有的甚至只有报刊而无书,如江西省萍乡市芦溪县芦溪镇蔗棚村 10 组的陈秋生创办的农家书屋,只订报纸和杂志而未收藏图书。期刊藏量也有很大的差异,最小值为 5 册,最大值达到 30 000 册。光盘或磁带数量整体上偏少,没有收藏光盘或者磁带的占 24.4%,光盘或磁带总数不足 100 盘的占 52.3%。以上数据表明其数字资源发展不均匀,整体上比较薄弱[40]。

"藏书分布极不均匀"背后是民办图书馆资金和信息资源来源不稳定,其馆藏主要通过创办者自购和社会捐赠两种途径发展。据王子舟和吴汉华的调查,民办图书馆的创办者主要是农民(51.2%)和退休人员(40.7%),他们的收入不高,但他们仍然节衣缩食,挤出一些资金办馆。如湖北省浠水县洗马镇羊角村一组的退休教师汪新民,他所创办图书馆叫作"农家书屋",他的每月退休工资 1120 元,虽然妻子患高血压病、风湿病,但他仍然从微薄的工资收入中抽出 40% 来购书支持图书馆的运行[41]。如河北省赞皇县曲江村赵东其创办的"赵良弼图书馆"成立于 2005 年 4 月,靠自己的积蓄购买和四处募捐,收集到了各类图书近 6000 册、报纸杂志 10 余种,并腾出一间 40 平方米的住房作为馆舍,后因经费没有着落,赵良弼图书馆撑了两年多只好闭馆。赵东其为了重燃图书馆梦想,于是进京打工赚钱买书。后经媒体报道得到一些组织和个人的帮助,获赠图书和杂志,建立起了数字阅览室,共享电子图书、电子期刊、专题数据库等网络电子资源。到 2012 年 7 月,赵良弼图书馆已经有图书 2.7 万册,电脑 1 台,每天向村民开放[42]。当然,也有一些发展较好的民办图书馆,如云南省腾冲县明光镇鸦乌村的鸦乌图书馆,始建于 2006 年 8

月,当时由村委会规划建设,购买了1000多册图书,并邀请村民李君坤先生担任管理员,尽管图书馆无固定的购书、办公等经费,但只要图书馆需要,村委会都会给予经费。

另一方面,该调查显示,民办图书馆中有55.8%能够得到一些基金会或者其他民间组织、村镇政府乃至公共图书馆的资助[43]。事实上,民办自办是基础和前提,其后续发展都是得到了社会各界的支持的,如始建于1919年的云南省腾冲县绮罗图书馆,由当地贤达李学诗、李治、李和声等首倡设立,在1920年即拥有《万有文库》《丛书集成》等大部头著作,馆藏达两万余册,还有植物标本、人体生理模型等,至19世纪40年代初期,馆藏已达8万余册。但在日本侵华战争中,全部图书及设备损失殆尽。1981年,在当地居民及海外华侨的支持下开始重建图书馆。如今,该馆已有馆藏近两万册,每年订购报纸杂志10余种,日均接待读者数十人次。目前由当地退休人员(如教师、政府职员等)到图书馆担任义务管理员,资源建设和日常运行经费方面,得到了腾冲县图书馆和腾越镇政府的资助,通过下绮罗理财小组、下绮罗图书馆图书购置基金等筹措资金。再加上社会各界、海外华侨等的捐助,绮罗图书馆得以持续发展。又如创办于2005年的山东省沂南县湖头镇曹家小河村的小河图书馆,目前拥有馆藏书刊约2万册、电脑1台、磁带约20盘、光碟20盘。每年的图书补充主要是靠社会捐赠(如中国文化扶贫委员会、沂南县图书馆、中国农业出版社等),还有个人也时常捐书给小河图书馆,如2007年济南市立五医院一位离休老干部肖大妈,不仅捐给小河图书馆400多本家藏图书,还专门拿出500元钱给了上门取书的曹向荣与其大哥,说是图书的运输费、维护费[44]。

当前,政府正通过多种渠道发展包括农村图书馆在内的农村文化事业。要缓解"经费短缺、书刊奇缺"的农村民办图书馆的困境,还是需要政府和社会力量多方面的努力:一方面,政府需要在政策和经费上给予帮助,对一些发展较好或具有发展潜质的民办图书馆,通过"民办公助"的方式,由当地公共图书馆为其提供书刊资源,并进行业务指导,促进其发展;另一方面,需要通过政策、舆论等途径,鼓励社会组织和个人支持、援助民办图书馆。

四、社会力量捐赠援助式建设

这里所指的社会力量包括非政府组织、企事业单位以及社会贤达人士等,援建农村图书馆的方式有建立独立图书馆,捐资、捐书援助农村图书馆等。

据《NGO 援建民间图书馆发展报告(2011 年)》的数据,截止到 2010 年,国内外 51 家 NGO 援建民间图书馆的数量达到 2 万多个,投入资金近 3 亿元,捐赠书刊逾千万册,提供志愿者服务近 2 万人次。其中多数非政府组织都是在 2001 年以后(45 家)成立或参与援建或资助图书馆的,他们主要援建或资助农村学校图书馆(室)和乡镇(社区)图书馆(室),部分打工子弟学校图书馆(室)和农民工图书馆(室)[45]。如由美国加州圣峪中华文化协会健华社于 1990 年发起在国内创办的"健华图书馆"项目,至今已在我国农村地区建立起了 155 个图书馆[46]。成立于 2003 年 5 月的"微笑图书室",至今已经为全国的 221 个农村学校捐赠了图书[47]。成立于 2008 年 9 月的心平公益基金会,截至 2014 年年底,累计向全国 2560 所学校(及社区)捐赠了图书及阅读项目[48]。青树基金会已经在全国范围内援建了 16 个"青树图书馆",11 个卫星馆和 18 个流通站[49]等。

企事业单位援建农村图书馆涉及范围较广,目前尚未有相对全面的统计数据。通常,大型企业援建的范围较广,也能见诸媒体报道,典型的如 2006 年至 2008 年,国家教育部与中国移动通信公司共同开展"中国移动爱心图书馆(室)"项目,在中西部 23 省(自治区、直辖市)的农村中小学建立了 1000 个"中国移动爱心图书馆(室)",累计招标采购捐赠图书 231.7 万册[50]。红云集团自 2007 年开始向贫困地区中小学捐赠图书,2008 年捐书活动延展提升为建立"红云图书室",至 2013 年,已在全国建立了 600 个"红云图书室"[51]。从 2008 年起,中国烟草总公司捐资,并与中国作协所属中华文学基金会在原有基础上创建"金叶育才图书室工程",至 2012 年,"育才图书室"工程已为老、少、边、穷地区的 1600 余所中小学校和福利院捐建了"育才图书室",捐赠图书 400 余万册、电脑数千台、书架近万套[52]。而政府机关、事业单位等援建的通常只有一家或数家图书馆,他们通过结对子、新农村建设定点帮扶等方式支持农村建设,其帮扶的方式之一就是援建农村图书馆,如云南省腾冲县的大园子村科普阅览室就是由腾冲县科协于 2004 年援建的,但这类援建情况难以通过期刊、报纸和互联网等媒介获取相关信息。

这类图书馆的发展主要依靠援助者和政府的支持,从当前国内的情况看,其信息资源建设主要有如下两种思路:

1. 由援助者提供全部购书经费或直接提供信息资源

这种方式较典型的有烛光图书馆、蚂蚁岭图书馆等,即由各类社会组织组织独自创办与运营的农村图书馆,他们虽然需要政府的支持,但农村图书馆的管理、资源建设、经费等都是独立的。例如,蚂蚁岭图书馆是通过自募资金的方式,建立乡村图书馆,其日常运营工作也是面向社会招募志愿者进行管理[53]。

2. 由援助者提供部分购书经费及信息资源,政府负责部分经费及资源

较为典型的是健华图书馆、青树乡村图书馆等,一些企事业单位的捐赠也是提供部分经费或信息资源的援助。健华图书馆申请者需要具备四项基本条件,包括图书馆应建立在经济相对比较贫困,迫切需要在资金上给予资助的乡镇;当地政府对建设图书馆有较高的积极性,愿意无偿提供独立馆舍100平方米以上,必要的设备和至少一名专职管理员;当地人民有一定的文化素养,从而对书刊资料有一定的需求;交通相对比较便利,图书馆取名健华。经健华社同意,并与当地政府签署协议后,以每馆总资助金额5000美元,分3年拨给,第一年3000美元(以后两年每年1000美元)作为新建馆启动经费,以购买2台电脑和图书,使健华图书馆得以开办并使其日常工作走上正轨。通过连续三年资助,在健华图书馆具有一定的规模并取得办馆经验后,由当地政府继续负责拨给书刊经费,使图书馆永久地办下去[54]。这一思路的重点在于先输血后造血,援助者期望通过前期的资助以引导、培养政府去建设农村图书馆。青树乡村图书馆是对一些欠发达地区的中小学图书馆提供帮助,包括为当地提供适合的馆藏,为图书馆提供计算机软硬件设备,培训图书馆员和为教员、学生和大众提供信息素养培训等[55]。与健华图书馆不同,青树乡村图书馆是对有一定基础的农村学校图书馆提供资源、服务和培训等方面的帮助,同时要求学校图书馆面向当地社区开放,"通过帮助中国乡村建立现代化图书馆,提升农村人群的信息素养,为加速这些地区的教育、社会、经济和文化的发展提供助力"。

中国大多数农村地区长期无公共图书馆及类似机构,直到近年的共享工程、农家书屋工程等项目的实施才基本实现"村村有"。当前其面临的主要困境是缺乏可持续发展能力,虽然政府为农家书屋等工程提供了少量的后续运行经费(2000元),但远不能满足图书馆的发展需要。从这个角度来说,社会力量的援助显得尤为重要,需要更多像青树乡村图书馆、中国移动爱心图书馆、红云图书室等这样的社会公益项目,为农村图书馆提供资源和服务援助,以提升农村图书馆的可持续发展能力;另一方面,这种"有选择"地援建农村图书馆,能挑选出有需求、有潜力的农村地区发展图书馆,有益于优化信息资源配置,提高图书馆的利用效率。

五、总分馆体系资源共享式建设

当前中国公共图书馆系统中乡镇(区)和村(社区)级图书馆缺失,导致广大基层(尤其是农村地区)无法获得基本的图书馆服务,近年来多个地区开展了以总分馆体系建设来服务农村社区的尝试。2000年12月,"上海市中心图书馆"工程启动,该工程在不改变各参与图书馆的行政隶属、人事和财政关系的情况下,以上海图书馆为总馆、其他区县图书馆、高校图书馆以及专业图书馆等为分馆,在全市实行统一的借阅卡制度实行异地借书还书的一卡通,实现总馆与分馆之间的信息资源与信息服务的共知、共建和共享[56],形成了总分馆体系的雏形。2006年以来,全国多个地区开展了形式多样的总分馆实践,提出了多种"模式",如嘉兴模式、苏州模式、温州模式等,金武刚等将其总结为三类:"多元投入、协同管理"的松散型模式,"多级投入、集中管理"的集约型模式和"单一投入、统一管理"的统一型模式[57]。

与之相对应,总分馆体系下的信息资源建设也可以分为三种情况:一是信息资源共建共享型。总馆和分馆"不改变原有行政隶属、人事和财政关系",信息资源的采购经费由总馆和分馆的主管机构分别负责,各馆拥有相对独立的信息资源采购权和所有权,只是通过上一级的行政命令或者相关部门的协议,由总馆协调信息资源采购,进行集中编目,并允许信息资源在各馆之间通借通还,甚至还可以流动交换,如始于2000年的"上海市中心图书馆"就是"以上海图书馆为总馆、其他区县图书馆、高校图书馆以及专业图书馆等为分馆,以信息技术为基础","在全市实行统一的借阅卡制度实行异地借书还书的一卡通",并于2010年实现了"同城街镇全覆盖"[58]。

二是信息资源集中建设型。总馆和分馆也"不改变原有行政隶属、人事和财政关系",信息资源采购经费由总馆和分馆的主管行政机构提供,但采购经费交由总馆统一采购、编目,以及分配给各个分馆,达到信息资源集中建设的目的,例如东莞地区的总分馆制建设的目标是"实现文献资源统一采购和配置""建立联合编目中心""在全市范围内实现通借通还""共建、共享各类型数字资源"等目标[59],至2010年年底,东莞共建有48个分馆,其中镇街分馆29个,村(社区)级分馆11个,楼盘小区分馆2个,企事业单位分馆6个,以及102个图书流动车服务站,123个共享工程基层服务点和图书馆ATM自助服务站5个[60]。再如苏州图书馆总分馆制是由建设分馆的合作方提供分馆的馆舍、装修、设备以及开放中的水电等费用,并每年向苏州图书馆支付一定的人员和购书经费,由苏州图书馆向分馆派遣工作人员开展具体业务工作[61],实现了联合采编、统一检索、一证通用和资源共享[62]。

三是信息资源单一建设型。这是最接近国际通行的总分馆体系的信息资源建设模式,总馆和分馆已经改变了我国现有的一级政府管理一级图书馆的科层体系,总馆具备对各分馆的人事、财务、资源及各项业务统一管理的权利,在信息资源建设方面可以实现由总馆统一采购、编目和调配馆藏资源。例如,佛山禅城区联合图书馆被认为"是我国内地第一个真正意义上的总分馆体系",它打破了一级政府管理一级图书馆的格局,"直接将分馆设立在街道、社区,做到对各分馆的人、财、物及各项业务进行统一管理"[63]。

应该说,上述三种信息资源建设模式中,都在一定程度上起到了通过总分馆体系发展农村图书馆及其服务的目的,但由于当前我国县级及以上图书馆才拥有独立的建制,乡镇通常在乡镇文化站中设有图书室、电子阅览室等,且有经费、人员编制等,而在村(社区)一级,有中央及地方政府资助的农家书屋、共享工程基层服务点及零星的民间力量援建的图书馆,但未获得体制的保障。在这样的现状下,上述三种信息资源建设模式中,信息资源共建共享型能够获得成功的前提是农村地区拥有良好的图书馆及其资源基础,可以通过总分馆制实现农村图书馆资源、服务的极大提升;而信息资源集中建设和单一建设型则相对较好,只要地方政府对总分馆制度的政策(法规)持续有效,给予稳定的投入,农村图书馆相当于获得了地方政府相对稳定的制度保障,能够较好地解决农村图书馆的信息资源建设问题。所以,无论是哪种信息资源建设思路,从农村图书馆(主要是乡镇和村级图书馆)发展的角度看,只要体制与财政问题得不到解决,通过推行总分馆体系在农村地区普及图书馆及其服务就很难落实或长久发展。

当前,中国农村图书馆的资源建设呈现出一种多样化的特征,形成了以国家文化主管机构为核心,公共图书馆、农村居民和社会力量为辅助的"一体三翼"的大格局。农家书屋和共享工程村级服务站基本已经实现"村村有",社会力量援建、村民自建的图书馆也数以万计。在行政村,农家书屋和共享工程基层服务点虽然挂了两块牌子,但是不少地方已经将二者合在一起管理和运作了,在一些地区,地方政府已经通过政策、制度等方式将二者及其他机构合并为一个组织来发展了。例如,2010 年,吴江市通过了由市政府主导开展"四位一体"农村综合信息服务中心建设的方案,并于 2011 年开始试点实施,力图"整合乡村的农家书屋、共享工程基层服务点、农村党员现代远程教育中心、乡村图书室这四种公共文化资源,使之成为一个中心,即'四位一体'农村公共信息服务中心"[64]。

相较而言,农家书屋、共享工程村级服务站与民办图书馆、其他机构图书馆整合的情况较少,仅有一些零星个案见诸报道,如2010年1月,借助浙江省嘉兴市图书馆城乡一体化服务体系向村级延伸的机会,该市南湖区凤桥镇的庄史村与中法投资公司合作,在公司原"职工书屋"的基础上,创建了"中法投资庄史村图书流通站",之后又整合农家书屋的建设资源,成了由四方共建(市总馆、总工会、村、企)并集"三位于一体"的基层图书信息服务联合体[65]。再如在陕西省宝鸡市陈仓区,周原镇文化站的图书室与当地民营企业育才玻璃公司联办,整合了文化站原图书室、企业职工图书室、共享工程以及农家书屋的资源,共有2名工作人员,其中1名专职管理员属育才玻璃公司员工;凤翔县柳林镇亭子头村图书室则由村委会与小学合办,资源主要是农家书屋配送的少儿读物,管理员则由村小学一位女性教师兼任①。

当前,就农村图书馆的信息资源建设而言,一是需要隶属大文化系统的各类型图书馆能够尽量整合起来,形成合力加强信息资源建设;二是需要各地因地制宜地与当地企业、中小学等机构开展合作,达成信息资源的共知、共建与共享;三是需要继续探索更加合理、科学的总分馆体系,寻找农村图书馆高效的信息资源建设方案。农村图书馆的资源建设可以而且应该是多样化、多途径的,具体到每个地区,它必须是优化的、有效率的,只有这样,在地广人稀的农村地区,图书馆才可能持续发展。

第三节 农村图书馆资源建设主要特点及存在问题

一、农村图书馆资源建设主要特点

深入考察我国农村图书馆资源建设的历程、方针和现有馆藏资源现状,可以发现农村图书馆资源建设拥有多源性、实用性、通俗性、教育性、流动性等特点。

1. 农村图书馆资源建设的多源性特点

从农村图书馆馆藏文献信息资源的来源上看,农村图书馆文献信息资源

---

① 刘亮,杨玉麟. 宝鸡地区农村图书馆调研报告(一)资源建设(未刊稿).

的来源渠道比较多,这些文献信息资源的来源大致可以分为历史积累、政府投入和社会捐赠等。在一些文化传统较好的农村地区,很早就建立了小型的图书馆。如广东梅县的松口图书馆、云南腾冲的和顺图书馆等在民国时期就已经建立。陕西省宝鸡市周原镇有礼村农民于 1987 年自发创办文化站(图书室),目前藏书已经达到 7000 余册。

在新中国历次农村图书馆建设的高潮中,各级政府的投入是农村图书馆资源建设的最大保障。从 20 世纪中叶开始,我国在农村图书馆事业发展和资源建设方面有许多失败的教训,但也有一些成功的经验,既不能因为那些失败的教训而抹杀各级政府为农村图书馆事业发展和资源建设做出的努力和投入,也不能因为各级政府曾经做出的投入和努力而忘记教训。尤其是最近20 年,无论是全国性的文化信息资源共享工程、农家书屋工程,还是区域性的知识工程、万村书库工程等都说明各级政府一直是我国农村图书馆事业发展和资源建设的主导力量。

除了各级政府对农村图书馆资源建设的投入外,一些团体和个人出于回报社会、博取荣誉等目的也会给一些农村图书馆捐助文献资源或资金。如 2004 年 10 月,新疆乌鲁木齐市人大常委会向乌鲁木齐县四十户乡保昌堡村捐赠 1600 多本图书,支持村文化站和图书室的建设[66]。2010 年 6 月,广西北流市驻隆盛镇长信村新农村建设指导员钟莺为长信村图书室捐赠图书 6000 多册,大大地丰富了该村图书室藏书[67]。2014年 5 月,笔者在陕西省宝鸡市调研过程中发现,当地民营企业"育才集团"经常为某镇图书馆提供资助,甚至连图书馆聘用人员的工资都由该企业负担。但是,这些企业或社会团体捐助的文献资源大都没有数量、质量和时间上的保证,缺乏持续性。一些农村图书馆获赠的文献资源质量良莠不齐,品种少、复本量大。更有甚者,有些企业或社会团体将长期滞销的书刊甚至盗版书捐赠给农村图书馆。这些质量很低的书刊不仅不能有效吸引读者,还浪费了农村图书馆本来就很稀缺的人力资源和空间资源,给农村图书馆造成了一些负面影响。

2. 农村图书馆资源建设的实用性特点

众所周知,图书馆文献资源建设的目的是为了使读者充分利用这些文献资源。农村图书馆文献资源建设既不同于省、市大中型公共图书馆,也不同于学校图书馆。它和城市社区图书馆具有某些共同的特点,也存在着差异。农村图书馆基本不需要研究性、学术性、收藏性的文献资源。农村图书馆文献信息资源建设的最大特点是实用性,这是由农村图书馆的主要职能决定的。

农村图书馆是农村地区重要的公共文化和信息服务机构。农村图书馆的服务对象主要是它所在区域内从事农业(包括林业、牧业、渔业等)生产的人员、未成年人和其他居民。农村图书馆的主要职能是对农村居民进行科学文化知识普及、传播各类文献和信息,以及丰富农村居民的业余文化生活等。随着我国农业生产技术和生产模式的发展变化,以往凭经验进行农业生产的习惯已经难以适应日益现代化、规模化的农业生产活动。面对这样的现实,广大农村居民急需获取有关农业生产的信息,学习现代化农业生产的技术和知识。面对这种需求,农村图书馆特别需要有针对性地加强实用性文献资源的建设,帮助农村居民提高科技水平,进一步促进农业生产。实际上,我国农村图书馆的文献资源建设也一直坚持着实用性原则。这一原则在万村书库工程的赠书目录,农家书屋的推荐目录等各种与农村图书馆资源建设相关的推荐书目中有着显著的体现。

3. 农村图书馆资源建设的通俗性特点

由于我国农村居民的文化程度普遍较低,因此文献资源内容的通俗性就成为农村图书馆资源的另一个特点。民国初期,全国各地设立了许多"通俗图书馆"。据 1934 年中华图书馆协会统计,当时全国有通俗图书馆 1002 所,占全国图书馆总数的 35.5%[68]。这些通俗图书馆中,有一小部分设立在大中城市,如京师通俗图书馆等。大部分通俗图书馆设立于县城和乡镇,主要为农村居民和城镇居民提供服务。新中国成立后,虽然在农村基层图书馆名称前不再冠以"通俗"字样,但通俗性作为农村图书馆,乃至县区公共图书馆文献资源建设的重要特点一直保存了下来。这是因为农村读者在选择阅读书刊时普遍比较喜欢通俗性的读物,决定了农村图书馆的读者服务工作主要以知识普及为主。20 世纪以来,在我国历次农村图书馆建设的过程中,建设主体部门大都针对农村读者的阅读需求特点,有意识地选择普及性、通俗性的文献资源作为农村图书馆文献资源建设的主要类型。无论是民国时期还是新中国成立初期,乃至近些年实施的知识工程、万村书库工程、农家书屋工程,都在资源建设中十分重视通俗性图书资源的比例。这在课题组实地调研和文献调研过程中有很突出的反映。

4. 农村图书馆资源建设的教育性特点

社会教育职能是图书馆的一项重要职能。在学校教育不发达的时代,图书馆的社会教育职能尤其重要。半个多世纪以来,随着我国学校教育的全面普及,图书馆的社会教育职能日益弱化。但是第六次全国人口普查数据显示,目前我国农村地区仍然有 4700 多万 15 岁及以上的文盲人口[69],文化程度较低的人口数量则更多。如何更好地为这部分居民服务,是当前农村图书馆需要解决的一个重要问题,也是农村图书馆资源建设需要予以充分重视的问题。对于那些文化程度不高、阅读能力不强的农村居民,农村图书馆要尽量满足他们的阅读需要,培养他们的阅读习惯和阅读兴趣。而对于那些没有阅读能力的农村居民,尤其是青少年,农村图书馆要尽量发挥社会教育功能,培养他们的阅读能力,提高他们的文化水平。

另外,随着大量农村剩余劳动力进城务工,在农村留下了许多留守儿童和留守少年。如果没有积极向上的休闲和娱乐活动来充实他们学习之外的时间,他们难免会沾染上一些不良习惯。因此,农村图书馆应该在资源建设中加强有助于未成年人休闲和娱乐的资源内容,配合学校对留守在农村的未成年人进行成长教育。所以,教育性应该成为,也必须成为农村图书馆资源建设的一个重要特点。

5. 农村图书馆资源建设的流动性特点

早在民国时期,就有一些公共图书馆采用流动服务的办法来弥补图书馆覆盖能力的欠缺和馆藏资源的不足。当代图书馆的流动服务方式主要采用流动书车将图书馆的部分书刊资料定时定点地送到厂矿、农村或其他偏远地方,供读者阅览,并办理外借手续,也有使用其他交通工具甚至畜力进行图书馆流动服务的。

近年来,针对农村图书馆资源稀缺、共享不易实现的问题,许多地方的公共图书馆采用流动服务以弥补农村图书馆文献资源的严重不足。截至 2012 年 3 月底,广东省图书馆已在粤东、粤西及粤北经济欠发达地区设立了流动分馆 72 家,推动各分馆在乡镇村设立基层服务点约 600 个,得到了各界的好评和肯定[70]。近 10 年来,广西壮族自治区图书馆汽车图书馆快速发展,共发展现场服务点 20 多个,托管点约 50 个,年平均借阅量达 10 万册[71]。截至 2012 年年底,武汉图书馆共在全市 13 个区建立了 59 个馆外服务点,其中有 1/3 的服务点设在乡镇或乡村,主要为农村读者提供服务[72]。陕西省延安图书馆目前在全市流动服务点共投放全新书刊 5 万多册件,各流动服务点年均接待读者近 3 万人次,为基层群众多点共享公共图书馆的服务提供了极大的方便[73]。据不完全统计,截至 2013 年年底,全国 9 省市的 335 个县区共有流动书车 105 辆,这些流动书车分别为 1301 个乡镇服务点和 9933 个村服务点提供服务①。

在农村图书馆资源普遍不足的情况下,采用流动服务的方式不失为一种有益的服务方式。

二、农村图书馆资源建设存在问题

从新中国成立至 21 世纪初,我国长期采用城乡二元化体制。这种体制在公共文化服务体系建设过程中重视城市,忽视农村。长期二元化体制导致农村公共文化服务机构数量少、设施差、资源稀缺、服务能力低。农村图书馆作为农村公共文化服务体系的重要组成部分,长期处于一种边建设、边消亡的恶性循环之中。究其原因,主要是二元化体制导致的农村文化事业投入严重不足,文化服务机构运行机制不完善。具体到农村图书馆资源建设,主要有以下几个问题:

1. 财政投入不足,农村图书馆普遍缺少进行资源补充和更新的资金

由于财政投入不足,我国农村图书馆普遍缺少进行资源补充和更新的资金。2011 年,文化部、财政部联合发布了《关于推进全国美术馆、公共图书馆、文化馆(站)免费开放工作的意见》[74]。此后,国家加大了对免费开放的公共文化服务的财政投入,其中一项是对每一个乡镇综合文化站每年补贴 5 万元经费[75]。从国家政策的初衷来看,这笔经费应该对当前农村公共文化设施和资源建设起到有效地补充和促进作用。但是从笔者实际调研情况来看,国家的这笔财政投入能够分配到乡镇图书馆的经费十分有限,大多数乡镇文化站的经费主要用于举办文化活动,很少有专门用来购书的经费。这种情况在中西部经济不发达地区表现得尤为突出。

2014 年 5 月,文化部首次公开发布的《2013 年文化发展统计公报》显示,2013 年全国为文化事业投入经费 530.49 亿元,比上年增加 10.5%。在这些事业费中,投入到县及县以下文化单位的 257.82 亿元,占全国文化事业投入的 48.6%,比上年还下降了 0.8 个百分点[76]。由于国家对农村公共文化事业的投入长期不足,占全国总人口一半以上的农村人口所拥有的公共文化信息资源相当薄弱。

---

① 数据来自国家图书馆研究院 2014 年年初对全国农村图书馆资源建设问卷调查的统计。

　　由于经费投入不足,农村图书馆的馆藏资源很难得到及时补充和更新。有些农村图书馆除了农家书屋工程初次配送的书刊外,已经几年没有补充新书。有的农村图书馆通过各种渠道补充了一些书刊,但数量非常少。由于文献资源得不到及时更新,一些农家书屋已经渐渐失去了对读者的吸引力。笔者在调研中还了解到,近年来,各地乡镇基本上都建立起了独立的文化站。但是由于投资不配套和缺乏持续性投入,许多乡镇文化站因为缺乏应有的图书和设备,逐渐成为"空壳文化站",甚至被挪作他用。2011 年,有人对东莞一家获得"文化建设标兵"称号的农家书屋进行调研时,发现该农家书屋除第一年获赠新书和报刊外,三年没有补充新书和报刊[77]。

　　2. 农村图书馆资源建设渠道虽多,但综合能力不强,缺乏整体性规划和长效机制

　　目前,我国农村图书馆资源建设的渠道主要有政府的财政拨款、农家书屋配备的书刊和光盘、共享工程提供的网络资源,还有社会团体和个人的捐赠和援助等。农村图书馆资源建设的渠道虽然不少,但是由于不同的建设渠道分属不同的建设主体,每一个建设主体都有自己的建设思路和目标,导致农村图书馆资源建设大都缺乏整体性规划和长效机制。

　　比如从 2002 年开始的全国文化信息资源共享工程是由文化部主导实施的重大文化惠民工程,它对农村图书馆资源建设的积极作用主要体现在数字化资源和网络资源方面。截至 2012 年年底,共享工程拥有的数字资源总量已经达到 136.4TB。预计到 2015 年,共享工程数字资源总量将达到 530TB;服务网络实现从城市到农村的全面覆盖,公共电子阅览室基本覆盖全国所有乡镇和街道、社区,入户率达到 50%[78]。但从实地调研情况来看,农村读者对共享工程的了解并不多,使用情况也不容乐观。共享工程所配备的电脑经常被一些地方政府或干部挪作他用。共享工程的资源和设备缺乏日常维护,导致一些资源无法访问,设备不能正常使用。农家书屋工程则是由新闻出版总署等八部委联合实施的,其初衷是解决广大农民群众"买书难、借书难、看书难"的问题[79]。农家书屋工程对农村图书馆的资源建设主要着眼于从无到有,其投入是一次性的,没有关于农村图书馆文献资源建设的长期规划和支持方案。万村书库工程是由文化部文化扶贫委员会、新闻出版署等单位拟定的扶贫工程,其目标是为中国 2 万个贫困村庄各设立一座图书室,并向每座图书室赠书 100 种。该工程也没有对这些农村图书室的资源建设做出长久的支持计划。

3. 对读者的实际需求关注不够,偏离"三农"特点

有人对农村图书馆调研后发现"部分乡镇综合文化站、农家书屋的藏书内容偏离'三农'特点,农民看不懂,用不上,实际效果非常有限"[80]。有人经过调研发现,乡镇图书馆的文献资源和设备大都来自上级政府、文化机关和社会团体的划拨或资助,因而难以保证藏书的数量和质量[81]。还有人指出,农家书屋的文献资源可读性与针对性不强,配置形式单一,更新速度慢[82]。有人通过对农家书屋的跟踪调查,发现农家书屋在建设和运行过程中,群众参与热情不高,缺乏可持续发展的资金保障[83]。我们通过实地调研也发现,大多数农村的图书室实际上都是近几年才建立起来的农家书屋和共享工程服务点。这些农村图书馆的文献资源利用情况并不乐观。其原因主要是现有资源并不切合读者的实际需求。

一般认为,农村图书馆应该对有关种植、养殖、病虫害防治、农村医疗卫生、农业机械化等农技方面的书籍需求较多。但是,有人却在调研中发现一些农村读者外借图书均为武侠言情小说,偶尔有养生类图书,农业科技辅导类图书的利用率几乎为零[84]。还有人通过问卷调查和统计,显示43%的农民获得信息的主要目的是为了文化娱乐生活,21%的农民是为了了解大政方针或法律法规,只有27%的农民是寻求农业科技知识市场信息[85]。这说明相关部门在进行农村图书馆文献资源建设时并没有深入调查农村读者真正的阅读需求,而一些被调查者为了迎合调查的某些需要,或者出于其他原因并没有真实地反映自己的心声。

4. 农村图书馆资源建设水平不一,地区发展不均衡

全国各地农村图书馆受经济发展程度、文化传统等因素的影响和制约,文献资源建设极不平衡。总体来说,东部经济发达地区农村图书馆的资源建设水平要高于中西部经济不发达地区。而在同样经济发达或不发达地区,由于相关部门的重视程度不同,农村图书馆的文献资源建设水平也存在较大差异。如广东省佛山市南海区大沥镇图书馆在2003年已经拥有藏书33 882册、期刊110种、报纸24种、工具书163册,还拥有电子阅览室、报告厅和展览厅等[86]。而2007年有人对陕西省铜川市部分乡镇图书馆进行抽样调查时,在所调查的11个乡镇图书馆中,有9个图书馆藏书量尚不足3000册[87]。又如截至2013年年底,浙江省嘉兴市南湖区5个乡镇图书馆拥有图书总藏量15.5万册,订阅报刊26 859种,借阅量达到180 874册次;10个村图书馆拥有图书总藏量达到75 316册,订阅报刊440种,借阅量达到15 872册次。而贵州

省遵义市湄潭县 5 个乡镇图书馆仅有图书总藏量 1.35 万册,订阅报刊 20 种;118 个村图书馆图书总藏量仅有 3000 册,订阅报刊 10 种。同年青海省海西州乌兰县 38 个村图书馆图书总藏量仅 3.8 万册,订阅报刊 76 种①。

5. 农村图书馆资源建设缺乏科学规划和目标,管理和服务不到位

农村图书馆文献资源建设是一项系统工程,它有自身的发展规律,需要科学的规划和管理。但就目前实际状况来看,我国农村图书馆的文献资源建设还大都停留在数量的增长层面,而一些经济不发达地区的农村图书馆资源在数量上都很少增长。如何结合农村读者的实际需求,积极调整资源结构,制订长期规划和目标,是当前我国农村图书馆文献资源建设存在的重要问题。

通过调研发现,每一个农村图书馆都有多个主管部门,每一次农村图书馆建设的浪潮都是由不同的上级主管部门发起或推动的。比如全国文化信息资源共享工程由文化部和各级政府文化部门主导建设,农家书屋工程由国家新闻出版总署联合多个部委主导建设,万村书库工程由中宣部、中央文明办推动等。这些部门分别出于不同的动因和目标来建设农村图书馆,其建设思路和方式也五花八门。在建设农村图书馆的过程中,并没有考虑到每一个具体的农村图书馆已经拥有的资源和迫切需要的资源。地方政府在进行农村图书馆资源建设的过程中,也很少进行整体规划和建设。考察发现,许多农村图书馆既有共享工程配备的书架,也有农家书屋工程配备的书架。这些大小各异,高低不平的书架都摆放在同一个屋子里。有些图书既有这个工程配送的,也有那个团体捐赠的。同一种图书摆放在不同的书架上,分别采用不同的分类体系和排架方式。有关部门在实施这些项目和工程时如果能事先调查每一个乡村图书馆的具体情况和实际需求,再根据他们的实际需求对农村图书馆资源建设进行整体规划和布局,必定能取得事半功倍的效果。

通过农家书屋工程、全国文化信息资源共享工程、万村书库工程、知识工程等近年的建设和推动,我国大多数农村图书馆目前已经拥有了一些基本的文献信息资源。但是在这些文献信息资源的管理和利用上还存在许多问题。譬如各级部门在建设农村图书馆的过程中,都相对比较重视馆舍和文献信息资源建设,而忽视管理和服务人员的队伍建设。除了文献信息资源缺乏补充和更新外,管理和服务是目前农村图书馆亟待解决的两大问题。只有较好地

---

① 数据来自国家图书馆研究院 2014 年年初对全国农村图书馆资源建设问卷调查的统计。

解决了管理和服务问题,农村图书馆现有的文献信息资源才能发挥出更好的作用。

第四节　农村图书馆资源建设可持续发展思路与建议

21世纪以来,随着国家综合国力的增长,保障公民文化权利日益受到党和国家的重视。建设覆盖全社会的公共文化服务体系,并且逐渐将建设重心和服务中心向农村基层下移,已经成为建设社会主义和谐社会和公平民主社会的重要内容。中央文化惠民政策陆续出台,中央财政加大对农村公共文化服务体系建设方面的投资,每年以大量资金补贴公共图书馆、文化馆(站)的免费开放,为农村图书馆资源建设提供了越来越好的政策环境。各种文化惠民工程的实施,公共图书馆服务网络体系的全面建设,各种社会力量积极参与图书馆建设,都使得农村图书馆在资源建设方面取得很大进步。

同时,由于受不同地域经济、文化水平的影响,特别是由于地方政府对公共文化服务体系建设(包括农村图书馆建设)重要性在认识上还存在较大差异,我国农村图书馆在资源建设整体水平上还存在明显的不平衡现象,在许多地方还存在很多需要完善和改进的问题,比如:①财政投入不足,馆藏资源结构不合理,普遍缺少进行资源补充和更新的资金;②农村图书馆馆藏资源建设尽管渠道较多,但总体力量十分薄弱;③在资源建设中,不同的建设主体和部门各自为政,缺乏整体性规划和协作,造成馆藏资源数量偏少且种类不全,影响了农村图书馆对农民的吸引力;④村级图书馆定位不明确,管理体制不明确,在资源建设方面缺少必要的技术保障。

针对这些问题,可以从以下三个方面加以调整。

一、政府主导、社会力量参与、公共图书馆介入的基本建设思路

就我国目前的公共文化管理体制来说,公共图书馆只建设到县(区)一级,乡镇一级的公共图书馆只是作为乡镇综合文化站里众多设施中的一种。至于村级图书馆,无论是行政村还是自然村(村民小组),从建设主体上看,目前依然是八仙过海各显其能的状态。从本章第二节就可以看出,现在的村级图书馆,既有村民自办的,也有各种社会力量兴办的,还有作为区域性公共图书馆总分馆体系中基层分馆(点)来建设的;既有共享工程基层服务点的影

子,也有农家书屋的痕迹。突破现有管理体制,以满足农村居民阅读需求为目标,从根本上解决农村图书馆资源建设中的种种问题,必须坚持"政府主导、社会力量参与、公共图书馆介入"的基本建设思路。

1. 确立政府在农村图书馆事业建设中的主导地位

社会公共文化服务是每一个社会成员应该享有的基本权利。《第六次全国人口普查主要数据公报》(第 1 号)显示,2010 年我国居住在乡村的人口为674 149 546 人,占全国总人口的 50. 32%[88]。如何保障作为弱势人群、比例过半的广大农村人口平等享受公共文化服务的权利是现阶段我国公共文化事业发展的一个重要命题。从理论上讲,满足社会成员的文化服务基本权利属于社会的公共事务,而只有政府才拥有动用公共财政来实现公共文化服务的权力和责任。因此,在农村图书馆建设,农村图书馆资源建设中,各级政府部门有权力、有责任、有义务发挥主导作用。

在农村图书馆建设上,目前我国尚不具备完全纳入公共文化管理体制的条件,农村广大村级图书馆不仅要依赖政府的投入,而且要依靠各种社会力量的援助和支持。但是,在管理方式、财政补贴、人员配备等方面,政府还是在政策引导层面做出了积极的努力。即将出台的《乡镇图书馆服务规范》《乡镇图书馆管理规范》《乡镇图书馆业务统计与评估指南》等标准,将会从全国层面对农村图书馆的发展进行合理的政策性引导。而根据文献调研和实地考察发现,现在国内许多省份的地方政府已经在农村图书馆建设方面出台了许多有益的政策,探索出了不少实用有效的管理模式。

四川省攀枝花市自 2011 年起开始实施"大地书香新农村家园工程",其建设目标是要在全市所有县建成 1 座公共图书馆,44 个乡镇、352 个行政村建有图书馆,让人民群众就近有书读、有报看、有学习场所、有活动阵地、有文化活动。为此,他们还配套出台各种保障性政策,要求每个乡镇综合文化站有专职人员 1—2 人,而每个村图书馆也要求有专聘管理人员 1 人;并且明确规定政府要为农村及社区公共文化服务站点提供组织保障、资源保障、政策保障、经费保障和技术保障,规定每一个村图书馆每年由地方财政提供 6000 元补贴,其中 1000 元作为活动经费,5000 元作为专聘管理人员生活补贴。在文献资源建设方面,他们还规定在县(区)图书馆设立图书配送中心,负责向社区图书室配送图书;在乡镇综合文化站设立图书配送分中心,通过分中心向村图书馆配送图书报刊。

2013 年 7 月 19 日,安徽省农村公共图书服务一体化建设试点工作座谈会在金寨县召开。会上传达了安徽省委宣传部、省文化厅、省新闻出版局联合下发的《关于开展农村公共图书服务一体化建设试点工作的通知》。有关领导在会上指出,农村公共图书服务一体化建设试点工作是满足群众对文化的期待和需要,是适应当前农村公共文化发展的需要也是拓展图书馆服务需要的一项工作。要求相关部门在农村公共图书服务一体化建设中要多调查走访群众,买群众想看的、喜欢看的书,要公开招标集中采购。要细化工作方案,图书集中编目配送工作要谋定而后动。在村农家书屋藏量图书不变动的情况下,新采购的图书要在村与村之间流动起来①。

随着国家公共文化示范区(项目)建设工程的实施,我国公共图书馆总分馆体系建设已经逐渐由城市向农村发展。这种以地方政府为主导的发展态势,会从根本上解决目前我国农村图书馆建设主体不清的问题。如果能够真正落实,对农村图书馆资源建设会起到根本性的促进作用。当然,由于不同地区之间发展的不平衡,希望更多的地方政府在农村公共文化服务体系建设方面真正发挥作用,服务社会,服务农村,服务农民。

2. 吸引更多社会力量参与农村图书馆资源建设

由于我国公共图书馆管理体制的缺陷和广大农村地区公众阅读需求之间存在巨大矛盾,20世纪里除了几次政府操办的"运动式推动、建制性退场"农村图书馆建设"高潮"外,广大农村地区真正能使农民受益的村级图书馆寥寥无几。21世纪以来,农家书屋、共享工程基层服务点、党员远程教育终端等工程的建设,在一定程度上弥补了政府推进农村公共文化设施的形象。除此之外,各种社会力量以公益、慈善形式积极参与农村图书馆建设,发挥了积极的作用。

无论是城市还是农村,公共图书馆的发展都是一件关系到所有社会成员的公共事务,政府理所当然地要扮演公共图书馆事业建设主体的角色。而在社会经济发展水平还不够高、公共财政还不足以满足所有社会成员的文化需求、公共财政投入还不能支撑城乡所有地区公共图书馆运行经费时,世界上的任何国家和地区(包括中国在内),都不会拒绝,并且欢迎各种社会力量积极参与到公共图书馆建设中来,以各种资源的投入弥补公共财政投入的暂时性不足。所以,欢迎和吸引更多的社会力量参与到农村图书馆建设中来,符合中国现阶段农村公共文化服务体系建设的实际需要,也符合公共管理的

---

① 四川省攀枝花市、安徽省金寨县具体经验为本分报告课题组实地考察所得知。

理论[89]。

同时,我国现有图书馆行业规范和政策中,也已经多次强调了欢迎各种社会力量参与图书馆建设的理念。2008 年在重庆举行的中国图书馆学会年会上,正式出台了中国图书馆学会《图书馆服务宣言》,第七条明确指出:"图书馆与一切关心图书馆事业的组织和个人真诚合作。图书馆欢迎社会各界通过资助、捐赠、媒体宣传、志愿者活动等各种方式,参与图书馆建设。"正在处于立法过程中的《中华人民共和国公共图书馆法(送审稿)》,在第五条表述了对各种社会力量参与图书馆建设的鼓励政策,"国家鼓励企业事业组织、社会团体以及其他组织和个人向公共图书馆捐赠,依法给予税收优惠"[90]。

本章第二节已经清楚地罗列了各种社会力量参与农村图书馆建设、补充农村图书馆资源的形式,以造福百姓、服务农村为目标,建设乡村图书馆的援建行为、慈善行为和公益行为,已经取得了丰硕的成果。据《中国民间图书馆研究》一书统计,截至 2010 年年底,纯民间的公益组织累计建立图书馆的总数已超过 3100 家,而私人图书馆建设方面,从 2003 年至 2009 年的 7 年时间,平均每年新建 18 所[91]。还有更多的社会团体和个人积极为农村图书馆捐赠书刊,帮助农村居民解决读书难的问题。

社会力量参与农村图书馆建设的热情很高,对农村图书馆资源建设和服务发挥了积极作用。但是,无论各种社会力量有多少热情和力量,无论在局部区域民办图书馆已经发挥了多么大的作用,政府都不能失去或放弃农村图书馆事业建设主体的社会角色,应该对吸引更多社会力量参与农村图书馆建设方面给予积极的政策引导,如《中华人民共和国公共图书馆法(送审稿)》里提到的"依法给予税收优惠"政策,制定详细可操作的实施细则;如对坚持免费开放提供基本服务的公益性民办图书馆,定期进行专业规范评估,评估达到等级标准的提供一定政策性补贴等;如给予一定的社会荣誉,等等。县级公共图书馆也可以充分体现自身的专业"带头羊"优势,热情吸引更多企事业单位和社会团体及个人加入图书馆学会,授予"荣誉会员"称号;把各种民办图书馆纳入公共图书馆总分馆体系,提供各种资源共享;建立专业培训机制,提供专业管理经验。乡镇与村级图书馆也可以想方设法征集书刊资料,建立捐赠激励办法,比如邀请捐赠人视察图书馆,给所征集书刊加盖专门刻制的捐赠书刊印章,聘请捐赠人为荣誉读者,发放捐赠荣誉证书等。

3. 县级公共图书馆发挥专业优势主动介入乡镇及村级图书馆资源建设

过去很长时间里,受地方经济发展水平制约,我国大部分县级图书馆作为最末一级公共图书馆,仅在县城区域用有限的资源为当地百姓提供书刊借阅服务,搜集地方文献,很难发挥本地区公共图书馆服务网络"带头羊"的作用。随着我国公共图书馆事业发展环境的整体好转,国家相关政策(如免费开放政策)和公共文化惠民工程(如共享工程)的开展,县级公共图书馆自身生态环境发生了良性变化,具备了对农村乡镇和村级图书馆专业指导的能力,主动介入农村基层图书馆文献资源建设与管理成为可能。

县级公共图书馆主动介入农村图书馆资源建设,可以从这样三个角度进行分析。

第一,县级公共图书馆应该承担本地区基层图书馆专业指导功能。

我国的各级公共图书馆,在做好各种基本服务和非基本服务以外,都要承担一个重要的专业任务,就是要对本地区各种图书馆,特别是基层图书馆,进行业务指导的任务。尽管从管理体制上说,我国目前还是一级政府管一级图书馆,但从业务指导上说,上一级公共图书馆必须对下一级公共图书馆进行文献搜集、文献组织、文献服务等多种形式的业务指导与培训,这也是我国这种按行业建立图书馆管理体系的一个显著特点。所以,县级公共图书馆必须树立面向基层、以农村图书馆发展为己任的理念,采用多种形式,建立切实可行的农村图书馆指导机制,特别是对农村图书馆资源建设提供更多的帮助与支持。事实上,这些年来,许多地方的县级图书馆利用文化部与财政部"送书下乡"工程、全国文化信息资源共享工程及地方文献搜集、社会团体捐赠等优势,在书刊调配、书刊组织、网络资源共享等方面,对农村图书馆提供了大量的帮助。这些好的经验和做法,应该长期坚持,并且使其丰富和多样化。

第二,本地区服务体系中的总纲地位便于县级图书馆介入农村图书馆资源建设。

这些年来,不少市级图书馆在总分馆服务体系方面做出了成功的探索,取得了丰硕的成果。但是,在建立农村地区公共图书馆服务体系方面,县级图书馆一定要树立"带头羊"的领导意识,在地方政府的主导作用下,充分发挥自身固有的地域专业总纲优势,纲举目张,建立以县图书馆为总馆,乡镇(街道)图书馆为枢纽,村落(社区)图书馆为服务点的农村公共图书馆服务网络。前面提到,安徽省要求全省各县都要按照这样的模式建立农村图书馆服务网络。

陕西省宝鸡地区实施的公共图书馆"馆(点)线"体系建设工程,提出以区域公共图书馆集成服务网络为载体,以区域性图书馆联盟为依托,以各级公共图书馆为中心,以城乡基层服务点为终端,至"十二五"末期,建立 1 个市中心图书馆、12 个县(区)中心图书馆、150 个镇(街道)中心图书室和 2100 个左右村(社区)终端服务点,形成覆盖市域全体居民的公共图书馆"馆(点)线"服务运行体系,建立完善图书流通机制,以流量补充存量,实现全市公共图书馆人均占有藏书 0.4 册以上,努力满足群众的阅读需求。而作为"以流量补充存量"就是由县级图书馆定期不定期地对镇(街道)中心图书馆和村(社区)终端服务点周转配置书刊资源,以弥补农村乡镇村级图书馆资源不足的缺口,实际效果非常明显①。

第三,县级公共图书馆应该采取多种方式介入农村图书馆资源建设。

尽管目前我国不少地方,特别是中西部经济欠发达地区的县级图书馆,自身在专业人员素质和资源建设方面还存在诸多困难,但相比较乡镇与村级图书馆来说,还是具备一定的专业优势。无论是图书馆资源采访理论与技能、图书馆资源组织(分类、编目等)理论与技能,还是专业精神和职业素养方面,都具备了一定的优势,可以对农村图书馆资源建设方面进行多方面的专业介入。事实上,如果没有许多县级图书馆的主动介入,我国目前的农村图书馆,无论是农家书屋、共享工程,还是民办图书室、活动中心,都很难正常地开展工作和坚持发展下来。

从现有经验上看,县级图书馆可以也应该对农村图书馆进行许多方面的介入和指导。在文献资源建设方面,县级图书馆可以帮助农村图书馆进行文献搜集与组织方面的培训,可以帮助他们建立和制定文献搜集与组织方面的规章制度,利用总分馆网络条件进行富裕书刊资源调配,利用共享工程网络进行网络数字资源环境统一利用,还可以制定统一的标准,指导农村图书馆做好文献资源的登记、统计与结构调整工作。

二、农村居民阅读需求为资源建设首选方向

从文献反映和实地调研结果来看,目前我国农村乡镇及村级图书馆利用率不高的主要原因都与馆藏文献资源有关:①馆藏文献资源数量上严重短缺,多则近万册,一般都只有数千册,农家书屋配备的基本都在 1500 册左右。②文献资源质量上存在问题,要么品种短少,副本量过大;要么书刊内容与当地农民需求不符,无法吸引更多农村读者去图书馆看书。③文献出版类型单

---

① 陕西省宝鸡市具体经验为本分报告课题组实地考察所得知。

一,除了几份当地报纸外,大都是农家书屋配备的图书。尽管共享工程基层服务点配备了网络资源,党员远程教育配置了电视接收设备,但资源整体上无法吸引更多农民读者。

要加大文献资源数量、丰富出版物类型,必须依赖地方政府制定政策以给予一定的书刊购置经费保障,或者采用多种方式吸引更多社会力量捐钱捐书,需要寻找长期有效的可行措施。当下主要应该解决的是农村图书馆文献资源内容结构的问题,必须把适应农村居民阅读需求作为资源建设的首先方向。

1. 阅读需求是图书馆文献资源建设的主要依据

图书馆馆藏文献资源结构上可以划分出学科内容、出版时间、文种、出版物类型、学术水平等多个维度,而无论如何,这个资源结构的建立必须遵守适用性原则,也就是说不论什么规格或类型的图书馆,其资源结构的建立都必须以本馆读者的需求为主要依据,以读者阅读的满意度作为图书馆馆藏文献资源结构是否合理、质量是否具备一定水平的衡量标志。如果忽视了读者需求,纵使图书馆资源再丰富,也无法满足读者需求。譬如,普通高校图书馆一般不收藏中小学课本,县级图书馆不把大量的购书经费用在购买外文书刊和学术性资源上。

2. 依据农村居民阅读需求是农村图书馆资源建设的唯一方向

乡镇及村级图书馆一般规模都比较小,读者范围也比较小,特别是村级图书馆读者对象主要是本村居民,文献资源的内容品种一定要适应当地农村居民的阅读需求,并将其作为图书馆资源建设的唯一方向。

根据问卷调查和实地访谈,农民读者阅读需求的方向可以分为文化休闲(文艺小说、戏曲文艺、人物历史等)、养生保健(养儿育儿、求医问药、健康养生、体育锻炼等)、求知求学(科普知识、儿童智力、学习参考、教育求学、经济参考、政府信息等)、务农投资(养殖种植、手工艺制作、生产操作技术、劳务就业等)[92]。而新闻出版总署统一制定的农家书屋图书分类法则划分了政经、科技、生活、文化、少儿、其他六大类,也从一定角度反映出了农村居民的阅读需求方向。

现在存在的问题主要有两个:一是包括农家书屋统一配置的一两千册图书在内的农村图书馆书刊资源,要么品种不全、要么大量出现复本;二是务农投资类书刊资源受统一配送的影响,与当地农村经济特色或农民投资趋势不相符合。共享工程提供的网络数字资源也存在类似问题。

　　第一个问题,属于一般乡镇及村级图书馆这种小型图书馆的共性资源需求,建议中国图书馆学会按照农村居民的主要阅读需求,发挥行业优势组织专业力量,定期发布适合农村图书馆需求的书刊目录,指导农村图书馆补充与调整自己的馆藏资源。县级图书馆也可以把这个工作作为自己主动介入的一个主要工作内容。

　　至于第二个问题,建议主要由县级图书馆定期发布本地区各乡镇农民的科技信息需求,提出相应的专业书目建议,力争影响有关部门统一配置书刊时参考,同时影响到社会团体和个人公益性捐赠书刊的选择,也对乡镇及村级图书馆自我采访文献资源进行专业指导。

三、整合多种资源是农村图书馆可持续发展思路

　　尽管新中国成立后国家公共图书馆管理体制并不包括乡镇及村落两级,乡镇综合文化站图书室实际上一直在很有限地运行着,农村村级图书馆也在各种公共文化惠民工程及社会力量参与下普遍存在着。现存的问题是村一级的图书馆在组建上还没有做到真正意义上的全覆盖,再就是现有村级图书馆普遍存在多渠道建设、文献资源结构不合理的状况。

　　1. 多渠道建设农村图书馆资源不利于管理效益

　　根据本章第二节的介绍,目前我国农村乡镇及村级图书馆的建设基本上是多渠道建设,有由国家新闻出版总署力推的农家书屋模式,由文化部建设的共享工程基层服务点模式,有农村居民自办模式,还有社会力量援建模式和地方公共图书馆领衔的总分馆模式。在实地调研中发现,在乡镇综合文化站和普遍建立的村公共服务中心的图书室门口,挂有"农家书屋"牌匾、"共享工程"牌匾、"公共电子阅览室"牌匾,还挂有"外来工书屋""计划生育书屋""职工书屋""科技书屋""留守儿童书屋""老龄书屋""八一书屋"等各种牌匾,以及党员远程教育终端的牌匾。另外,有的还挂有社会团体或个人资助援建的图书馆牌匾。这些牌匾的背后,说明有不同渠道的力量在参与农村图书馆建设,有政府文化主管部门,有其他政府部门,有社会团体,也有个人。有的在挂牌时给图书馆投入或捐赠了一部分书刊资源或设备资源,也有的仅仅挂牌而没有任何实际投入。有的挂牌后还有后续的维护和评估措施,比如农家书屋和共享工程,有的挂牌后再无任何管理行为,仅仅停留在墙壁上和汇报材料上,成了名副其实的"面子工程"。在一个条件有限、服务人口不多的乡镇图书馆或村级图书馆里,这种多渠道建设图书馆的模式出不了管理效益,分渠道统计、不同文献资源组织方式,给具体管理上带来很大弊端。

2. 整合多种资源有利于农村图书馆可持续发展

乡镇综合文化站属于公共文化服务体制内的公益性服务机构,其图书馆的组建和资源整合完全可以由地方政府统一领导。而针对广大村级图书馆多渠道建设、管理效益低下的问题,应该整合现有多种资源组建统一的村级图书馆,这样既符合目前我国农村村级管理的现实条件,也为其可持续发展打下良好基础。

根据在四川、安徽、陕西、云南、河北、江苏等省份的实地考察可以发现,许多地区的村寨在村公共服务中心内已经设立有图书馆(有的叫图书室,有的叫农家书屋),并且把多个渠道所得到的文献资源统一布置、统一利用,取得了很好的经验。目前,受新闻出版总署农家书屋管理办法的影响,文献资源在登记和分类编目上还存在不统一障碍。

建议采取以下措施整合多种资源:

首先,在地方政府统一协调下,由当地县级公共图书馆提供业务指导,由村委会在村公共服务中心内组建村图书馆,整合现有不同渠道来源的文献资源,包括图书、报刊、书架、阅览桌椅、阅览场地、声像资源及播放设备、网络资源及阅读设备,以及管理与服务的人力资源。

其次,由中国图书馆学会开发全国统一的村级图书馆标识,制作统一的有明显地域特征的村级图书馆牌匾。

再次,由中国图书馆学会出面,争取文化部和新闻出版总署的支持,研发统一的农村村级图书馆文献资源登录账册,借阅流通登记账册,分类编目规则等。

此外,由县级公共图书馆指导村级图书馆制定各种文献资源采访规则、文献资源组织规则、文献资源流通规则,以及社会力量捐赠文献资源的激励办法。

最后,由村委会按照地方政府有关政策和规定,负责村级图书馆日常管理;县级图书馆不定期进行业务指导;地方政府文化主管部门进行业务评估。

总的来说,不管原来有多少部门或团体、个人建设村级图书馆,不管原来或以后有多少机构想挂上与他们业务相关的牌匾,只要对村级图书馆能提供现实的资源援助,村委会都可以把这些资源统一整合进村图书馆里来,其他各种书屋的牌匾照样可以挂出来,但都应该位于村图书馆牌匾之下。整合后的村图书馆,才真正具备可持续发展的基础。

参考文献：

[1] 臧运平等.我国农村地区公共图书馆建设的诸城模式研究[J].中国图书馆学报,2012 (5):4—16.

[2] 王宏鑫等.走向农村公共图书馆服务的整体化平台——河南信阳"平桥模式"研究 [J].中国图书馆学报,2013(4):4—15.

[3] 陈源蒸,张树华,毕世栋.中国图书馆百年纪事(1840 - 2000)[M].北京:北京图书馆 出版社(今国家图书出版社),2004:115.

[4] 杜克.当代中国的图书馆事业[M].北京:国家图书出版社,2013:28.

[5] 苏生.农村图书室沿着宽广的发展道路前进[J].图书馆工作,1959(10):9—14.

[6] 国家统计局.中国统计年鉴1986[M].北京:中国统计出版社,1986:780.

[7] 虞定龙.发展中的上海乡镇图书馆事业[J].图书馆杂志,1990(2):33—35.

[8] 全国"知识工程"实施方案[EB/OL].(1997 - 01 - 02)[2014 - 06 - 16].http://www. zhuhai. gov. cn/xxgk/rdzt/kpzsl/zcfg/kpzc/201104/t20110419_195969. html.

[9] 文化部.关于进一步活跃基层群众文化生活的通知[EB/OL].(2002 - 04 - 17)[2014 - 06 - 16].http://www. gov. cn/gongbao/content/2003/content_62415. htm.

[10] 国家"十一五"时期文化发展规划纲要[EB/OL].(2006 - 09 - 13)[2014 - 06 - 16]. http://news. xinhuanet. com/politics/2006 - 09/13/content_5087533. htm.

[11] 国家"十二五"时期文化改革发展规划纲要[EB/OL].(2012 - 02 - 16)[2014 - 06 - 16].http://news. xinhuanet. com/politics/2012 - 02/16/c_111529579_2. htm.

[12] 姜天骄.十年岁月春华秋实,文化共享工程硕果累累[N/OL].(2012 - 12 - 02)[2014 - 06 - 16].http://media. people. com. cn/n/2012/1202/c14677 - 19763466. html.

[13] 于群,李国新.中国公共文化服务发展报告[M].北京:社会科学文献出版社,2012: 254—259.

[14] [78]文化部公共文化司.全国文化信息资源共享工程"十二五"规划纲要[EB/OL]. (2013 - 06 - 18)[2014 - 06 - 16].http://www. ndcnc. gov. cn/shifanqu/fagui/201306/ t20130618_683620. htm.

[15] 关于印发《"农家书屋"工程实施意见》的通知[EB/OL](2007 - 03 - 28)[2014 - 06 - 16].http://www. gov. cn/zwgk/2007 - 03/28/content_563831. htm.

[16] 全国乡镇综合文化站会议在江城武汉隆重召开[EB/OL].(2008 - 11 - 26)[2014 - 06 - 16]http://www. gov. cn/gzdt/2008 - 11/28/content_1162870. htm.

[17] [76]文化部财务司.文化部2013年文化发展统计公报[EB/OL].(2014 - 05 - 15) [2014 - 08 - 17].http://zwgk. mcprc. gov. cn/auto255/201405/t20140516_30294. html.

[18] [45]邱奉捷,王子舟.NGO援建民间图书馆发展报告(2011年)[J].图书与情报, 2011(6):1—9.

[19] 文化部关于印发《全国文化信息资源共享工程"十二五"规划纲要》的通知[EB/OL]. (2013 – 01 – 30)[2014 – 07 – 25]. http://www. law – lib. com/law/law_view. asp? id = 410291.

[20] 中国农家书屋网. 农家书屋工程简介[EB/OL]. (2012 – 09 – 20)[2014 – 04 – 28]. http://www. zgnjsw. gov. cn/booksnetworks/contents/403/7870. html.

[21] 中国广播网. 农家书屋工程提前三年完成建设 60 万书屋覆盖全国行政村[EB/OL]. (2012 – 09 – 27)[2014 – 05 – 04]. http://china. cnr. cn/gdgg/201209/t20120927_511010132. shtml.

[22] 关于印发农家书屋重点出版物推荐目录的通知[EB/OL]. (2009 – 04 – 02)[2014 – 06 – 08]. http://www. gapp. gov. cn/contents/801/77091. html.

[23] 全国农家书屋工程协调小组办公室编. 农家书屋管理员实用手册[M]. 北京:人民出版社,2011.

[24] 中华人民共和国国务院新闻办公室. 2013 年中国人权事业的进展白皮书[EB/OL]. (2014 – 05 – 26)[2014 – 08 – 08] http://www. qstheory. cn/zhuanqu/zywz/2014 – 05/26/c_1110859749. htm.

[25] 崔建飞. 共享工程在公共文化服务体系中的地位和特点[J]. 图书与情报,2007(5): 16—17.

[26] 国家数字文化网. 全国文化信息资源共享工程介绍[EB/OL]. (2012 – 12 – 12)[2014 – 05 – 04]. http://www. ndcnc. gov. cn/gongcheng/jieshao/201212/t20121212_495375. htm.

[27] 文化部. 关于印发《全国文化信息资源共享工程"十二五"规划纲要》的通知[EB/OL]. (2013 – 02 – 08)[2014 – 08 – 08]. http://www. ndcnc. gov. cn/zixun/yaowen/201302/t20130208_558405. htm.

[28] 王志勇. 文化共享工程内蒙古分中心特色资源建设情况[J]. 内蒙古图书馆工作,2013(2):57—58.

[29] 施秀萍. 我省新增五个文化共享工程资源库[N]. 甘肃日报,2014 – 04 – 06(1).

[30] 华东杰. 以人为本着力提升文化共享工程服务创新水平——以宁波市开展文化共享工程服务工作为例[J]. 农业图书情报学刊,2013(6):165—167.

[31] 新华网. 中央财政将新增公共图书馆等免费开放经费投入约 18 亿元[EB/OL]. (2012 – 02 – 18)[2013 – 03 – 21]. http://news. xinhuanet. com/politics/2011 – 02/18/c_121097592. htm.

[32 – 33] 王明惠,杨玉麟. 中西部地区文化共享工程发展现状与分析[J]. 图书情报工作,2013,57(20):86—91.

[34] 王爱红. 文化信息资源共享工程建设的实践和思考——以安阳县文化共享工程建设为例[J]. 青春岁月,2012(23):10—11.

[35] 梁远亮,成美春,王学昌. 广西南宁市实施全国文化信息资源共享工程存在的问题及

对策[J].科教文汇(上旬刊),2014(5):206—207.

[36] 赵小明.浅谈文化信息资源共享工程在基层图书馆的实施——以黑河市爱辉区图书馆为例[J].黑河学科,2014(3):114—115.

[37] 王子舟,吴汉华.民间私人图书馆的现状与前景[J].中国图书馆学报,2010(5):4—13.

[38] 民间图书馆.文化火种寻找之旅[EB/OL].[2014 – 06 – 08].http://www.mjtsg.org/.

[39] 王子舟.伟大的力量来自于哪里——解读社会力量办馆助馆[J].中国图书馆学报,2010(5):26—33.

[40] 王子舟著.民间力量建设图书馆的政策与模式[M].北京:国家图书馆出版社,2011:148.

[41][43] 王子舟著.民间力量建设图书馆的政策与模式[M].北京:国家图书馆出版社,2011:149.

[42] 王子舟,邱璐,戴靖.乡村精英在文化建设中的角色——赵良弼图书馆田野调查手记[J].图书馆建设,2013(11):22—26.

[44] 王子舟,邱璐,戴靖.一个自学成才农民的理想——小河图书馆田野调查手记[J].图书馆建设,2014(1):94—98.

[46] 健华图书馆中心.健华图书馆名录[EB/OL].[2014 – 05 – 28].http://lib.nit.net.cn/jianhua/.

[47] 微笑图书室.学校一览[EB/OL].[2014 – 05 – 28].http://www.smilinglibrary.org/sl-doc/school_list.asp.

[48] 心平基金会的博客.核心公益项目[EB/OL].[2015 – 11 – 16].http://www.xinping.org/.

[49][55] Evergreen Education Foundation. Libraries[EB/OL].[2014 – 05 – 28].http://www.evergreeneducation.org/submenu.php? topics = library.

[50] 中国移动.中国移动爱心图书馆(室)[EB/OL].(2009 – 12 – 04)[2014 – 06 – 08].http://www.10086.cn/cishan/philanthropy/educat/help/201208/t20120801_33025.htm.

[51] 红云红河集团.红云图书室[EB/OL].[2014 – 06 – 03].http://csr.hyhhgroup.com/html/hytss.php.

[52] 武翩翩.党的十六大以来——公益工程助力贫困地区文化建设[EB/OL].(2012 – 10 – 19)[2014 – 06 – 03]http://www.chinawriter.com.cn/wxpl/2012/2012 – 10 – 19/144373.html.

[53] 蚂蚁岭图书馆的博客.联系我们[EB/OL].[2015 – 11 – 16].http://blog.sina.com.cn/mayilingtushuguan.

[54] 健华图书馆中心.健华图书馆简介[EB/OL].(2014 – 17 – 07)[2015 – 08 – 28].http://lib.nit.net.cn/jianhua/dlib/admin/show.php? dno = 7.

[56] [58] 王世伟.上海市中心图书馆的十年发展与未来愿景[J].图书馆杂志,2011(1):
47—52.

[57] 金武刚,李国新.中国公共图书馆总分馆制建设:起源、现状与未来趋势[J].图书馆
杂志,2014(5):4—15.

[59] 广东省东莞市人民政府.东莞市人民政府关于印发东莞地区图书馆总分馆制实施方
案的通知[EB\OL].(2004-05-27)[2014-10-23].http://www.dglib.cn/LibCity_
Detail-Id-3060.html.

[60] 刘磊,李晓辉.东莞图书馆总分馆建设现状、成效及对策[J].图书与情报,2011(2):
76—80.

[61] 邱冠华.示范区创建中深化"苏州模式"的制度设计研究[J].中国图书馆学报,2012
(3):20—25.

[62] 邱冠华.苏州城区总分馆建设的实践与思考[J].图书情报工作,2009(1):15—18.

[63] 白冰.佛山禅城区联合图书馆评价[J].图书馆学研究,2010(6):52—56.

[64] 杨阳."四位一体"格局下农村公共文化资源整合初探——以吴江区图书馆为例[J].
上海文化,2013(12):39—44.

[65] 张赞梅,周群英."村企联动"的庄史村图书流通站及启示[J].图书馆杂志,2012(2):
42—44,50.

[66] 中国人大新闻网.乌鲁木齐市人大向农村文化站捐赠图书[EB/OL].(2004-10-
21)[2014-07-25].http://www.people.com.cn/GB/14576/25037/2934846.html.

[67] 北流市政府办公室.我市驻隆盛镇长信村新农村建设指导员为村图书室捐赠图书
6000册[EB/OL].(2010-06-24)[2014-07-29].http://www.yulin.gov.cn/
info/122565.

[68] 调查全国图书馆及教育馆[N].中华图书馆协会会报,1934,9(4):9—10.

[69] 国务院人口普查办公室,国家统计局人口和就业统计司.全国分年龄、性别、受教育
程度的15岁及以上文盲人口(镇、乡村)[R/OL].[2014-12-18].http://www.
stats.gov.cn/tjsj/pcsj/rkpc/6rp/indexch.htm.

[70] 陈卫东,王蕾.广东流动图书馆及其效益研究[J].图书馆论坛,2013(1):28—30,39.

[71] 钟晖,金建英.广东流动图书馆模式对广西壮族自治区图书馆流动服务的启示[J].
科技情报开发与经济,2014(12):33—35.

[72] 武汉图书馆.武汉图书馆流动服务点登记表[EB/OL].(2013-06-19)[2014-07-
24].http://www.whlib.gov.cn/webs/consult_consultList.action?id=2954.

[73] 赵亚娜.浅谈西部地区基层图书馆服务网络建设——以延安市图书馆流动服务点建
设为例[J].图书馆研究,2014(5):73—75.

[74] 文化部,财政部.关于推进全国美术馆 公共图书馆 文化馆(站)免费开放工作的意见
[EB/OL].(2011-02-14)[2014-07-24].http://www.gov.cn/zwgk/2011-02/

14/content_1803021. htm.

[75] 财政部.关于加强美术馆 公共图书馆 文化馆(站)免费开放经费保障工作的通知[EB/OL]. (2011 - 03 - 22)[2014 - 07 - 24]. http://www. mof. gov. cn/pub/jiaokewensi/zhengwuxinxi/zhengcefabu/201103/t20110321_510130. html.

[77] 刘小斌.浅谈东莞农家书屋工程的可持续发展之路[J].图书馆论坛,2011(4):76—78.

[79] 中国新闻出版总署."农家书屋"工程实施意见[EB/OL]. (2009 - 12 - 22)[2014 - 07 - 29]. http://www. zgnjsw. gov. cn/booksnetworks/contents/405/7873. html.

[80][84] 王宗义.农家书屋建设与图书馆社会服务体系研究[J].图书与情报,2010(4):13—20,65.

[81] 彭细珍,时菁.新农村建设中农村图书馆(室)建设浅议——农村图书馆工作调研[J].图书馆论坛,2010(4):168—169,178.

[82] 李万春.浅谈农家书屋文献资源建设的问题与对策:以扬州市邗江区为例[J].科技情报开发与经济,2010(28):115—117.

[83] 李强.农家书屋工程与农村图书馆事业发展问题的思考[J].图书馆学刊,2012(7):7—9.

[85] 高晨等.发展西部乡镇图书馆的新模式:镇校联合办馆——甘肃省乡镇图书馆调查报告[J].图书馆论坛,2007(3):89—91,106.

[86] 王煜,陈志东.镇级图书馆建设的成功之路——佛山市南海区镇级图书馆建设调查报告[J].图书馆论坛,2004(1):126—129.

[87] 李勇.关于陕西铜川乡镇图书馆(室)发展现状的调查报告[J].当代图书馆,2007(3):67—68.

[88] 中华人民共和国国家统计局.2010 年第六次全国人口普查主要数据公报[EB/OL]. (2012 - 04 - 20)[2014 - 08 - 12]. http://www. gov. cn/test/2012 - 04/20/content_2118413. htm.

[89] 王茜,杨玉麟.论公共管理学对我国图书馆管理及事业发展的影响[J].图书馆论坛,2014(11):20—25.

[90] 国务院法制办公室.关于征求《中华人民共和国公共图书馆法(送审稿)》意见的函[R],2012 - 01 - 04.

[91] 吴汉华著.中国民间图书馆研究[M].武汉:武汉大学出版社,2014:101.

[92] 朱婕,杨玉麟,张丽欣.文化共享工程基层服务用户需求分析及对策研究[J].图书馆学刊,2013(7):1—5.

（执笔人:杨玉麟 刘亮 黄体杨）

第四章　农村图书馆服务

第一节　农村图书馆服务概述

公共图书馆服务是公共图书馆通过文献信息、空间场所和图书馆员工为公众提供知识、信息及相关阅读活动的工作总称。公共图书馆服务包含的范围很广，可进行多个角度的类型划分：从形式上可以分为基本服务和非基本服务，从内容上可以分为文献服务、现代信息服务以及阅读推广活动，从空间上可以分为物理空间服务和虚拟空间服务，从服务对象上可分为普通读者服务和特殊人群服务，等等。针对农村图书馆服务来说，其主体是公共图书馆，即由包括县级以上人民政府举办的公共图书馆，以及农村乡、镇、村等行政部门举办的图书馆对农村地区提供的图书馆服务。而除了公共图书馆外，我国还有两大类型的图书馆承担着农村图书馆服务的任务：一大类型是国家或省市县各政府部门在农村举办的图书馆所提供的服务，如农家书屋的图书馆服务，另一大类型是民间图书馆提供的图书馆服务。

我国农村图书馆服务的发展历史可追溯至 20 世纪初，1902 年浙江绍兴建立的古越藏书楼对包括农村居民在内的乡人开放，"凡其书一若郡人之书""推惠于乡人"。1905 年云南和顺咸新社"广购图书以资乡人之阅览，又于每星期日演讲一次，作新文化之宣传，固吾腾新潮流之第一声也"。该社也是著名乡村图书馆和顺图书馆的前身[1]。国民政府建立后，我国图书馆服务重心下移，通俗图书馆、巡回文库和公众阅报所纷纷建立，提供包括农村范围在内的图书馆服务，其中巡回文库更是直接面向农村，为民众提供借阅报刊等服务。"由各县设通俗文库总部一所，采集人民必需而易晓之各种图书，输送城镇乡各支部，再由支部转送各村落阅览所，限定日期阅毕，由各处送回总部收存"。这种乡村流动图书馆当时在辽宁最为盛行，据教育部 1916 年统计已有 17 所，每星期由总部分送一次图书到各支部，日均阅览多达 7400 人次。此外在江苏、四川、甘肃、云南等省也有一些巡行文库[2]。中华人民共和国成立后,党和政府对于提高农民的文化素质十分重视,在最简陋的条件下开始了农村的图书馆服务。从 1956 年开始,图书馆界响应中央"向科学进军"的号召,一方面加强对科研工作的服务,另一方面重点开展农村图书流通工作。但其后在"大跃进"及"文革"的进程中,图书馆事业受到影响,农村图书馆服务基本停滞。"文革"结束后,在中央对文化建设的一些政策的推动下,又掀起了建立农村图书馆的热潮。但随着市场经济的发展,集体所有制的乡镇企业纷纷改制,农村图书馆失去了经济支撑,图书馆运作基本停止,图书馆服务日趋于无。即使许多地方尝试改变,但在大环境的影响下,起色都不明显。直至党的十六大以后,国家对于农村文化建设的关注大大地加强了。在《国家"十一五"文化发展规划纲要》中正式提出了"十一五"期间在全国要建立公共文化服务网络的问题。通过政府财政拨款的支持,以及乡镇综合文化站、农家书屋等项目的引导,各级农村图书馆逐步实现了全面覆盖[3]。而为了利用这些农村图书馆面向农村居民提供更好的服务,图书馆工作者及学者针对农村图书馆服务体系等问题做了许多理论研究与探索,这些研究大致可分为农村图书馆服务体系建设中各级公共图书馆(室)的地位与作用以及农村公共图书馆服务体系建设模式两块。第一块中,研究者主要是对农村图书馆服务体系中乡镇馆和县图书馆各自的角色与服务进行讨论。而在建设模式的研究中,主要是研究针对农村图书馆的资源与项目丰富但重复、分散的现状,如何合力形成农村公共图书馆服务体系。其中,有把共享工程基层服务点、农家书屋、党员远程教育点与乡村图书室结合起来,形成"四位一体、资源共享"的服务模式的研究,也有对目前比较常见且热门的"总分馆"建设模式的分析研究[4]。

　　农村地区对于图书馆服务的需求主要是公共图书馆的基本服务。按照《公共图书馆服务规范》(GB/T 28220—2011)的规定,公共图书馆的基本服务"是保障和满足公众的基本文化需求的服务,包括为读者免费提供多语种、多种载体的文献的借阅服务和一般性的咨询服务,组织各类读者活动以及其他公益性服务"[5]。2011 年《文化部、财政部关于推进全国美术馆、公共图书馆、文化馆(站)免费开放工作的意见》中列举的公共图书馆基本文化服务项目包括"文献资源借阅、检索与咨询、公益性讲座和展览、基层辅导、流动服务等"[6]。同时,随着农村乡镇企业和科学种植业、养殖业的发展,部分农村地区对信息增值服务的需求较为强烈。

我国农村人口众多,地域辽阔,广大农民需要通过图书馆服务获取发展地方经济、提高生活质量和个人发展所需的知识和信息。在许多边远地区,乡村图书馆、阅览室或流动图书馆,可能是农民接触书籍、报刊和互联网的唯一渠道。农村图书馆服务理应成为我国公共文化服务体系中最重要的部分。2011年出台的《中华人民共和国国民经济和社会发展第十二个五年规划纲要》提出"解决农村、基层基本公共文化服务的免费、均等享用问题是我国公共文化服务的核心"[7]。国家对农村公共文化服务的认识和要求在逐年深化,任务和部署也在逐步细化。特别是当前我国社会发展处于多元复合转型期,在推进城市化过程中,加强和完善公共文化服务体系是落后地区避免边缘化的有效途径。

由于历史的原因,我国农村的图书馆设施与资源远远落后于城市,制约了农村图书馆服务的发展。改革开放以来,特别是进入21世纪以后,国家加大了对农村文化事业的投入。为了保障农村人口能够享受到平等的公共文化服务,消除数字鸿沟,党和政府在大力发展农村文化事业时,为农村图书馆的资源及设施建设投入了大量的人力、财力和物力,改善了农村图书馆建设长期以来的窘迫状况。在《国家"十一五"时期文化发展规划纲要》中明确要求"县(市)图书馆逐步实行分馆制,丰富藏书量,形成统一采购、统一编目的图书配送体系,充分发挥县图书馆对乡镇、村图书室的辐射作用,促进县、乡图书文献共享"[8]。这是改革开放以来首次明确将农村图书馆事业发展和资源建设问题写入国家文化发展规划,对此后农村图书馆的文献信息资源建设和共享影响深远。与此同时,出现了全国文化信息资源共享工程、农家书屋、公共电子阅览室工程等直接惠及广大乡村的项目,这些项目分别快速有效地对全国范围内的农村地区实现了覆盖,在资源与设施两方面为农村图书馆建设与发展提供支援。另外,在国家大力建设公共文化服务体系的进程中,省地县各级公共图书馆均将农村乡、镇、村、社区的公共图书馆分馆或服务点建设放到图书馆建设的重要位置。随着各级政府重视程度的提高和投入的加大,农村图书馆的服务范围不断扩大,服务质量极大改善。

虽然如此,农村图书馆的服务质量较城市图书馆仍存在很大差距。以贵州省为例,通过对图书馆服务点超过300个的8个县的调研,整理各县区平均开放数据如表4-1:

表 4 – 1　贵州省 2013 年部分县区农村图书馆开放数据

县/区	服务点数量（个）	周平均开放天数（天）	每天平均开放时数（小时）	年平均开放天数（天）
松桃	469	5.1	4.2	
思南	400	2.0	3.4	73.4
赫章	372	3.1	5.6	36.8
黎平	347	1.7	3.0	59.2
印江	331	3.2	5.9	51.7
德江	330	3.6	4.9	166.4
榕江	325	3.5	7.1	33.7
普定	310	4.2	5.0	33.2

从表中可以看到,大部分图书馆每周只开放 3 天多,每天开放 4—5 小时。第 5 次县以上公共图书馆评估定级指标中,每周开放时间 56 小时是及格分。各乡村图书馆服务点自报的数据距这一及格时间也有相当的差距。实际上,由于基层服务点数据统计质量较差,乡村图书馆服务与城镇图书馆服务的实际差距可能会大于自报调查数据。以下二者的恶性循环,导致农村图书馆服务现状不容乐观,一方面是农村图书馆服务点的开放时间不足与服务品种少,难以满足农村文化需要,另一方面农民阅读意愿不足,对传统图书馆借阅服务兴趣不大。

面对农村环境的新变化,农村图书馆服务需要有新的思路、新的政策与措施,才能有新的发展。

第二节　农村基本文化需求

农村图书馆服务对象具有特殊性,明确用户需求有利于把握资源建设重点和服务提供方式。需求分析主要从农村人口的年龄、工作性质、农业生产,农村生活等方面进行分类剖析。

一、农村对阅读和信息服务的需求

当前,我国正在推进现代公共文化服务体系建设,努力增加公共文化服务的供给,满足城乡居民阅读和信息、健身、娱乐、休闲等基本文化需求。图书馆服务所提供的最主要产品是文献和信息,因此,如何满足农村居民对于知识和信息的需求,决定了我国农村图书馆服务的发展方向。

2013年有人对湖北省部分农村的农村文化活动进行了抽样调查,虽然调查范围不大,但几个数据对于说明农村文化需求问题是有价值的,见下表4－2:

表4－2　农村居民参加文化生活的原因

项目类别	人数(人)	百分比(%)
1. 了解各种时事新闻与最新资讯,生活必需品	55	36.7
2. 查询一些急需的科技资料,如养殖、种植等	20	13.3
3. 锻炼身体,有自己的兴趣爱好,如打球、唱戏等	16	10.7
4. 有关部门强制要求参加	14	9.3
5. 只是跟着其他人参加	12	8.0
6. 消遣娱乐	11	7.3
7. 个人信仰或本地习俗	9	6.0
8. 无特定目的	8	5.3
9. 其他原因	5	3.4

注:据张照龙《现阶段农村公共文化服务满意度实证研究》华中师范大学硕士学位论文(2013)制作。

从表4－2可以看到,在农村居民参加文化生活的所有原因中,了解时事新闻和最新资讯与查询科技资料排名前两位。而这正是农村图书馆所提供的阅读服务和信息服务应该要满足的文化需求。

在同一调查中,受访者对参与农村文化活动的种类回答如下:

表4－3　农村居民参加文化活动的种类

活动类别	人数(人)	百分比(%)
1. 村村通、有线电视、共享工程	40	26.7
2. 篮球、乒乓球等体育设施	18	12.0
3. 电影放演室	15	10.0
4. 健身休闲设施	13	8.7
5. 公共图书馆/公共网吧	12	8.0

续表

活动类别	人数(人)	百分比(%)
6. 广场舞/集体舞	12	8.0
7. 个体文化室/图书室/个体网吧	9	6.0
8. 寺堂、寺庙	8	5.4
9. 戏台/戏楼	6	4.0
10. 阅报栏	5	3.3
10. 棋牌室	5	3.3
12. 老年活动室	3	2.0
13. 文化艺术节、表演团体	2	1.3
13. 其他	2	1.3
15. 青少年活动中心	0	0

尽管农村居民对于阅读时事新闻和查询科技信息有很高的需求,排名居所有文化需求的前两位,但表4-3中,应该满足上述需求的设施——农村公共图书馆服务和阅报栏服务却分别排名第5(并列)和第10(并列)。这在一定程度上说明了农村公共图书馆的服务距离满足农村居民的文化需求还有一定距离。

另据2014年有研究者对贵州农村文化生活的调查,农民经常参与的文化活动的主要是:"看电视"85.0%、"打牌"82.2%、"逛庙会"68.5%、"参加民俗活动"62.3%、"健身活动"52.4%、"读书看报"43.2%。调查中可以看出,在贵州农村居民生活水平逐步提高的今天,对于有一定的经济基础和闲暇时间的农村居民,"看电视"和"打牌"依然是农村居民闲暇时间的主要消遣方式,读书看报仅排在第6位。

刘兹恒教授于2010年组织学生对农村居民利用图书馆的情况进行调查,发现当前农村居民获取信息的途径依次主要有:看电视、收听广播、读书阅报、上网、人际交流等。其中看电视、听广播是农村居民获取信息最主要的途径,占被调查村民的89%,这是我国"村村通"工程以及有线数字电视业务全面开展所取得的成果。其次,有近51%的农村居民是通过读书阅报来获取信息,这说明农村居民对图书和报刊的需求还是广泛存在的。然而调查中也发现,在读书阅报的农村居民中,约有56%的人获取书报的途径是通过自己购

买,仅有不到20%的人选择去图书馆借阅[9]。农村居民需要阅读图书报刊,但却不选择去图书馆的原因主要有三个:

(1)对农村图书馆不了解。约有60%的人没去过图书馆,其中30%的人根本就没听说过图书馆,40%的人不知道图书馆在哪里,约10%的人因为怕图书馆收费、怕借书手续繁多而不愿意去,还有10%的人以为图书馆是"文化人"去的地方而不好意思去。这些数字表明农村居民对自己身边的图书馆还缺乏了解。

(2)认为农村图书馆的书不实用。在去过农村图书馆的农村居民中,有40%的人对图书馆不满意,有些地方读者不满意程度甚至达到100%。其中不满意的主要原因是农村图书馆的书刊内容陈旧,缺少实用性。

(3)认为图书馆离住处较远不方便去。约有10%的农村居民因为距离远、不方便去的原因而不愿移步农村图书馆。

二、农村居民基本阅读需求

农村居民的基本阅读需求决定农村图书馆服务。农村图书馆应该从农村居民的阅读兴趣入手,对阅读需求进行调查,以确定服务方略。调查的内容可以从文化程度、文化接触面、自学愿望和行为、阅读习惯、环境影响、生活历程、与图书馆的联系等方面入手。在分析农民阅读兴趣时,可将农村读者分为乡镇干部、村级干部、企业主、教师、农村专业户、中年农民、青年农民、老年农民、少年儿童、中学生、外来务工人员、中青年妇女、中老年妇女等群体,分别对群体及阅读喜好进行分析。具体分析见表4-4:

表4-4 各类农村人口的阅读喜好

农村居民	阅读兴趣
乡镇干部	法规政策类读物、经济管理类读物、农业经济类读物、文史哲读物、专业指向性读物和休闲读物
村级干部	农业经济类读物、法规政策类读物、经营管理类读物和专业指向性读物
中小企业主	经营管理类读物、市场营销类读物、宏观经济读物和小说、传记以及影像资料
教师	文史类科普类综合读物、教育类文献和教学参考资料

续表

农村居民	阅读兴趣
农村专业户	种养业专业指向读物、农业技术资料和市场营销读物
中年农民	农业技术资料、农产品加工业资料、通俗文学作品和文化读物、地方曲艺戏曲类影像资源、图像资料,电影电视剧
青年农民	农产品加工业资料、农业种养业技术资料和就业打工信息资料 武打、言情小说、时尚读物、影像资料
老年农民	党报、晚报类报纸杂志,传记历史文学,医疗保健类读物,地方曲艺戏曲类影像资源,休闲生活常识类读物,老年人兴趣读物等
少年儿童	插画故事、儿歌和诗歌、文学故事和短篇小说、科幻故事和科幻小说、适合少儿的名人传记等
中学生	小说、散文、传记类文学与诗歌,网络文学作品,励志类读物、伦理类读物和人际交往类读物,通俗科普读物、专业科普读物
外来务工人员	文艺类书刊(长篇小说、文学杂志、画册),技术支持文献,修养知识类书刊
中青年妇女	女性文学读物、女性实用生活和时尚读物、子女教育读物、婴幼儿养护读物,农业种养业资料、农产品加工业资料,电影电视剧、地方曲艺戏曲类影像资源
中老年妇女	图画类读物,地方曲艺戏曲类影像资源,电影、电视剧

注:根据王效良《基层图书馆的农村服务工作》整理。

对于农村图书馆来说,服务对象群体相对来说比较简单,基本上可以分为农民、学生、中老年人等几类,而这些人群的阅读需求也都比较突出,像青少年主要需要与学习有关的书籍,中老年人主要是为了消遣而进行阅读,所以主要需要小说类的书籍,农民则是主要需要与求知、致富有关的农业技术和商业书籍。

在人口结构方面,在中西部地区,农村青壮年外出打工较为普遍,老人和少年儿童成为图书馆服务的主要对象。以对湖南省衡阳市祁东县实地考察为例,该县大部分农村的常住居民以少年儿童和老年人为主。其中老年人由于受教育水平的限制,多数并不具备读写能力,且对电子产品较为陌生;少年儿童一般具备读写能力,易于接受新鲜事物,处于阅读兴趣培养,知识学习的关键时期,是农村图书馆服务重点人群。但是由于正处在学生阶段,对于图书馆服务的需求主要是在周末与寒暑假。在阅读偏好方面,少年儿童偏好作文辅导,英语教材、儿童读物,一般农村居民则对适宜当地农业发展的技术指导类书籍有较高需求,同时,随着生活水平的提高,农村居民对于养生类休闲类书籍的需求也越来越高。金桥镇楠木村农家书屋获得第三届"三湘读书月"活动"书香村组"称号。"三湘读书月"活动是湖南省委省政府组织倡导,社会积极支持,全民广泛参与的一项长期读书活动,自 2009 年 11 月首届活动启动以来,全省开展了全民阅读进机关、进校园、进企业、进农村、进社区、进家庭、进军营等"七进"活动,每年 10 月进行书香机关、书香军营、书香校园、书香企业、书香社区、书香村组、书香家庭、优秀组织、新闻宣传先进单位等的评选,掀起了全社会的读书热潮。楠木村农家书屋所处地理位置周围有诊所和超市,人流量大。书屋借阅记录中,淡水养鱼、土鸡放养等科技书籍、摩托车故障修理、养生保健等生活类书籍、村主任工作手册和农村纠纷案例等工作指导类书籍有较多的借阅量。

农村居民中种植、养殖户需要图书馆提供相关农业服务信息。虽然各乡镇都设有辅助乡镇农业、畜牧业、种植业的技术指导机构,但是支持力度还不够。同时,农民也会根据各自从事的生产经营项目购买一些技术资料,但是总体上看来还是比较单一。因此,农民对乡镇图书馆的服务有一些农业资料文献的需求,比如关于农业政策介绍的文献;农业新产业的介绍书籍,包括引进新作物和农林牧渔新品种的种养业资料,与本地传统产业不同但适合本地发展的产业介绍,旅游服务业的引进等书籍资料;有关农业新品种中心技术新方法的书籍;还有农田保障措施相关文件,包括如何使用水利设施、主要农作物的植保措施等。对于农业服务信息的需求,需要图书馆将各地对农业的政策、服务、市场等方面的管理和服务资料,特别是一些优惠政策有一个较好的传递作用。农民也需要有一个更加广阔的视野,希望图书馆可以提供一些国内外现代农业发展水平、各地农业现代化的典型、本地政府推进现代农业的规划和举措等图文资料。

从农村生活方面出发分析,农民对改善自身生存状态的愿望催生了农村图书馆的服务需求。还有许多农民对生存的知识诉求,如安全常识、交际指导、权利维护等。随着生活质量的不断提高,农民也越来越多地关注健康生活的问题,需要图书馆积极传播饮食起居、个人习惯、环境卫生、防病治病、体育锻炼等正确信息。在物质生活水平逐渐提高后,农民的精神生活需求也不容忽视,这时,需要图书馆提供倡导文明生活、和谐家庭、节俭持家、尊老爱幼、良好习惯、积极进取等积极的精神食粮。对个人能力的发展,在经过大力扫盲服务之后,随着社会的不断进步,农民对自身的信息素养的提升有了一定需求,希望图书馆可以积极与共享工程同步建设上网设施,服务人员也要掌握上网技术,并辅导村民。

通过对农村居民阅读兴趣、相关农业服务需求、农民农村生活的分析,所需图书主要分为以下几类:①扫盲读物;②浅显易懂的图文资料;③适用普及的文学读物和科普文献;④实用工具书和产业文献;⑤科普和产业方面的图像文献;⑥艺术类影像资料。

农村居民对于信息资源种类的需求主要有图书、期刊、报纸、视听文献、网络信息等,通过研究同村居民对于各类信息的需求程度,可以找到侧重点,更有针对性地分配农村图书馆信息资源,合理使用经费,使信息资源利用得更加充分。浙江省对 58 个农村图书馆的调研报告中指出,从信息内容的喜好看,把"文化娱乐"放在第一位的有 39 个农村图书馆,把"实用知识技术"放在第一位的有 14 个,而"学术研究"为首的馆数是 0。从信息种类的喜好看,24 个馆把"图书"放在第一位,12 个馆把网络资源放在第一位。

据 2010 年对陕西、甘肃两省农村图书馆的调查,农民所需的信息品类和内容中,在信息品类方面,被调查对象中以图书为第一需求的占被调查对象的 75.86%,作为第二需求的占被调查对象的 17.24%,作为第三需求的占被调查对象的 0.35%,作为第四需求的占被调查对象的 0.35%,没有将图书作为第五需求的图书馆。同样,将期刊作为第一、第二、第三、第四、第五需求的比例分别为 13.79%、37.93%、10.35%、31.03%、0.35%。具体如表 4 - 5 所示。

从表中数据可以看出,现今农村居民对于信息种类的需求主要是图书和期刊,其次是报纸,对于网络和视听文献的需求仍排在最后。

在信息内容方面,被调查对象中以文化娱乐为第一需求的占被调查对象的 34.48%,以其为第二需求的占被调查对象的 52%,以实用知识技术为第一需求的占被调查对象的 72.41%,以其为第二需求的占被调查对象的 13.79%,以学术研究类为第三需求的占被调查对象的 72.41%。

表4−5　陕甘两省农村文献信息需求

需求程度 图书类型	第一需求	第二需求	第三需求	第四需求	第五需求
图书 (5馆未做表态)	75.86%	17.24%	0.35%	0.35%	
期刊 (7馆未做表态)	13.79%	37.93%	10.35%	31.03%	0.35%
报纸 (5馆未做表态)	10.35%	0.35%	48%	0.7%	17.24%
视听文献 (7馆未做表态)		13.79%	0.35%	31.03%	27.59%
网络信息 (5馆未做表态)	20.69%	17.24%	10.35%	0.35%	27.59%

注:根据谢林,万行明.陕西、甘肃省乡镇、社区图书馆(室)调研报告.《乡镇社区图书馆管理标准研究课题组成果汇编(201010250)》,2011.12.30.

根据以上数据,可以看到,知识与技术类书籍与文化类书籍仍然是农村居民的主要阅读需求。

综合来说,可以将农村的一般服务对象根据需求分为文化类需求用户和信息类需求用户。文化类需求用户即前文分析中以文化娱乐为主要需求的用户,一般称之为普通外借阅览用户的群体。这类用户的阅读主要是为了打发闲暇时间,阅读没有极其明确的目标,阅读内容的可读性、易懂性、适合快速阅读是他们的选书标准。对于该类用户,一般的图书馆服务基本都可以满足其需求。信息类需求用户则为前文调查数据中以知识技术为主要阅读需求的用户,该类用户主要为希望依靠农业科学发家致富的专业户、农村干部、教师和学生等。这类用户出于致富、工作或自身发展的需要,对科学技术、政策等各类信息的渴求度高,普通的借阅服务显然无法满足其需求,而这也是农村图书馆发展服务、改善服务的关注点之一。

然而,除了以上两类一般服务对象,在农村还有另外一类不能正常利用图书馆资源和服务的特殊服务对象,包括农村留守老人、留守妇女、农村儿童(留守儿童、流动儿童)、文盲半文盲、残疾人群体。公共图书馆欲在农村实现自身承担的普遍均等服务的使命,必须对特殊人群提供特殊服务,帮助他们方便地获得知识与信息,以及帮助他们掌握获取知识和信息的能力。近年来,由于农村青壮年劳力外出打工等原因,许多农村基本只剩下老年人、儿童及无力出门打工的残障人士,特殊人群在农村居民中的比重连年上升。这些人一般文化程度较低,阅读能力和利用信息技术获取信息的能力低。阅读能力和信息技能低下是贫困所致,同时又加剧了他们生活的贫困。在这种情况下,针对特殊人群的服务更应该成为农村图书馆服务的重点。

三、农村居民利用图书馆的情况

在大多数地区,农村居民对书刊的阅读兴趣主要集中在休闲娱乐类和大众文学类,如一些休闲刊物、畅销小说、诗歌散文等,这是因为许多农村居民希望通过在图书馆阅读此类书刊达到放松身心、修情养性的目的。此外,医疗保健和生活起居也是农村居民比较感兴趣的阅读内容,例如家庭保健、常见疾病防治、家常菜谱等,这些知识与他们的日常生活联系紧密,可以帮助他们解决日常生活中遇到的一些问题。当然,农村居民对农业科技类书刊的需求也比较大,特别是涉及农作物种植技术、畜牧养殖技术、农产品的销售等方面的书刊,只是受不同地区农村居民从事职业的影响,各地具体的阅读兴趣有所差异。

湖南省衡阳市祁东县以种植业与畜牧业为主,当地农村居民会对种植栽培技术类书籍以及家禽养殖类书籍感兴趣。浙江省余姚市河姆渡镇以种植业及以不锈钢为龙头的工业为主,同样对种植栽培类书籍及不锈钢加工技术书类书籍感兴趣。同时,祁东县的农村居民主要种植百合,香芋和烤烟。所以当地居民更多注重的是有关百合、香芋、烤烟的种植、栽培、加工、贮存方法的书籍,而河姆渡镇种植业以茭白为支柱,所以更多关注的是以茭白为主的种植栽培技术的书籍。

通过对农村居民利用图书馆的目的进行调查,发现不同年龄或是从事不同工作的农村居民利用图书馆的目的各不相同,主要可以归纳为以下三方面:

1. 以学习知识为目的

具有一定文化水平的农村居民通常具有继续学习知识的需求,他们具备基本的读写能力,有的甚至还会使用电脑和网络,具有一定的信息技能,他们往往具有主动到图书馆学习知识的意识。即使是部分文化水平较低的农村居民,同样渴望得到去图书馆学习知识的机会。

张家港乐余镇农家书屋有着丰富的藏书,优雅的环境,每天都能吸引前来阅读或借阅的农村居民,农村居民通过农家书屋大量的农业科技书籍和实用技能类书籍摸索到了致富的门道,他们将学到的知识用于科学种植养殖,尝到不小的甜头,成了书屋的常客,用他们的话说,农家书屋就是农民的"致富加油站"。同时,可以学习到更多的科技文化知识,有助于破除迷信、摒弃赌博陋习,也有助于改善邻里关系,形成农村新风尚,新气象。农村图书馆就是农村居民的精神家园[10]。

图书馆提供网络知识培训,读者可以通过学习使用网络的方法从而获得更多知识。2014 年 8 月,河南省信阳市平桥区邢集镇图书馆举办了主题为"绿色上网、健康成长"的少儿网络知识培训活动。小读者们通过志愿者的讲解了解网上查询信息的方法与技巧、常用搜索引擎的日常使用方法及高级搜索技巧、邮箱的申请与使用注意事项等内容,学会了基本的网络使用技巧,可以在学习与生活中利用学到的知识获得更多知识。

2. 以获取各类信息为目的

除了学习知识,一些农村居民利用图书馆的目的是为了获取与日常生产生活息息相关的各类信息。他们需要的信息内容主要包括:国家政策法规,如国家在农村地区推行的新政策制度、国家新颁布的法律法规等;市场信息,如农产品价格走向、市场供求情况等;时事新闻,如发生在百姓生活中的大事小情、社会聚焦的热点事件等;此外还有天气预告、商品广告等。例如,2014 年 12 月,信阳市平桥区陆庙图书馆开展冬季养生保健知识讲座,主讲人是陆庙村卫生室医生,在讲座中医生结合自己专业和实践,采用 PPT 的形式,为居民普及冬季日常养生知识使居民获得了许多健康生活的小窍门,改变了生活方式,提高了生活质量。

3. 以休闲娱乐为目的

受农村经济快速发展的影响,休闲娱乐在农村居民日常生活中的重要性愈加突出。但农村居民休闲娱乐的方式较为简单,主要以看电视、听广播、看书、读报、喝茶聊天、下棋打牌等形式为主。而目前农村中各种公共娱乐设施相对缺乏,能够满足农村居民各种休闲娱乐的公共空间还不多,在这种情况下,农村图书馆就成为农村居民休闲娱乐的重要场所。

除了专业书籍,农村居民还会通过阅读报纸、杂志等休闲读物达到休闲放松的目的,此外,学生们也都很积极地到书屋来借阅课外书籍,度过课余时光。

宁波市象山县图书馆在元宵节举办农民读书沙龙,以家庭为单位开展读书知识竞赛,答题范围包括农村、农业、农民的生活生产设置(种植类、养殖类、生活类、科技类等),同时还有秧歌歌舞、新书展阅等活动。这时候刚好过完春节,回家团圆的人们还没有返回工作地,是与家人一起休闲娱乐的好时候,农村居民到图书馆参加读书沙龙活动,不仅可以在竞赛答题中获得自己需要且感兴趣的知识,还可与家人度过轻松、欢快的时光。

第三节 农村图书馆基本服务

一、农村图书馆服务供给构成

1. 农村三级图书馆服务

目前农村地区公共图书馆服务网络一般是以县级图书馆为中心,再由县级图书馆负责在乡镇、村设立图书馆(室)及其他服务点,称为农村三级图书馆服务网络体系。

县级图书馆地处县城中心,连接农村,面对的是广大城镇居民和农民,在我国的公共图书馆体系中,处于承上启下的枢纽地位,它肩负着服务基层、服务群众、服务社会的重要使命,是我国公共图书馆事业的重大基础设施和重要的组成部分,是普及科学文化知识、活跃城乡人民群众精神文化生活的重要文化机构。2006年9月发布的《国家"十一五"时期文化发展规划纲要》中对县级图书馆明确赋予责任:"县(市)图书馆逐步实行分馆制,丰富藏书量,形成统一采购、统一编目的图书配送体系,充分发挥县图书馆对乡镇、村图书室的辐射作用,促进县、乡图书文献共享。"[11]根据这些政策的精神,政府有责任承担公共文化设施,包括公共图书馆建设的财政支持;遍布于我国农村的县级图书馆应该承担新农村文化建设、民主建设的重要使命。县级图书馆除了直接服务公众以外,还应该承担起发展社区和乡镇图书馆的重任。因此,目前阶段农村图书馆服务的发展模式应该是:实行以县馆为中心的总分馆制,全面构建农村三级图书馆服务网络体系。目前,建立起总分馆体系的地方有很多,当然不同的地方具体做法差异很大。

乡镇图书馆一般设置在综合文化站中,由于场地等原因的限制,通常是一个图书室的规模。现行体制下的乡镇文化站图书馆由镇政府承担建设责任主体,乡镇综合文化站建设带来了乡镇图书馆(室)的全覆盖,为构建覆盖全社会的公共图书馆服务体系奠定坚实的基础。

村级图书馆（室）以行政村为单位建设，是最直接对农村进行图书馆服务的阵地。对农民来说，定期或频繁地去县图书馆或乡镇图书馆（室）在很多时候并不太现实，尤其是有的农村地理位置偏僻，交通极为不便，因此在村中建立图书室对促进农村的阅读有很大的积极意义。在中国图书馆事业发展的过程中，有过好几次农村图书馆建设浪潮，但由于认识和管理问题，大多数都是难以为继。在目前的村图书馆（室）建设进展中，大多数地方都认识到问题所在，并依托已有的农村文化服务工程和项目，充分利用已有的资源，逐步发展，而不是追求一步到位，忽视了可持续发展。

农村三级图书馆服务网络体系建设要按照结构合理、网络健全、运行有效、惠及全民的原则，采用总分馆制模式，构建以县图书馆为中心（龙头），以乡镇为依托，以行政村为重点的三级农村公共服务体系。在这个体系中，要想更好地做好服务，要注重各类资源的充分利用，通过总分馆模式，最大限度地调动整个区域的服务活力。

在近年的图书馆服务体系和总分馆建设中，上述三级服务体系的基本模式出现了许多新的变化。例如，随着农村出现大规模基础设施征地或工业用地，许多农村出现了较大规模的农村居民点。这些居民点人口集中，对知识和信息的需求较强，但可能远离以往的行政村镇，不在原有三级图书馆服务体系布点范围。在总分馆建设中，这些居民点往往成为建设分馆的最佳选址。上海嘉定区为适应郊区农村行政区域大规模变迁，在原有服务体系的基础上建设"百姓书社"。一个书社就是几百本书，几十种刊，一张阅读桌，几只书架。书社的选点由村镇管理部门自愿，很多点设在农民家中，管理员也由农民志愿者承担。在一些较大型的新居民点，这样的点可能有两个以上。珠三角的一些农村，市县图书馆与企业合作，将分馆或服务点建到农民工宿舍中。

2. 上级公共图书馆延伸服务

要想发展好农村图书馆事业，在三级农村公共服务体系之外，也要依托省市级大中型公共图书馆拓展基层服务的空间。例如在2010年，广东省建成100个流动图书分馆，在全省形成以省馆为中心的图书流动大循环服务体系，大大地推动了基层服务的建立，很大程度上满足了广东省基层地区的阅读需求。

省级图书馆通常从发展体系、发展策略上做出相应的指导和规划，而直接对农村图书馆做的延伸服务一般都由市级图书馆负责。很多市级图书馆对农村地区开展延伸服务也由来已久。很多市图书馆还设有相应的部门,通常叫"辅导部",而近几年随着延伸服务说法的流行,就改名为"延伸服务部"。市级图书馆的延伸服务常见的有以下三类:

(1)流动图书馆服务。这种利用交通工具将书籍、报刊等各种文献信息资料向图书馆外的服务点进行输送的服务方式是公共图书馆目前比较常见的。通常设流动服务点的地方会是企业、学校、政府机关等地,以及偏远地区的村部。由于流动图书馆有资金投入少、灵活机动、便捷等特点,对于经费、人才有限的地方来说是一种极好的选择,即使是对图书馆事业发展较好的地区来说,也是一个对薄弱环节进行补充的良好方式,通过图书流动,从另外一个角度对资源不能满足需求,而又缺乏资金的地方做图书资源的补充。同时,基于流动图书馆服务还可以推进一些其他活动,比如做一些与推广阅读有关的宣传等。

宁波市图书馆联合宁波晚报推出"童书漂流活动",将闲置图书"聚集"起来,漂流到千里之外,让贫困山区的小学拥有自己的图书室,将书籍传递到远方渴望它们的孩子的手中,让那里的孩子阅读到更多的书籍,物尽其用,实现资源与知识的"再循环"。从2010年9月4日开始,宁波图书馆一楼大厅专门设立了"我为东川贫困地区小学生捐一本书"图书捐赠点,公开向全市市民募集爱心童书。为了增加"童书漂流"的书籍,宁波市图书馆也把少儿图书室下架的报纸、期刊,增添到"童书漂流"书库中,随后经过整理打包图书,义卖募集运费,将书籍发往物流,2010年10月25日,万册图书"漂"至云南东川,5所小学拥有了自己的读书室,帮助他们摆脱了无课外书可读,无处阅读的困境[12]。

张家港市南丰镇永联村作为"全国示范农家书屋"通过实现图书在永联村、企业的流转,让书香浸润着每一个永联人。永联图书馆在下面有15个流转点,每个月定期地更换一次图书,员工与村民都可以看到不同的新书。职工和村民在更近的地方,家门口甚至员工集体宿舍中心,都能够及时看到书。

(2)数字资源服务。随着全国的互联网建设发展,在农村地区使用网络已经不成问题,问题在于如何利用网络获取自己需要的资源。公共图书馆的数字资源建设为农村地区使用网络获取相应的资讯提供了便利。为了使数字资源尽可能的涵盖内容全面、广泛,公共图书馆数字资源建设不能仅靠单个图书馆,省市图书馆作为一个地区性中心图书馆,要充分发挥数字资源中心的作用,协助下级图书馆进行地方文献的数字化和建立特色数据库,同时对本地区的地方性数据库进行整合,并与其他图书馆协作,开发更多的信息资源,促进资源共享。同时,要充分利用共享工程等资源,进一步完善自己的数字资源。发展数字资源使各下级馆能以网络资源为依托,提供文献信息服务,对解决农村地区图书馆藏书不足,信息匮乏,读者需求大的矛盾有很大帮助。

上海市图书馆的数字资源远程服务可以做到"一卡在手,e 路通畅",可以在任何时间,任何地点使用上海图书馆购买并获得远程服务授权的数字资源、查阅和订阅等各种服务。农村居民只要到就近的区镇图书馆办理读者卡,就可以通过电脑登录网页或手机下载"市民数字阅读"App,从而免费阅读电子资源。电子资源包括 26 万多种电子图书,1600 多种电子期刊,及包括盛大文学作品在内的11 000多种网络文学……如果没有读者证,可以到最近的各区镇图书馆办理,也可以网上办理一张虚拟读者证,有效期为 3 个月。其中有 2 万多种电子图书、600 多种电子期刊支持在手机和平板上阅读,农村居民只要拥有电脑或者手机就可以免费读书。

浙江网络图书馆是以浙江文化信息资源共享工程和全省公共图书馆的传统文献和数字资源为基础,为广大读者打造的一个统一的、"一站式"资源和服务平台。它是以全省公共图书馆为成员馆的网络化数字化图书馆。它通过用户信息和资源的统一认证系统,为全省公共图书馆读者和共享工程基层服务点用户提供公益性的数字资源服务。农村居民可以持所在区镇图书馆读者证使用图书、期刊、音视频、综合、外文、地方资源等数字资源。其中超星数字图书馆、连环画——中华数字连环画、维普中文科技期刊数据库、龙源人文电子期刊、万方数据库、浙江网络图书馆视频点播系统、国际数字视频图书馆等数字资源在基层服务站点均可使用。2012 年浙江网络图书馆开通的影视频道应用先进的流媒体技术,吸收了当前各种视频点播系统的优点,以当今互联网流行的方式,把国家中心的视频节目、浙江省建设的节目进行了有效的整合,用统一的平台予以展现,实现全省各地通过互联网的便利、流畅的传播。影视频道的开通,在当前喧嚣、流行的影视节目之外,开辟了一块公益的、纯粹的,汇聚文化、汇聚经典及地方特色的影视文化空间,对于广大基层群众具有重要的意义,丰富了浙江省的网络文化传播内容。

(3)业务指导。对基层图书馆进行业务指导和相关培训是各个市级图书馆比较常规的服务方式。图书馆是针对人而存在的,图书馆为人提供服务,服务由人提供,馆员的服务能力和专业素养对图书馆的服务质量有很大影响。而在农村地区,图书馆专业人才的缺口是比较大的。为了尽可能地提高农村图书馆的服务质量,市各级图书馆通常定期对下级馆提供业务指导。

湖南省衡阳市祁东县图书馆对县中小学图书馆员进行业务培训,成章实验中学祁东校区图书管理员通过业务培训,已经能独自承担图书室的各项工作,并在图书馆搬迁后对所有图书进行了整理、分类、上架,制定了图书馆各项规章制度,新图书馆于 2013 年 2 月 25 日正式开放。祁东县楚源实验小学图书室工作人员经过培训后也在学校成立了"校园读书角",各个班级成立红领巾读书室,开展了"我荐你读""好书交换""快乐阅读"等读书活动,提高了学生们的阅读水平。

3. 与其他部门合作提供的服务

以村落为单位的农村地区,由于受到经费、场地、人力资源等因素的限制,通常难以承担建立并维持村级图书馆的任务。同时,由于多年来农村地区人口外流比较严重,很多农村的常住人口数量极少,在这种情况下,每村设立相当规模的图书馆其实利用率并不高。但是,在这些农村中对公共图书馆服务的需求是一直存在的,尤其是对于那些留守儿童来说。在农村的学校里通常没有设立图书室,而这些孩子是最需要通过书本汲取各类知识的。让他们每次都到县级、乡镇图书馆去借阅是不太现实的,尤其是对于那些住在大山中的孩子来说。为了填补公共文化服务体系中这一块的空缺,近年来由不同部门发起了多项相关的工程项目。

目前全国范围内还在发挥农村图书馆服务功能的相关项目(工程)主要有乡镇综合文化站、农家书屋工程、全国文化信息资源共享工程、公共电子阅览室计划、万家社区图书室援建和万家社区读书活动、数字图书馆推广工程、农村党员现代远程教育工程、农村综合信息服务站等。这些工程项目的发起部门不一,分别侧重场地资源建设、实体图书资源建设、数字资源建设和设施建设,都在一定程度上提供了图书馆服务。

在我国承担农村图书馆服务的多个项目中,农家书屋的持续时间长,影响比较大,在原来农村图书馆基础较差的很多地方,实际代替了农村图书室的存在。该工程是由原新闻出版总署会同财政部共同发起的,2005 年首先在甘肃、贵州等西部地区试点,2007 年开始在全国范围内实施。截至 2012 年已经基本完成了"覆盖全国具备条件的行政村"的任务。与其他项目工程相比,农家书屋工程的优点在于涉及的面比较广泛。一般来说,相关的项目工程都是帮助建立相关的专用场所,或是提供相应资源,而农家书屋则都两方面都有所涉及。项目要求设立农家书屋的行政村使用专门的场地,在设点之初,统一发放书籍、影音光盘和书架,对农家书屋的管理员进行培训,后期则根据相关规定,定时进行检查及资源的补充。在对一些地方的农家书屋进行调研时发现,大多数乡村的干部和村民对该工程持肯定态度:首先,农家书屋的设立的确是符合农村需求,直接建立到乡村,书屋的场地、文献和管理人员都能到位,弥补了许多乡村原有图书馆服务的空白;第二,统一配发的书籍在选择上也是比较科学,基本包含农业科技、政策法律、社科文化和学生辅导几类,在满足对象上符合农村大多数读者是农民、老人及孩子的现实情况,同时,根据反映,书的质量都不错,有可读性,许多农民都表示对自己的帮助很大;第三,这个项目的执行力强,在场地、设施及开放时间上都能达到标准。

但是,由于这些项目的目的都是解决农民获取知识与信息的问题,它们势必与公共图书馆的农村服务重合,项目之间也有重合。当县级以上公共图书馆开始建设覆盖城乡的公共图书馆服务体系,开展面向城乡的延伸服务时,这些工程的问题逐渐暴露。因此,许多地方从政府管理层面对承担农村图书馆服务任务的项目进行整合,包括管理体制的整合,场地、人员和文献信息资源的整合,提出的方案有"三位一体""四位一体"或"五位一体"等。这种做法的好处是使得农村地区读者享受到更全面的服务,节约了图书馆服务的资源。由于涉及的部门很多,真正实施需要多个政府部门的良好协调。

二、农村图书馆服务形式

图书馆服务根据其形式区分大致分为基本服务和非基本服务,农村图书馆的服务形式以基本服务为主,根据各个地方的实际需求再辅以相应的非基本服务。服务类型主要有提供文献借阅、信息服务、阅读推广及其他特色活动。由农家书屋、全国文化信息资源共享工程、农村党员干部现代远程教育工程等农村图书馆服务相关工程项目提供资源。

1. 农村图书馆文献借阅服务

文献服务是图书馆最为基础的服务,保证有足够的文献资源可以供读者借阅,读者可以方便地找到自己要的书,是公共图书馆最基本的工作。文献借阅服务再细分可以分为阅览服务和外借服务。

阅览服务是公共图书馆的基础服务,要做好阅览服务,阅览的场所、资源都要得到保障。单纯从服务来看,报刊阅读在农村图书馆里所占的分量是很重的。看报读刊的人一般都有每天阅读的习惯,而在农村地区会自己订阅报刊的读者并不多,这些读者都有到图书馆阅读报刊的习惯。报刊在图书馆界称为"连续出版物",中断了一期也是残缺不全,无法整序的,所以报刊的整序要求就是要保持连续性与完整性。对于县级图书馆说,报刊的种类基本能满足读者的需要,但在村级馆,甚至是乡镇图书馆中,订阅的量本来就少,而且有时因为一些问题不能期期按时到,因此有时会处理成合订本,再给读者使用。合订本本身就是报刊的整理排序。一般来讲,报纸是每月或每半月收全了订一次,刊物是一年或半年集齐了订一次。在合订之前,只能在馆内阅读,合订之后才允许出借。因此可以外借的报刊基本上是以前的报刊,称之为"过报刊"。过报刊的借阅与图书一样,也可以纳入图书序列里一样处理。报刊的订阅与图书一样,通过不断观察读者需求的变化,根据需求的变化有所调整来更好地进行阅读服务。另外因为报刊发行这些年一直有不小的变动,不稳定性增加反而使选择余地更加扩大,图书馆也密切注意这些变动,尽量选择适合农村发展方向的那些报刊订阅。报刊合订本的保存与剔除的年限,各地自行决定,一般刊物合订本保留时间长一些,可以补充图书的不足,而报纸合订本想长也长不了,因为报纸的纸张很快就容易脆化了。

在农村,老人获得信息的渠道比较少,基本就是电视、报纸。虽然现在电脑已经普及,但是在农村地区会使用电脑获得资讯的老年人还是不多。因此图书馆在提供文献资源时要充分考虑老年人的需求,尤其是,有报刊阅读习惯的人群中,老年人的比例还是比较大的。因此农村图书馆在订阅报刊时,还要充分考虑老年人的阅读需求。

图书外借服务要关注读者借书的记录档案的建立。目前县级以上的图书馆都使用计算机管理系统进行外借管理。在图书馆技术力量较强的地方,中心城市的计算机管理系统的终端可以延伸到农村地区,实现所有服务点的通借通还服务。例如上海图书馆的中心图书馆就将计算机终端接入了市郊农村的村级服务点。但对于大多数农村图书馆,藏书量不大,读者数量少,流动性很小,互相熟悉,因此"台账式"的记账本建立外借档案成为最常见的方式。

随着国家公共文化服务体系的建设和公共图书馆免费服务政策的落实,现在农村图书馆书刊资料基本能够全部对农村居民开放。借阅一体的图书馆布局和开架借阅的管理方式成为主流,书架和阅览桌可以实现同处一室,方便读者随意借阅。图书基本做到规范排架,馆舍环境也得到很大改善。

湖南省衡阳市祁东县黄土铺镇军民村农家书屋,书屋设置在军民联校旁肖老师家。肖老师担任农家书屋的管理员,可以保证工作日每天下午及双休日开放,图书按书号排序上架后,类别标记显示清楚,使读者一目了然,并仔细标记出了缺失书籍,刊物的排架也是有专门的报刊架,实现全封面显现。由于刊物种类置备十几种,而且总是把最新的一期展出,因此总占地面积并不大。报纸一般都会用报夹将每天的报纸摞起来,然后参差置于报架上,尽量让报头有所显现。肖老师还把自己的藏书也放在了书屋里供人借阅,并且为学生们办了借书证,肖老师经常把自己看得好书推荐给他的学生,鼓励学生借阅。农家书屋被肖老师打理的井井有条,将学校不用的桌椅搬到了书屋里,为村民提供了良好的阅读环境。

关于借阅规章制度,制定规章制度是基本的管理要求。现农家书屋基本都已制定自己的借阅规则,涵盖对借阅人的身份要求,借阅数量、期限,书籍的保护要求,逾期归还和造成书籍破损的惩罚措施等,湖南省衡阳市祁东县各农家书屋《农家书屋借阅制度》由祁东县图书馆统一制定。主要有如下内容:

一、农家书屋陈列的图书、报纸、期刊、音像制品等出版物全部实行开架借阅,在书屋内读者可以自行取阅,每次取阅一册(盘、盒),阅毕放回原处。

二、外借图书、报纸、期刊、音像制品等出版物,需凭本书屋借书证,办理外界登记手续后,方可带出室外。未办理外借手续私自带出室外的图书等出版物,一经查实将按有关规定处理。

三、报纸、工具书只供现场阅读及查阅,一般不外借,有特殊需要的,凭借书证办理借阅登记手续,外借时间不超过 3 天。

四、借阅图书、期刊、音像制品每次限借 2 册(盘、盒)以内,每次借阅时限不超过 15 天。

五、借阅图书、期刊、音像制品要按时归还,如需续借,应按规定重新办理借阅登记手续。

六、自觉爱惜图书、期刊、音像制品等出版物,不得折页,勾画圈点、撕割,如有遗失、损坏,按定价 2 倍赔偿。

同时,作为公共服务机构,为了让读者感受到平等和公正,让读者乐于执行规章制度,祁东县图书馆也为各农家书屋制定了统一的《管理员岗位职责》,以保证对读者的服务。

一、管理好各类出版物。做好出版物接收、分类、编目、上架、借阅、收回、保存等工作，对书屋的各类出版物做到接收清楚，分类明确，摆放规范，标记醒目，记录完整，存取方便，保证不丢失，不损坏。真正方便村民阅读，力争最大限度的发挥书屋中各类图书、音像、电子出版物等的作用。同时，做好图书的库存、损坏赔偿登记。

二、管理好农家书屋的配套设施及场所。管理和维护好书屋的设施设备，做到对各类设施设备都有登记，定期维护与保养，确保完好无损。

三、制定好农家书屋、村民借阅等管理制度。根据上级关于农家书屋的工程管理的有关政策与要求，结合本地经济条件、文化水平、村民阅读习惯、居住特点等，制定符合本村情况的具体管理细则，以增强管理细则的可行性和可操作性。

四、书屋每周开放时间最低不少于3次，不少于15小时。

五、做好书屋防漏、防尘、防蛀、防火及卫生工作，努力为村民提供一个舒适、温馨的阅读环境。

除此之外，还制定了《农家书屋管理制度》。祁东县洪桥镇廖家村农家书屋就将这三个规章制度并排挂在书架上方，十分明显。书屋的管理员黄爱林是一名回乡大学生，曾获先进市级优秀管理员。她作为农家书屋专职的管理员，可以保证农家书屋每天开放，据她描述，上午时间人比较少，一般下午放学时间后和晚上人比较多，主要借阅对象是老人和小孩。但是由于书屋就设在村委会办公室，会舍很大，全村1300余人，约400人在附近居民区，人员集中，加上开放时间长，有保障，借阅率还是相当可观。

2. 农村图书馆数字资源和信息服务

数字资源是文献信息的表现形式之一，是将计算机技术、通信技术及多媒体技术相互融合而形成的以数字形式发布、存取、利用的信息资源总和。从数据的组织形式上看，有数据库、电子期刊、电子图书、网页、多媒体资料等类型。

对于数字资源服务，乡镇图书馆过去接触不多，农村图书馆的数字资源主要是指部分音像资源等多媒体资料，其他数字资源，如文献检索数据库等，主要依靠共享工程的力量来开展服务，近年因为国家大力推广共享工程，因此电子文献逐渐为农民所熟悉。这部分电子文献既包括通过互联网使用的数据库，也包含了可以用DVD机播放的音像资料。目前，市级图书馆大部分都已具备数字资源公众服务的能力,乡镇图书馆自己购买电子文献的不多,基本上依靠共享工程,也开始具备辐射传播数字资源的条件,现在共享工程的发展使得它资源越来越多元化,演艺、电影、讲座、农业科技以及其他文字或形象资料丰富多彩。

乡镇馆在有规模地开通互联网的同时,积极推广家庭或个人置备电脑,开通网络。随着农村地区经济的发展,网络的逐步普及,电脑进入了寻常百姓家,农村网民的人数持续增长。乡镇馆严格遵守和宣传国家的一系列政策法规,抵制黄色的、非法的、反动的网站。其次,开展网络使用的培训和指导等服务,带给人们新生活的乐趣和开阔的视野。农村种植、养殖大户还可以通过网络了解销售行情及科技知识,有的村利用电子阅览室培训农民工,内容包括电脑基本知识、种植、养殖知识。

山东潍坊诸城市不断加大公共文化投入,加快公共文化设施和服务网络建设步伐,不断提高公共文化服务能力和水平,在全国首创建设了"两公里文化服务圈"农村社区公共文化服务体系项目,就是依托农村社区平台,在全市13 处镇街、208 个农村社区都建起了综合文化站和社区文化服务中心,整合现代远程教育网、宽带网等网络资源,建设社区综合文化服务场所,让农民出门不到两公里就能享受到公共文化服务体系提供的优质服务。同时,计算机的使用与维护也成了重要课题,因应这种形式,乡镇馆开办的培训不但有使用培训,还有维护培训,让人们学会一些解决常见故障的方法。做到在逐步建立村级电子阅览室的同时,也注重阅览室的管理、培训和服务工作,并为村级电子阅览室提供技术保障,对村级电子阅览室的计算机软硬件定期维护保养,出现问题及时解决。

云南依托全国文化信息资源共享工程在全国首创建设"文化信息资源共享工程农民素质教育网络培训学校",通过"文化育民"服务农民,提高综合素质,已成为农民群众获取科技知识的殿堂和接受文化教育的课堂。保山市的"农文网培学校"里,聘任了校长、副校长,聘请了教员、辅导员和文化志愿者;制定了包括教学管理、教学计划、工作职责等规章制度;建立了学员入学登记、学习成绩登记、学习情况综合评价登记等学籍档案;采取集中授课与个人上网自学相结合的办法开展培训,并实行学分制,对达到规定学分的学员颁发"培训合格证书"。与此同时,把电子阅览与"绿色网吧"建设结合起来,开设了一批"公共电子阅览室",既为农民群众提供便捷文化、科技信息查询服务,又满足农村青少年对现代信息网络文化的渴求,引导他们正确使用网络,保护他们的身心健康。在这些乡村,闲暇之余打麻将、打牌的人少了,大家都忙着读书、上网、参加培训,学习自己需要的知识,并将学习成果用以指导自己的生产生活,形成了学知识、用知识、以有知识为荣的良好氛围。

随着农民对信息的需求量日益扩大,公共图书馆作为文化服务机构,帮助农民提高获取、识别信息的能力,提供有针对性的信息服务,有助于农村的全面发展。农村图书馆的信息服务一方面是帮助读者使用本馆可以提供的信息资源,例如如何使用数据库,如何进行信息搜索,由于农村地区虽然已经普及网络,但是当地人民的信息获取能力不强,农村图书馆在这个方面可以起到的作用比较大。农村图书馆的信息服务另一方面是参考咨询,咨询内容的特点比较突出,到图书馆来寻求信息服务的主要是农民,内容集中在农业科技、致富信息等几块。针对这些集中的需求,很多农村图书馆都有为农业发展提供智力咨询的服务,而且历史比较久远,最早的甚至可以追溯到 20 世纪五六十年代。通常农村图书馆的工作人员或是因当地农民到馆寻求帮助,针对咨询的具体问题提供相应的解答;或是通过调研、资料整理,发掘当地的主要发展领域及适合发展但是未被关注的领域,主动上门为农民提供信息服务,帮助他们了解这些产业,并设立专门的负责人员,追踪服务。有时直接与当地政府合作,为当地经济项目的立项、发展提供便利。

通过图书馆信息服务提供的科技资料,许多农民学习掌握了各种种养技术,这些传统产业的新技术和新方法都能以有限的投入产出很大的效益,促进了乡镇经济的发展和收入水平的提高,各地都已有了很多的成功典型。湖南省衡阳市祁东县三兴土畜产有限公司自 2007 年成为祁东县图书馆定点服务单位以来,县图书馆工作人员多次到公司开展信息服务工作,先后为猪场免费赠送《现代养猪实用技术》《工厂化养猪》等系列专用科普书籍 300 余册,针对猪场实际情况,组织编写了长达 50 页的《猪场完全服务手册》,为公司牲猪业规范化、良性发展提供了技术保障。尤其近年来,猪场牲猪突发疾病,损失惨重,图书馆工作人员充分发挥其资源优势,在通过现场调研、实地考察等工作后,及时为三兴土畜产有限公司推荐新型猪药"百草猪毒清",使各类牲猪疾病得到有效控制,直接挽回损失几十万元。2008 年以来,祁东县图书馆工作人员多次到祁东县香芋标准化生产基地开展信息服务工作,先后为香芋生产基地免费赠送香芋生产有关图书资料 30 余种,为基地香芋生产规范化、良性发展提供了技术保障,净产值 420 万元。2011 年,祁东县图书馆工作人员开始到祁东县翠野生态农庄开展信息服务工作,先后为猪场免费赠送《现代种养技术》《科学养羊》等系列专用科普书籍 100 多册,针对农场情况,图书馆工作人员充分发挥其资源优势,在通过现场调研、实地考察等工作后,及时推荐新的技术类书籍,使各类羊疾病得到有效控制。

3. 农村图书馆阅读推广和特色文化服务

随着社会对公共图书馆功能的认识逐渐加深,图书馆在社会文化教育方面的职能有所发展,举办社会文化活动已经成为各地图书馆的常态。农村地区由于本身缺少社会文化活动,加上公共图书馆的性质及优势所在,开展文化活动来提高民众素质的效果比较明显。另外,也有助于丰富农村地区文化生活。

阅读推广和其他特色活动在东中西部不同地区均有开展,表 4 - 6 和表 4 - 7 是根据国家图书馆研究院 2014 年年初对全国农村图书馆建设现状问卷调查的统计结果整理而成,分别反映了代表东部发达地区的北京农村图书馆服务点和西部不发达地区的宁夏农村图书馆服务点开展阅读推广和其他特色活动的数据。从表中看,北京农村图书馆服务总体数据远远大于宁夏,说明东部发达地区公共图书馆服务基础雄厚,活动开展普遍。但宁夏虽然服务数据总量较小,但平均到每个服务点,讲座、培训、展览和阅读活动的场次并不比东部发达地区少。这主要是因为开展各类活动对于图书馆基础设施和资源的需求不高,即使没有丰富的书刊积累,也可能通过上级图书馆的数字资源或声像资料开展村民喜欢的活动。同时,村民参与活动的门槛很低,即使不具备阅读能力也能参与图书馆开展的各类活动。因此阅读推广和其他特色活动更受边远地区农村居民的欢迎。

表 4 - 6　北京市 2010—2014 年各类活动数据

年份	2010		2011		2012		2013		2013 较2010 增长（%）
项目	总场次（场）	服务点平均（场）	总场次（场）	服务点平均（场）	总场次（场）	服务点平均（场）	总场次（场）	服务点平均（场）	
讲座	4070	1.31	5352	1.72	6683	2.15	8372	2.69	205.70
培训	3083	0.99	3866	1.24	5081	1.63	6127	1.97	198.73
展览	822	0.26	1080	0.35	1898	0.61	2501	0.80	304.26
阅读活动	7573	2.44	9088	2.92	12 849	4.13	14 987	4.82	197.90

表 4 - 7　宁夏回族自治区 2010—2014 年各类活动数据

年份	2010		2011		2012		2013		2013 较 2010 增长（％）
项目	总场次（场）	服务点平均（场）	总场次（场）	服务点平均（场）	总场次（场）	服务点平均（场）	总场次（场）	服务点平均（场）	
讲座	333	1.73	660	3.44	672	3.50	922	4.80	276.88
培训	447	2.33	578	3.01	809	4.21	1033	5.38	231.10
展览	62	0.32	79	0.41	100	0.52	178	0.93	287.10
阅读活动	470	2.45	634	3.30	871	4.54	1009	5.26	214.68

农村图书馆的阅读推广和特色文化服务主要有培训、讲座、展览、场所服务等。

培训活动在城市图书馆中发展得比较好，在农村图书馆中受到资源等因素的限制比较难组织。但是一旦找到了适合的培训内容，做好了相关的组织工作，培训在农村地区受到的欢迎程度却是最高的。在城市中，人们有财力和丰富的培训资源去满足自己提高能力、增长见识的需要，但是在农村地区，大多数农民没有条件满足自我提高的需求，而他们又最需要这种服务。图书馆提供的公益性培训在一定程度上可以缓解农村地区培训资源的缺乏。因此图书馆在培训课程的确定、培训人员的选择上应更加细致，做好调查工作，保证培训的内容是农民需要和感兴趣的，培训的内容也要经过精心计划和审核，有长期规划的效果最佳。

其中农村图书馆的培训服务是指县图书馆对农村的培训指导，主要有提供培训乡村图书馆工作人员的师资和教材，向各县区输送经验丰富的培训师资力量。编撰培训教材提供各县市使用，实施对乡村图书馆工作人员的培训。农村企业提供新技术的资料与培训，为农业的产业提升服务，等等。

讲座活动可以吸引更多的读者到图书馆来，促进阅读，近年来讲座活动已经成为国内各地区图书馆的主要阅读推广项目之一。因此，不能小觑讲座活动的能量。农村中民众可选择的文化活动相对较少，但是对各种知识的系统化了解的需求却很突出，在这样的环境条件下，图书馆合理利用讲座活动这种形式，尤其是科普讲座，因为农民需要引导和教育的空间更大，他们心里的问题更多,而他们的文化起点又相对更低,通过讲座系统初步的为他们答疑解惑是一个很好的方式。乡镇馆的讲座活动在内容上主要以大文化背景下自己地域范围里社会和人群所关心的紧迫问题和急切需要及兴趣为主题,比如老年保健、果树栽培等。乡镇图书馆经常把文明生活的形象语言用展览形式进行传播,涉及的展览内容有中心工作要求的,事关百姓生活的,促进生产发展的,提倡移风易俗的,反映时代进步的等。

展览是直白、清晰的形象化教育工具。在农村地区这种活动形式的优势在于农村地区的民众整体文化水平相对要比城市中低一点,展览的内容图文并茂,对于他们更易接受。展览的举办要求不高,简单的几张画片挂在橱窗里,复杂点的就通过形象化的图形或实物一件件连续地展示表达出来。展览是可以无处不在的,室内、围墙上、展览窗、搭架子放展板以及广告业中的“易拉宝”展架等,都可以成为展览的场所和平台。农村图书馆通过确定主题,寻找内容,设计形象,紧密结合当地的实际环境和要求来设计展览。展览内容包括中心工作要求的,事关百姓生活的,促进生产发展的,提倡移风易俗的,反映时代进步的等。农村地区常见的是法制宣传、经济发展相关的展览,这些展览切实符合农村地区的需求,除了这些主题的展览,本着丰富农民文化需求的宗旨,还应根据当地的风俗、民俗文化等,设计一些带有趣味性的主题展览。

农村图书馆还因地制宜开展各种各样的特色文化活动,根据当地实际情况、社会热点设立相应的主题,用征文、朗诵比赛等方式组织活动。虽然简单,但是能很好地起到引导读者阅读的作用。特别是当前许多农村青壮年外出务工,农村成为留守老人、留守儿童和残障人士的居住地,这些人群或者自身阅读意愿不强,或者存在阅读障碍,传统的外借阅读服务很难持续有效地吸引他们利用图书馆服务。而组织故事会、开展绘本阅读、开展多种形式的读书活动,则是吸引他们阅读兴趣的最有效的方式。这些活动都是阅读的补充,通过人们的各种感官激发思想形成文化感受积累起来,成为人们进步的有效因素。上海市嘉定区嘉定镇图书馆的读书活动就品类繁多,老年人有“绿色课堂”“秋霞诗社”,未成年人有“红领巾读书活动”“民俗文化进学校”“阳光睦邻点”等,他们明确,图书馆开展的社会活动就是要和知识挂钩,和人文搭界,是一种阅读的补充,而不是替代群众文化。上海市静安区江宁路社区图书馆有专人负责编辑二、三次文献,在居民的读报活动中推介这些文献,很受居民欢迎。

除此以外,图书馆的特色服务还包括场所服务,对于场所服务,主要是为本地农民提供集会聚场所，为学生提供集中阅读的场所，设置农民活动中心。在提供场所服务的同时，结合实践活动，可以开辟深化阅读的途径，让阅读与相应的实践紧密结合起来，使阅读生动起来。宝山区庙行镇是上海全市范围内最小的镇，可是它却拥有面积达 1500 平方米的新图书馆。对于充足的场所面积，宝山区庙行镇图书馆与科技部门合作，在镇图书馆开辟了数个科普基地。其中"环保实践室"，在室内设置了数台仪器装置，可以现场检测读者带来的水样，分析里面的成分；检测空气，也同时析出有害因子；还可以检测的包括土壤等日常生活里亲密接触的种种自然物质。这不但使人们了解了生活中的科学，而且对环境保护有了深刻体会，反过来它又促进了环保相关主题的阅读。"天气实时测报系统"是在房顶上竖起了长杆，顶上装了精密的天气探头，辅之以一套计算机软件，在室内安装的电视屏幕上即播报经过计算机系统处理的各种实时的天气数据，清晰明了，同时还可以查阅前些天的数据，从而进行综合分析。还有"综合科普知识查阅平台"，是宝山区科技局制作的集海量科普知识于一体的全文检索平台，读者可以打开自行查阅。

第四节　农村特殊人群图书馆服务

图书馆的读者中存在许多由于各种原因不能正常利用图书馆资源和服务的读者，可称为特殊人群。《公共图书馆宣言》中特别强调，公共图书馆需要为这些人群提供特殊服务[13]。国际图联图书馆特殊人群服务委员会（Library Services to People with Special Needs Section）关于特殊人群的定义是"不能使用常规图书馆资源的人群"[14]，该委员会重点关注的人群是"因生活条件或身体、精神与认知障碍无法使用现有图书馆服务的人。这些人包括但不限于下列人群：在医院或监狱的人，无家可归的人，在养老院和其他保健设施的人，聋人，患有诵读困难症或老年痴呆症的人"[15]。根据国际上通行的定义，目前我国农村地区是不能正常使用图书馆资源和服务的特殊人群的集中地区，具体地说，农村特殊人群包括文盲和半文盲、农村留守老人和留守儿童、残障人士、流动人口等。目前我国农村地区青壮年和有文化的人群存在非常明显的脱离农村的倾向，如中西部地区农村青壮年大量外出东南沿海地区务工或就近进城务工，东南沿海发达地区也有大量较为富裕的人群进城居住，致使农村人口结构中特殊人群比例大增。因此，对于当前的农村图书馆服务,围绕特殊人群的服务是重中之重。以下分别从农村特殊人群现状、农村图书馆服务状况及面向农村特殊人群的服务策略几方面进行阐述。

一、农村特殊人群现状

1. 农村留守老人现状及主要问题

留守老人也是通常所说的空巢老人,一般指子女离家后的中老年人夫妇。当前,许多家庭孩子中学已开始住校或辍学外出打工,空巢家庭已扩大至中年家庭。《2009年度中国老龄事业发展统计公报》显示:2009年,全国60岁及以上老年人口达到1.6714亿,占总人口的12.5%。其中40%以上老人是空巢老人。中国老年学会名誉会长邬沧萍教授是空巢老人概念的提出者,"我国每年空巢老人以800万速度递增。应对空巢老人现象加强'防洪'意识,争取实现有保障、健康、积极的老龄化"。

农村留守老人由于子女在异地打工或生活,缺乏子女陪护和亲情关怀,精神和生活无依无靠。中国老龄工作委员会办公室副主任吴玉韶认为:"缺少精神慰藉是困扰我国空巢老人问题之一。"留守老人随着年龄的增长、身体机能衰退、行动迟缓、生活自理能力变差;随着反应能力以及接受新事物的能力变弱,与人交流、沟通能力渐差;对于农村留守老人来说,繁重的农活和沉重的家务压迫着他们,崎岖不平的道路限制和困扰着老人与外界交往;贫乏的农村文化生活无法满足其晚年娱乐,因此孤独无助、失落郁闷、悲观自卑、心情抑郁、行为退缩、身体多病等影响着留守老人的生活质量。

2. 农村留守妇女现状及主要问题

农村留守妇女是指丈夫在异地务工,其单独或与子女、家庭其他成员居住在户籍所在地的妇女。"截至2010年年底,全国农村留守妇女4800万"[16]。

留守妇女由于丈夫外出不在身边,农活、家务、子女抚养、教育、老人赡养等重担无异全落在了留守妇女身上。劳动强度之重、生活压力之大、生存环境之差、身临困境之无助,导致许多留守妇女身心疲惫、身体欠佳、心理焦虑、无安全感。"农村留守妇女不仅要担当自身的社会角色,还要承担丈夫的绝大部分社会责任,压抑生理和心理的需求,承受生活、生产和社会的压力,面临着家庭财产、人身和婚姻等方面的安全隐忧,超负荷的生产劳动、家务,巨大的精神压力给农村留守妇女的身心带来了极大的危害"[17]。"压力大,幸福指数低。劳动强度大,心理压力大,缺乏安全感是压在农村留守妇女身上的三座大山"[18]。

罗琼珍对四川省南充市 1000 名农村留守妇女受教育程度、从业情况、劳动技能和年人均收入情况的调查结果显示:"农村留守妇女文盲半文盲占总数的 67.13%,初中文化占总数的 29.62%,高中文化程度占总数的 2.78%,大专及以上文化程度的占 0.45%;小学及以下、初中、高中及以上接受再培训,依次为 15.6%、18.1%、31.7%。"[19]

由此得出,受地理环境、经济条件、教育资源、思想观念等现实状况的影响和制约,农村留守妇女普遍存在着文化程度低、知识匮乏、获取知识和接受新观念能力差等问题。这些直接导致农村留守妇女主要从事技术含量低、劳动强度大、经济收入低的苦活重活累活。更令人担忧的是由于其自身所限,教育子女意识、能力严重不足,难以承担子女启蒙、引导、培养等教育重任,导致新生代教育状况令人担忧,这种恶性循环在农村相当普遍。

3. 农村文盲半文盲人群现状及主要问题

文盲半文盲是指那些在阅读文化上处于弱势地位的群体。2003 年联合国教科文组织提出:"读写能力主要指能够识别、理解、解释、创作、交流、计算及使用各种类型的印刷和书面材料的能力。"文盲半文盲是阅读困难群体。

从人口统计学看,文盲半文盲群体主要分布在农村、城中村、边远山区及少数民族聚集地区等经济不发达地区。由于生存环境、经济状况、教育资源、文化资源、思想观念限制,导致他们不识字、识字甚少,阅读能力、理解能力、思维能力、判断能力低下,而这些又阻挡他们接受教育和再教育,因此他们成为经济贫困群体和阅读困难群体。随着新媒体新技术、互联网的发展,阅读能力低下同样是束缚他们与外界交流、扩大知识领域、获取资讯的枷锁,令他们束手无策,成为新型文盲。"真正贫困是文化贫乏所带来的个人基本能力的贫困,和无力摆脱贫困的束缚"[20]。

4. 农村残疾人群体现状及主要问题

联合国定义:"残疾人是指那些由于先天性或非先天性的生理或心理上的缺陷而不能保证自己可以正常取得个人生活和社会生活上一切或部分必需品的人。"

《中华人民共和国残疾人保障法》规定:"残疾人是指在心理上、生理上、人体结构上,某种组织、功能丧失或者不正常,不能以正常方式从事某种活动能力的人。包括言语残疾、视力残疾、智力残疾、听力残疾、精神残疾、肢体残疾、多重残疾和其他残疾的人。"

2010年中国残联统计显示,我国残疾人总人数为8502万人。2006年第二次全国残疾人社会保障抽样调查数据显示我国残疾人总数为8296万人,其中农村残疾人口为6225万人,占全国残疾人总数的75.04%。在农村人口大量赴城市务工或迁往城镇居住的环境下,农村残疾人既缺乏外出务工的生活能力,也缺乏迁入城镇居住的经济能力,导致残疾人在现有农村居民中比例增加,农村残疾人成为农村特殊人群中的主要群体,也是最困难和最弱势的群体。

农村残疾人相比城市残疾人还多了自然环境恶劣、教育资源匮乏、经济条件很差、谋生能力差等多重困扰,是弱势中的弱势。大部分农村残疾人从事的是传统的低收入职业,贫困与残疾交织,造成农村残疾人弱小无助、自卑孤独、不擅与人交往;自理能力差、无劳动能力、生活质量低;文化程度低、生活技能缺乏、利用社会资源有限、就业创业难;缺乏康复机构、错失康复良机。

5. 农村留守儿童现状及主要问题

留守儿童是指父母双方或一方到外地务工,而自己留在农村户籍所在地并因此不能和父母双方共同生活在一起的儿童。对留守儿童的监护有隔代监护、单亲监护、上代亲戚监护、同辈监护或自我监护几种形式。调查表明,与祖父母一起居住的留守儿童和独居留守儿童所占比例各为1/3左右。据《中国2010年第六次人口普查资料》显示,我国农村留守儿童总数为6102.55万人,占所有留守儿童的86.5%。其中,学龄前儿童(0—5岁)达2342万人,占全部留守儿童总数的38.37%[21]。据统计,广东、四川、江西、安徽、湖南、海南6个省的留守儿童占全国留守儿童总量的55.2%。其次河南、贵州、江苏、重庆、湖北、广西等也是留守儿童较多的省份[22]。

农村留守儿童缺少父母之爱,亲情和家庭教育缺失;监护人能力、精力有限,监护乏力错位;课外阅读环境堪忧、资源严重匮乏;安全意识淡薄和缺乏安全感,自我保护能力差等在留守儿童身上均有不同程度的体现。

6. 农村流动儿童现状及主要问题

流动儿童是指跟随父母一起到其务工或经商的其他地方生活、学习的少年儿童。外来务工人员居住地一般为城乡结合部或乡镇,流动儿童是外来务工人员居住地农村图书馆服务的重要对象,流动儿童问题也是农村图书馆服务面临的重要问题。

第五次全国人口普查结果显示:我国流动人口规模已经超过 1 亿人,其中 18 周岁以下流动儿童接近 2000 万人,占全部流动人口的 19.37%。大多数流动儿童来自流动人口大省或劳动力输出大省,如四川、河南、安徽、湖北、湖南等地农村。

流动到城里的儿童虽然有父母的陪伴,但由于其父母多从事较低层的工作,时间长、压力大、工作累、收入低,生活质量低、居住环境差、家庭教育负担重是这个群体的现实状况。与当地原土著少儿相比,教育环境、教育待遇、教育条件、生活环境、生活状况、生活水平均存在较大差异。导致这些孩子生活单调、学习基础差、知识面窄、课余活动单一、自卑敏感、心理落差大、心理障碍明显。

二、面向农村特殊人群公共图书馆服务状况

以国家图书馆研究院下发的调查问卷为基础,抽取北京、海南、贵州、宁夏 4 个地区乡镇、村图书馆/室对农村 2013 年度用户服务情况调查数据。其中北京 12 个县市所辖的 2753 个乡镇、村图书馆/室,海南省 9 个县市所辖的 469 个乡镇、村图书馆/室,贵州 38 个县市所辖的 6745 个乡镇、村图书馆/室,宁夏 9 个县市所辖的 117 个乡镇、村图书馆/室,主要针对用户服务开展分析。

表 4-8　2013 年北京地区乡镇、村图书馆/室用户服务情况

地区	每周平均开放天数（天）	每天平均开放小时数（小时）	讲座平均场次（场）	培训平均班次（班）	展览平均场次（场）	阅读活动平均场次（场）	未成年人阅读服务平均人次（人）	残障人士阅读服务平均人次（人）	其他特殊人群阅读服务平均人次（人）
昌平	5	8	5	7	1	2	130	0	50
朝阳	7	10	7	4	2	4	280	94	722
大兴	4.1	7.3	4.4	3	0.65	9	91	5.7	19
房山	4.7	6	3		3	6	31	15	20
丰台	5	7	3	2.7	0.8	4	238	8	97
海淀	6	7.7	6.7	3.8	2	11	114	7	155
怀柔	5.5	7.8	4.1	3.9	0.67	8	69	21	21

续表

地区	每周平均开放天数（天）	每天平均开放小时数（小时）	讲座平均场次（场）	培训平均班次（班）	展览平均场次（场）	阅读活动平均场次（场）	未成年人阅读服务平均人次（人）	残障人士阅读服务平均人次（人）	其他特殊人群阅读服务平均人次（人）
门头沟	12.9	6.3	2.2	1.4	1	8	36	45	16
密云	7	8	5.9	5.5	3.2	11	100	22	51
平谷	7.7	7.7	8.3	4.3	1.5	3.5	37	12	23
通州	5.6	7	2.9	2.6	1.6	7.5	57	16	33
延庆	4.6	8.6	7.6	7.7	9	13	43	9.4	13.5
汇总平均	6.3	7.6	5	4.2	2.2	7.25	102.2	21.3	101.7

根据表4-8,可以得出如下信息:

(1)北京各区每周平均开放天数最高的达到12.9天,最低的开放4.1天,全北京平均每周开放天数为6.3天;

(2)北京各区每天开放最多达10小时,最少开放达6小时,平均每天开放时间达7.6小时;

(3)北京各区2013年平均主办讲座达8.3场次,最少的主办了2.2场次,平均年主办讲座达5场次;

(4)北京各区2013年培训平均最高地区达到7.7班次,最少的只举办了1.4班次,平均年举办培训达4.2班次;

(5)2013年各区举办展览平均最高达9场次,最少达0.65场次,说明有的乡镇图书馆一年没有举办一次展览,平均举办展览2.2场次;

(6)2013年阅读活动各区最多组织了13场次,最少组织了2场次,平均组织各类阅读活动达7.25场次;

(7)2013年对未成年人阅读服务最多达208人次,最少是31人次,平均参加未成年人阅读服务的有102.2人次;

(8)2013年对残障人士阅读服务的最高数为94人次,最低数为0人次,平均数21.3人次;

(9)2013 年对其他特殊人群(外来工、老人军烈属等)阅读服务最多是 722 人次,最低是 13.5 人次,平均达 101.7 人次。

表 4－9　2013 年海南地区乡镇、村图书馆/室用户服务情况

地区	每周平均开放天数（天）	每天平均开放小时数（小时）	讲座平均场次（场）	培训平均班次（班）	展览平均场次（场）	阅读活动平均场次（场）	未成年人阅读服务平均人次（人）	残障人士阅读服务平均人次（人）	其他特殊人群阅读服务平均人次（人）
保亭	4	7	1.9	3.9	0.67	3.8	198	17	23
昌江	5.2	7.2	0.6	2.8	0	1.4	328	0	16
定安	5	5.7	1.5	1.7	0.5	12	2203	1	3
临高	4.3	10	5.6	9.5	1.7	7.8	1008	5.6	28
琼海	4.7	8.2	4.7	3.6	3	8.8	327	43	188
琼中	4.3	6.7	1.3	1.5	0	0.75	61	2.9	0
三亚	4.6	7	1.8	2.5	2.8	1.4	144	136	17
万宁	6	7	2.3	3.8	1.8	5.2	118	10	47
文昌	6.9	8	0	4.7	2	0	594	0	24
汇总平均	5	7.4	2.2	3.8	1.4	4.6	553.4	23.9	38.4

表 4－10　2013 年贵州地区乡镇、村图书馆/室用户服务情况

地区	每周平均开放天数（天）	每天平均开放小时数（小时）	讲座平均场次（场）	培训平均班次（班）	展览平均场次（场）	阅读活动平均场次（场）	未成年人阅读服务平均人次（人）	残障人士阅读服务平均人次（人）	其他特殊人群阅读服务平均人次（人）
安龙	4.5	7.4	1.2	0.7	0.12	1.1	99.8	4.8	9.7
安顺开发区	2.3	6.7	5.5	5	1.5	6.5	281	10.5	4.8

续表

地区	每周平均开放天数（天）	每天平均开放小时数（小时）	讲座平均场次（场）	培训平均班次（班）	展览平均场次（场）	阅读活动平均场次（场）	未成年人阅读服务平均人次（人）	残障人士阅读服务平均人次（人）	其他特殊人群阅读服务平均人次（人）
白云	4.5	6.8	6	0.9	0.5	1.4	45.1	10.3	23.9
百管	4.3	11.8	1.3	1.3	1.5	1.8	28.8	4	4.5
铜仁	5.1	7.9	4.3	7.5	3	6.4	329	72	69
册亨	3.3	6.6	3.2	2.9	1.8	3.1	129	15.8	110
岑巩	3.3	4.9	2.5	4.9	6.2	121	297	34	27
长顺	5	8	0	0	0	0	262	0	0
从江	3.7	5	0.7	1.5	1	3	60	1.3	19
大方	4.2	8.4	2.4	8.7	5.5	7.3	79	14	37
丹寨	4.3	7.8	4	3.8	2.6	3.3	156	3.3	27
德江	8.3	11	6	5	3	7	361	71	83
都匀	4	9	3	5	6	187	1058	26	722
福泉	5	7.5	8	7	5	12	99	39	37
赫章	4	7	1.3	2	1.4	6	84	19	22
花溪	5	5	3	2	2	2	62	15	32
黄平	3	6	1	2	2	102	157	20	55
剑河	3	5	3	2	0.8	1.4	117	80	98
金沙	5	7	0	4	1	2	114	31	40
锦屏	4	9	6	5	2.5	7	760	59	82
开阳	4.6	7	5.5	7.1	4	15	100	39	39
凯里	0	0	0	0	0	0	0	0	0
雷山	4	6.9	4	4	3	6	203	36	59
黎平	4.4	7.6	2.5	2	1	2	111	17	20
平坝	5	5.8	1.5	1.3	1	3.8	80	11	82
普定	4.6	5.6	1.9	6	0.9	2	137	22	40

续表

地区	每周平均开放天数（天）	每天平均开放小时数（小时）	讲座平均场次（场）	培训平均班次（班）	展览平均场次（场）	阅读活动平均场次（场）	未成年人阅读服务平均人次（人）	残障人士阅读服务平均人次（人）	其他特殊人群阅读服务平均人次（人）
七星关	5.7	7	4.7	55	3	65	664	25	62
晴隆	14	13	7.8	11.6	4.7	5.8	257	17	73
榕江	3.7	7.5	72	6	0.5	1	351	2	7.6
思南	3.2	5.8	20	15	3.6	261	370	9	480
松桃	5	4	15	20	18	36	664	0	951
天柱	2.4	5	31	66	6	89	42	25	81
威宁	5	4.7	1.4	1.5	0.5	4	312	4	17
修文	4.5	6.5	4.4	4	1.2	9	135	10	12
兴义	4	2.5	0.01	1.1	1	1.7	111	53	27
玉屏	6	6	21	16	6.7	53	7	11
镇宁	4	2	4	2	5	0	492	40	38
织金	4	6.7	5.7	4.7	4	43	120	16	29
汇总平均	4.47	6.62	6.97	7.75	2.9	27.15	231.1	22.7	92.9

表4-11 2013年宁夏地区乡镇、村图书馆/室用户服务情况

地区	每周平均开放天数（天）	每天平均开放小时数（小时）	讲座平均场次（场）	培训平均班次（班）	展览平均场次（场）	阅读活动平均场次（场）	未成年人阅读服务平均人次（人）	残障人士阅读服务平均人次（人）	其他特殊人群阅读服务平均人次（人）
彭阳	4.6	3.8	1.9	3.2	2.2	4.2	533	31	38
西吉	3.6	3.6	1.6	1	0	1.6	32	5.6	0
原州	3.2	4.4	4	5	15	21	122	0	0

续表

地区	每周平均开放天数（天）	每天平均开放小时数（小时）	讲座平均场次（场）	培训平均班次（班）	展览平均场次（场）	阅读活动平均场次（场）	未成年人阅读服务平均人次（人）	残障人士阅读服务平均人次（人）	其他特殊人群阅读服务平均人次（人）
武口	5.4	7.9	11	8	3	47	97	58	48
利通	4.9	6.4	9	5.9	9.5	11.8	306	38	53
青铜峡	4.6	7.9	0	2	0	2.7	565	14	15
灵武	4.7	7	0	0	0	12	473	10	0
兴庆	5.3	4.9	18.5	27	1.5	4.8	143	15.8	9.3
沙坡头	4.9	7.5	7.9	7	2.3	8.9	553	12	7.6
汇总平均	4.6	5.9	5.99	6.6	3.7	12.7	313.8	20.5	18.9

对照表 4-8 至表 4-11 的数据可以看出：

（1）每周平均开放天数最多的是北京地区，平均达 6.3 天/周，其次为海南、宁夏，最少的是贵州地区；

（2）每天平均开放时间最长的是北京地区，其次是海南、贵州，宁夏最短；

（3）2013 年平均举办讲座最多场次的是贵州，其次是宁夏、北京、海南；

（4）2013 年平均举办培训最多场次的是贵州地区，其次是宁夏、北京，最少的是海南地区；

（5）2013 年平均举办展览最多的是宁夏地区，其次是贵州、北京，最少的是海南地区；

（6）2013 年阅读活动平均举办最多的是贵州地区，其次是宁夏、北京，最少的是海南地区；

（7）2013 年对未成年人提供阅读服务，平均最多的是海南，其次是北京、宁夏、贵州；

（8）2013 年对残障人士提供阅读服务平均最多的是海南，其次是宁夏、贵州、北京；

（9）2013 年对其他特殊人群（外来工、老人军烈属等）提供阅读服务，平均最多的是北京,其次是贵州、海南,最少的是宁夏。

三、面向农村特殊人群的服务策略

农村基层图书馆服务不仅要服务于本土社会、经济、文化的发展,儿童、老人、妇女、文盲半文盲、残疾人也是基层图书馆服务的重点。

1. 面对农村空巢老人公共图书馆服务策略

农村图书馆应该根据农村空巢老人的心理特点、生活状况、服务所需,制订恰当的服务方案。开展基本服务项目,营造温馨、舒适的环境,让空巢老人在这里静心阅读、安心休息、舒心地与其他老人交谈,达到抱团取暖的效果。对老人服务的重心是报刊阅读,要适当订购老人子女所在地的报纸,满足老人对子女的思念。提供适合老年人的文献资源,如养生、保健、教育等。送书上门,指导上网并教其与异地的子女视频、聊天,以慰思念之心。

图书馆可以开展特色服务项目。举办各种沙龙活动,如绘画书法沙龙、民间艺术沙龙、养生沙龙等,提供老人间交流、互动的平台;开展各类培训和讲座,如上网、救生、保健、教育;组织各类活动,如表演、才艺等;提供各种咨询服务,随时解答老人的各种疑难问题。

图书馆可以建立空巢老人档案,提供关爱式、贴心、便利、周到、细致的服务,或者组织志愿者走进空巢老人家庭,陪同聊天、做家务。

嘉定区建立的“百姓书屋”,在远离闹市的农村、社区征集志愿者,因地制宜,在其农家堂屋或居家客厅放置书柜、书桌,一次摆放 300 册新书(每半年轮换一次),供村民或周边邻居随便阅读,不需要办任何手续,社区居民可以串门并看书读报,而且也可以聚会,这些由区图书馆提供。它对吸引文化层次低、行动不便、阅读困难大的中老年人群体起到良好作用,是非常人性、非常实用、非常实效的举措,是完成阅读普及“最后一公里”的“收官之作”[23]。

浙江省余姚市图书馆主动与鹿亭乡文化站联系,开展“关爱空巢”和“留守”主题系列活动,赠送各类图书 500 册,并带去《迎奥运 讲文明 树新风》《奥运蓝图》宣传板共 16 块,种类图书和刊物 300 册,供当地的参观人参观浏览[24]。

2. 面向农村留守妇女公共图书馆服务策略

为提高农村留守妇女生活质量、改善其生存状况、增强其融入社会的能力,应着力做好如下服务。

农村图书馆应该培养农村留守妇女自强自立的能力。“授人以鱼,不如授之以渔”,要扩大留守妇女就业或自主创业路径,达到提高收入、改善生活、增强自信的目的,必须从根本上消除羁绊的绊脚石。而扫盲、丰富文化知识、生活常识、文化修养,了解法律法规,提高获知能力、生产技能等都是改变留守妇女生存状态的一种有效途径。如家政服务技巧、缝纫技术、烹饪技术、种植技术、养殖技术、销售技巧等培训,引导其实现融入社会、改变自我的目标。

树立留守妇女家庭教育观。强调阅读从娃娃抓起的紧迫性和启蒙的重要性。加强对留守妇女家庭教育、亲子教育、培养儿童阅读兴趣与习惯的方法和方式,以及营造家庭阅读氛围的技巧。

3. 面向农村文盲半文盲公共图书馆服务策略

农村文盲半文盲人群由于其文化程度低、理解能力差、不易接受新事物,面对外界常常束手无策、甚至寸步难行。新技术、互联网的出现对于他们无疑雪上加霜,甚至会使其产生抵触情绪;思想观念相对落后,影响其获取知识、掌握科技的热情和动力,阻碍其融入文明社会、分享改革成果、享受美好生活的步伐。

扫盲是为他们拆除横跨与世界联系的障碍。帮助他们提高识字率,增强文化知识和阅读能力,掌握获取知识和信息、选择信息等能力是基层公共图书馆的主要任务。农村图书馆应该培养其计算机及互联网应用本领,鼓励其参与阅读活动,激励其融入社会和创造财富的勇气。

4. 面向农村残疾人公共图书馆服务策略

《残疾人事业宣传文化工作"十二五"实施方案》中提到各级公共图书馆全部建立盲人阅读服务。提供电脑读屏软件,听书设备等盲用信息化产品。

课题组曾于 2014 年对粤北韶关、清远、粤西梅州、河源进行较详细的了解,市级馆及大部分县级馆均设有无障碍阅览室,有供残疾人上网的电脑、视障阅读设备、数字资源、盲文图书等。但利用率十分低下,形同虚设。当然公共图书馆开设此项功能服务,拟在体现对残疾人的人文关怀,但要发挥好其功能作用,则应身临其境地从残疾人角度思考,主动去提供增值服务。

据《2010 年中国残疾人事业发展统计公报》,截至 2010 年年底,全国省级和地市级公共图书馆设立盲文及盲人有声读物阅读室已分别达到 47 个和 394 个。这些阅览室有公共图书馆独立设立的,有残联组织独立设立的,也有公共图书馆和残联组织共建的。2011 年中国盲文图书馆新馆投入使用,4 个书库计划藏书 25 万册,磁带光盘 66 万张,使我国公共图书馆在为残疾人服务方面前进了一大步。目前全国已有 25 个省(区、市)成立了本省残疾人阅读指导委员会。

首先从硬件、软件、服务、环境等方面创造适宜残疾人利用的条件,为残疾人到馆做好服务的准备。其次了解所处地区残疾人状况,包括家庭、身体、文化、生存状况等,建立残疾人档案。再次加大图书馆服务宣传,可以利用媒体、走访、活动等形式宣传图书馆,培养残疾人利用图书馆意识。最后加强对残疾人培训,包括生存技能培训,如生活常识、劳动技能、计算机与互联网应用技术,帮助残疾人融入社会、适应社会和改善生活质量;加强法律知识和安全意识,帮助残疾人争取自我权益的意识;开展残疾人康复训练,普及康复知识,传授康复训练方法,帮助残疾人自我训练;通过职业技能培训、农业生产实用技术培训,鼓励残疾人参与社会生活;为残疾人开展心理疏导工作,使他们从自卑、孤独、无助的阴影里走出来,以阳光的心态面对生活。

王子舟教授认为"网络是残疾人社会化的补偿工具,公共图书馆在其网站设计时应秉承'无障碍'理念全面深入地体验不同类型的残疾人士上网的各种障碍,以此完善图书馆网站的建设,使之成为残疾人利用图书馆的无障碍的虚拟入口"[25]。

为残疾人服务对服务能力要求较高,如省级公共图书馆为残疾人服务做得好于基层图书馆。上海、广州、湖南等图书馆为盲人提供盲文、音像资料借阅服务,网络信息资源查询服务,送书上门服务,免费邮递服务,上门办证,电话咨询服务,或为盲人开展专题讲座或帮助盲人就业培训;辽宁省图书馆开设"残疾人法律服务中心",并提供"对面朗读"专门服务;天津图书馆开展"牵手残疾人,走进图书馆活动"。如何利用省级图书馆服务能力的优势,使服务延伸到残疾人群较多的农村地区,成为今后公共图书馆为残疾人服务的新课题。浙江省的公共图书馆视障服务联盟是一个较好的思路,该联盟以浙江省图书馆视障服务部门为中心,在调动省内各种视障服务资源,如盲人特殊人才、盲文阅读设施、盲文打印设备等,对开展视障人群服务活动的公共图书馆进行支援,很好地解决了县级图书馆盲人服务能力不足的问题。

5. 面向农村留守儿童公共图书馆服务策略

公共图书馆理应高度关注农村儿童这个特殊群体,尤其是流动人口高发区和外来务工人员聚集区的公共图书馆应把为留守儿童和流动儿童群体服务纳入重心工作当中,树立为弱势群体服务的理念,制定为他们服务的对策,体现公共图书馆人文情怀。

留守儿童密集区也是地处偏远、人们居住分散、以老人和孩子居多的地区。利用图书馆存在着客观困难。所以建议这些地区的图书馆应和学校、村委紧密合作,把各项少儿阅读服务带入校园、村庄。

公共图书馆可以成立留守儿童沙龙,常态化地开展有关情感、立志、挫折、生活常识等各类阅读活动,让他们在阅读中学会自理、自立、自护、自强、自律;懂得感恩、珍惜、关爱、尊重、敬畏;掌握一些生活常识、科普知识,增强安全意识和自我保护能力。共同的话题,共同的感受,共同的经历达到抱团取暖的作用。帮助留守儿童独立思考、发现自我,激发他们的社会意识、公民意识、成人意识。

公共图书馆可以针对留守儿童监护人文化程度不高、学生独立完成作业有困难等问题,推出家庭作业指导和讨论、交流服务。如浙江省嘉兴市余兴镇图书馆每天下午三点孩子放学后要求他们都来图书馆,读书、上网、做作业,学校放心、家长安心、孩子开心、顺利完成作业,心理舒心,图书馆馆员有成就感。

公共图书馆还应该关注留守儿童心理健康情况,开启留守儿童心理疏导、心理咨询服务,及时纠正少儿心理偏差,减少心理疾病的发生,引导其顺利、健康地走过个人社会化的过程。

应开启异地公共图书馆之间联手服务。留守儿童与父母情感的交流大多是通过电话或假期与父母短暂地相聚来维系。因此,留守儿童所在地公共图书馆与留守儿童父母打工所在地公共图书馆应加强馆际联系,利用共享工程网络优势,建立父母与留守儿童联络的通道,创造更多的机会让父母与留守儿童沟通,增进彼此了解,缔结亲情。慰藉留守儿童对远方父母的思念之情,安慰父母对家乡孩子的牵挂之心。贵阳市图书馆在节日期间与深圳等地公共图书馆联系,通过网络使当地留守儿童与远在深圳的父母视频对话,受到当地媒体的高度赞扬。公共图书馆还可以建立留守儿童档案,包括家庭基本情况、阅读情况、心情记录,对于有心里困惑、情绪问题要及时跟进并记录归档,并实施分类管理。江苏无锡市惠山区洛社镇图书馆开设专门少儿阅览室,设立放映点,把共享工程许多内容介绍给中小学生,"冬之吟"寒假读书征文比赛已举办20届,举办软硬笔书法、快乐写作、阅读写作思维训练、数学提高、英语等各种培训班。

加强对留守儿童母亲或监护人开展培训。南怀瑾先生曾说,母教是最重要。家长是儿童社会化进程中的导师和引领者,但现实是许多农村儿童严重缺失成长教育及成长关注。所以公共图书馆在为农村儿童服务的同时,要告诉家长不能以忽略孩子的情感需要、错失孩子正当启蒙教育时机、牺牲孩子未来换取眼前的物质条件。若暂时不能将孩子带到身边,也要慎重地委托孩子的监护人,其中孩子的教育是重要地考量因素。即使在外边再忙,也要抽出时间与孩子沟通,了解孩子的动态、心事,及时化解孩子内心郁闷。

6. 面向流动儿童公共图书馆服务策略

公共图书馆是为了实现政府公平公正而设立的机构,应积极提供融合、平等、无差异的服务,让土著儿童和外来儿童共享一片蓝天。

公共图书馆可以针对流动儿童的特殊性,策划阅读活动时应把重点放在主题的设定、内容的切入点、阅读的引导语、读物的选择上。活动主题以切合流动儿童容易出现的问题或存在的问题为准,如应着力在帮助少年儿童情绪管理与发展、提高适应能力、发展人际关系等方面,通过活动来缓释这些孩子在异地生活的不安全感、距离感、被边缘化感所带来的一些心理问题或困顿。让他们在阅读中学会正视现实、适应环境、坦然面对;学会接纳与融入、坦诚与勇敢;学会自信、自爱、自强、自助、自立;学会孝顺、感恩、敬畏、珍惜。通过阅读告诉孩子祖父辈、父辈都无法告知或不能告知孩子的做人道理、生活常识。

环境可以对人的行为产生深刻的影响,人的行为在很大程度上受环境的制约、引导。营造少儿阅读环境不仅可以刺激少儿对环境的知觉和空间的认知,增强对阅读环境这个特定环境的识别。还可以激发少儿阅读兴趣,规范少儿行为举止,对少儿心智发展起到潜移默化的熏陶和促进作用,继而由阅读爱上环境。因此应鼓励流动儿童走入生活所在地的公共图书馆,感受知识殿堂的神圣,产生对知识的敬畏和对阅读的向往。

开展课外作业辅导服务。流动儿童虽然跟随父母一起生活,但由于父母从事的工作并不像城里职工朝九晚五有规律的工作,而且父母文化程度有限,难以完成子女教育及功课辅导。图书馆服务要弥补此类家庭的短板,主动为儿童提供相适应的服务。

第五节 农村图书馆服务中存在的问题

一、区域差异性

由于我国东西部经济发展的差异,造成了我国农村各地区的社会发展不平衡,形成了我国东部沿海地区的乡镇企业多,财源丰裕,政府有足够的财力来提供充足的农村图书馆公共服务,同时企业和一些社会组织会主动向图书馆提供资源,既是履行自己的社会责任,反过来也可以通过图书馆服务的提升丰富本企业员工业余生活,为员工自我素养的提高提供条件。而西部地区经济发展缓慢,并且受到交通、资源等因素的影响,政府收入不足难以提供充足的图书馆服务。

在需求方面,东部发达地区企业众多,是青壮年劳动人口的输入地区。在一些用人较为规范的企业,来自各地的年轻务工人员集体居住,企业对他们的文化素质有一定要求,有文化有知识的人可获得更多的发展机会,因此他们往往将工休时间用于学习。这些地区的图书馆虽然也是农村图书馆,但与城镇图书馆的差别很小。通过对上海、深圳这些城市的郊区农村调研可以了解到,企业宿舍楼房内建有图书馆,区县馆和企业共建,作为对企业员工和当地农民开放的服务点。在这些图书馆中甚至可以看到吃着汉堡的农民工在专心读书。而西部地区农村作为劳动人口输出地区,农村人口平均文化程度较低,阅读兴趣远不如东部地区农村。调研时经常可以看到,即使有较好的书刊收藏,读者人数也非常少。如果书刊资料较少或者较为陈旧,读书的人就更少了。在这些地区,图书馆的活动往往更受欢迎。

区域差异性还表现在同一省份。送书下乡、农家书屋等工程项目在各个地方均以类似的方式展开,但各地常住人口结构、生产方式、经济发展水平、文化发展水平各异,对于图书馆服务的实际需求存在差别,优劣势各有不同。即使是农业为主的地区,有些地方以养殖为主,有些地方以种植为主,养殖和种植又有不同的品种差异。例如湖南省衡阳市祁东县就以种植业为主,对于有关百合、香芋、烤烟等适宜当地种植的作物的种植方法等种植技术书籍有较大需求,而调查中发现配置中的科技类书籍有很多为鳖类养殖等的书籍。再比如江浙地区,这样的地方外出打工的人少,甚至有不少外来务工者,因此青壮年人口相对较多,其对于图书资源的需求就与外出务工者多、常住人口以留守儿童和老人为主的农村地区有较大差异。专业技术指导的缺乏,导致难以区分这些复杂的实际需求,农村图书馆提供的资源针对性不高,同时这些资源的利用低。农村图书馆服务效能小,无法满足各地需求。

地区经济发展水平的差异导致图书馆服务水平也存在差异,除了在不同省市之间表现出来之外,在同一省市各个乡镇图书馆(室)的发展也同样存在不平衡的现象。各地社区乡镇图书馆的建立、发展、规模、速度、形式上存在着很大的差距,特别是在馆藏量、年增长馆藏数、电子文献资源及利用率上,不同地区的差异十分显著。调研组发现北京街道级图书馆的图书报刊利用率较高,而数字资源、电子阅览的功能与作用的发挥仍存在欠缺。各个区县下设的街道图书馆存在较大差距,社区图书室存在发展不平衡的问题。在街道一级的图书馆中基本配备了电子阅览室,特别是西城、东城、宣武等中心城区,其电子资源建设比较先进。而边远地区的社区和村图书室多不具备电子阅览功能,很多地方连工作人员使用的电脑都不具备,未能实现联网,还在使用手工借阅。在对上海 18 个区县共 211 个街道(乡镇)图书馆进行的调查中,其中 199 个有明确的统计数据。有电子阅览室的图书馆(室)有 36 所,有网页或网站的图书馆(室)只有 25 所。在陕西、甘肃地区,对社区(乡镇)图书馆(室)电子资源拥有情况调查的结果发现,被调查对象中,有电子资源的为 8 个,占所有被调查对象的 27. 59% ;没有电子资源的为 21 个,占所有被调查对象的 72. 41% 。

二、服务管理问题

近年来,随着国家各项惠民惠家工程的实施,各级政府投入的加大,农村图书馆的布点、藏书和经费等资源类问题有所改善,但是农村图书馆服务的发展却远远落后于资源改善的步伐。

其中一个重要的原因是人才的缺乏。在一些县级图书馆中工作人员数量比较少,有的甚至是每个部门就只有一个人负责,还有一人负责几个部门事务的情况,很难顾及对农村图书馆的管理与指导。而设在乡镇文化站中的图书室一般就是一个管理人员,村里的图书室也是这种情况。这些管理人员许多不是专职的,他们同时承担着三五项,甚至多达十多项其他工作。有的地方,管理员对负责的图书馆(室)除应付检查外很少过问。尤其是在一些比较偏远的农村,青年、孩子都在外打工、读书,村里只剩下老人,图书室大门紧闭、沦为摆设的情况较为常见。即使在一些东部发达地区,在调研农村图书馆的过程中,到了图书馆再打电话找人开门的事情并不鲜见。这种人员紧缺的状况制约着农村图书馆的正常开放。因为缺少管理的人员,村部图书室中书籍的流失问题也比较严重,一些农民觉得有些书对自己很有用,就会偷拿回去,严重的甚至出现过某类书籍整排被拿走的情况。而村图书室由于设施设备的限制,对这类问题并没有很好的防范办法。同时,由于人手缺乏,购买了书籍或接受了捐赠书籍后上架的周期比较长,可能有半年以上的延误。在西部基层图书馆调研时,发现存在多年前捐赠的书籍没有开包的情况。

　　除了影响图书馆的正常开放,图书馆员队伍的不稳定和短缺还导致农村图书馆在其他服务上的缺失。在这些图书馆中的工作人员由于普遍不是专业人员,虽然在上岗前会接受一些业务培训,但是他们掌握的专业技能还是不充分,影响了人员专业素质,服务水平和服务能力离读者的需求仍然有较大差距。再以农家书屋的服务为例。农家书屋的管理员以兼职为主,我们调研过的湖南祁东县黄土铺镇军民村、金桥镇关山村和楠木村,管理员分别为小学老师、村书记和职工志愿者。如果恰好管理员的文化素质比较高,本身对书、对阅读就喜好,农家书屋运作得就比较好。反之,缺乏稳定的专业服务队伍是农家书屋服务水平难以提高的一个重要原因。因此在服务方面,缺乏专业知识,阅读推广较少开展,数字阅读尚未引起足够重视,导致服务影响微不足道。他们从事着图书馆服务,却没有图书馆业务管理能力,对图书室(或书屋)如何管理、开放,如何服务于读者缺乏相应的业务能力和管理水平。

　　从文化程度上说,主持农村图书馆工作的人员大多是高中及高中以下学历,还有很大部分为大专或本科程度的人员。应该说,与过去相比已是极大的进步,但是高学历的图书馆工作者还是太少,加上待遇低、流动性大,缺少业务培训,难于做好服务工作。当然这些也与薪酬水平有关。在浙江进入统计的 58 所基层馆中,有 11 所的管理人员根本没有报酬,11 所管理人员报酬不到 1000 元,有的甚至只有几十元,另有 12 所在 1000 元至 1500 元之间。在东部地区的许多地方,地方政府额定的最低工资标准已接近 1500 元。嘉兴总分馆制下乡镇馆人员的平均工资是 1800 元,即使是其他达到 2000 元收入的,与周围相比也有落差心理。再到村馆或小的社区馆,那就是几乎都没有收入。因此队伍不太稳定,由此导致乡镇、社区图书馆服务工作不能正常进行。

　　场地问题也是农村图书馆的一大问题。各种工程可以送书送设备到农村,但场地必须由当地政府解决。很多农村公共图书馆的场地狭小,书架上都被塞得满满当当,很多馆藏没有办法放在架上。这类农村图书馆虽然藏书可能达标,但是农民的阅读需求还是没办法改善。目前村级图书馆往往连带着文化室、会议室。目前要让二者彻底分开是不现实的。一些社会教育活动、村部会议就在图书馆开展。但只要合理安排不同时段,也可以达到既让图书馆充溢人气,又使图书馆具备安静读书氛围的效果。

三、多元供给的协调问题

农村图书馆的服务建立在各级政府财政拨款支撑的基础之上,对于财政保障不足的地区,则由各种文化工程弥补服务缺失的部分。目前在农村图书馆服务体系中,自上而下推行的项目很多,表面上看农村地区服务供给能力因此有了大幅度的提高。但是由于很多项目缺乏持续供给能力,项目提供的服务在一段时间之后就会陷入停摆,整体的服务效能并没有预估的那么理想。图书馆服务所需的服务支撑有一定的持续性要求,例如需要在尽可能短的时间内更新文献,而目前大多数农村地区图书馆(室)每年一次的新书补充并不能达到服务要求。有的文化工程所提供的资源甚至难以达到每年更新一次的程度。有些工程虽然建立了持续投入机制,但由于覆盖面广,每轮拨款或物资提供的间隔时间长,也难以完全满足实际需求。同时,由于文化工程的举办方各不相同,各项工程各行其是,服务范围和服务内容在很大程度上重合。例如像送书下乡、农家书屋工程等项目,都涉及提供图书以改善借阅服务的质量,但是由于组织和实施的部门各不相同,互相之间缺乏协调和衔接。另外在提供数字资源服务上,重复建设表现也较为突出,例如有中共中央组织部发起的农村党员干部远程教育工程、文化部发起的全国文化信息资源共享工程,这些项目都与图书馆服务相关,但是图书馆在其整个实施过程中都未能在其间扮演有效角色。因此,解决多元供给下的服务协调问题非常必要,否则,资源浪费不可避免,服务绩效无法提高。

四、为特殊人群的服务意识问题

与面向普通人群的农村图书馆服务相比,面向特殊人群的农村图书馆服务更值得人们关注。即使在农村,大多数特殊人群也是生活在农村社会的边缘,缺乏知识和信息加剧了他们的贫困与艰难,但他们却很少有主动获取知识和信息的意识。例如,留守老人沿袭乡村数千年的生活习惯,白天干农活,做家务,带小孩,晚上聊天、打牌,现在还增加了看电视的活动。表面上看,他们对图书馆服务没有任何需求。因此,农村图书馆服务管理者会忽略这一人群,而更多地将服务的目标人群定位于有文化、爱阅读的那些人,甚至个别文化骨干或阅读积极分子。

虽然农村文化骨干和阅读积极分子能够有效地提高农村图书馆的利用率和显示度,但从农村社会发展的根本出发,农村图书馆,特别是经济落后地区的农村图书馆,应该坚定地将服务的重点目标人群转向特殊人群,结合当地实际,开发适合当地实际,为当地特殊人群所需要的文化服务活动。各种文化服务活动中,农村图书馆特别应该关注阅读推广活动。农村阅读推广活动,如故事会、亲子阅读、知识竞赛,不但能够有效吸引特殊人群的参与,还能够使他们更多地关注图书馆,关注阅读。

第六节　改善农村图书馆服务的路径

一、加强农村图书馆服务的政策法规保障

近年来国家出台一系列方针政策,以加快建设公共文化服务体系,强化城乡一体、普遍均等的公共图书馆服务。这些方针政策对于改善农村图书馆服务起到了极为重要的作用。如2005年中办国办《关于进一步加强农村文化建设的意见》要求"加快全国文化信息资源共享工程建设。积极发展文化信息资源共享工程农村基层服务点,重点支持边远贫穷地区乡镇、村基层服务点建设。文化信息资源共享工程要与农村文化设施建设统筹规划,综合利用,使县文化馆、图书馆和乡综合文化站、村文化活动室逐步具备提供数字化文化信息服务的能力""到2010年,实现县有文化馆、图书馆,乡镇有综合文化站,行政村有文化活动室。县文化馆要具备综合性功能,图书馆要加强数字化建设。乡镇可结合乡镇机构改革和站(所)整合,组建集图书阅读、广播影视、宣传教育、文艺演出、科技推广、科普培训、体育和青少年校外活动等于一体的综合性文化站,配备专职人员管理。村文化活动室可'一室多用',明确由一名村干部具体负责。在学校布点整顿中腾出的闲置校舍,可改造为村文化活动基地。充分发挥农村中小学在开展农村文化活动方面的作用,提倡中小学图书室、电子阅览室定时就近向农民群众开放,把中小学校建成宣传、文化、信息中心。对西部及其他老少边穷等地广人稀适宜开展流动服务的地区,由政府给乡文化站配备多功能流动文化车,开展灵活、多样、方便的文化服务"[26]。2005年《国家"十二五"时期文化发展规划纲要》明确了公共图书馆体系建设的基本原则与发展道路,即把农村图书馆纳入公共文化服务体系,加强图书馆体系的城乡一体化发展。2007年中共中央、国务院《关于推进社会主义新农村建设的若干意见》指出"各级财政要增加对农村文化发展的投入,加强县文化馆、图书馆和乡镇文化站、村文化室等公共文化设施建设,

继续实施广播电视'村村通'和农村电影放映工程,发展文化信息资源共享工程农村基层服务点,构建农村公共文化服务体系"。2011年《国民经济和社会发展十二五规划纲要》指出"以农村基层和中西部地区为重点,继续实施文化惠民工程。改善农村文化基础设施,支持老少边穷地区建设和改造文化服务网络"。

近年国家制定的政策法规中,有关资源的政策法规较多,内容也比较实在,但指导农村图书馆服务的政策法规偏少。出台更多指导服务的政策法规已经成为农村图书馆发挥作用的关键问题之一。

二、理顺管理体制

发挥文化行政主管部门作用,由其统领全国各级公共文化事业发展,统筹、协调其他各职能部门应尽的义务。尤其是将现属乡镇管辖的文化综合服务站,收归县(市、区)级文化主管部门,理顺管理体制。同时制定乡镇图书馆岗位编制、经费保障、服务效能等保障机制。

农村图书馆服务与城市图书馆服务的最大区别之一是,县以上图书馆一般是独立运作,场地与人员都用于图书馆服务,而乡村图书馆则往往是许多类型的服务共用一个场所,如乡村文化站、村委会活动室,同时也共用一个管理人员。随着国家惠农项目的增加,这个场所和人员所承担的工作也越来越多。不同项目之间有时能够起到互补的作用,如共享工程增加了计算机阅读设施和数字资源,农家书屋增加了图书。但不同的项目有不同的管理部门,也会产生管理摩擦。这就需要农村图书馆服务的主管部门加强协调意识,理顺管理体制,尽可能多地调动各种项目的资源为农民的知识和信息需求服务。例如,早在2006年,江苏省张家港市将镇级分馆建设向村(社区)图书室延伸,并探索"四位一体"的农村公共文化服务模式,整合村图书室、农家书屋、共享工程、党员远程教育等属于不同管理部门的服务资源。江苏省吴江区设立"农村公共信息服务中心",将乡村中农家书屋、共享工程基层服务点、农村党员现代远程教育中心、乡村图书室四种公共文化服务资源进行整合,建立"四位一体"的农村公共信息服务体系,统一管理,用一份成本提供多种公共服务。

三、推行总分馆制,建立帮扶关系

图书馆服务需要源源不断地补充资源,一个没有新进书刊的图书馆是没有读者光临的。农村图书馆规模小,很难保证其持续投入,服务资源不足的问题将长期存在。而解决方案只能是做好顶层设计,制定本地区包括全覆盖乡村图书馆的发展原则、布局原则、发展机制等,发挥市、县级图书馆的资源优势,动员市县级图书馆的资金力量、文献资源、专业资源,使服务向农村延伸,弥补农村图书馆服务能力的不足。

总分馆体系中的中心图书馆不仅对乡村分馆提供文献资源,而且提供活动。农村分馆可在其体系内实现统一采购、统一检索、统一配送,实现文献的统一流通、统一检索,通借通还。全县(市)每三个月或半年流动更新一次,建立物流传递系统。同时,在县(市)乡镇总分馆体系内还建设统一的计算机网络平台,实现书目检索、数字资源的共享共用。

四、图书馆服务人员专业化建设

图书馆服务是一项专业化的服务,对服务人员要求较高。因此,要提高农村图书馆服务的水平,需要加大对基层人员的专业培训,包括现代图书馆服务理念、图书馆服务专业知识和业务操作技能的培训。目前的农村图书馆是现代图书馆服务体系的组成部分,图书馆服务人员不但需要掌握开展借阅服务所需的书刊资源管理与服务技能,还要掌握开展数字信息服务的计算机和新媒体服务的技能,才能开展起码的农村图书馆服务。

随着现代图书馆服务的多样化趋势,对图书馆服务人员以下两项服务技能提出了新的要求。第一是开展推广活动的技能。公共图书馆服务活动化是图书馆发展的重要趋势之一,阅读推广、讨论、展览等活动,成为农村图书馆服务农民、组织农民学习新知识的有效途径。吴建中在 2012 年中国图书馆年会主旨报告提到,国际图联大都市图书馆委员提出影响图书馆未来发展的四个新指标中,第一个新指标就是"推广活动"[27]。第二项是面向农村特殊群体服务的技能,特殊人群是指不能正常利用图书馆资源和服务的人,如老人、妇女、儿童、残疾人、文盲半文盲等,对于这些人群需要提供不同内容、形式的服务。尤其要对特殊群体做好计算机、电子邮件、上网技术等新技术、新媒体应用的培训,避免新媒体新技术下新文盲的产生。

五、因地制宜,制定弹性式服务时间

农村人口,无论男女老少都有农活,阅读时间受到农活的季节性等限制。因此农村图书馆服务时间和服务方式要采取灵活多变、适合农民生活作息习惯、学习、生产规律、身体条件等实际情况。如一般选择下午、晚上、寒暑假、节假日、农闲时间开放。对于行动不便的读者和身处偏远地区的老人、妇女，还应该更多地采取送书到家、流动服务等实用、有效的便民措施。对于假期回乡的学生，应该开展暑期阅读活动。例如，河南省信阳市高梁店乡利用孩子们的暑期时间，准备了一系列丰富多彩的读书活动，丰富孩子们的暑期生活。如折纸活动，暑期回家的学生们在乡图书馆将五颜六色的纸片，折出一个个生动的折纸作品，展现出小读者们奇妙的想象力，吸引他们去图书馆的热情。信阳市彭家湾乡图书馆利用暑期开展亲子阅读活动，如举办"听妈妈讲书中的故事"主题亲子阅读月活动，对优秀阅读家庭进行表扬和宣传；开展亲子阅读示范课，由图书管理员或优秀阅读家庭开展亲子阅读示范课为其他读者做示范，让更多的家长和孩子感知亲子阅读；开展多样宣传，通过张贴海报、示范演示、家长推荐等多种方式进行介绍和宣传。通过这一系列举措的推进，亲子阅读这种阅读方式得到了较好的推广，越来越多的家长开始主动带着自己的孩子来到图书馆进行亲子阅读。

参考文献：

[1] 黄体杨,杨勇.民国时期的和顺图书馆：发展历程、经验与启示[J].山东图书馆学刊,2014(3):32—39.

[2] 范并思等.20世纪西方和中国的图书馆学：基于德尔斐法测评的理论史纲[M].北京图书馆出版社(今国家图书馆出版社),2004:174—179.

[3] 王效良.基层图书馆的农村服务工作[M].国家图书馆出版社,2010:1—6.

[4] 胡洁.2005—2011年我国公共图书馆服务体系研究综述[J].图书馆,2014(1):84—88.

[5] 中华人民共和国国家标准：公共图书馆服务规范(GB\T 28220—2011)[S].北京：中国标准出版社,2012.

[6] 文化部,财政部.文化部、财政部关于推进全国美术馆、公共图书馆、文化馆(站)免费开放工作的意见[EB/OL].(2011-02-14)[2014-06-30]. http://www.gov.cn/zwgk/2011-02/14/content_1803021.htm.

[7] 国民经济和社会发展第十二个五年规划纲要[EB/OL].(2011-03-16)[2014-06-30]. http://www.gov.cn/2011lh/content_1825838.htm.

[8] 中共中央办公厅,国务院办公厅.国家"十一五"时期文化发展规划纲要[EB/OL].(2006-09-13)[2014-06-16]. http://news.xinhuanet.com/politics/2006-09/13/content_5087533.htm.

[9] 高巾,刘兹恒.农村图书馆服务的可持续发展路径[J].图书馆论坛,2011(5):138—140.

[10] 中国图书馆学会社区与乡村阅读推广委员会.阅读点亮生活 社区与乡村阅读优秀案例集[C],2013:30—31.

[11] 国家"十一五"时期文化发展规划纲要[EB/OL].(2006 - 09 - 13)[2014 - 06 - 30].http://culture.people.com.cn/GB/22226/71018/2.

[12] 中国图书馆学会社区与乡村阅读推广委员会.阅读点亮生活 社区与乡村阅读优秀案例集[C],2013:33—35.

[13] IFLA.公共图书馆宣言[EB/OL].[2014 - 06 - 20].http://archive.ifla.org/VII/s8/unesco/chine.pdf.

[14] Nancy Mary Panella. LSN:A Historical Overview[EB/OL].[2014 - 07 - 15].http://www.ifla.org/publications/lsn-a-historical-overview? og = 50.

[15] IFLA. About the Library Services to People with Special Needs Section[EB/OL].[2014 - 07 - 15].http://www.ifla.org/about-lsn.

[16][19][21] 罗琼珍.地方高校图书馆参与农村留守妇女知识服务研究[J].西华师范大学学报,2013(3):106.

[17] 中国网新闻中心.进一步加大农村留守妇女儿童的权益保护[EB/OL].(2012 - 03 - 9)[2014 - 12 - 26].http://news.china.com.cn/2012lianghui.

[18] 陈春园等.农村妇女心头有"三座山"[J].半月谈,2005(1):22.

[20] 王瑛琦.农村阅读困难群体的阅读需求与图书馆阅读关怀策略研究——国外研究扫描[J].国家图书馆学刊,2013(6):81—82.

[22] 全国妇联课题组.我国农村留守儿童、城乡流动儿童状况研究报告[EB/OL].(2013 - 5 - 10)[2014 - 10 - 10].http://acwf.people.com.cn/n/2013/0510/.

[23] 王效良.基层图书馆的农村服务工作[M].国家图书馆出版社,2010:39.

[24] 陆丹.关爱"空巢老人"——公共图书馆为弱势群体特色服务的新课题[J].图书馆学刊,2009(10):56—58.

[25] 王子舟,夏凡.图书馆如何对残疾人实施知识援助[J].图书情报知识,2007(3):5—18.

[26] 中共中央办公厅,国务院办公厅.中办国办关于进一步加强农村文化建设的意见[EB/OL].(2005 - 12 - 11)[2014 - 10 - 10].http://news.xinhuanet.com/politics/2005 - 12/11/content_3906616.htm.

[27] 吴建中.新常态 新指标 新方向(2012 中国图书馆年会主旨报告)[J].图书馆杂志,2012(12):2—6,67.

(执笔人:范并思 吕梅 马一铭 陈彦旭)

第五章　农村图书馆管理体制与运行机制

　　研究和探讨我国农村图书馆管理体制与运行机制,首先应该明确其定义。实际上,管理体制与运行机制是由管理体制和运行机制两个相对独立的概念组合而成,是一个高度概括的概念,其核心思想在于区分体制与机制的差别和联系。所谓体制,是指国家机关、企事业单位机构设置、领导隶属关系和管理权限划分等方面的体系、制度、方法、形式等的总称,如政治体制、经济体制等。一直以来,农村图书馆乃至各级各类文化企事业单位,都包含在国家宏观的行政管理体制之内,图书馆的管理体制要超越现行的国家行政管理体制是不太可能的。为了适应市场经济发展带来的人民文化权益需求,其不断变革只能局限在图书馆内部运行机制上。所谓机制,原是指机器的构造和动作原理[1]。《现代汉语词典》的描述为:机制是"有机体的构造、功能和相互关系"。由此,机制应包含有三个方面的内容,即内部的构造、功能及其相互之间的联系。对于图书馆而言,其内部运行机制可理解为图书馆内部的机构设置,各机构功能以及相互之间的联系(包括图书馆的各种规章制度)。图书馆内部运行机制相对图书馆管理体制而言,在图书馆事业发展中虽然不具有决定性作用,但是它对图书馆的发展却能起到不可忽略的推动和促进作用。毕竟,它存在于图书馆的内部,是由图书馆人自己来选择和决定的。

　　总体来说,如果图书馆管理体制的改革受制于国家政治体制改革,是受到外部因素制约的,那么,图书馆运行机制的改变则主要取决于内部的改变,是由图书馆内部因素决定的。体制的改革是国家层面的宏观问题,自上而下,不由图书馆自己决定;而机制的改革则是微观的,自下而上,图书馆应该根据自己的实际情况进行内部管理的改革和创新。

第一节　农村图书馆事业管理体制与运行机制的历史回顾

　　图书馆作为构建文明社会的子系统,其兴衰成败历来与国民经济发展水平、社会环境宏观政策、文化行政管理体制等制衡因素息息相关。自新中国成立以来,党中央、国务院统领全国经济社会发展全局,按照城乡统筹发展总体规划,颁布了一系列支农惠农的重大政策,行政体制数次调整革新,为我国农村文化事业,尤其是对农村图书馆建设事业创造了巨大的发展空间。回顾历史,农村作为国家行政管理的最基层,全国曾先后掀起过多次兴办农村图书馆的高潮,成绩斐然,却也由于种种原因,经历了循环往复,历经曲折的发展道路。

一、农村图书馆管理体制的演变

农村图书馆是我国公共图书馆事业的重要组成部分,是直接面向基层、为广大群众服务的重要窗口,在提高全国人民文化素质方面负有重任。几十年来,我国农村图书馆事业的建设与发展经历了从无到有、稳步发展,艰难曲折、缓慢发展,改革开放、繁荣发展三个历史时期。我国的农村图书馆建设,在国家不同时期的各项宏观政策与文化工程的扶持与推动下虽历经沧桑,却始终充满活力,在不断的蜕变与升华中,最终形成了覆盖城乡的农村图书馆服务网络,图书馆实现了计算机自动化管理,跨入了图书馆信息化、数字化、网络化时代。

作为一个拥有悠久历史,以整理搜集资料和图书收藏为核心机制,以为他人提供信息参阅为主要目的的机构,图书馆的管理体制随着图书馆的产生而形成。我国公共图书馆管理体制与运行机制从总体来看,是平稳有序,并遵循着统一的原则和标准来进行的。我国农村图书馆从开始发展至今,其建设的主体一直是各级人民政府,实行财政分灶吃饭,基本上形成了一级政府建设一个图书馆的格局,图书馆主要隶属于各级文化部门管理。其管理模式是以行政隶属关系为基础,以条条管理为主。

随着图书馆事业的不断发展,我国对图书馆管理的研究也日益受到重视。根据新中国成立以来图书馆管理的研究热点,图书馆管理模式大致可分为四个阶段:经验管理阶段、粗放管理阶段、科学管理阶段、数字化管理阶段。

1. 经验管理阶段

从新中国成立至20世纪70年代末,主要是经验管理阶段。1949年至1956年的农村图书馆最早是由县政府直接管理,许多省(市)都明确规定,农村图书馆"受各县人民政府文教科领导,业务上由各县新华书店负责"。

这个时期的农村图书馆,先是跟随新华书店经营布局,由一些临时性质的书摊或者销售网点构成。直到 1956 年后,随着县(市)图书馆的纷纷建立,对农村图书馆的业务领导才移交给公共图书馆。在这一时期图书馆的职能尚不完全,馆员凭借经验就能完成管理活动。由于新中国成立前图书馆事业发展滞后,管理基础薄弱,且主要采用西方图书馆管理模式,新中国成立后又引进苏联图书馆管理体制与模式,两种模式在很长时间内并存。而图书馆的领导者大多数由其他行业调入的人担任,任凭自己的经验进行管理,政府主管部门对图书馆虽有一定的组织与指导,但由于种种原因,显得比较软弱。"文化大革命"后至 20 世纪 70 年代末,农村图书馆开始恢复建设,随着新建成并开展业务的县级图书馆的建立,农村图书馆的管理体制与运行机制也开始理顺[2]。

2. 粗放管理阶段

20 世纪 80 年代初至 90 年代中前期,这期间的农村图书馆由于原有管理基础薄弱,管理水平较低,仍属于粗放型管理。这是一个重要阶段,它为农村图书馆管理的深入发展打下了基础,积累了经验,创造了条件[3]。

传统的图书馆管理模式,从根本上来说是一种人对物的管理,主要的管理对象包括固定的信息载体和硬件设施。它是以纸质图书、杂志为基础而形成的一系列管理机制,是维持图书馆正常运作的保证。在传统的图书馆管理中,所采取的管理模式是封闭的,单一的经验管理,仅仅只是对文献资料与图书的借还予以管理。简单来讲就是"以书为本",在图书馆中的各种资料与信息均是以纸质形式存在的,其各种操作都凭借手工完成,是一种被动式的图书管理模式。1980 年 5 月 26 日,中共中央书记处第 23 次会议通过了国家文物局提出的《图书馆工作汇报提纲》,并就图书馆事业管理体制等问题做出了相应决定。会议决定在文化部设立图书馆事业管理局,加强图书馆宏观管理。1980 年 11 月,文化部图书馆事业管理局正式成立,一些系统先后成立了专门机构,管理本系统图书馆。从这时候开始,我国图书馆管理的思想观念开始发生转变,它主要表现在:由以藏为主的管理转变为藏用兼顾的管理;由计划经济的依赖思想转变为市场经济的竞争思想;由单一的社会效益管理目标转变为经济效益与社会效益相结合的双重管理目标;由无偿服务转变为无偿服务与有偿服务相结合;由独馆经营转变为多馆合作等各个方面[4]。自此,改革图书馆管理体制成为一项日益重要的工作任务而得到关注和重视。

3. 科学管理阶段

从 20 世纪 90 年代中后期开始至 21 世纪初,在图书馆实行开放式的科学管理成为新的热点。科学管理的核心,就是用精确的科学方法来替代个人的经验和判断,它要求运用技术手段,用一定的标准来衡量所有可量化的工作,管理方式向"人本位"转变,以提供个性化、精细化的管理与服务为目标。

图书馆科学管理既不是传统的行政管理,也不只是从实际工作中总结出来的经验管理,更不是把它简单地概括为数学方法加电子计算机的应用。它是运用系统论科学方法,按照图书馆工作和图书馆事业的发展规律,合理地组织和最大限度地发挥图书馆的人力、物力、财力等各种资源的作用,以达到预定目标的过程,并在这个过程中采取一系列最优决策,是图书馆从"物"为中心过渡到以"人"为中心的最好体现[5]。

自 2003 年文化体制改革试点以来,在公共图书馆领域,一是加快了构建公共图书馆服务体系的步伐,逐步建立了总分馆、图书馆联盟、流动图书馆、图书馆之城等新型服务模式,并进行了与之相适应的管理模式的有益探索,如公共服务委员会管理模式、集中管理模式、分级投入集中管理模式、分级管理中心馆援助模式等。例如,北京市海淀区成立了公共服务委员会,将原来隶属于各个政府部门的具有公益职能的事业单位剥离出来交由新成立的公共服务委员会代替行使公益职能;广东省流动图书馆实行分级管理中心馆援助模式;佛山市禅城区联合图书馆实行集中管理模式;嘉兴市总分馆实行市、区和乡镇三级政府分级投入、总馆集中管理模式;武汉城市圈图书馆联盟实行跨地域的协议合作管理模式等。这些管理模式把图书馆看成一个系统,图书馆的管理就是一个系统过程。

另一方面,从图书馆内部管理运行上来看,开放的科学管理还体现在自动化管理上。随着电子计算机技术、信息技术、互联网技术不断发展并得到普及和应用,现代化技术装备逐步进入农村图书馆之中,由国家主导的文化信息资源共享工程、公共电子阅览室建设、数字图书馆推广工程等基础文化工程不断向农村基层延伸,使数字化图书馆迅速发展普及。开放的科学管理应用,使农村图书馆管理的新模式逐步形成,农村图书馆管理进入新时代。

4. 数字化管理阶段

21 世纪,农村图书馆进入了数字化管理新阶段。图书馆数字化管理指的是,将电子技术如计算机、信息卡、磁条码、防盗器等先进的设备运用于图书馆的管理工作之中,目的在于使管理工作更加便捷高效。这些高端的科技设备均以计算机操作为核心,在每一项与之相对应的管理工作中发挥着作用,以辅助监控及管理工作。但即便数字化管理能够使图书馆的管理工作效率更高、更加快捷,但有些人工的管理工作确是无法替代,这也就形成了当下传统管理模式与数字化管理模式双轨并存的图书馆管理的新格局。传统图书馆管理模式与数字化图书馆管理模式在图书馆的管理工作中都发挥着其各自的功用,二者有着各自不同的优势和特征,同时在管理工作中能够形成一定的互补关系。从管理对象上来看,相较于传统图书馆管理模式全部依仗体力劳动完成对"物"进行管理有所不同,数字化的管理模式更倾向于信息的管理,其中包括设备反应的图书信息、编号、具体放置位置、归类信息检索等方面的管理。数字化管理能够更加迅速准确地定位到这些信息,为管理工作大大地提高了效率。另一方面,数字化管理不仅对于一般日常工作进行信息管理,在电子阅览方面,更是无法替代的,网络、数据库等信息的管理也是数字化管理服务的对象。

二、农村图书馆运行机制历史分析

在党和政府的正确领导下,我国农村图书馆事业取得了巨大的成就,特别是在回归公共图书馆管理体系以后,经过不断地探索与磨合,逐渐形成了一套与国家经济社会发展高度适合的运行机制,在运行管理上与国家农村基层行政管理体制改革相关联,在保障机制上与国家经济社会发展水平相融合,在功能建设上与时代的发展变迁相适应,契合社会发展进程的要求。农村图书馆借此得以作为基层文化工作的重要阵地,迅速占领农村精神文明高地,履行满足农村人口精神文化需求的责任和使命。

1. 与国家行政体制相关联的垂直化运行管理

纵观历史,我国农村图书馆的运行管理机制始终与国家行政体制改革保持一致,实行行政管理由上至下垂直化管理,业务管理逐级辅导扶持的运行机制,这对于农村图书馆的蓬勃发展起到决定性作用。新中国成立初期,国家经济力量薄弱,百废待兴,如何使农村图书馆快速发展显得尤为重要。新中国成立不久,中央政府就在文化部设立图书馆处,对全国图书馆事业统一管理和领导,一方面,可以使农村图书馆坚定地接受党和政府的正确领导,在建制和数量上也能够得到迅速地完善和扩充,从而极大地推动农村图书馆的建立和发展。如甘肃省提出到 1957 年年底要建立农村图书馆 5 万个,山西省昔阳县提出到1957年年底要建立392个农村图书馆(室),从一个侧面反映了各地政府重视所带来的成效。另一方面,政府统一的领导,能使各个时期的农村图书馆核心工作始终处于服务国家发展需要的正确轨道上。比如从新中国成立初期的文化扫盲到人民公社时期的知识普及,从改革开放时期的业务技能推广到新世纪以来的数字文化传播,农村图书馆正是因为紧扣时代脉搏,为农村的社会经济文化发展做出了积极贡献,才能一直从国家宏观政策中获得更大扶持与帮助,从而使农村图书馆事业持续健康地发展成为可能。

改革开放以后,图书馆事业得到了党和国家的高度重视,1980年11月,文化部成立图书馆事业管理局,专门管理和指导全国公共图书馆,后于1989年改为图书馆司,1998年起调整为社会文化图书馆司,2012年更名为公共文化司(内设图书馆处)至今。全国各省、市与中央保持一致,成立相应的机构,其职能是指导公共图书馆图书文献资源的建设、开发和利用,组织推动图书馆标准化、现代化建设。可以看到,我国农村图书馆事业每次重大的突破性发展,都是在国家提出建设新农村的目标和任务,有宏观政策为指引,或者是在各部委主导的各项惠农文化工程政策之后所取得的,这都与国家行政一体化的运行管理体制有着密不可分的关系。

2. 与经济发展水平相融合的保障机制

农村图书馆作为一项公益文化事业,其本身并不具备造血机能,几乎全靠政府拨款,必然需要人力、物力、财力的巨大投入和支持。我国幅员辽阔,地区之间经济和社会发展差异很大,制定合理的农村图书馆保障机制,把有限的经济条件尽可能地利用到农村图书馆发展上来,实现建设成果最大化,是农村图书馆事业成功的关键。改革开放以后,尤其是进入21世纪以来,各地在建设农村文化设施的过程中,农村图书馆都被列为一个重要部分,在人、财、物等方面给予了切实的保证,合理的保障机制使得农村图书馆快速发展壮大,成为农村群众文化建设的"当家阵地"。分析我国农村图书馆事业发展和成功的经验表明,目前的农村图书馆大多是在乡镇文化站、文化中心的扶持、培育下建立和发展起来的,是文化站、文化中心的重要组成部分,馆舍、人员、资金的共管共用,使得农村图书馆建设极大地节省了社会资源,实现了利益最大化。

我国现有的另外两种建设模式的农村图书馆,在保障机制上与上述主体也有极大相似。一种是在特定的历史条件和社会背景下建立起来的农村图书馆,如江苏江阴市月城图书馆,东南沿海的福建、浙江以及珠江三角洲地区由港澳台同胞和华侨资助建设的农村图书馆;另一种是随着农村经济和社会事业进一步发展,在经济发达地区的农村图书馆发展到相当的规模和水平时,农村图书馆自立门户,独立建制的图书馆。这些农村图书馆的广泛建设,与地方经济和社会发展水平相适应,同当地的科学文化、教育事业相协调,是农村图书馆保障机制与经济发展紧密融合的真实例证。

3. 与社会发展要求相适应的功能建设

随着社会的进步和发展的需要,图书馆的功能也在不断扩展,从以前保存人类文化遗产的单一功能向着开展社会教育、传递科学情报、开发智力资源、文化娱乐等多功能全方位发展。不断变化的社会环境和与时俱进的思想观念需要图书馆吐故纳新,解放思想,转变观念,不断调整优化行业功能。我国农村图书馆在功能建设完善方面密切与时代同步,一方面通过引入开放理念,合理布局,资源共建共享,力求发挥整体优势,提高整体实力;另一方面,将自动化管理等实用技术引入图书馆内部,以科技手段来有效提升综合服务能力。

开放式管理观念的引入,使图书馆打破藏书壁垒、布局壁垒、规章与时间壁垒、部门和条块壁垒,最大限度地拉近图书馆与读者的物理距离,建立大的"读者服务"概念,有效进行动态内外循环。比如 21 世纪以来陆续实施的农家书屋工程、全国文化信息资源共享工程、县级数字图书馆推广计划、公共电子阅览室建设工程等,极大解决了农村图书馆图书资源配送、技术手段更新、服务方式升级等问题,以全国一盘棋的格局大力发展农村图书馆事业。此外,随着总分馆、社区化、网格化等多种区域合作共建共享机制的逐步推广应用,为农村图书馆运行机制的完善带来了极大的推动和促进作用。

另一方面,随着信息技术的飞速发展,互联网的发展席卷全球,计算机技术、通信技术、网络技术广泛应用于图书馆工作中。为改变传统图书馆对文献资源进行手工管理费时费力,严重制约图书馆行业的健康发展的窘境,农村图书馆广泛应用自动化管理系统,使图书馆工作走上了信息化道路,行业服务水平得到巨大提升,图书馆不断向网络化、数字化方向发展。虚拟交流平台,Web2.0/3.0 环境下图书馆的各种应用,云环境下图书馆服务提升,及大数据环境下图书馆数据管理和服务能力的管理与改进,使我国农村图书馆的功能布局取得了突破性发展。

三、结论和意义

通过以上的回顾和分析,可以认识到农村图书馆事业是一项浩大的公益文化事业,它由政府主导,与经济发展密切相关,承担着满足广大农村群体最基本文化权益的重要职能。我国政府一直努力将图书馆的服务向农村基层延伸,着力培养有文化、有技能、有素质的新型农村群体,以适应社会政治、经济、文化的发展需要,为新农村发展提供源源不断的发展动力。我国的图书馆事业只有在农村繁荣起来,才是真正的繁荣,探索和创新行之有效的农村图书馆管理体制与运行机制,是农村图书馆事业蓬勃发展的重要保障。

第二节　农村图书馆管理体制与运行机制的基本现状

了解和掌握我国农村图书馆管理体制与运行机制的现状,及时发现和梳理现行典型经验和做法,找出其中存在的欠缺和问题,推动和引导全国农村图书馆建设进入快速健康发展轨道是设计本报告的最终目的和意义。为更加准确地获得统计分析数据,课题组设计制作了"农村图书馆事业发展情况调查问卷——管理体制与运行机制分卷",在全国范围发放。调查问卷共设计两个大项、29 个小项、统计表格 7 个,内容包括馆舍名称、建设时间、建设面积、主管单位、文献资源入藏量、管理制度、运行机制、经费情况、人员构成等类目,旨在较为全面和翔实地对我国农村图书馆管理运行现状进行调查统计。为了加快统计周期,课题组按照兼顾东部沿海经济发达地区、中部经济水平中等地区和西部经济水平相对落后地区的原则,在广东省、福建省、湖北省、陕西省 4 个具有代表性的省份共发放调查问卷 3000 份。经统计,共回收有效问卷 1765 份,其中包括县、乡镇级反馈问卷 517 份,村级反馈问卷 1258 份,反馈问卷分别由各级农村图书馆(室)负责人填写完成。

此外,课题组还对广东省东莞市,湖北省黄石市、大冶市、阳新县等地及其下辖的乡镇、村级图书馆(室)进行了实地调研。东莞市是我国经济发达地区之一,其乡镇图书馆建设和公共图书馆体系化建设均走在全国前列;大冶市和阳新县分别作为湖北的"全国百强县"和"国家级贫困县",其农村图书馆的建设、发展及其管理体制与运行机制等情况都具有较强的代表性。

课题组希望通过对以上数据的统计分析,结合从业数十年所听、所看、所访的实际案例和成功经验,如实描述和反映我国农村图书馆管理运行现状,为更好地发现和解决建设过程中的困难和问题抛砖引玉。

一、农村图书馆组织管理与人员情况

我国农村图书馆的管理体制和运行机制是依据公共图书馆长期以来实行的分级管理、各自为政的传统管理体制和"分灶吃饭"的财政包干投资体制。主办农村图书馆的主体是国家,由地方政府对本地农村图书馆统筹规划、统一管理、合理安排。县级图书馆属于事业单位,由县政府或县政府所属文化部门主办并主管,所需经费绝大部分依靠县财政拨款,人员全部纳入国家编制,业务活动遵循县文化局计划安排。乡镇图书馆由乡镇政府主办并主管,所需经费也是由乡镇政府拨款,从业人员大多数为兼职。村级图书馆(室)的建设,主要是依托国家开展的惠民工程等建立和发展起来,尤其是以农家书屋和共享工程为代表的建设项目,构成了我国农村图书馆现行藏书借阅与数字化资源信息服务的主体结构。

1. 县级公共图书馆组织管理与人员情况

我国公共图书馆分为国家、省、地(市)、县(区)、乡镇共 5 个层级,各个层级又分别由相应的文化主管部门管理,各层级公共图书馆之间互相独立、各自为政。县级公共图书馆在我国公共图书馆体系中处于承上启下的地位,是国家公共文化服务体系的重要组成部分,它的发展决定着公共文化服务体系覆盖农村乡镇、村的目标能否实现。但目前县级公共图书馆的发展现状离目标的实现相差甚远。由于我国东、中、西部经济、文化等因素的影响,县级公共图书馆机构建设、从业人员数量以及职称情况等差距较大,建设和管理水平也极不平衡。

(1)组织机构情况

2013 年,我国共有各级公共图书馆(不含香港、澳门和台湾)3112 个,县级图书馆的机构数量 2712 个,县级图书馆机构数占公共图书馆机构总数的87.15%。从地区分布上看,一是东部地区,县级图书馆机构数 680 个,占县级图书馆机构总数的 25.07%;二是中部地区,县级图书馆机构数 987 个,占县级图书馆机构总数的 36.39%;三是西部地区,县级图书馆机构数 1045 个,占县级图书馆机构总数的 38.54%;从组织机构数量来看,四川省最多,有 174个,其次是河北省、河南省、山东省和云南省,分别有 160 个、136 个、135 个、133 个(见表 5 – 1)。

表 5 - 1　2013 年全国县级公共图书馆第 5 次评估定级情况

地区	机构总数（个）	一级馆（个）	占比（%）	二级馆（个）	占比（%）	三级馆（个）	占比（%）
全国	2570	686	26.69	573	22.30	652	25.37
北京	23	17	73.91		0		0
天津	29	11	37.93	2	6.90	2	6.90
河北	153	14	9.15	28	18.30	44	28.76
山西	118	11	9.32	15	12.71	53	44.92
内蒙古	101	12	11.88	13	12.87	44	43.56
辽宁	104	20	19.23	18	17.31	5	4.81
吉林	54	10	18.52	12	22.22	14	25.93
黑龙江	95	14	14.74	17	17.89	34	35.79
上海	23	22	95.65	1	4.35		0
浙江	82	61	74.39	14	17.07	2	2.44
江苏	95	82	86.32	7	7.37	3	3.16
山东	132	62	46.97	42	31.82	3	2.27
福建	74	19	25.68	34	45.95	14	18.92
海南	17	1	5.88	3	17.65	6	35.29
江西	102	30	29.41	37	36.27	24	23.53
安徽	85	25	29.41	21	24.71	25	29.41
河南	133	30	22.56	37	27.82	34	25.56
湖北	93	38	40.86	28	30.11	16	17.20
湖南	113	38	33.63	39	34.51	37	32.74
广东	107	50	46.73	27	25.23	24	22.43
广西	92	9	9.78	32	34.78	41	44.57
重庆	41	23	56.10	6	14.63	6	14.63
四川	147	33	22.45	37	25.17	29	19.73
贵州	84	11	13.10	31	36.90	16	19.05
云南	133	24	18.05	23	17.29	68	51.13

地区	机构总数（个）	一级馆（个）	占比（%）	二级馆（个）	占比（%）	三级馆（个）	占比（%）
西藏			0	1		4	
陕西	105	3	2.86	18	17.14	16	15.24
甘肃	85	7	8.24	10	11.76	31	36.47
青海	41	0	0	1	2.44	13	31.7
宁夏	21	4	19.05	2	9.52	11	52.38
新疆	88	5	5.68	18	20.45	36	40.91

　　在统一的评估标准下，对比全国县级图书馆的建设情况，可以清楚地发现：上海地区总共有23家县级图书馆，有22家图书馆评为一级馆，占其总数的95.65%，是全国各省、市、自治区中一级馆所占比例最高的地区，其次是江苏和浙江，一级馆分别占其总数的86.32%和74.39%，以此为代表的东部地区是县级图书馆建设发展最快的区域；陕西地区拥有105家县级图书馆，只有3家图书馆被评为一级馆，占其总数的2.86%，新疆地区有88家县级图书馆，5家图书馆被评为一级馆，占其总数的5.68%，青海地区更是无一家县级馆被评为一级馆，以此为中心的西部地区县级图书馆的发展是较为缓慢的；以湖南、湖北为中心的中部地区，湖北有93家县级图书馆，其中38家图书馆被评为一级馆，占其总数的40.86%，湖南地区有113家县级图书馆，其中38家图书馆评为一级馆，占其总数的33.63%。均高于全国一级馆26.69%的平均比例，也符合近年来中部地区经济发展情况。

　　（2）人员情况

　　2013年，我国县级图书馆从业人数32 497人，其中专业技术人员有20 725人，具有高级职称的人员1595人，占专业技术人员总数的7.69%；具有中级职称的人员9324人，占从业人员总数的44.98%。东部地区从业人员12 580人，其中专业技术人员有8188人，具有高级职称的人员721人，占全国县级图书馆高级职称人员总数的45.2%；具有中级职称的人员3642人，占全国县级图书馆中级职称人员总数的39%。中部地区从业人员10 679人，其中专业技术人员有6465人，具有高级职称的人员507人，占全国县级图书馆高级职称人员总数的31.78%；具有中级职称的人员有3198人，占全国县级图书馆中级职称人员总数的 34.3%。西部地区从业人员 9238 人,其中专业技术人员有 6072 人,具有高级职称的人员 367 人,占全国县级图书馆高级职称人员总数的 23.02%;具有中级职称的人员有 2484 人,占全国县级图书馆中级职称人员总数的 26.7%。从从业人员数量上看,广东省最多,有 2228 人,其次是河南省、浙江省、山东省,分别有 1995 人、1957 人、1746 人。从高级职称数量上看,山东省最多,有 185 人,其次是黑龙江省、浙江省、江苏省、内蒙古,分别有 169 人、121 人、114 人、105 人。

（3）自动化管理情况

2002 年以前,我国的县级图书馆在业务管理方面,绝大部分都是延续传统的手工管理方式,手工编目、手工借阅、半开架或闭架借阅,服务方式依然采用馆员与读者面对面的服务等,这种落后的图书馆管理方式严重影响到图书馆管理的效率和质量。随着全国文化信息资源共享工程、数字图书馆建设推广计划等国家主导的公益惠民文化工程的深入推进,县级公共图书馆的管理模式发生了翻天覆地的变化,计算机、互联网技术迅速普及,图书馆业务自动化管理软件逐步推广并成熟应用,实现了图书采访编目、检索查询、借阅流通的自动化管理。通过建设县级公共图书馆中心网络机房,服务器、磁盘阵列、光纤网络等实用技术大量的在图书馆行业推广应用,使一些图书馆延伸服务应用获得了发展完善的空间和平台,形成了以门户网站为载体,提供立体化文献信息服务的崭新格局。

2. 乡镇图书馆组织管理与人员情况

自党的十七大以来,国家就把建设覆盖全社会的公共文化服务体系作为实现全面建设小康社会的重要目标之一。农村图书馆作为我国公共文化服务体系的重要组成部分,是党和国家开展农村文化工作的基本阵地,而乡镇图书馆具有承上启下、覆盖基层、保障农民基本文化权益、促进农村经济社会协调发展的重要作用。长期以来,党中央、国务院高度重视农村文化建设:2005 年中办、国办《关于进一步加强农村文化建设的意见》（中办发〔2005〕27号）明确指出"乡镇可结合乡镇机构改革和文化站（所）整合,组建集图书阅读、广播影视、宣传教育、科技推广、科普培训、体育和青少年校外活动等于一体的综合性文化站";2007 年中办、国办《关于加强公共文化服务体系建设的若干意见》（中办发〔2007〕21 号）指出:"乡镇综合文化站要坚持公益性事业单位的性质,认真履行社会服务、指导基层、协助管理农村文化市场的职能,其业务由县（市）、区文化部门指导,日常工作由乡镇管理。"目前,在我国农村有独立建制的乡镇图书馆极少,大多数农村图书馆(室)归属乡镇级政府和乡镇文化站统一建设和管理。

(1)组织管理情况

我国从"六五"时期开始,用了4个五年计划的时间基本解决了县县有图书馆的问题,而乡镇图书馆的建设更是一项艰巨的长期的系统工程。在建设与发展的过程中,我国乡镇图书馆根据办馆模式的不同,形成了三种管理体制与运行机制:一是归属文化站、文化中心管理的乡镇图书馆。乡镇文化站、文化中心为乡镇图书馆的主管者,这种管理体制是农村图书馆组织管理的主要形式;二是独立建制的乡镇图书馆。这种管理体制的乡镇图书馆,在馆舍、办馆经费、人员编制方面均为单独设置,成为当地乡镇政府领导下的独立建制的文化事业单位;三是联合办馆的管理体制。这些乡镇图书馆以乡镇文化站、文化中心为主体,与乡镇企业、机关、学校等单位联合建设,由诸如管理委员会、董事会等组织统筹管理。

通过问卷调查,对1765个农村图书馆组织管理情况进行了分析,乡镇图书馆由政府投入建设,归属镇文化站、文化中心管理的有1244个,占比例97.4%;设独立建制的只有14个,占比例0.8%;社会共建也只有33个,占比1.8%。社会共建的图书馆中政企合作7个,占比0.4%,社会团体10个,占比0.5%,个人投资16个,占比0.9%。以此可以看出,乡镇图书馆的建设主要依靠政府的投入(见表5-2)。

表5-2　1765个农村乡镇图书馆组织管理情况

建设管理模式		数量(个)	占比(%)
挂靠乡镇、村文化站(室)		1244	97.4
独立建制		14	0.8
社会共建	政企合作	7	0.4
	社会团体	10	0.5
	个人资本	16	0.9

(2)从业人员情况

通过调查表明,我国乡镇图书馆专业管理人员严重缺乏,大部分乡镇图书馆没有专门的管理人员,专业的管理人员更是凤毛麟角。而多数乡镇图书馆都是兼职管理人员,业务水平和综合素质偏低,工资待遇没有保障。由此导致乡镇图书馆出现如下现象:无法保证每天开放、财产登记和借阅手续混乱、图书损毁和丢失常有发生、图书和信息服务严重滞后。

分析湖北地区 770 个农村图书馆人员情况,人员总数在 4 人以上的馆有 28 家,4 人以下的馆有 732 家,其中有近 400 个农村图书馆是一馆一位兼职人员。2003 年,湖北省委、省政府为加强农村公益服务,大胆创新管理体制和运行机制,在单位转变性质、人员转变身份、实现全员养老保险的同时,加大财政投入力度,实行政府采购,花钱购买农村公益服务。在湖北地区农村乡镇文化站、图书馆(室)实行了"以钱养事"的新机制,全员无编制。陕西地区 176 个农村图书馆,有 60% 的图书馆是一馆一位兼职人员。而福建地区参与调查的 27 个农村图书馆,虽然每馆均有正式的在编人员,但一馆只有一位员工的情况占到了总数的 48% 。广东地区农村图书馆有编制的农村图书馆是 494 家,占总数的 77% ,而一馆只有一位员工的情况占到了总数的 40%(见表 5 -3)。

农村图书馆的工作人员学历水平和专业素养偏低。湖北地区只有 124 家农村图书馆拥有大专及以上学历的工作人员,占总数的 14% ;广东地区拥有大专及以上学历的工作人员的农村图书馆是 200 家,占总数的 39% ;福建地区有 11 家单位有大专及以上学历的工作人员,占总数的 40% ;陕西省有 70 家拥有大专及以上学历的农村图书馆,占总数的 38%(见表 5 -3)。

表 5 -3 1765 个农村乡镇图书馆人员情况

单位名称	有 4 名及以上工作人员的单位(个)	4 人以下工作人员的单位(个)	在编人数 3 人以上的单位(个)	在编人数 0—2 人的单位(个)	拥有大专及以上学历水平工作人员的单位(个)	
					有	无
湖北省	28	732	0	0	124	778
广东省	55	228	68	426	200	311
陕西省	22	154	31	158	70	114
福建省	4	23	2	25	11	16

农村图书馆作为公益性事业单位,人员工资的发放基本依赖于本地财政,对比图书馆专职人员工资报酬也表明了东、中、西部地区的差别。广东省的乡镇图书馆人员工资最高为 10 164 元/月,最低为 100 元/月,40% 馆的人

员工资在 3000 元/月左右;福建省的乡镇图书馆人员工资最高为 4200 元/月,最低为 100 元/月,工资水平集中在 2000 元/月左右;湖北省的乡镇图书馆人员工资最高为 6000 元/月,最低为 60 元/月,1500 元/月至 2000 元/月代表了大多数人员的工资水平;陕西省的乡镇图书馆人员工资最高为 3700 元/月,最低为 50 元/月,工资在 500 元/月和 3000 元/月左右各具一定比例(见表 5 - 4)。

表 5 - 4　1765 个农村乡镇图书馆工作人员工资情况

单位名称	图书馆专职人员工资报酬(元)		图书馆兼职人员工资报酬(元)	
	最高	最低	最高	最低
湖北省	6000	60	1500	200
广东省	10 164	100	3000	121
陕西省	3700	50	2500	30
福建省	4200	100	1500	100

广东省经济发达,农村图书馆兼职人员的工资差距比较大,最多能够达到一个月 3000 元,最少的只有 121 元,而且有不少地方的兼职工资集中在 121 元;福建省作为沿海地区,农村图书馆兼职人员工资水平在 100 元/月—1500 元/月之间,其中大部分都集中在 600 元/月—800 元/月;湖北省作为中部地区,农村图书馆兼职工资最高的是 1500 元/月,最低的是 200 元/月,大部分工资集中在 500 元/月左右;陕西省作为经济欠发达地区,最高的兼职工资是 2500 元/月,最低的兼职工资是 30 元/月,大多数兼职人员的工资是 300 元/月左右,低额的工资报酬远远赶不上当地的物价水平(见表 5 - 4)。

（3）自动化管理情况

为提高乡镇综合文化站的公共文化服务能力,2009 年 9 月,文化部颁布了《乡镇综合文化站管理办法》,明确规定了乡镇文化站的建设规划和任务,这也对乡镇图书馆(室)的建设和管理提出了要求。"十一五"期间文化部和国家发展改革委实施乡镇综合文化站建设规划,中央财政投入 39.48 亿元,新建和扩建 2.67 万个农村乡镇综合文化站,到 2010 年将基本实现"乡乡有综合文化站"的建设目标。财政部从 2008 年开始,设置乡镇综合文化站设备购置专项资金,对中西部地区面积达标的乡镇文化站给予每站 5 万元至 8 万元设备购置经费补助。此外,为提高乡镇文化站服务能力,文化部通过实施共享工程,把基层服务点建到乡镇文化站图书馆(室)和村文化室,为农民群众提供数字文化服务。以大冶市乡镇图书馆为例(见表5-5)。

表5-5　大冶市乡镇图书馆自动化管理情况

乡镇名称	服务人口 (千人)	自动化设备与服务		
		电子阅览室 服务	电脑投影等 数量(台)	开展共享工程 服务(次/年)
殷祖镇	42 000	有	14	84
刘仁八镇	38 000	有	11	80
金牛镇	100 000	有	47	365
灵乡镇	51 000	有	11	92
罗家桥镇	120 500	有	13	120
茗山镇	43 000	有	11	80
保安镇	70 000	有	29	365
大箕铺	60 000	有	15	84
陈贵镇	65 000	有	14	84
东岳街办	100 000	有	10	76
金湖街办	98 000	有	30	168
合计	787 500		205	1598

　　黄石大冶市11个乡镇,总人口有787 500人,总共拥有电子设备205台,最多的乡镇图书馆有47台,最少的乡镇图书馆只有10台,平均2.6台/万人;全年开展共享工程服务1598次,最多的开展服务次数是365次,最少的是76次。大冶市村村建有图书馆(室),处处都有现代化设备,但数字资源利用率明显不高。

　　(4)现状分析

　　改革开放以来,我国农村图书馆建设有了很大的发展。然而通过调研,我们对东、中、西部农村图书馆建设的基本情况加以分析,可以看出我国经济发达地区和经济欠发达地区农村图书馆的建设和发展状况相差甚远,运行管理水平很不平衡。2014年7—8月,课题组分别对广东东莞市农村图书馆和湖北黄石市农村图书馆进行了实地调研,对东莞市32个镇(区)图书馆进行了问卷调查,召集了黄石市大冶、阳新等地农村图书馆负责人进行座谈,详细了解两地农村图书馆建设发展和管理运行机制状况。下面以广东省东莞市乡镇图书馆和湖北省黄石市乡镇图书馆为例。

2014年7月,课题组实地调研了广东东莞市莞城区图书馆、虎门镇图书馆、长安镇图书馆和松山湖高新技术产业开发区图书馆。东莞位于广东省中南部,珠江三角洲东北部,是沟通广州、香港及珠江两岸深圳、珠海的交通枢纽。改革开放以来,东莞从一个农业县迅速发展成为国际性加工制造业生产基地和南粤经济强市,综合经济实力跻身全国大中城市前列。在强大经济实力的支持下,随着城镇化建设进程的加快,东莞农村图书馆发展迅速,其农村图书馆建设规模和建设标准大大提升。在东莞市政府的主导下,建立了由东莞市图书馆为总馆,各镇(区)图书馆为分馆的东莞总分馆体系,公共图书馆服务农村的能力全面提升。

通过表5-6可以看出,2013年,东莞服务总人口为661.94万人,馆舍建筑总面积93 758平方米;馆藏总量达到3211千册,人均藏书0.48册;2013年总经费有5426万元,专项购书总经费有590万元,占总经费的10%;工作人员总共409人,其中专职人员有400人,兼职人员9人;专职人员工资在1400—7015元/月之间,兼职人员工资在1000—2000元/月之间。

反观湖北省黄石市,课题组在2014年8月的座谈会上了解到的状况却不容乐观。例如大冶市陈贵镇,位于大冶市中心腹地,面积160.4平方公里,总人口5.8万人。陈贵镇依托资源创业,超越资源发展,经济建设可谓如火如荼,先后被评为全国文明镇、全国重点镇、中国明星镇等多项国家和省级荣誉,已成为湖北省闻名的"经济强镇""科技强镇"和"文明镇"。但文化站、图书馆及相应的文化设施建设却举步维艰,整个文化站只有2名专职和1名兼职工作人员负责全部工作,馆内藏书勉强凑齐10 000册,并且新书占馆藏比例较低,购书经费也时有时无。又如黄石市大王镇,位于阳新县的东北方,现辖31个行政村,人口4.87万人,面积80.2平方公里,整个图书馆只有1名专职人员和1名兼职人员,馆内藏书除了农家书屋工程配备外,多靠捐助。这两家图书室的购书经费均没有财政保障,难以自主购买新书。这些问题在农村乡镇图书馆普遍存在,它严重制约了农村图书馆的建设,直接影响了广大农民文化水平的提高,给农村图书馆发展造成了较大障碍。

3. 村图书馆(室)组织管理与人员情况

1949年,联合国教育科学文化组织提出的《公共图书馆宣言》指出:每一个人都有平等享受公共图书馆服务的权利,而不受年龄、种族、性别、宗教、信仰、国籍、语言或社会地位的限制。村级图书馆(室)作为我国公共图书馆事业

表 5 - 6 2013 年东莞市镇(区)图书馆情况

地区	服务人口(人)	建筑面积(平方米)	馆藏总量(册)	总经费(元)	专项购书经费(元)	工作人员(人)	专职人员(人)	兼职人员(人)	专职工资(元)	兼职工资(元)
莞城区	180 000	5000	112 989	3 403 500	1 000 000	26	26		1400—3000	
东城区	477 900	1639	157 670	522 900	300 000	7	7		3500	
万江区	246 300	5000	75 487		210 000	17	17			
南城区	296 800	2000	154 626	1 000 000	350 000	8	8		2800—5000	
石龙镇	142 900	2100	88 946	745 000	224 379	8	8		2200—3200	
虎门镇	120 000	3600	297 213	3 880 000	600 000	26	26		4800	
中堂镇	65 000	2000	72 786	654 600		7	7		1851. 5	
望牛墩镇	50 000	461	153	187 500	187 500	7	7	1	2500	
麻涌镇	118 062	2000	99 100	488 000	170 000	7	7		2000	
石碣镇	40 000	1650	89 026	3 084 133	5000	11	11		2500	
高埗镇	179 500	1130	59 686	50 000	50 000	5	5			
道滘镇	143 800		85 785	1 020 000	162 010	14	14		2700	
洪梅镇	50 000	365	49 000	149 956	100 000	7	7		1500	
沙田镇	170 000	500	58 300	850 000		6	6		3000—5000	
厚街镇	400 000	550	82 147	1 550 000	150 000	8	8			
寮步镇	420 000	1000	67 914			6	6			
松山湖开发区	100 000	12 000	149 305	3 700 000	160 000	11	11		5000	

续表

地区	服务人口(人)	建筑面积(平方米)	馆藏总量(册)	总经费(元)	专项购书经费(元)	工作人员(人)	专职人员(人)	兼职人员(人)	专职工资(元)	兼职工资(元)
长安镇	660 000	29 500	377 360	23 105 200	600 000	112	112		1500—7015	
大朗镇	320 000	1500	100 335	1 475 000	50 000	10	10			
黄江镇	200 000	1950	62 028			9	8	1	1500	1000
樟木头镇	134 600	1000	80 223	342 000	50 000	8	6	2	2000—3500	
清溪镇	300 000	350	94 482	417 515	23 015	8	6	2	2000	2000
塘厦镇	486 100	8000	299 533	4 250 000	500 000	24	24		3000	
凤岗镇	20 000	1500	64 587	704 000	200 000	7	6	1	1500	1000
谢岗镇	99 700	1000	30 856	342 000	150 000	6	6		2600	
常平镇	335 000	2300	103 794	748 000	180 000	12	12		1800—2500	
桥头镇	166 774	1083	79 079	291 200	243 200	7	5	2		
横沥镇	200 000	580	20 000	445 000		6	6		2200—2800	
东坑镇	120 000	1000	49 224	350 000	60 000	6	6		2800	
企石镇	83 600	800	65 000			5	5		1500	
石排镇	136 296	700	45 210	60 000	30 000	4	4		4800	
茶山镇	157 000	1500	39 914	450 000	150 000	4	4		2000	1000
合计	6 619 332	93 758	3 211 758	54 265 504	5 905 104	409	400	9		

中最贴近农民的基层图书馆,它与乡镇图书馆相互依存,是乡镇图书馆的孪生姐妹,是直接为农民服务,为生产服务,对农民进行政治思想教育,普及科学文化知识,活跃农村的文化生活,发展农业生产的重要阵地,是村民家门口的图书馆,具有极其重要的战略地位。

然而,针对村图书馆(室)组织管理与人员情况的调查表明,我国农村图书室普遍存在着管理机制不健全,管理人员素质不高,缺乏稳定的专业管理人员等现象。多数农村图书馆(室)或没有管理人员,或由兼职人员从事简单管理工作,其中还包括一部分临时性的兼职人员。他们工作条件差、待遇低,工作积极性不高,队伍极不稳定。而这批管理人员大多也没有经过图书馆专业知识培训,缺乏图书管理的基本知识和技能,业务水平和综合素质普遍偏低,无法满足广大农民读者日益丰富的信息需求。

另一方面,农村图书馆的组织管理也存在缺失。从行政管理看,村图书馆(室)由村委会管理,而村委会工作职能多、人员编制少,图书馆在业务上又隶属于群众文化系列,因而农村图书馆的业务不能接受有关业务部门的经常性指导、检查和监督。从业务分工看,上级图书馆虽具有辅导村级图书馆的职责,却没有行政管理、资源调配等权力,不能有效地对基层图书馆业务进行辅导和管理。体制上的缺失直接导致上级政府有权无责,而上级图书馆有责无权。同时,受限于农村经济发展水平,绝大部分农村图书馆(室)的管理部门经费自主投入意识淡薄,客观造成了图书室管理和运行经费严重不足,极大地束缚了农村图书馆事业的健康发展。这些制约农村图书馆发展的主要瓶颈问题,必须从全局和大局的高度来认识农村图书馆在农村经济社会中的作用,从体制和机制层面来解决农村图书馆的困境。

随着社会主义新农村建设的全面展开,农村的文化普及教育问题越来越受到人们的重视和关注。加强农村文化设施建设,坚持以政府为主导,以乡镇为依托,以村为重点,以农户为对象,发展县、乡、村图书馆(室),对构建农村文化服务网络有着十分重要的作用。进入 21 世纪以来,党中央高度重视农村文化工作,致力于营造更好的农村居民阅读环境,使之享有更加广泛的、均等便利的文化信息资源权益和服务。2006 年,文化部全国文化信息资源共享工程基层服务网点建设工作的重点开始大力向农村基层延伸,由国家财政和省级财政补助配发的一批电脑、投影、移播宝等数字设备下发至村文化室,并通过互联网、卫星网、有线(数字)电视网、移动通信网、国家电子政务外网、移动硬盘(光盘)等资源传输渠道,实现了电脑、电视、手机、投影等各种终端服务设备的综合运用,将海量优秀数字文化资源传送到百姓身边。为更好地扩大覆盖面和影响力,共享工程还与中组部全国农村党员干部现代远程教育、教育部全国农村中小学远程教育以及信息产业、农业、广电、部队等系统广泛开展共建共享,在网络设施、服务内容、管理以及人才培养等方面进行了有效整合,共享硬件设备、共享数字资源、共同开展服务。截至 2013 年 6 月,共享工程 60.2 万个村(社区)基层服务点可享用的数字资源总量达 300TB,专兼职工作人员达 68 万人,培训人次总计达 1197 万,有力提升了我国农村图书室的业务职能和服务水平。

　　与此同时,2007 年,由国家新闻出版总署会同中央文明办、国家发展改革委、科技部、民政部、财政部、农业部、国家人口计生委联合实施的农家书屋工程上马。农家书屋致力于在行政村建立满足农民文化需要的、农民自己管理的、能提供农民实用的书报刊和音像电子产品阅读视听条件的公益文化服务设施。每一个农家书屋原则上可供借阅的实用图书不少于 1000 册,报刊不少于 30 种,电子音像制品不少于 100 种(张),具备条件的地区,可增加一定比例的网络图书、网络报纸、网络期刊等出版物。在中央财政和各级政府的大力支持下,农家书屋工程比原计划提前 3 年完成,覆盖全国农村的公共服务体系基本建成,开创了农村图书室建设的新局面。截至 2012 年 8 月底,农家书屋已覆盖全国具备条件的行政村,共建成达到统一规定标准的农家书屋 600 449 家,投入资金 180 多亿元,共计配送图书 9.4 亿册、报刊 5.4 亿份、音像制品 1.2 亿张、影视放映设备和阅读设施 60 多万套。农家书屋工程建设还带动了社区书屋、职工书屋、农民工书屋、连队书屋的建设。到目前为止,基层书屋也达到 9 万多家,缓解了基层群众读书难、看报难的矛盾。

　　农村图书室建设的成果虽然显著,但也出现了一些较为共性的问题影响其更好地发挥作用。调查发现,村图书室建设存在以下几种情况:一是为应付考核而建,一些地方为了应付一些工程建设的考核,象征性地选间房子、挂块牌子、摆些橱柜,再摆上一些陈旧过时的图书,敷衍了事;二是图书补充不及时,由于建起来的图书馆没有新书及时补充,每天借阅图书的村民寥寥无几,一年下来也只不过百来人次,图书室处于半开半关状态;三是现代化设备使用不普及,由于各种历史和现实原因,有不少的村民不会使用计算机设备,无法使用图书馆数字资源;四是管理不善,农村图书室管理员多数文化程度偏低,不懂专业,无法更好地提供图书馆服务,也造成图书室门庭冷落。这些原因使得农村图书馆(室)的效用发挥不大,无法让农民的文化权益得到落实。

二、农村图书馆体系化建设情况

农村公共图书馆体系主要是指县、乡镇、村三级公共图书馆服务体系，它具有基础性。我国的国情决定了我国公共图书馆事业建设的重点要转移到农村，没有农村公共图书馆的发展和繁荣，就根本谈不上公共图书馆事业的繁荣，就没有健全的公共图书馆服务体系。党的十八大报告指出，让人民享有健康丰富的精神文化生活，是全面建成小康社会的重要内容。要坚持以人民为中心的创作导向，提高文化产品质量，为人民提供更好更多的精神食粮。坚持面向基层、服务群众，加快推进重点文化惠民工程，加大对农村和欠发达地区文化建设的帮扶力度，继续推动公共文化服务设施向社会免费开放，并提出了建设优秀传统文化传承体系，弘扬中华优秀传统文化、开展群众性文化活动、开展全民阅读活动、加强和改进网络内容建设、加强网络社会管理、推进网络依法规范有序运行等一系列要求，以普及科学知识，弘扬科学精神，提高全民科学素养[6]。这为农村图书馆体系化建设指明了方向。

县级公共图书馆是我国公共图书馆服务体系建设的重要支柱，可谓是公共图书馆服务体系的根基，它在公共图书馆服务系统中处于基础地位。改革开放以来，我国县级图书馆发展迅速，特别在东部经济发达地区县级图书馆建设成绩喜人，一批上规模、上档次的现代化县级图书馆成了县（市）的文化建设亮点，这为农村公共图书馆服务体系建设奠定了很好的基础。只有首先建设好县（市）图书馆，才能谈建设好乡镇图书馆。目前，我国农村图书馆体系化建设中出现了多元化模式。在实践与探索过程中，逐步明确了把图书馆纳入公共文化服务体系、加强图书馆体系城乡一体化发展的认识。从21世纪初开始，公共图书馆就尝试、探索农村图书馆建设模式，在实践中各地按照"政府主导、统筹城乡"的基本要求，结合自身实际进行了不同程度的实践探索。经济发达地区图书馆事业的发展无疑是全国图书馆事业发展的领头羊，雄厚的经济基础为农村图书馆发展提供了物质保障。

随着建设普遍均等公共图书馆服务体系观念的形成，为了摆脱"县有两馆（图书馆、文化馆），乡镇有综合文化站、村有文化中心"和"一级政府建一所图书馆，谁建谁管"发展模式的窠臼，北京、上海以及长三角、珠三角等地区的公共图书馆界率先开展了不同形式的探索，如联合建设、总分馆建设、服务网络建设等，并开始向基层延伸，形成了许多创新性的图书馆发展建设模式。

如,市(县)馆与乡镇政府合作建设乡镇分馆的苏州模式;市、区、乡镇三级政府联合主导的城乡一体化建设的嘉兴模式;市、镇两级政府联合投入建设的江阴模式;以政府为主体、县镇合办、镇办县助、双重领导、社会捐助建设的遵义模式;县级市政府主导的四位一体(农家书屋、全国文化信息资源共享工程、党员干部远程教育接收站点、乡村图书室)的江苏吴江模式;依托社区服务平台建设农村图书馆的山东诸城模式,等等。在各地实践中,对于如何在农村图书馆服务极为薄弱的情况下,建设农村图书馆服务平台,实现公共图书馆服务的普遍均等,进行了卓有成效的探索与实践,取得了突破性的进展。但是,将农村图书馆作为公共图书馆服务体系的组成部分加以建设,按照"自上而下、自下而上"的委托或完全一体化管理的模式,构建延伸至农村三级或两级的总分馆制的公共图书馆服务整体化平台,还面临专业化改造和体制融合的许多难题,需要研究解决。

表 5 - 7   全国 1765 个农村图书馆管理模式调查统计表

模式类别	数量(个)	占比(%)
独立运行管理	1100	62.33
总分馆模式	332	18.81
区域图书馆联盟	136	7.7
城乡一体化建设	181	10.26
其他合作共建模式	6	0.9

通过表 5 - 7 可以清晰地看到,有 1100 家农村图书馆是独立运行管理,占调查总数的 62.33%;建有总分馆模式、区域图书馆联盟和城乡一体化建设的分别是 332 家、136 家和 181 家,分别占调查总数的 18.81%、7.7% 和 10.26%。由此反映出我国大多数的农村图书馆在业务功能建设、经费投入管理、文献储备借阅、服务活动开展等方面都还处于各自为政、单打独斗的发展阶段,走上共建共享、联合发展的体系化建设的比例只占调查总数的 36.77%。

从实现农村图书馆体系化建设的地域分布和实现方式来看,全国各地均正在进行多途径、多模式的积极努力与尝试,并初步取得良好的建设成果,稍显出东部密集,西部稀疏的总体格局。广州大部分地区建立了总分馆制度,在书籍采编和流通服务上进行了统一;福建有部分地区进行了试点,开展区域联盟和城乡一体化建设;湖北武汉市开展了图书馆联盟,并实现了流动图书的通借通还;陕西省也有凤翔县建立了总分馆制度,并参与了区域联盟(见表5-8)。由此可见,农村图书馆的体系化建设必将成为未来的大势所趋,同时也是人心之向。

表5-8　全国1765个农村图书馆体系化建设的地区分布

类型	东部	中部	西部
建有总分馆地区	福建省闽侯县、长乐县、光泽县等地区,统一采、编、送,并有业务合作		陕西省凤翔县建有总分馆,统一采、编、送,并有业务合作
	福建省泉州市有2个街道在业务指导基础上实行社区总分馆制		
	广东全省大部分地区		
建有区域联盟地区	福建省闽侯县	武汉城市圈图书馆联盟	陕西省凤翔县
建有一体化建设地区	福建省闽侯县有313个流通点	武汉市流动图书通借通还	

1. 总分馆体系建设经验

总分馆制源于西方发达国家,是国外较为通行的图书馆管理模式。由于这种模式不仅有利于提高资源保障能力,实现资源互补,而且能提高总馆的辐射能力和文献资源的利用率及分馆的服务能力,因此倍受世界各国关注。美国、英国、德国、澳大利亚、新加坡、日本等国,以及我国香港、台湾等地区都实施了总分馆制。如英国以市郡图书馆为中心设总馆,下设分区中心馆组,再设分馆和汽车图书馆的四级网络,图书馆服务遍及全国的每个角落。自20世纪末,我国部分图书馆对总分馆制进行了探索并获得成功。例如,浙江嘉兴推出了市、区、乡镇三级政府联合主导的城乡一体化建设模式;江苏吴江于2007年年底实现镇镇建有图书馆,推出了县级市政府主导的四位一体(农家书屋、共享工程、党员干部远程教育接收站点、乡村图书室)模式;江苏江阴推出了市政府主导的市、镇联合建设模式;山东省诸城市推出了社区服务平台上的农村图书馆模式等;东莞于2007年年底构建起由1个城市中心馆,36个分馆(包括24个镇街,8个村、社区、居委会图书室,4个企业、学校图书馆)及

102 个图书流动车服务站组成的城乡图书馆总分馆网络体系;在经济发展较快的张家港市,2006 年已建成 4 个藏书 3000 册、电脑 8 台,且与市馆联网的村分馆。目前,总分馆制已被国家"十一五"规划纲要明确规定为未来中国图书馆事业的一个基本发展方向。

(1)嘉兴经验

嘉兴的总分馆体系(业界称为"嘉兴模式")将延伸方向指向了乡镇。嘉兴市图书馆的总分馆建设始于 2005 年,是政府全面支持构建的模式,其建设特点主要有以下三点:第一,政府主导,统筹规划。市、县、乡镇各级政府是构建的责任主体,在领导机制、保障机制、管理机制方面实现全方位主导,并且图书馆建设成效作为考核三级政府政绩的指标。总分馆建设以市、县图书馆为中心,以乡镇、街道分馆为纽带,以村、社区为基础,以企业、学校、部队等行业系统为补充,同时在纵向和横向两个方面延伸服务。第二,多级投入,集中管理。政府明确由嘉兴市图书馆作为总馆实施覆盖全城区的图书馆总分馆建设,在城区的 18 个镇建立分馆,由镇政府提供分馆的馆舍;每建一个分馆,一次性拨付嘉兴市图书馆购书经费 30 万元、开馆经费 30 万元、每年拨付运行经费 30 万元,前一项经费由市财政承担,后两项经费由市、区、镇三级政府各承担 1/3;每建一个分馆为嘉兴市图书馆增加 1 名编制,专门派到分馆担任馆长,乡镇配备管理员,管理员由市馆统一培训、考核、管理;分馆日常经营、人员、设备由市馆统一管理,资源采购由市馆统一进行,业务活动、消耗品的补充由市馆决定开支。第三,资源共享,服务创新。市馆组建统一的采编中心,开发了检索系统,建立物流传递系统。

(2)东莞经验

东莞地区于 2005 年开始实行图书馆总分馆体系,也是由政府主导的一种构建模式,其特点是:第一,政府主导,统一组织。在不改变原有行政隶属人事和财政关系的情况下,总馆与中心馆负责全区域内文献资源的采购、编目、分类、标引、加工,同时指导和协调读者服务工作;分馆专事各种读者服务工作;总、分馆三级之间实行通借通还,共同保障市民服务。分馆使用的业务管理系统和 ADSL 网络、共享图书和数据库等均由总馆提供,分馆所在地每年投入总分馆制建设的费用在建设协议书中详细列明,全部用于该分馆的建设,并实行购书经费单列、专款专用。第二,经费分担,分步实施。第一步实现统一采购、集中编目、通借通还;第二步将行政管理变为行业管理,分馆的人员、财务及设备均由总馆管理,各分馆人员的工资和一切福利待遇仍归属于当地政府;第三,科学管理,制度严格。总馆根据服务场地要求、藏书量起点等门槛标准现场检查办馆条件,合格的进行总分馆签约、分馆人员培训及考核,挂牌成立的分馆将接受一年一度的考核评比[7]。

(3)金寨经验

安徽省委宣传部、省文化厅、省新闻出版局联合出台文件规定,由政府主导并统筹规划整合资源,在安徽全省范围内建立以县级公共图书馆为总馆、乡镇综合文化站为分馆、村农家书屋为服务点的县域公共图书馆城乡一体化网络,真正形成全面覆盖、均等便捷、实用高效的公共图书馆服务体系。这种做法改变了一些乡镇和村级书屋有名无实的状态。

实施县域图书配置、流通、服务三级网络建设的一个难点是经费来源。为此,安徽省决定,村级所需经费从已有农村文化建设专项补助经费中列支每村每年 1 万元,其中 2000 元用于农家书屋建设。作为三级网络龙头的县图书馆,其图书购置、设备添置、服务所需的经费纳入农村公共图书服务一体化建设经常性支出财政预算,省里以"以奖代补"方式给予经费支持。该网络建设实行分级管理,县总馆(图书馆)负责全县图书的采购、编目、分类、标引、加工,并配送到乡镇分馆,同时指导和协调读者服务;乡镇分馆负责本乡镇各村之间的图书流转、交换,并做好分馆的日常管理和读者服务;村农家书屋负责做好书屋的日常管理维护和读者借阅服务。原则上,县总馆每年选择现有基本藏书的 20% 左右参与流转,每半年流动配送一次,4 个村组合一个图书流转交换组就近交流,每村 2 年内均可得到 4 次图书流转,农村书屋难以流转新书的现状得到有效改变。县级图书馆馆藏图书不少于 15 万册,不足的及时加紧购置,以保障图书流转的数量[8]。

(4)攀枝花经验

攀枝花市委、市政府于 2007 年 3 月正式启动"大地书香新农村家园工程",积极探索一条文化服务新模式,使攀枝花市在公共文化体系的"硬件"建设方面走在了全省前列,四川省文化厅于 2009 年 3 月将此总结为"攀枝花经验",在四川全省推广。2011 年,"大地书香新农村家园工程"被文化部、财政部列入第一批创建国家公共文化服务体系示范项目名单,作为国家公共文化服务体系示范项目获得批准。

"攀枝花经验"是将文化触角延伸到村,使公共文化服务设施实现网点化、便民化,方便群众在居住地一定距离内就能够到达文化场所,能够就地就近参与、享受到均等的文化服务。一方面是公共文化服务体系建设资金向下流动,从 2006 年到 2008 年,市委、市政府结合攀枝花市农村经济社会发展的实际状况,共计投入 1.2 亿元,用以加强农村文化基础设施建设,2013 年,争取四川省财政厅一次性补助公共文化体系建设经费预算 530 余万元(盐边县另计),市、县(区)计划投入 1000 余万元用于公共文化体系建设;另一方面是公共图书馆服务向下延伸,攀枝花市图书馆发挥了业务指导、人员培训、活动统筹的职能,定期为各乡镇、村图书室送书、送设备,特别是在 2008 年,争取到了由联合国儿童基金会赠送的流动图书车以后,流动服务工作更加具体化、常态化,不仅为乡镇、村图书室服务,而且把流动服务延伸到学校,特别是地震灾区的学校。

为了更好地用新技术提升乡、村图书室的管理水平,攀枝花图书馆开发了一套"乡村图书室分级预警及远程推送服务系统",能够让所有乡村图书室实现"图书编目、规范入库、远程监控、分级预警、一次规划、分期实施、发挥作用、全民受益"的融现代科技手段和图书管理于一体的智能化综合管理服务平台,完善数字化网络布局。第一,在这些服务末端,可以通过远程服务来提升它们的服务品质,把全市 352 个村图书室、44 个乡镇图书室、5 个区县图书馆和市图书馆组成一个信息网络,统一检索平台、图书预约、数字文献的查询与获取等;第二,资源统一采购、加工与配送,所有图书按照《中国图书馆分类法》统一编目、入库、上架、借阅;第三,全程记录各图书室的运行情况,能够实时监控全市 400 个图书室的运行情况,包括是否正常开放、读者到馆人数、借阅册次、读者个性化需求等。这一举措,丰富了服务内容,增强了公共文化服务的吸引力,又能创新公共文化传播服务渠道,提升公共文化服务水平能力,扩大公共文化服务的覆盖面。

"攀枝花经验"对于山高谷深、交通不便、经济发展滞后、信息闭塞的地区,缩小区域之间、城乡之间的"文化鸿沟",拉近公共文化服务和群众之间的距离,促进公共图书馆服务体系建设的科学发展起到了积极作用[9]。

2. 图书馆联盟

图书馆联盟是实现网络资源共享的重要途径,是图书馆界的新型合作模式。它从图书馆自动化网络发展而来,但在协作成员、运作方式、实现功能上均有拓展。区域性图书馆联盟作为一种有效的合作方式,其建设已受到世界各国的重视,成为满足读者个性化信息需求、解决图书馆经费短缺和实现资源共享的有效途径。它的建设将推动传统图书馆与数字图书馆以及虚拟图书馆、纸质资源与电子资源的互补共存。图书馆联盟是指为了实现资源共享、利益互惠的目的而组织起来的,以若干图书馆为主体,根据共同认可的协议和合同,按照统一的技术标准,通过一定的信息传递结构,执行一项或多项合作功能的联合体。20世纪90年代末以来,我国图书馆联盟获得了长足发展,主要有全国性的专业图书馆联盟和综合图书馆联盟,地区性的专业图书馆联盟,以及行业性的图书馆联盟等。

区域性图书馆联盟是图书馆联盟中数量较多的一种。区域性图书馆联盟包括区域性专业图书馆联盟和区域性综合图书馆联盟两种形式。区域性专业图书馆联盟遍布全国各地,如北京高校网络图书馆、上海教育网络图书馆、江苏省高等教育文献保障体系、深圳"图书馆之城"等。随着联盟发展的不断深入,区域综合性图书馆联盟的服务能力与水平都强于专业性图书馆联盟,会给区域的经济、文化等多方面带来良好的效益。如上海市文献信息资源共建共享协作网、广东省文献资源共建共享协作网、陕西省图书馆联盟、吉林省图书馆联盟等。区域性图书馆联盟能够利用地域性资源与优势,积极发挥联盟的作用,在联合编目、馆际互借、公共检索、集团采购等活动中相互协作,有利于提高联盟服务用户的能力,能够降低各成员馆的运营成本,从而建立区域性的文献信息服务与保障体系。

(1)武汉城市圈图书馆联盟

武汉城市圈图书馆联盟在湖北省政府有关部门的指导下,是以政府为主导,以公共财政为支撑,最终实现整体规划、统一标准、共建共享、共同发展的建设目标。湖北省文化厅于2009年3月下发了《省文化厅关于武汉城市圈社会事业联动共享体系建设2009年实施计划》,和"武汉城市圈图书馆联盟计划",由政府牵头成立联盟领导小组,制定了《武汉城市圈图书馆联盟章程》和5个实施联盟建设的纲领性文件,成立了3个联盟机构——联席会议、联盟办公室和5个专业委员会。5个专业委员会包括专家咨询委员会、文献采访协调及联合目录工作委员会、联盟"一卡通"及馆际互借工作委员会、联合项目及图书馆可持续发展研究工作委员会、联盟门户网站及网上参考咨询委员会。随着武汉城市圈图书馆联盟建设范围的不断拓展,联盟成员馆由原来以市级馆为主扩展到县一级图书馆,签约成员馆由2009年的18家增加到2014年年底的60余家。

武汉城市圈图书馆联盟建设实行区域性联盟与同类型联盟并存的管理模式。为了在全省范围内最大限度地实现资源流通和资源共享,武汉城市圈图书馆联盟采取了一种组建制度,两种共享机制的模式。在省政府领导下,结合武汉城市圈建设和全省图书馆事业发展实际,加强横向发展,由武汉城市圈公共、高校、科研系统图书馆共同成立武汉城市圈图书馆联盟,充分发挥武汉城市圈内公共、高校、科研系统图书馆间的优势互补。同时,纵向发展同类型联盟,成立武汉城市圈公共图书馆联盟,确定发展任务,即"以湖北地方特色文化、经济和技术信息等为重点,整合武汉城市圈公共图书馆文献信息资源,构建图书馆总书库,建立区域内图书馆总—分馆服务体系,形成以武汉为中心的武汉城市圈流动图书馆群,逐步实现圈内'一卡通'借阅服务;加强数字资源建设,建立圈域内图书馆资源采购协调机制,实施联机编目,编制联合目录,建立联合参考咨询、文献传递等特色服务;搭建圈域内人才教育、培养基地和设备管理平台,建立圈域内职工教育、人才培养和软硬件设备共享机制,实现人力资源、设施设备和管理资源共享"。

武汉城市圈图书馆联盟具有以下特点:多层次性与集中性,区域性图书馆联盟通过加强成员馆间的各项合作,逐步磨合以达到融合,可以广泛涉及图书馆各个业务领域;同类型联盟由于各成员馆隶属于同一政府主管部门,便于统一步调,加速发展,可以发挥更大的引领作用,最终全面实现城市圈文献信息资源的共建共享[10]。

(2)陕西省图书馆联盟

陕西公共图书馆服务联盟,是由陕西省图书馆发起,联合全省各级公共图书馆,以统一的计算机管理系统为基础平台,用联合馆的模式,开展以计算机文献书目数据共建共享、馆际文献互借、地方文献联合征集、地方文献数据库联合建设、联合参考咨询、联合培训、讲座资源共建共享等为工作内容,最大程度整合全省公共图书馆文献信息资源,向全省人民提供"平等、免费、无区别服务"的公共图书馆服务共同体。建成后的联盟充分发挥了陕西省图书馆在全省公共图书馆事业发展中的协调带动作用,全面提升陕西公共图书馆的集群效应与现代化水平,将分散、孤岛式的公共图书馆建设成为一个上下贯通、广泛互联、功能强大、无所不能的服务联盟。

陕西省图书馆从搭建全省公共文化服务体系的愿望出发,于 2006 年开始,以全省县级公共图书馆计算机系统管理一体化建设为起点,在先期试点的基础上统筹规划全省公共图书馆文献资源共建共享相关工作,并经省文化厅批准,着手构建本省公共图书馆服务联盟。在建设思想上,陕西公共图书馆服务联盟本着统一规划、统一标准、逐步推进、合作建设、协调管理的原则,充分利用"陕西文化信息资源共享工程虚拟服务专网(VPN)",推进全省公共图书馆业务合作与资源整合,减少资源浪费与基层的财力支出,实现优势互补与资源共享,促进全省公共图书馆管理工作制度化、规范化、标准化,保障各级公共图书馆事业均衡、协调、可持续发展,使省内各级公共图书馆真正成了"自由获取知识,缩小数字鸿沟",享受文化权利的最佳场所[11]。

3. 社会共建图书馆

近年来,开展公共文化服务,构建普遍均等、惠及全民的公共文化服务体系成为我国当前文化建设与服务的热点。图书馆是我国公共文化服务体系中的重要一环,而要推动图书馆特别是基层图书馆事业的不断繁荣,仅靠政府单方面的力量是难以实现的。要切实改变弱势群体知识资源供给不足的问题,必须鼓励社会力量的参与,特别要鼓励基层群众通过自助、自办纯公益性图书馆来改变自身的弱势地位,因为他们最了解自己的诉求,可以因地制宜。创办纯公益性图书馆最大的动力是创办者自愿、自发、自觉的内在意志,这是推动基层图书馆建设的原动力。目前,国内经媒体报道出来的此类图书馆(室)有 200 多个,保守估计个体兴办的图书馆(室)总数已经超过了 600 个。纯公益性私人图书馆的不断发展,必将为我国基层图书馆建设做出有益贡献。但是他们在不断发展的同时,也遇到了各类问题,因此,纯公益性私人图书馆可持续发展研究就显得尤为重要。

基层纯公益性私人图书馆大多是创办人根据自身条件因地制宜地创建起来的,如位于浙江省海宁市斜桥镇庆云村的杨霄松家庭图书馆。杨霄松老师看到村里的孩子在暑假期间无处可去、无书可读的现状,根据自己从教 27 年的经验自费买来上千册的实用图书,并利用自家宽敞的客厅办起了图书馆,供孩子们借阅。杨霄松家庭图书馆总是能把握村民的各类需求,并及时、准确地把收集到的各类信息进行加工整理,将有价值的信息通过简报的形式发布,提供给村民使用,真正地做到了因地制宜。这种多元化的服务方式把文明新风带进了社区、家庭及群众的心里。杨霄松家庭图书馆创办 8 年来,得到越来越多的当地农民的喜爱,其图书馆功能也越来越丰富,真正实现了集教育、文化、休闲于一体,成了乡村的公共知识空间和村民们的精神慰藉之地。杨霄松老师通过创办图书馆,把自身的专长及知识发挥得淋漓尽致。

文化部和财政部 2011 年 2 月 10 日出台了《关于推进全国美术馆、公共图书馆、文化馆(站)免费开放工作的意见》,提出"探索建立公共文化多元化投入机制,鼓励社会力量对美术馆、公共图书馆、文化馆(站)进行捐赠和投入,拓宽经费来源渠道"。政府是农村公共文化投入的主导力量,政府投入是从根本上改善农村图书馆现状的关键措施。中央已经明确包括图书馆在内的乡镇综合文化站属于公益性事业单位,因此,县乡财政有责任加大对乡镇图书馆建设的投入,既要重视对图书馆的馆舍、设施设备的投入,更要保证其日常的运作经费,加强图书馆管理员队伍建设。对于村级图书馆,政府要通过民办公助、以奖代补、赠送图书等多种途径加大政策扶持力度。然而,公共文化服务体系的投入,单靠政府的财政投入是远远不够的,而应该鼓励社会力量投资建设农村图书馆。2013 年 5 月 26 日,陕西省社区文化建设促进会召开第三次会员代表大会,确定了未来 5 年的工作重点,包括将在 1000 个社区建立"家庭图书馆"。

中央和省级财政的投入重点要从城市转向农村,加大对农村图书馆的投入力度,切实承担起公共财政的责任。同时,要努力创新多元化的投入机制,探索社会力量兴办农村图书馆的新路子。对此,浙江省绍兴市做出了一些有益的探索。一是民建公管法。以个人出资并拥有所有权,由集体管理,为居民服务,如齐贤镇阳嘉成等 6 村,由 10 多位企业家个人出资 320 万元建造村文化中心,所有权归个人,但由村集体管理,无偿使用。二是冠名权法。政府通过文化设施的冠名权出让,吸收社会资金参与建设文化设施,如杨汛桥镇通过出让部分活动室的冠名权,吸收社会资金 140 万元建设文化中心。三是企业出资建设法。由企业出资参与文化设施建设,企业参与所有权分配,但不参与使用权和收益分配。如平水镇文化中心由政府出土地,中厦集团出资 200 万元建造,所有权共享,政府管理,无偿使用。四是结对共建法。在文明创建中,结对的部门和单位无偿出资参与文化设施建设。五是放宽准入法。对文化产业逐步放宽准入,吸收民间资本参与文化产业经营。六是闲置房利用法。利用农村的祠堂、闲置房建立农村图书馆,如阮市镇利用村的闲置房,按"镇里投一点,村里筹一点、村民捐一点"的思路组建村级阅览室,至今全镇已建成图书阅览室 10 余个[12]。

目前国内社会力量开展基层图书馆建设和服务的民间组织主要包括立人乡村图书馆、天下溪乡村图书馆、微笑图书室、OCEF(海外中国教育基金会)、香江社会救助基金会、担当者行动、"多背一公斤"等,建有图书室、图书角的学校估计在 2000 所左右。这些现有的同类项目普遍存在着没有充分调动大众参与积极性、缺乏持续服务、缺乏专业图书馆参与合作导致专业性不强等问题。

4. 流动图书馆

图书馆定期或不定期地将装满书籍、影碟和共享工程数字资源和服务设备的车辆，派往缺乏图书馆的偏远农村，这种服务灵活、便捷，有利于提高农村图书馆服务的覆盖率，使读者足不出户就可享受到文化服务，有利于保障公民的基本文化权益。

（1）广东流动图书馆

广东流动图书馆坚持公益性和以读者服务为中心的宗旨，全面推进分馆各项业务建设，服务触角延伸至广大农村，在国内图书馆界引起了较大反响。从 2003 年开始，广东省财政每年拨出 500 万元（2006 年起增至 600 万元），支持省立中山图书馆在欠发达县建立流动分馆。其实施过程是由希望参与流动图书馆建设的县级图书馆向中山馆提出申请，申请的基本条件是：县政府每年为图书馆提供的专项购书经费不少于 5 万元；在馆工作人员不少于 8 人；能够提供面积不少于 120 平方米的分馆用地；具备专线上网条件；每周至少有 5 天开放至晚上 9 点。省馆在县图书馆内设置流动分馆，县馆为流动分馆配备人员并负责分馆的服务，省馆为流动分馆配备初始图书 12 000 册和相关的设备。省馆每半年将图书流动一次，流动前先剔旧 2000 册图书用以补充县级馆的原有馆藏，流动时再补充 2000 册新书。

作为全国文化体制改革试点工作之一的广东流动图书馆，将现代物流科学引入了图书馆的运作，面向广大基层群众提供免费免证阅览，既有传统纸质文献服务，又有电子文献服务，并捆绑了全国文化信息资源共享工程，提供网上联合参考咨询服务等现代图书馆服务模式，使欠发达地区群众也能与省城市民享有同等规模的文献资源保障服务。

广东流动图书馆分布在全省各地，如此大规模的服务范围，没有一个强有力的现代管理模式，是无法整合全部资源，使之成为一个整体而发挥出最大社会效益的。广东流动图书馆从 2005 年 10 月起实现了流通自动化管理，为读者提供外借服务。这是适合于广东流动图书馆这种流动半径超数百公里、超大规模流动运作模式的集群化图书馆管理系统。此系统是新一代的图书馆自动化软件，采用开放的多层结构体系，基于 Internet 实现传统业务与海量数字资源管理的结合。作为资源共建共享的新的载体形式，它打破了图书馆各自分离的局面，将区域内图书馆群作为一个整体进行管理，从而达到资源共建共享、合理配置和图书馆之间互相合作的目的[13]。

（2）武汉流动图书馆

武汉市农村版图面积占全市的90%,农村人口约占总人口的38%。2006年,市委市政府启动了"家园建设行动计划",规划用5年时间,在蔡甸、江夏、黄陂、新洲、东西湖、汉南及洪山7个远城区,2081个自然村和农场大队,逐年实施以"致富门道明晰,基础设施完善,社保体系建立,社会和谐稳定"为主要内容的"四到家园"创建活动。在农村图书室建设方面,武汉市图书馆成立专门团队,从"培养社会主义新型农民"入手,以改善农村社会文化环境,丰富农民文化生活为切入点,以"改善村民读书环境、引导农民科学种田、丰富村民文化生活"为重点,开展农村家园建设行动,采取了一系列实现资源共享的重要举措。武汉市"流动图书馆"的服务方式有:一是汽车流动图书馆服务,二是流动书库建设,三是农村图书室的建立与完善,其核心是实现城乡文化资源共享一体化,充分利用市区图书馆馆藏,节省开支,提高图书馆馆藏利用率,缓解农民文化资源匮乏的燃眉之急。自2005年开始实施以来,武汉市财政每年投入100万元,用于建立流动图书服务网络体系,在市、区设立流动图书书库。2007年,全市13个区图书馆的流动服务车全部配发完成,武汉图书馆适时引导各区图书馆增加服务网点、流动次数与服务项目,满足农村读者的各种需求,通过帮助建立文化站室,共享市、区图书馆丰富的图书资源,配送急需的农村科普读物、开展农科知识讲座,及时为远城区图书馆(室)工作者进行业务培训等一系列举措,提高基层文化工作者的业务水平,丰富全市流动图书馆服务体系内涵。随着工作逐步深入,武汉图书馆还调整了全市公共图书馆的流通图书资源,整合了各区公共图书馆、汽车图书馆、24小时自助图书馆的服务点,并在网络上将流动图书车与24小时物流干线进行串联,实现了全市公共图书馆通借通还网络、汽车流动服务网络、24小时自助图书馆服务网络的三网融合。自此,全市"15分钟步行即可借阅"的"一刻钟借阅圈"得以形成,武汉的大街小巷、乡村集镇,随处可见读书人,武汉市流动图书服务进入由点到面蓬勃发展的阶段,也迎来了市民均等享用公共文化的新时期[14]。

2014年,武汉流动图书馆使科技与文化相融合,助推服务进一步升级。"世界读书日"当天,第四代流动图书车投入运行。这台"高大上"的图书车,身兼借阅、服务、活动三大功能,依托"设备+技术+资源"的核心理念而建,读者登车即可使用无线网络尽享馆藏150TB数字资源,利用车载投影设备观赏专题讲座等视频;3000册纸书、200万册电子书、1万多册电子期刊,社区广场、田间地头,任民众因需享用。科技创新带来了服务手段的提升,文化与之融合也满足了民众的需求,由流动图书车支撑的迷你版移动图书馆正迈向广阔的明天。

5. 网格化管理

所谓城市网格化管理是运用数字化、信息化手段,以街道、社区网格为区域范围,以事件为管理内容,以处置单位为责任方,通过城市网格化管理信息平台,实现市区联动、资源共享的一种城市管理新模式。

网格化社会公共管理信息平台是实现创新社会管理服务体系的重要手段,通过物理和逻辑网格的划分,实现了"人、地、事、物、组织"等全要素信息的精细化管理。山东诸城市、江苏张家港市等地区,在探索城乡统筹发展及普遍均等公共服务的实现方式时,设计、规划和实施了"农村社区化"发展方案,就是实行网格化管理服务体系的典型案例。

(1)江苏张家港

2011年,张家港探索实施了网格化公共文化服务新模式。这项制度创新激发文化自觉,盘活了全市的公共文化服务资源,公共文化设施的利用率、公共文化活动群众参与度均得到明显提高。数据显示,在项目实施仅仅8个月之后,张家港市区图书馆、博物馆、文化馆、美术馆共接待群众近136万人次,同比增长21%;各镇文化服务中心接待群众58.2万人次,同比增长14%;该市村(社区)共享工程累计向网格群众播放各类数字资源近4000场,受益群众近8万人次;该市网格化群众文化活动达5000多场次,参与群众突破400万人次。

所谓网格化公共文化服务新模式,就是张家港在原有市、镇、村(社区)三级服务网络的基础上,再把该市所有村(社区)按照一定标准划分为若干个"文化网格",每个"文化网格"配1—2名网格文化员,使"文化网格"成为政府公共文化服务的基本单元,从而将该市所有区域、所有群众均纳入了公共文化服务体系的服务范畴。张家港面积虽然不大,但是地方口音就有四五种,文化、习俗各有特点。在划分网格的时候,张家港市充分考虑到了人口居住密集度、文化关联度和群众意愿,而不是硬性的"一刀切"。根据科学的标准,张家港共划分出了955个"文化网格",从基层选拔出1075名文化志愿者担任网格文化员,他们被亲切地称为"文化向导"。这些"文化向导"来自基层,对身边的文艺人才骨干和群众文化需求十分清楚,通过发挥桥梁和引导示范作用,发掘出更多的文艺人才,组建了更多的群众文艺团队,使基层群众不仅成为文化的参与者,也成为文化建设的主体。

通过网格化公共文化服务,张家港市公共文化建设重心从"管理"转向"服务",不知不觉中实现了"我要服务"的转变。大多数市民在白天没有时间去图书馆,为了满足读者的需求,张家港市实施了免费错时开放,并建起了图书流转中心,城市和乡村的图书通借通还,提高了服务的效率和质量[15]。

（2）山东诸城

诸城市政府为全面提升诸城地区农村图书馆服务管理科学化水平,针对诸城地区涉农特性打造的农村图书馆管理创新特色,积极探索农村图书馆网格化管理的新方法。以转变服务方式,推动资源整合,优化服务管理,提升农村图书馆网格化社会服务实效。打造出印记鲜明的诸城农村图书馆网格化社会服务管理新模式。其主要特点如下:

一是建设社区公共服务平台。2007 年山东诸城市在探索城乡统筹发展和构建农村公共文化服务体系时,设计、规划和实施了"农村社区化"发展方案。所谓"社区化",是指把相邻 5 个左右的自然村,1500 户左右的农户,服务半径在 2 公里以内的区域,规划为一个社区,在不改变农民原有居住场所和环境的情况下,划定自然村和农民的社区归属。全市把 1257 个村庄规划为 208 个社区。二是打造"2 公里文化服务圈";三是建立多元化的投入机制;四是统一规划和建设标准;五是制定科学的管理体制与运行机制;六是制定严格的考核奖惩制度;七是实施"一卡通"借阅管理[16]。

三、农村图书馆经费保障情况

经费是图书馆事业发展的关键,没有经费,一切活动和服务都是无源之水。图书馆是文化传承和社会教育的公益机构,其不可动摇的公益性,使得图书馆必须提供免费、开放、均等的服务。然而,我国农村图书馆目前的投资体制是在传统的计划经济体制下形成的,经费捉襟见肘。

1. 经费投入的机制与影响

我国农村图书馆现行管理体制是以行政隶属关系为基础,按照图书馆的领导系统组合的多元管理体制,如公共图书馆系统、学校图书馆系统、科研图书馆系统等,分别隶属于国家文化部、教育部、科技部等政府部门的领导和管理。因此,农村图书馆的事业经费也分别由其所属的各级政府或部委通过财政拨款的单一渠道进行投入,实行"分级管理、分灶吃饭"的财政包干投入体制。在此传统体制下,农村图书馆建设与发展所需资金只能依靠财政拨款这种唯一来源,受政府财政和投入导向的影响,公共图书馆的建设发展所需的资金往往难以得到有效保证,具有很大的局限性。各级政府财政支出规模取决于经济发展水平,而政府用于图书馆建设的财政支出比例又取决于各级政府对文化事业的重视程度;各部委的投入又与国家宏观发展政策和各项工程实施的规划与进程相关联,造成了农村图书馆难以按照自身事业发展的需要及时获得充足的保障资金,经费问题始终作为制约农村图书馆建设的瓶颈,成为发展面临的普遍问题。

这种投入机制在客观上也给农村图书馆管理运行带来一些影响。在管理体制方面:一是我国农村图书馆经费在宏观上缺乏统一的机构管理和调控,形成了条块分割、部门所有、各自为政的格局,造成图书馆资源的相对封闭和配置的严重不平衡;二是农村图书馆布局不科学,重复建设,重复投入,使得本来就不宽裕的经费越来越紧张。各级农村图书馆形成了"大而全""小而全"的封闭图书资源体系。在一个区域内,市图书馆与区(县)图书馆、乡镇图书馆没有隶属关系,各馆馆藏体系"克隆化",重复购书、重复劳动,即加重了国家财政负担,又使图书馆的馆藏缺乏科学结构,影响了图书馆作用的发挥。在运行机制方面:一是农村图书馆建设思想观念封闭,重"藏"轻"用"的藏书楼观念和等、靠、要等依赖思想不同程度存在,对在社会主义市场经济条件下图书馆如何生存和发展认识不深,影响事业的前进;二是功能运转僵化,一些农村图书馆长期处于惰性状态之中,"铁交椅、铁饭碗、铁工资""干与不干一个样,干好干坏一个样,干多干少一个样",制约了图书馆职能的发挥。

2. 经费投入的规模与构成

随着我国经济的发展,公共图书馆获得的经费投入逐年增长,但各项经费来源的规模和比重却存在明显的分布不均衡现象。2013 年,全国公共图书馆收入合计1 151 162.5万元,其中财政拨款达1 070 574.5万元(含购书专项经费147 992.3万元),占总收入的93%,其余事业收入、经营收入、上级补助和附属单位上缴收入等不超过 7%。

农村图书馆作为这项统计数据的主要组成部分,其现实状况显而易见。目前,我国县级及县以下的地方财政对农村图书馆的经费投入较为不足,即使有上级专项资金的支持,也要求地方财政予以配套,但一些地方配套资金却无法落实,难以避免"拉开了弓却没有箭"的状况发生。有关调查资料显示,2003 年全国 534 个县级图书馆没有购书经费,2004 年扩大到 720 个,占总数的 26.4%。到了 2009 年全国 2491 个县级公共图书馆中,仍有 675 个县级图书馆全年无购书经费,占县级图书馆总数的 27.1%,而且大部分集中在中西部地区,农村图书馆的经费困难由此可见端倪。2013 年,全国县级公共图书馆经费总收入、财政投入占比及每馆购书费情况如表 5－9[17]。

表 5－9　2013 年全国县级公共图书馆经费情况

地区	年度总收入 （千元）	年度财政总拨款 （千元）	财政拨款占比 （％）	年度购书专项经费 （千元）
全国	4 518 806	4 169 092	92. 26	431 040
北京	303 858	282 761	93. 06	29 608
天津	146 178	143 964	98. 49	6457
河北	82 109	79 570	96. 91	4393
山西	116 110	115 847	99. 77	5783
内蒙古	139 157	138 316	99. 40	8853
辽宁	151 769	148 978	98. 16	14 125
吉林	77 888	75 250	96. 61	2246
黑龙江	83 047	80 141	96. 50	7864
上海	389 661	375 347	96. 33	60 023
浙江	420 020	375 598	89. 42	64 277
江苏	308 438	276 538	89. 66	30 591
山东	187 272	183 608	98. 04	25 293
福建	114 741	97 368	84. 86	18 413
海南	28 484	23 449	82. 32	2220
江西	101 413	86 287	85. 08	8039
安徽	116 479	104 133	89. 40	13 309
河南	123 190	116 939	94. 93	7627
湖北	145 270	122 322	84. 20	10 738
湖南	125 412	113 623	90. 60	8785
广东	349 514	300 225	85. 90	38 703
广西	78 821	56 400	71. 55	7007
重庆	128 432	124 802	97. 17	12 341
四川	252 275	241 791	95. 84	15 290

续表

地区	年度总收入 （千元）	年度财政总拨款 （千元）	财政拨款占比 （％）	年度购书专项经费 （千元）
贵州	66 815	52 813	79.04	4213
云南	131 379	125 541	95.56	8325
西藏	4369	3909	89.47	9
陕西	139 263	126 581	90.89	6586
甘肃	76 106	75 562	99.29	3046
青海	20 334	18 713	92.03	1416
宁夏	30 699	29 557	96.28	1140
新疆	80 303	73 159	91.10	4320

　　数据显示,我国县级公共图书馆2013年总经费45.1亿元,财政拨款为41.7亿元,占总经费的92.4%。其中财政收入和财政拨款最多的是浙江省,分别为4.2亿元和3.755亿元;其次是上海,分别为3.89亿元和3.753亿元;最低的是西藏,仅有436.9万元和390.9万元,虽地域差异极为明显,但均倚重政府财政投入的状况有目共睹。

　　此外,各级财政对图书馆事业的投入规模还存在明显的"城市偏向"。如国家图书馆的年文献购置费以"亿元"论,东南沿海省级图书馆以"千万元"论,县级图书馆以"万元"论,而西部基层图书馆只能以"千元"论。公共财政呈"权力等级"状配置,造成公共图书馆资源"权力等级"间的差距越来越大,形成公共图书馆之间的新鸿沟。据调查,2012年,全国公共图书馆人均购书费1.09元,上海达到人均7.7元,北京为2.69元,浙江省人均2.85元,而西部地区贵州省和四川省人均购书经费仅0.26元和0.46元,东西部差距高达28倍。

　　因此,农村图书馆的经费必须用在刀刃上,必须使有限的资金发挥最大的效用,在强调经费拨款总额及经费监督的情况下,不断争取优化经费来源结构,调整各个来源渠道之间的比例关系,使包括政府财政拨款、事业收入、经营收入、上级补助和附属单位上缴收入以及其他收入等在内的各项农村图书馆经费来源结构呈现相对平衡的状态,避免其中的某一收入占较大比重而呈现出单一性,造成过度依赖某一要素的系统风险,从而保障事业经费投入的稳定性。

3. 经费投入的政策与成效

由于国家经济发展水平和宏观政策等多方面历史原因,我国农村图书馆建设初期缺乏长效稳定的经费投入保障机制,整体事业发展较为缓慢,直至20 世纪80 年代,农村图书馆大多还是采用县财政补一点、乡镇财政拿一点、村组集体出一点的方式维持运转,经济发达地区的农村图书馆事业发展相对较快,办馆条件稍好;经济欠发达的地区则经费少,发展慢,巩固难,整体水平偏低。1996 年,党的十四届六中全会提出了关于"要适应社会主义市场经济的要求,建立规范有效的筹资机制,逐步形成对精神文明建设多渠道投入的体制"的要求,给农村图书馆多元化经费投入机制提供了政策支持和依据。

2002 年1 月30 日,国务院办公厅转发的文化部、国家计委、财政部《关于进一步加强基层文化建设的指导意见》中明确要求:"要切实加大对基层文化建设的投入,要确保文化事业经费的增长不低于当年财政收入的增长幅度;对于图书馆等公益文化事业单位的日常工作给予必要的经费保障,保证各级公共图书馆有一定数量的购书经费。"后来,这一要求又写进了中办、国办有关文件,形成了农村图书馆经费投入的政策保障。

2011 年1 月26 日,为了进一步提高政府为全社会提供公共文化服务水平,实现和保障人民群众基本文化权益,文化部、财政部下发《关于推进全国美术馆、公共图书馆、文化馆(站)免费开放工作的意见》(文财务发〔2011〕5号),全国各级美术馆、公共图书馆、文化馆(站)等公共文化服务场所开始实行免费开放。中央财政安排专项资金,重点对中西部地区美术馆、公共图书馆、文化馆(站)开展基本公共文化服务项目所需经费予以补助,对东部地区予以适当奖励,并将逐步提高经费保障水平,不断健全美术馆、公共图书馆、文化馆(站)免费提供的基本公共文化服务项目,提升服务质量。2011 年,财政部对地市级图书馆、文化馆开展基本公共文化服务项目经费补助标准为每馆每年50 万元,县级图书馆、文化馆补助标准为每馆每年20 万元,乡镇综合文化站补助标准为每站每年5 万元。

调查反映,经济发达的广东省拥有免费开放经费的农村图书馆有144 家,占该省调查总数的22.4%,平均免费开放经费5.9 万元,东莞厚街、惠东县等地区农村图书馆每年持续拥有免费开放经费15 万元以上,并呈现出逐步增长的态势。东南沿海的福建省拥有免费开放经费的农村图书馆有5 家,占该省调查总数的18.5%,平均免费开放经费1.6 万元。湖北省拥有免费开放经费的农村图书馆有 101 家,占该省调查总数的 11.1%,平均免费开放经费 3 万元。陕西地区拥有免费开放经费的农村图书馆有 68 家,占调查总数的 35%,平均免费开放经费 1.5 万元(见表 5 – 10)。

表5 – 10 1765 个农村图书馆免费开放经费情况

地区	调查数量 (个)	有免费开放经 费机构数量 (个)	有免费开放经费 机构数量占比 (%)	最多 (元)	最少 (元)	平均经费 (元)
湖北	902	101	11.1	375 000	700	30 439
广东	642	144	22.4	380 000	1000	59 023
陕西	194	68	35	54 000	500	15 862
福建	27	5	18.5	20 000	10 000	16 000

十八大之后,党中央、国务院从全面建设小康社会和社会主义现代化建设的高度,把公共文化事业建设提到更加突出的位置。十八大报告中明确指出"加强重大公共文化工程和文化项目建设,完善公共文化服务体系,提高服务效能"。目前,我国公共文化服务网络得到较大改善,农村图书馆服务能力大幅度提高,在经费投入保障上基本形成了以中央财政全局引领并侧重扶持中西部、老少边穷和农村基层地区,省级财政跟进补充,地方财政后续维护为基础,辅以吸纳社会资金,包括海内外经济、文化社会组织及个人资助、社会捐赠、赞助等共同参与的多形式、多渠道投入的格局,并出台了企业赞助图书馆等公益性事业单位可免交同等数额税款的有关政策予以有效保障。

四、农村图书馆绩效评估与考核情况

近年来,我国农村图书馆建设取得长足进步,各级政府的各类资源能够有效地运用于农村图书馆建设,使之切实提供真正满足人民群众基本文化需求,离不开不断加强和完善的农村图书馆绩效评估和考核体系。然而不可忽视的是,这套图书馆绩效评估与考核体系也存在一定的缺失和疏漏,一定程度上影响了我国农村图书馆,特别是乡镇、村级图书馆(室)的持续健康发展。

1. 农村图书馆绩效评估现状

1994 年以来,全国县级以上公共图书馆总共进行了 5 次评估定级,在每一次的评估过程中,都充分实现了以评促建、以评促改的工作目标,推进了全国公共图书馆事业的蓬勃发展。在 2009 年第 4 次评估时,我国县以上独立建制的公共图书馆有 2850 个,全国县级以上公共图书馆的公共房屋建筑面积为 780 万平方米。全国县级以上公共图书馆总藏量达 5.9 亿册次,总流通人次 3.2 亿人次。2008 年全国县级以上公共图书馆的财政拨款 47.77 亿元,其中购书费是 8.38 亿元。2013 年第 5 次评估时,全国县级以上独立建制的公共图书馆已达 3076 个,基本实现县县有图书馆的目标。全国县级以上公共图书馆的公共房屋建筑面积是 1058.4 万平方米,比 2008 年增长了 35.6%,设施设备也不断升级更新。2012 年全国县级以上公共图书馆的财政拨款 93.49 亿元,其中购书费达到 14.13 亿元,比 2008 年分别增长了 95.7% 和 68.6%。全国县级以上公共图书馆总藏量达 7.89 亿册,总流通人次 4.34 亿人次,书刊外借 3.32 亿册次,相比 2008 年分别提高了 91.5%、54.4% 和 43.7%[18]。

细读五次的评估标准,可以发现标准中对省、市、县三级图书馆设施与设备、经费与人员、文献资源、服务工作等指标都在定量和定性上设定了详细要求,并且随着时代的进步,要求也随之逐步提高。然而所有的评估标准都未涉及县以下的乡镇图书馆和村图书馆(室),乡镇图书馆和村图书馆(室)并未纳入评估体系之中。

2. 农村图书馆绩效评估意义

乡镇图书馆和村图书馆(室)是我国公共图书馆向基层、向农村的延伸,是直接为农民服务的文化载体。可是由于乡镇图书馆一般由乡镇文化站管理,村图书馆(室)也多由村委会工作人员兼职,加之乡镇图书馆和村图书馆(室)的考核没有标准,于是造成了一些乡镇图书馆和村图书馆(室)设施建设水平不高、资源利用率低,文化服务供给不足,专业人才匮乏等结果。农村图书馆绩效评估和考核机制的建立可以形成一种刻度可量的衡量标准,使同一地区可以按照统一标准提供服务和保障,进而逐渐减少公共文化服务的城乡差距、区域差距和群体差距,让人们都能公平的获得大致均等的基本公共文化服务,从而使人民文化权益得以保障和实现。

3. 农村图书馆绩效评估和考核的内容

图书馆绩效评估应是一种用定性和定量的方法,对图书馆的各项工作及其预定目标进行客观的评价和测度的体系,其内容应当包括管理运行效能、社会服务指标、资金使用效益、群众评价等指标。换个角度来说,社会价值取向和文化发展应当是评估考核的依据,图书馆整体状况、各方面业务工作建设则是测评的指向;而图书馆的运行状态、工作水平和实际效果是评估的内容,管理能力和服务效益则是测评的重点,最终将提高办馆效益作为评估考核的根本目的[19]。因此,只有将各项内容形成标准化,才可以促进农村图书馆的均等化发展,从而有利于建设覆盖城乡,便捷高效,保基本、促公平的现代公共文化服务体系。

4. 农村图书馆绩效评估标准和考核体系的设定原则

农村图书馆的绩效评估标准和考核体系的设定应该充分反映农村图书馆资源运作的效益,包括:馆舍设施、图书资料、从业人员等资源所产生的效益,展现读者对图书馆服务的满意程度及社会舆论评价等。因此设定农村图书馆绩效评估标准和考核体系应遵循社会效益优先,公开、公平、公正,奖优罚劣、激励先进,定性分析与量化考核相结合的原则。

一是读者至上原则。农村图书馆是为农民提供文献信息资源服务的窗口,农民读者的信息需求是农村图书馆存在的基础,同时也是农村图书馆发展的动力。因此,农村图书馆要充分了解农民的文化需求,并以此为依据来设计农村图书馆评估指标和考核体系。

二是效益量化原则。绩效指标应充分体现农村图书馆各类资源利用的效率,例如服务成本和效率,经费投入和产出效益等。在评估农村图书馆时,不仅要评测其提供文化服务的数量与种类,还要考察民众在接受农村图书馆提供的文化服务后产生的实际效果。例如图书馆购书经费项目,在设定绩效评估标准时,就可用以下评价指标进行评估(见表5-11)。

表5-11 "图书馆购书经费项目"资金绩效评价指标[20]

一级指标	二级指标	三级指标	指标解释
投入	项目立项	项目立项规范性	项目的申请、设立过程是否符合相关要求,用以反映和考核项目立项的规范情况
		绩效目标合理性	项目所设定的绩效目标是否依据充分,是否符合客观实际,用以反映和考核项目绩效目标与项目实施的相符情况
		绩效指标明确性	依据绩效目标设定的绩效指标是否清晰、细化、可衡量等,用以反映和考核项目绩效目标的明细化情况

续表

一级指标	二级指标	三级指标	指标解释
	资金落实	资金到位率	实际到位资金与计划投入资金的比率,用以反映和考核资金落实情况对项目实施的总体保障程度
		到位及时率	及时到位资金与应到位资金的比率,用以反映和考核项目资金落实的及时性程度
过程	业务管理	管理制度健全性	项目实施单位的业务管理制度是否健全,用以反映和考核业务管理制度对项目顺利实施的保障情况
		制度执行有效性	项目实施是否符合相关业务管理规定,用以反映和考核业务管理制度的有效执行情况
		项目质量可控性	项目实施单位是否为达到项目质量要求而采取了必需的措施,用以反映和考核项目实施单位对项目质量的控制情况
	财务管理	管理制度健全性	项目实施单位的财务制度是否健全,用以反映和考核财务管理制度对资金规范、安全运行的保障情况
		资金使用合规性	项目资金使用是否符合相关的财务管理制度规定,用以反映和考核项目资金的规范运行情况
		财务监控有效性	项目实施单位是否为保障资金的安全、规范运行而采取了必要的监控措施,用以反映和考核项目实施单位对资金运行的控制情况
产出	项目产出	实际完成采购率	项目实施的实际采购数与计划采购数的比率,用以反映和考核项目采购数量目标的实现程度
		完成及时率	项目实际提前完成时间与计划完成时间的比率,用以反映和考核项目产出时效目标的实现程度

续表

一级指标	二级指标	三级指标		指标解释
效果	项目效益	质量达标率		所购正版书籍册数与实际购书册数的比率,用以反映和考核项目产出质量目标的实现程度
		成本节约率		完成项目计划工作目标的实际节约成本与计划成本的比率,用以反映和考核项目的成本节约程度
		经济效益		项目实施对图书馆经济效益所带来的直接或间接影响情况
		社会效益	新增接待量	购书经费项目实施对社会发展所带来的直接或间接影响情况
			新增书刊外借次数	
		可持续影响	图书馆总藏量增长率	反映图书馆馆藏发展程度
		社会公众或服务对象满意度	新增书刊质量满意率	读者对新增书刊质量满意程度
			读者阅读需求的满足程度	读者对图书阅读需求的满足程度
			读者对图书资源的满意度	反映读者对图书资源的满意度

　　表中通过对投入、过程、产出和效果 4 个方面的 6 个大项,22 个小项进行评测,对项目的立项要求和资金落实情况有着明确的要求。在项目实施的过程中,对业务管理和财务管理有着详细的规范,在项目完成时,对产生的经济

效益和社会效益也有着可衡量的标准,并非常重视读者对服务的满意程度。在这些量化的标准下就可以清晰地分析出项目投入而产生的效率,对图书馆的建设有着良好的推动作用。

三是注重实用原则。农村图书馆绩效评估指标的设定要和农村图书馆的发展情况相适应,与当地农村经济发展保持一致。所以要多层次、多角度地进行评估,并具备良好的可操作性。例如沅陵县图书馆文化馆免费开放绩效考核评分表[21](见表5-12)。

表5-12 沅陵县图书馆文化馆免费开放绩效考核评分表

项目指标		分值	评分标准说明
管理运行效能	服务设施	10	安全通道畅通(2分),示意图和安全通道标识清晰(2分),环境整洁、便于群众开展活动(2分),各项安全保障制度和措施健全落实(2分),出现突发性事件有应急预案和人员疏散预案(2分)。有缺项的相应扣分
	服务质量	10	免费寄存(2分)、茶水服务(2分)、资料简介(2分)、咨询解答(2分)、为特殊人群服务(2分)。有缺项的相应扣分
	制度公开	4	制定免费开放的各项制度和措施(2分),对外上墙公示(2分)。有缺项的相应扣分
社会服务指标	开展服务量	26	一般阅览室、少年儿童阅览室、多媒体阅览室(电子阅览室)、报告厅(培训室、综合活动室)、自修室等公共空间设施场地实行免费开放(15分),每缺1项扣3分;文献资源借阅、检索与咨询、公益性讲座和展览、基层辅导与流动服务等基本文化服务项目健全并免费提供(8分);为保障基本职能实现的一些辅助性服务如办证、验证及存包等是否全部免费(3分)
	开放时间量	5	全年开放时间达到群众基本要求计5分,群众对开放时间满意度不高的酌情扣分
	服务增长量	15	为读者举办各类活动包括组织各类公益性讲座、举办展览、培训等服务项目比上年增长10%以上计5分;书刊文献外借册次比上年增长10%以上计5分;全年总流通人次比上年增长10%以上计5分。以上3项指标有所增长计3分,没有增长或负增长不计分,增长20%以上的加5分

续表

项目指标		分值	评分标准说明
资金使用效益	财务管理	5	财务制度完善(2分),经费拨付、使用符合财务制度规定(3分)。制度不健全、经费使用不规范的扣1分,违规使用的计0分
	资金效益	5	专项补助资金足额用到免费开放设施完善、群众文化活动开展上(5分)。擅自改变资金用途或有违规行为的计0分
	配套经费	5	各乡镇每年必须预算安排不低于2万元的文化活动经费,并足额用到免费开放工作上(5分)。每少5000元扣1分,每增加3000元加2分
群众评价	群众满意度	5	群众留言、民意调查满意度在90%以上的计5分,每减少10个百分点扣1分,60%以下的计0分
	群众投诉率	5	群众投诉意见记录完善,对群众投诉意见处理及时、效果较好的计5分。群众投诉率较高且处理不及时、造成一定不良影响的,每发现1次扣2分;造成严重不良影响的计0分
	社会舆论	5	宣传媒体报道和网民留言评价较好的计5分,有负面报道(评价)、造成严重不良影响的计0分

沅陵县,隶属于湖南省怀化市,位于湖南省西北部,全县总面积为5852平方公里,全县人口67万人,是湖南省面积最大的县。2013年,沅陵县生产总值155.78亿元,按照常住人口计算,人均生产总值为2.65万元。而2013年怀化市人均生产总值是2.33万元,所以全县经济状况在怀化市各县中较好。全县只有一家县级图书馆,免费开放经费每年配套齐全。沅陵县文化局根据当地实际,通过对管理运行效能、社会服务指标、资金使用效益和群众评价4个方面的12项指标进行评分,基本可以衡量出经费的投入使用情况和利用效率以及产生的群众影响。而且这些项目的可操作性很强,简单易懂。

四是长效发展原则。农村图书馆评估应该作为一种长效机制,以便促进农村图书馆的可持续发展。所以在设定农村图书馆绩效评估要求时应该是发展的、动态的,可以反映出农村图书馆的发展潜力。例如数字化资源在农村图书馆的利用效率、移动服务平台在农村图书馆的利用效率等。

第三节　农村图书馆现行管理体制与运行机制
存在的主要问题

我国农村图书馆从无到有,从新中国成立初期的兴起并稳步发展到"文革"十年曲折前进,历经改革开放后的全面发展,直到 21 世纪步入繁荣时期,农村图书馆建设取得了诸多成效,逐步形成规模。但是从目前发展现状来看,农村图书馆的建设、管理和服务成效不显著,农民还没有充分享受到农村图书馆建设带来的精神文化服务,农民看书难、获取信息难的问题依然存在,基本文化权益仍然没有得到有效保障。农村图书馆管理体制与运行机制中存在的诸多弊端便是造成这一现象的原因之一。

一、法律法规不健全

农村图书馆的建设和发展缺乏法律和法规的保障和相配套的政策。由于无法可依,农村图书馆的建设在馆舍规模、基础设施、人员经费等方面得不到确实保障,图书馆必然难以生存和发展。而我国在公共图书馆法制化建设方面,国家层面无法可依,地方立法又过于粗疏,成效不明显。自新中国成立以来,我国始终缺乏一部由全国人大颁布的图书馆法律,致使各级政府、行业协会、图书馆等各管理主体之间相互关系界定不清,职权、机构、程序、责任均未能法定化,基本处于文化行政事业一体化管理体制。目前,已有部分省市先行开展了地方性公共图书馆立法实践,如深圳、湖北、内蒙古、北京等地通过了公共图书馆条例,上海、浙江、河南、山东、乌鲁木齐等地制定了公共图书馆管理办法,在一定程度上为全国公共图书馆立法奠定了基础。其中,湖北省公共图书馆条例中的"第四条:县级以上人民政府文化行政主管部门是公共图书馆的主管部门。计划、财政、新闻出版等有关部门,在各自的职责范围内,保障和支持公共图书馆事业的发展";"第六条:县、乡(镇)公共图书馆(室)应当面向基层,为农民提供科技、文化服务"。北京市公共图书馆条例中的"第九条:本市鼓励和扶持在社区、村兴办图书馆(室)。区、县和乡、民族乡、镇人民政府以及街道办事处应当以区、县公共图书馆和街道、乡镇公共图书馆(室)为基础,采取多种扶持措施,加强社区、村内图书馆(室)的建设。市和区、县文化行政主管部门应当加强对社区、村内图书馆(室)的业务指导"。

条例中关于公共图书馆管理体制的表述大部分为,县级以上地方人民政府文化行政管理部门,负责本行政区域内公共图书馆的管理,指导、协调本行政区域内其他各类图书馆工作,均未对乡镇、村图书馆(室)的管理体制与运行机制给予相关规定。地方立法中存在的主要问题是法条过粗、内容笼统,对于一些需要明确规定的根本性问题如政府在公共图书馆事业发展中的责任、地位等只做了概括性规定,对于农村图书馆事业的发展规划与建设细则、政府对于农村图书馆建设投入比例,购书经费等应纳入财政预算、图书馆服务效能的考核等均未提出量化的依据。没有实施细则,法规的可操作性大打折扣,执行上远没有达到应有的效果,失去了法规对农村图书馆的法律保障作用。

二、政府管理职能不到位

1. 政府管理机构缺乏约束力

在党的文件中,第一个提到"农村图书馆建设"的是十四届六中全会决议[22],却没对农村图书馆建设提出指导性意见;全国以及各省、市、县各级精神文明建设先进单位的评比条件与文化先进单位的评选标准中,大都没有关于农村图书馆建设的明确规定。到目前为止,国家有关部门还未出台关于农村图书馆建设的专门性文件,仅少部分省(市)、自治区制定了本地区农村图书馆的评估标准,却又把乡镇和村的图书馆(室)一概而论,无形中提高了农村图书馆建设的条件,反而加大了农村图书馆建设的难度。国家9部委于1997年开始实施知识工程,但至今没有关于"每年发展1000个标准乡镇图书馆"落实情况的数据。由于国家至今没有明确的关于农村图书馆的法律法规及政策指导意见,农村图书馆建设缺乏有约束力的保障机制,致使出现了"无法可依,无章可循"的状况。

2. 地方政府对农村图书馆建设不够重视

农村图书馆作为宣传农村文化的主阵地,在事业发展的投入上,长期以来均由乡镇政府承担。然而,在市场经济的大潮中,由于各乡镇注重基础设施建设及改善投资环境,对农村图书馆事业建设经费往往不能保证,而以文养文、以文补文工作又未能及时有效地开展,致使农村图书馆的发展受到了较大影响。一直以来,地方政府对农村建设往往侧重于经济建设,经济建设是硬指标,而农村图书馆事业的建设成效是软性指标,无法衡量一个地区的发展进步。因而,农村图书馆事业得不到政府职能部门的足够重视,相关领导没有形成强烈的图书馆意识,认为图书馆建设只是"面子工程"。尤其是贫困地区的农村干部,则更难产生建设图书馆的热情和积极性,管理人员也身兼多职,精力能力有限,难以科学、有效地把农村图书馆管理好。由于管理机制的不健全及管理行为的不给力,不同程度地影响了农村图书馆事业的发展。形成常见的"空壳农村图书馆"现象,建成时作为一个图书馆的基本设施都齐全,能基本实施图书馆的职能,后来由于种种外在的因素,使图书馆的功能渐渐萎缩,成为有名无实的存在。《2014 年中国文化文物统计年鉴》统计数据显示:2013 年全国有 2853 个县,有 2712 个图书馆,其中有 141 个县没有图书馆,占 4.94%;其中湖北省有 104 个县(市、区),有 95 个图书馆,有 9 个县(区)无图书馆,占 8.65%[23]。

三、行业体系建设不完善

1. 行业管理体制较为僵化

历年来,农村图书馆的行业管理也面临重重困境,其行政和业务归属目前基本隶属于上级行政主管部门。一是最基层的农村图书馆由村委会主管;二是独立建制的乡镇图书馆是由当地乡镇政府主管;三是联合办馆的乡镇文化站、文化中心是由管理委员会、董事会管理;四是县级图书馆由当地文体局主管。因此他们行政主管不隶属,而业务管理、指导应该是由县图书馆、乡镇文化站、农村图书馆形成逐级业务考核与评估,但因大部分地区均没有形成正常的管理次序,没有形成系统的管理体系,农村图书馆管理体制缺失与领导意识淡漠并存。从行政管理看,乡镇图书馆由乡镇文化站管理,而乡镇文化站工作职能多而人员编制少,在业务上又隶属于群众文化系列,因而农村图书馆的业务不能接受有关业务部门的经常性指导、检查和监督等。从业务分工看,县级图书馆具有辅导基层图书馆的职责,却没有行政管理、资源调配等权力,不能有效地对基层图书馆业务进行辅导和管理。体制上的缺失直接导致乡镇政府有权无责,而县图书馆有责无权。

2. 行业管理机制比较落后

我国公共图书馆是国家兴办并由国家管理,按国家计划运行的机构。公共图书馆属于事业单位,由各级政府或政府各个部门主办并主管,所需经费绝大部分依靠国家财政拨款,人员全部纳入国家编制,业务活动遵循国家计划,业务工作脱离经济主体。各公共图书馆之间呈现条块分割、各自为政的管理特点。长期以来,我国大部分农村地区图书馆管理实行县、乡、村三级政府管理体制,这种管理体制有其固有的优点,但是对图书馆长远的发展来说,也有其不利因素。我国农村图书馆的工作,长期处于"管事的不管人,管人的不管事,管钱的既不管人也不管事"的畸形管理机制中。文化部门负责对农村图书馆建设的指导,但对关键的人和经费等无能为力,而掌管人财大权的人事和财政部门却不懂也不管图书馆业务。在这种环境下承担业务指导工作的公共图书馆,面对线长、面广的农村图书馆更是束手无策。县(区)图书馆与文化馆对农村图书馆的指导,则往往是都管又都管不到位。体制的畸形造成管理和指导工作脱节,使农村图书馆的职能不能正常发挥,图书馆的服务不能正常开展,管理人员不具备基本的业务素质,直接影响了农村图书馆事业的巩固与发展。

3. 行业管理模式不太成熟

我国公共图书馆建设制度是一级政府负责一级图书馆的建设,但是乡镇以下的村级图书馆业务建设是处于自理状况,这就需要依托于规范的行业管理模式。一直以来,农村图书馆没有统一的行业管理标准和规范化的行业管理模式。美英发达国家采用的总分馆制模式,目前在国内处于探索阶段,以上海、北京等地为代表的区域分馆模式,杭州、深圳为代表的准总分馆模式、嘉兴的城乡一体化模式等,这些模式运行时间短,普及率低,规范性不强,操作制度还不完善,因此上述各种模式在全国还没有形成成熟的运行体系。各级政府急需将国外已有的先进经验本土化,因地制宜地研究出适合我国公共图书馆,特别是农村图书馆行业体系的管理模式。各级政府必须认识到公共图书馆服务体系建设的科学性,以及公共图书馆发展所能带来的社会效益,需明确政府对农村图书馆的设置和考评,出台适应图书馆发展规律的管理体制和政策,为图书馆事业的发展提供良好的政策环境和保障机制,保证图书馆事业的可持续发展。

四、经费投入缺乏保障

近年来,虽然文化事业经费总量有所增加,但占财政总支出的比例并没有随着财力增长而增长。不少地方文化事业经费占财政支出的比例多年徘徊在1%以下,如扣除项目建设和政策性增资因素,其文化事业经费投入甚至处于负增长。在部分贫困地区和财政补贴县,图书馆业务建设几乎没有经费保障,各级财政对农村图书馆事业投入偏低,农村图书馆经费投入难以得到充分保证[24]。农村图书馆作为最贴近农民的基层图书馆,是农村文化建设的重要窗口,它在提高农民的文化素质,促进农民知识更新、创新,促进乡村产业结构调整,创建社会主义先进文化,促进农村和谐发展等方面,均发挥着十分重要的作用。然而,目前我国大部分农村图书馆事业发展不尽如人意,突出问题是对图书馆事业投入经费偏低,与新农村建设的步伐不协调。农村图书馆的硬件设施基础差、藏书种类少且更新慢、图书流失严重等现象并不鲜见,更有甚者,一些图书馆形同虚设,基本处于瘫痪状态。

课题组两次深入农村的调查显示:在图书馆建设中经费是制约农村图书馆生存与发展的第一要素,可靠而稳定的经费来源是办好农村图书馆的重要支柱。当前农村图书馆事业经费来源大致有三方面:一是镇村集体列支,二是图书馆自身的有偿服务,三是发动群众进行自我入股式的投入,农民自己投入、自己使用、自己受益。在实际工作中,农村图书馆的事业经费,一般是由政府供给,几乎没有其他资金来源。由于领导重视程度、经济收支困难等原因,多数乡村图书馆的事业经费没有列入各级政府财政预算,所以很难保证每年新书的采购所需。加上有的农村图书馆建馆时的图书大多为捐赠和临时拼凑所得,因而农村图书馆的藏书普遍类别不均衡、书刊种类繁杂、旧书和过时书刊占比很大,致使图书馆的业务工作很难开展,农民朋友很难获取新知识、新信息,无法满足广大农民对文化知识最基本的需求。

经过对农村图书馆问卷调查回收的 1042 份资料统计(东部福建地区 27 份,南部广东地区 251 份,西部陕西地区 178 份,中部湖北地区 586 份),东部地区 2010—2013 年的农村图书馆事业投入经费年增长率为 26%,南部地区增长率为 6%,西部地区增长率为 - 8.5%,中部地区增长率为 1%,具备专项购书经费的有 115 家,占总数的 11%,没有专项购书经费的有 927 家,占总数的 89%;具备免费开放经费的有 185 家,占总数的 18%,没有免费开放经费的有 857 家,占总数的 82%。由此可见,农村图书馆的资金投入数量少,不稳定,特别是贫困的西北地区呈负增长,县、乡镇级财政基本只能保证支付图书馆工作人员工资,而图书馆的购书费、业务费、运行维护费等经费却严重短缺。由于多年欠账,欠发达地区很多县级图书馆几年甚至几十年没有买书或者很少买书。有 30% 的县、乡镇图书馆在调查表的建议栏中填写内容为:"希望农村图书馆建设纳入财政预算,给予适当的购书费、活动经费和运行经费等,以保障农村图书馆健康持续的发展。"这说明欠发达地区对文化事业的投入还远远不够,也可推断出贫困地区对图书馆事业的投资额更是少之又少的。形成了越是需要投入文化资金改善贫穷落后现象的地区越是缺乏资金的恶性循环(见表5－13)。

表5－13　对部分农村图书馆经费投入情况一览表

地区　　年份　经费	投入经费(万元)					专项购书经费		免费开放经费	
	2010	2011	2012	2013	增长率(%)	有	无	有	无
东部地区(福建27家)	17.2	30.2	28.6	35	26	2	25	5	22
南部地区(广东251家)	694	698	854	828	6	41	210	64	187
西部地区(陕西178家)	26.8	4.3	15.5	20.5	－8.5	32	146	64	114
中部地区(湖北586家)	18.6	9.3	18	19.2	1	40	546	52	534

五、人才匮乏待遇偏低

由于体制的原因,公共图书馆自身没有用人的自主权,完全由上级文化、人事主管部门决定图书馆人员的进出,于是县级图书馆出现了一方面人员超编现象突出,另一方面却是能胜任图书馆工作的专业人员奇缺。通过调查可以了解到,农村图书馆的这一现象普遍存在,而且越是贫困的县,通过"关系"挤进图书馆的人就越多。湖北麻城市(县级市)图书馆,馆舍面积只有2300平方米,藏书不足10万册,而图书馆的工作人员就达62人,超过一般中等城市图书馆的用人,而多数没有编制,人员的庞杂和严重超编不仅加剧了图书馆的经费困难,而且造成人浮于事,大大降低了工作效率,"人吃书"的奇怪现象普遍存在。

农村乡镇、村图书馆(室)的用人制度与管理也是很不规范,导致有些乡镇图书馆的建设时基础设施较好,但由于无专人管理,很多已遭受不同程度的损坏,如一些村图书室基础藏书就达4000多册,并由县文化部门组织图书管理人员帮助分类整架,建立了规范的借阅制度,图书经过分编加工,但近几年却发现图书已散失过半,报刊也所剩无几。因既没有专业人员管理,又没有相对的待遇报酬,借阅制度也不能很好地执行,村民今天拿一本,明天拿一本,结果使大量图书不知去向,造成很多文献资料流失,并导致图书馆(室)名存实亡(见表5-14)。

表5-14　部分农村图书馆工作人员情况一览表

项目 地区	数量(人)				专职	兼职	职称		收入 (元)	接受专业培训比例 (%)	人均在职教育 (小时/年)
	总人数	在编	劳务派遣	志愿者			初级	中级			
东部地区 (福建27家)	43	17	2	24	25	18	1	2	1824	30	1.1
南部地区 (广东251家)	997	466	156	375	439	558	80	168	2058	36	0.05
西部地区 (陕西178家)	389	183	76	130	171	218	19	57	1368	21	0.09
中部地区 (湖北586家)	637	211	151	275	219	418	26	41	1133	17	0.23
合计	2066	877	385	804	854	1212	126	268		239	0.19

1. 管理人员缺乏专业知识

目前多数农村图书馆的管理人员由文化站的工作人员兼任。在表5-14中显示,专职人员854人,兼职人员1212人,其中兼职人员占58%,有职称的工作人员394人,仅占19%。这些人身兼数职,主要工作职责是文化站的文职工作,兼任图书馆管理员、文化馆的宣传员、统计员等。兼职身份和没有职称的工作人员,工作上只能应付一般的借阅,对于收集信息,介绍宣传科技实用知识等业务工作有一定的困难。如调查表中的湖北省麻城市(县级市)图书馆62名工作人员中,只有16人有中级职称,其余的工作人员均无职称。管理人员的业务素质颇低,严重影响了农村图书馆的服务效能及图书馆功能的发挥。

2. 工作人员队伍不够稳定

据调查,农村图书馆工作人员普遍收入待遇过低,不少图书管理员于20

世纪80年代农村图书馆创建至今,已在图书馆的岗位上工作了30多年,对图书馆有着浓厚的工作热情,但对农村图书馆的现状感到担忧[25]。从表5-14中看出在编人员877人,占总人数的42%,劳务派遣和志愿者人员1189人,占总人数的58%,这些大部分的兼职人员,月均收入仅1600元,与2013年城镇就业人员月平均工资4460元相差甚远。一无保障,二无待遇的难堪境地,致使部分图书管理员出于自身利益考虑离开了农村图书馆另谋出路,一定程度上影响了图书馆工作人员队伍的稳定性,更无法吸引文化水平高、专业能力强的人才到图书馆工作。上级文化主管部门对农村图书馆管理员队伍很少组织专业培训和在职教育,从表5-14中看出,接受专业培训的有239家图书馆,占22%,人均在职教育时间仅为每年0.19小时,直接导致农村图书馆管理员队伍素质普遍不高,从而影响了图书馆正常服务工作的开展。多数农村图书馆读者量一年不如一年,难以发挥其应有的作用。特别是我国农村图书馆的馆长,主要是上级部门任命的,流动性较强,他们一般对图书馆的业务了解甚少,在许多农村干部心目中,图书馆只是个摆设,根本发挥不了什么作用,这样在很大程度上限制了农村图书馆的发展。

第四节 加强农村图书馆管理体制与运行机制建设的思路和建议

在党和政府的关怀下,60多年来农村图书馆事业取得了长足的进步,特别是东部沿海及一些经济发达地区的农村图书馆建设,达到了较高的水平。但就整体而言,管理体制与运行机制上所存在的一些问题和弊端,依然严重阻碍着农村图书馆事业的发展,如何进一步加强农村图书馆的组织管理,健全完善农村图书馆运行机制,其发展思路与建议如下。

一、大力推进农村图书馆法规建设

依法治馆是公共图书馆管理的重要指导思想。我国宪法第二十二条明确规定:"国家发展为人民服务、为社会主义服务的文学艺术事业、新闻广播电视事业、出版发行事业、图书馆、博物馆、文化馆和其他文化事业,开展群众性的文化活动。"这表明包括图书馆在内的整个文化事业是在国家法律允许范围之内,受宪法的保护和约束。所以,农村图书馆作为公共图书馆体系中的重要组成部分,其管理应该严格遵循宪法精神,以宪法为依据强化农村图书馆的管理。

新中国成立以来,中央有关文件中多次指出要发展农村图书馆事业,如党中央公布的《1956—1957 全国农业发展纲要》、1981 年中共中央《关于关心人民群众文化生活的指示》等。为推动当地的农村(乡镇或基层)图书馆事业发展,各地方根据自身的实际情况颁布了一些具有法规性质的条例及有关规定,例如,2001 年颁布的《湖北省公共图书馆条例》要求,"公共图书馆应当拓展服务领域和服务功能,采用多种形式提高馆藏资料利用率,为当地经济社会发展和科学研究服务。县、乡(镇)公共图书馆(室)应当面向基层,为农民提供科技、文化服务",并"鼓励和支持农村村组、城市社区、社会团体、企业事业单位和个人兴办向社会开放的图书馆(室)"。但至今,我国还没有一个在全国范围内具有法律效力的基层图书馆法规[26]。

在我国图书馆事业发展过程中,虽然制定了很多行之有效的方针、政策,但是这些方针、政策毕竟没有上升到法律的高度,使之规范化、制度化。因此,在执行过程中往往被打折扣,而不能像法律一样具有强制性。例如,国家政策规定要保证图书馆事业经费的投入,其增长幅度应和国民经济增长的幅度同步,由于没有法律去规范它,许多地方都没有执行这一规定。以湖北为例,《湖北省公共图书馆条例》中规定:"各级人民政府应当将公共图书馆事业纳入国民经济和社会发展计划,将公共图书馆经费列入财政预算,并与经常性财政收入的增长幅度相适应。"由于没有强有力的执行办法,各级地方政府执行起来也是大打折扣。如果有了国家层面的《图书馆法》,图书馆就可以依据法律,要求各级政府必须依法执行,甚至能够在一定程度上以行政不作为提出行政复议或行政诉讼,依法保证图书馆经费能够到位。

因此建议即将出台的《公共图书馆法》中应包括对农村图书馆的地位、性质、作用、功能、任务、义务、设置制度、专业职务资格等进行法律界定,也要对农村地方政府所承担的责任等做出比较严格的要求。比如,各级地方政府部门应制定相应的地方管理法规体系,明确农村图书馆的法律地位,使农村图书馆的建设和管理有法可依;各级政府文化主管部门要对农村图书馆的各项管理制度以及考核办法等纳入管理政策之内,并不断进行完善,适当进行保护性的政策倾斜;要选择懂业务、肯吃苦、有责任心的人担任图书馆管理员,并逐步提高管理人员待遇;同时,还应认识到,对农村图书馆仅仅"设置"是不够的,要努力完善并充实,在经费投入、人员培训、设施设备等方面给予制度保障。通过国家或地方法规体系,确立农村图书馆的法律地位,让农村图书馆的建设和管理有法可依。只有这样,才能使我国的农村图书馆依法建设、借法发展,也只有这样才能实现农村图书馆有人管和管理好的建设目标。

二、加强地方政府的宏观管理

加强地方政府的宏观管理,首先要提高农村地区领导责任人对农村图书馆的关注度,把农村地区的文化事业特别是农村图书馆的发展作为一项事关地区精神文明建设的大事来抓,促进当地物质文明、精神文明和政治文明协调发展。其次,地方政府有责任消除和改革不合理的社会资源配置方式,整合和调节社会资源中的不平衡现象。在社会公共文化事业发展投入方面应适当地向农村图书馆倾斜,并制定相应的政策措施,在农村图书馆的馆舍用地、人员安排等方面给予各种形式的优惠和扶持。最后,地方政府还应该从财政预算中拨出一定比例的专款经费用于农村图书馆的建设和发展,并采取符合地方实际、切实易行的举措,以保障使农村图书馆发展必需的购书经费、运行经费和人员经费等能够落实到位。

从根本上讲,就是要加强各级党委和政府、各级文化主管部门对农村图书馆的重视和领导,加强各级领导对农村图书馆的发展规划、目标措施、经费投入、队伍建设等实施全方位的管理。党中央提出的关于"加强领导,积极发展,因地制宜,量力而行,讲求实效,稳步前进"的24字农村文化建设方针就可以看作是加强农村图书馆的宏观管理的重要依据。江苏、上海等地区图书馆事业发展的实践,都说明党委、政府和文化主管部门的高度重视和精心规划是农村图书馆事业发展的关键和保障。政府宏观管理大致归纳为以下做法:

一是抓规划。所谓规划,是人们通过科学的预测,对未来的行动所确定的方案。它的作用在于,所提出的奋斗目标成为推动事业前进的一种推动力,成为鼓舞群众、激励干劲、增强信心、奋力拼搏的一种向心力。比如,苏州市文化局在制定全市"十二五"文化发展目标中明确提出,"加快构建资源共享、协同采编、统一检索、一卡通用的城乡公共图书馆总分馆体系,全市新建公共图书馆分馆不少于200个"[27]。

二是抓措施。规划的实行在很大程度上取决于具体措施的实施。一般来说,措施越具体任务才越有可能实现。苏州市文化局依据市委、市政府每年文化建设发展规划,根据农村实际情况,每年都下达具体措施要求。例如,在乡镇图书馆建设初期,提出"全面消灭乡镇图书馆空白点,大力发展万册图书馆",下一年提出"全面上等级,万册馆翻一番",第三年则更进一步,要求"全市三分之一的乡镇建成万册图书馆"。通过这些具体措施,切实推进了乡镇图书馆建设。

三是抓评比。主要通过评比乡镇文明图书馆活动,评定乡镇图书馆等级工作,促进乡镇图书馆事业的发展。早在 20 世纪末,无锡市就开展乡镇图书馆等级达标工作,制定标准,评定级别,促进乡镇图书馆快速发展。

总体而言,地方政府的宏观管理应建立科学合理的导向机制,因地制宜确定农村图书馆建设发展目标,结合地区实际经济文化条件确定农村图书馆的建设规模、数量、基础条件等。同时,切实保障政策落实和措施实施,确保农村图书馆工作落实到位。

三、建立适合我国国情的农村图书馆管理体制与运行机制

我国是一个统一的多民族国家,地域辽阔,人口众多,各地发展差异很大。通过问卷调查和实地调查发现,东、中、西部农村图书馆发展不平衡现象十分明显。由于我国实行的是集中统一的管理体制,财政实行"分级管理"机制,因此,经济发达地区农村图书馆建设的经费、人员、设备设施条件均有保障,而经济欠发达地区的农村图书馆发展状况却令人担忧。因此,从我国的国情出发,图书馆事业应建立一个统一协调、条块结合、布局合理的管理体制。国家设立专门的公共图书馆事业管理机构,各省、市、县、乡镇也设立相应的图书馆管理机构,实行垂直管理国家、省、市、县、乡镇五级公共图书馆,制定全国五级公共图书馆发展规划。尤其是县、乡镇、村三级图书馆(室),更需要统一管理,统一资源配置和服务。从图书馆内部运行机制上也必须进行彻底的改革,走特色化发展的道路。以往无论图书馆大小,从藏书采购的原则到业务机构的设置,工作内容与服务方式基本上千馆一面,这样就很难在市场经济中占有一席之地。农村图书馆是面向广大农民的最基层的图书馆,它的服务对象是农民,因此,应结合农村实际,因时因地确定自己的建设规模、文献资源的收藏范围、人力资源的配置、服务项目的设计以及服务方式的特点等,走特色化发展的道路,以满足广大农民的文化需求并为当地农村经济发展提供智力支持和文献保障。只有建立一个适合我国国情的农村图书馆管理体制与运行机制,才能建设具有中国特色的农村图书馆,也才能使农

村图书馆事业更加蓬蓬勃勃的发展壮大。

四、加快农村图书馆行业体系建设

目前,我国公共图书馆服务体系建设发展很快,省、市、县级图书馆各司其职,已经形成了一套科学合理的管理保障机制,但公共图书馆向农村乡镇延伸时,面对基层图书馆复杂的行政管理关系往往举步维艰,难以收到成效。因此,必须切实加快农村图书馆行业体系建设工作,以促进农村图书馆稳步平衡发展。现阶段,可以重点做好以下工作:

1. 推广总分馆建设模式

总分馆制以有效利用资源、提高服务效益为目的,通过一体化和专业化管理,实现体系内各级图书馆之间的资源共享和服务互动,充分体现了管理机制和运行机制的合理性与适用性。在网络技术、计算机技术高度发达的今天,这种总分馆模式越来越受到国内图书馆界的关注,总分馆制的实践也在我国东部沿海一些地区开始推行,然后逐步推广开来。2008 年 4 月举行的"构建公共图书馆服务体系嘉兴论坛"就有苏州、佛山禅城、上海嘉定、北京西城、长春、黑龙江和哈尔滨等图书馆的各种总分馆制经验的介绍。现行的各种总分馆制模式很多,一般都是根据当地的政府财政能力、群众需求、地域优势、已有馆室条件和领导文化理念的几个要素融合而出现的。

根据我国现状,东西部经济发展差距较大,东部地区的经济实力使得当地政府可用的财政大大增加,在财物甚至人员上都可以统一管理调配,这也是东莞、嘉兴等总分馆模式取得成功的主要原因。但对于中西部而言,基础差、经济弱,县级图书馆的条件刚刚有所好转,而农村乡镇图书馆困难还很多,如果要求地方政府按照东部模式,统一管理,全面增加投入几乎是不可能的任务。因此,我国东部经济发达地区的农村图书馆可以借鉴东莞模式、嘉兴模式的做法,加快推行总分馆建设步伐。而我国中西部经济欠发达地区的农村图书馆,可以根据现有条件,以"联合办馆"或组建"图书馆联盟"的形式作为农村图书馆的建设模式,即通过协商自愿合作、挖掘潜力、互惠互利、整合权属关系不一的各类图书馆资源,促使单位、行业、系统等图书馆局部或全部向社会开放,形成以市、县公共图书馆为龙头,联合本地区乡镇图书馆(室),综合协调各类图书馆通力协作的"联合办馆"模式,建立农村图书馆服务体系,实现业务合作和资源共享。还可以通过"图书馆联盟"的方式,建立"自助式"总分馆制服务体系。在建立县、乡镇、村三级网络的"图书馆联盟"

中共同推行总分馆间的业务建设与服务,利用自己的存量资产创造更大的效益[28]。

推广总分馆制建设模式,是未来中国图书馆事业的发展方向,但它的发展需要一个过程,各地情况差异很大,一刀切的标准和时间要求是没有的,所以,条件比较具备的地方要多与政府沟通和互动,让认识和理念尽早趋向一致,做好开头,循序渐进,在一个时间段内建成规范的总分馆制。条件较差的中西部地区要主动开展各种各样的公共文化服务的尝试,为建立总分馆制积极创造条件[29]。

2. 构建城市图书馆对农村图书馆的帮扶机制

我国乡镇图书馆建设的起点比较低、条件比较差,存在着资源不足、活动萧条、管理员短缺、投入匮乏等突出问题,整体建设状况与新农村建设的需要极不适应。在这种背景下,条件相对较好的城市图书馆,应该树立城乡一体化新格局的理念,拓展服务功能,积极在帮扶农村图书馆上多下一些功夫。特别是省、市图书馆应利用自身文献资源丰富、基础设施好等条件,帮助、指导农村图书馆的建设,特别是要发挥自身专业优势,通过定期抽调优秀人员下基层志愿服务或对农村图书馆人员义务培训等方式,帮助农村图书馆人员提高专业素质。

这其中,建立农村图书分馆和流动图书馆是一种简单而有效的方法。图书分馆主要是以省级、县级公共图书馆为中心,在所辖区域各县(区)、乡(镇)设立的图书分馆和流动图书馆。在农村建立图书分馆和流动图书馆,是提高基层图书馆利用率,提高农村地区文化生活水平和改善社会风气的重要手段,它面向农村、面向农民群众提供文化信息服务,对于满足他们的精神文化需求具有重要作用。同时,它也盘活了公共文化资源,使公共图书馆的文献信息资源得到有效共享。流动图书馆和分馆形式,使大型城市图书馆能对农村的业务辅导和人员培训进行更方便和统一的统筹管理。

除城市公共图书馆外,各级学校图书馆尤其是高校图书馆也应积极参与到农村图书馆建设中来,发挥好学校图书馆具有专业管理、信息技术、人员服务和服务理念等方面的巨大优势,积极参与农村图书馆建设。发展条件成熟的地方,可以建立包括省、市图书馆,学校图书馆等非基层图书馆与农村图书馆之间的帮扶机制和交流机制。一方面使农村图书馆获得管理经验、信息技术和服务模式等方面的持续支持,另一方面使非基层图书馆的服务功能和服务链条得以广泛延伸,实现图书馆在知识和信息服务上的社会功能,以及服务网络的全覆盖化。

3. 建立健全农村图书馆业务管理规章制度

农村图书馆的规章制度、业务流程等是管理工作的重要内容,也是图书馆业务管理工作的依据和准绳。制定相应的业务管理制度关系到农村图书馆管理服务工作全局的一项重要任务,关系到农村图书馆实施科学化、规范化、标准化管理的重要步骤。

农村图书馆的规章制度和工作条例,是指从事管理工作时须遵守的准则、程序。实践证明,要提高农村图书馆的科学管理水平,必须加强规章制度和工作条例的建设。简单而言,农村图书馆规章制度和工作条例应包括如下这些内容:农村图书馆(室)工作条例;采、分、编细则;分类人员要求;书刊外借管理方法;阅览室管理规则以及读者及工作人员应遵守的各种制度,各自职责和应注意的事项等。另外,还有统计工作细则、咨询工作条例等。总之,每一个农村图书馆都要根据自身工作特点和要求,制定相应的各种规章制度和工作条例,确保每一项工作都实行科学化管理,规范化管理,标准化管理。省、市图书馆也要在帮助地区农村图书馆建章立制的同时,制定修改符合本地区发展情况的农村图书馆服务规范,引导农村图书馆积极改变管理理念,以符合农村图书馆整体发展的需求[30]。

五、建立长效灵活的经费保障机制

地方政府经费投入不稳定,事业发展经费不足是农村图书馆普遍存在的难题。在目前的国情下,要保障农村图书馆经费稳定投入,必须坚持政府投入为主导,鼓励以多种所有制形式为补充,争取多渠道筹集资金,推动农村图书馆事业发展。

1. 积极倡导各级政府加大经费投入力度

农村图书馆事业建设不是一蹴而就的,它的生存与发展需要源源不断的资金投入。我国农村图书馆目前的滞后状况,主要是办馆经费短缺所致。新农村建设增强了对农村图书馆建设的重视程度,中央要求各级政府要把包括图书馆在内的文化建设提上议事日程,纳入政府财政支出预算,由政府承担公共图书馆建设管理责任。如果将所需新馆建设投资、管理人员工资及购书等业务活动费能按照一定比例纳入地方财政预算,那么农村图书馆就会拥有一个稳固的财政来源。

针对农村图书馆文化教育职能而言,其经费投入可参照政府对教育行业的经费投入模式实施。据国家财政部 2012 年财政预算指出,当年财政性教育经费占国内生产总值的 4%,而且还明确了教育财政投入政府责任分配比例,中央和地方分配比例为 37:63,地方政府承担大部分。为确保教育经费落实,还通过建立地方政府教育经费财政投入监督检查机制与相应的奖惩评价机制,将教育经费投入纳入地方政府的业绩考核指标体系,以保证地方政府教育财政投入足额及时到位与高效发挥作用,如果地方政府官员对教育经费存在投入不足、不到位、被挤占、被挪用等违法行为还必须承担相应的法律责任。

结合对农村图书馆的调查分析,农村图书馆经费投入比例不应低于当地教育事业,投资的增幅应与当地教育事业增幅持平,并将这些内容纳入当地财政预算中。同时,建立相应的监督考核与奖惩评价机制,以保障农村图书馆经费长效稳定的投入[31]。

2. 努力争取国家财政补贴扶持

国家财政补贴是指国家为了实现特定的政治经济目标,由财政安排专项基金向国有企业或劳动者个人提供的一种资助。中国现行的财政补贴主要包括价格补贴、企业亏损补贴等,补贴的对象是国有企业和居民等,补贴的范围涉及工业、农业、商业、交通运输业、建筑业、外贸等国民经济各部门和生产、流通、消费各环节及居民生活各方面。财政补贴是一种转移性支出。从政府角度看,支付是无偿的;从领取补贴者角度看,意味着实际收入的增加,经济状况较之前有所改善。近年来,国家对社会公益文化事业日益重视,扶持力度逐步增大,中央文件明确提出,要"加大对社会公益事业的支持力度。社会公益事业具有较强的社会效益,私人投资者通常不愿介入或介入不充分,政府财政对社会公益事业的支持,有利于促进社会事业进步,提高人民生活水平和改善生活环境"。

2012 年,由国家发展改革委、文化部和国家文物局共同研究编制的《全国地市级公共文化设施建设规划》正式实施,其中明确提出,在投资安排上,地市级三馆建设的责任主体是当地人民政府,中央视各地财力予以适当补助,中央安排专项投资,重点补助新建项目和中西部欠发达地区、少数民族地区建设项目。"十二五"期间,约需中央补助投资 70 亿元。2013 年,在财政部和文化部共同颁布《中央补助地方美术馆、公共图书馆、文化馆(站)免费开放专项资金管理暂行办法》中,指出,"专项资金分为补助资金和奖励资金,其中:补助资金用于对东中西部地区'三馆一站'免费开放所需支出给予补助;奖励资金用于对'三馆一站'免费开放工作实施效果好的省份给予奖励"。

类似这样的国家财政补贴,都是对公共图书馆事业特别是农村图书馆事业的极大促进。因此,各地区在大力推动农村图书馆建设时,一是应及时掌握和利用国家补贴文件中的有关政策和要求,努力争取国家补贴以作为对农村图书馆发展经费的有效补充;二是应对农村图书馆申请财政补贴予以适当的政策倾斜,降低申报门槛,合理增加申报比例和数量。农村图书馆也应结合自身工作实际,积极申请财政补贴。一般而言,农村图书馆至少可以从免费开放、办馆条件、管理人员培训、流动图书车服务、群众文化活动、信息服务等方面重点申请有关政府补贴。

3. 鼓励其他社会资金多元化投入

地方各级政府要站在建设社会主义新农村的高度,认识农村图书馆的地位、作用和功能。农村图书馆不仅仅在文化知识方面服务农民,帮助农民科技致富和勤劳致富,更能在提高广大农民群众的科学文化素质和现代文明素养等方面起到积极作用。通过广泛集中地宣传引导,让社会各界人民群众了解农村图书馆的现状、认识农村图书馆的意义、利用农村图书馆的功能、支持农村图书馆的发展,形成良好的舆论氛围,激励各种社会资金向农村图书馆进行投入。现阶段,可采取以下几种形式:一是发挥集体经济的优势,在集体经济较发达的农村集体中,提取一定比例的公积金和公益金作为集体积累,用以补充农村图书馆发展经费的不足;二是图企联合,利用自身优势,为企业提供文献信息服务,收取信息服务费用,实现互惠互利;三是吸引社会援建力量。目前,图书馆的社会捐助基本还是由政府主导,社会机构和团体、个人的捐助还不成规模,可借鉴欧美等经济发达国家所采用的图书馆基金会制度,加快建立我国的图书馆基金会。应由当地政府或文化职能部门依靠本地的经济力量建立图书馆基金,并吸纳各方面资金,做到专款专用。同时,对每年的资金使用情况进行审计,严格管理,确保所得基金款项全部用于农村公共图书馆的建设和发展。

总之,努力寻求其他社会资金来源是发展农村图书馆的重要补充,其灵活多元的投入方式可以有效弥补地方财政的不足,使农村图书馆走上快速稳定发展的道路。当然,发展农村图书馆的途径还有很多,要根据当地的具体情况灵活运用,只要对发展农村图书馆有利有益的形式都可以采用。

六、建设一支稳定的干部队伍

农村图书馆的人员队伍问题突出表现在三个方面:一是管理人员没有正式编制,二是人员队伍很不稳定,三是整体素质偏低。因此,如何培养和建设一支敬业称职、训练有素的图书管理员队伍已是农村图书馆发展迫切需要解决的问题。

1. 科学设岗,合理定编

农村图书馆管理人员的配备数量要根据各地农村图书馆的建设规模和发展情况而定。经济发达地区由于投入经费多,藏书数量就多,规模也较大,根据实际工作的需要,藏书不足万册的小型农村图书馆至少需配备 1 名专职管理人员;藏书超过万册的,至少应配备管理人员 2 名,其中专职管理人员 1 名;藏书达到 1.5 万册以上的,至少应配备管理人员 3 名,其中专职管理人员 2 名。随着藏书增加,规模扩大,管理人员相应增加。同时,万册以上的农村图书馆要配备馆长。在确立了岗位的同时,必须要对专职管理员定编,早在1992 年,山东省莱州市编制委员会发出文件,将乡镇专职图书管理员正式列入文化站编制,这对于稳定图书管理员队伍,推动基层图书馆事业发展,起到了积极的促进作用,值得在全国各地推广。

2. 专业培训,精心辅导

各级文化主管部门和省、市图书馆都要把对农村图书馆的业务辅导作为一项重要任务:通过业务培训、参观学习、交流信息、学术研讨、知识竞赛、选送进修等多种形式帮助图书管理员学习,掌握科学管理的基本知识和技能,不断提高管理能力和水平,促使乡镇图书馆的业务建设走上科学化、规范化、标准化的轨道。江苏苏州市要求乡镇万册馆必须配备 3 名专兼职管理人员,并经过专业培训,考核合格发给证书,逐步推行持证上岗制度,在乡镇万册馆建设中发挥了积极作用。

3. 保障待遇,关心成长

在抓紧人员素质的培养和提高的同时,针对农村图书馆(室)管理人员工作辛苦而待遇偏低,不利于队伍稳定的状况,各地的文化界、图书馆界积极向上级政府及有关部门呼吁,提建议,办实事,促使乡镇图书管理人员的编制、工资、福利待遇等问题的改善,并逐步予以解决。江苏无锡市文化部门也在有关文件中,要求乡镇图书管理人员的工资待遇要达到当地乡镇企业职工平均工资水平。辽宁省文化厅也曾出台有关文件,在该省人事部门达成共识的基础上,解决编制问题或给予一定的政策。

4. 定岗定责,奖惩分明

随着农村改革的深化,市场经济体制的建立,农村图书馆的管理同样面临着深化改革的问题。因此,在农村图书馆实行岗位责任制管理是一种比较科学的管理模式。图书馆与管理员签订年度责任目标,将管理员的岗位职责、工作实绩等与工资奖金挂钩,完成指标者工资奖金按约兑付,超额完成者再嘉奖,完不成指标则扣奖金乃至工资。定岗定责,奖惩分明,有利于调动管理人员的积极性,增强其爱岗敬业的责任意识。

七、建立农村图书馆绩效评估考核体系

一是加快建立农村图书馆绩效评估体系。到目前为止,我国公共图书馆评估体系中,尚未将乡镇、村级图书馆(室)纳入评估体系,所以需要多方齐力建立一套科学、客观、公正并富有操作性的农村图书馆评估考核体系,特别是关于农村图书馆绩效评估的标准。

二是农村图书馆绩效评估应以县政府作为评估主导。目前,县级图书馆的评估因为纳入了我国公共图书馆评估体系中,所以县级政府和领导一直重视评估的结果,并且在评估前后会掀起图书馆建设的高潮。而乡镇图书馆多挂靠在乡镇文化站,工作人员一般也由文化站工作人员兼任,重视程度不够。村级图书室一般建在村委会中,由村委会工作人员一并看管,往往专业素养不高,服务也达不到读者对信息的需求。只有将农村乡镇、村图书馆(室)的绩效评估和考核由县政府主导,并纳入乡镇政府和村委会的政绩考核,才能引起乡镇政府和村委会的重视,从而推动农村图书馆事业的建设和发展。

三是农村图书馆绩效评估主体应多元化。农村图书馆评估主体多为上级文化部门和上级图书馆,这种评估难免带有个人情绪色彩。只有绩效评估主体多元化,才能多方面、多层次,客观公正地评估图书馆的建设情况和资源利用效率。在2003年第三次评估中,就采取了委托中国图书馆学会及其各地方学会进行评估的方式,并且增加了对读者满意率调查。在2013年的第五次评估工作中,还邀请了部分媒体代表参与到部分评估组中,也发挥了舆论的重要作用[32]。

四是对农村图书馆绩效评估结果应加强监督。农村图书馆服务最终目的是为了满足农民的精神文化需求,作为服务窗口是否发挥了应有的作用,不能仅看服务的数量、质量和效益,还应重点关注农民对它的满意程度。在

农村图书馆绩效评估结果中,可以反映出图书馆服务中存在的问题,并可以根据反馈结果进行改进。而改进的程度如何就需要本级政府部门,上级图书馆和当地农民群众的共同监督。

第五节　结束语

农村图书馆研究是深化图书馆学研究的迫切需要,是图书馆学研究成熟程度的重要标志,也是完整地表述中国图书馆事业必不可少的组成部分。把农村图书馆研究列入科研课题之中,组织各级相关部门为发展农村图书馆事业提供理论、人才、智力和资源支持十分必要。通过对农村图书馆管理体制与运行机制的分析和研究,中国农村图书馆事业的发展,必须将其放在国家社会长期发展的全局中统筹规划,并以新的视角去观察和思考,密切关注社会对农村图书馆的需求变化,也只有这样,才能确定农村图书馆发展的正确方向,任何孤立、封闭地制订和执行农村图书馆发展计划的行为,都将误导整个事业的发展,阻碍事业的总体进程。新中国成立以来,农村图书馆事业走走停停、整体发展较缓的状况也表明,农村图书馆若没有科学健康的管理体制与运行机制支持,农村图书馆事业是不可能持续快速和健康发展的。只有在农村实现县、乡镇、村三级图书馆的普遍建制及辅以标准化、规范化的管理体制与运行机制,才能从实质上推动农村图书馆事业的建设和发展。

参考文献:

[1] 夏征农,陈至立主编.辞海[M].上海:上海辞书出版社,2009.

[2] 黄宗忠.中国图书馆管理的回顾与展望[J].图书知识情报,1997(4):7—11.

[3] 黄宗忠.新中国图书馆事业 50 年.[J].图书知识情报,1999(4):7.

[4-5] 徐冰,倪晓健.关于变革公共图书馆管理体制的若干思考[J].新世纪图书馆,2011(2):18—21.

[6] 胡锦涛.坚定不移沿着中国特色社会主义道路前进为全面建成小康社会而奋斗——在中国共产党第十八次全国代表大会上的报告[R/OL].(2012-11-19)[2014-07-05].http://www.xj.xinhuanet.com/2012-11/19/c_113722546.htm.

[7] 苏燕玲.基层图书馆在城市化建设中的出路[J].科技情报开发与经济,2008,18(7):18—20.

[8] 乔国良,何颂冰.安徽构建县域公共图书一体化网络[N/OL].[2014-07].http://

news. idoican. com. cn/zgwenhuab/html/2013 - 07/09/content_4918234. htm？ div = - 1.

[9] 冯国权. 示范项目创建中"攀枝花经验"的启示与思考——以"大地书香新农村家园工程"为例[J]. 新世纪图书馆,2013(8):87—90.

[10] 张冰. 新发展中的武汉城市圈图书馆联盟建设探讨[J]. 武汉商业服务学院学报,2011(2):87.

[11] 百度百科. 陕西省公共图书馆联盟[EB/OL]. [2014 - 07 - 05]. http://baike. baidu. com/link? url = KDZAzq _ J - 508M0I9Ve - 2MsZ8RVyd6gz3ERDRQQP - woivbADNKlOx1I19tjJYd09RQRaDYQp4haQCnTH1qUahba.

[12] 马艳霞. 国内外社会力量参助图书馆建设的特点与启示[J]. 图书·情报·知识,2009(11):44—50.

[13] 陈卫东. 广东流动图书馆网络管理模式实践与研究[J]. 图书馆论坛,2007(10):79—82.

[14] 杨小毅. 新农村建设中的"流动图书馆"——以武汉市"流动图书馆"为例[J]. 新环境下图书馆建设与发展,2007(12):618—620.

[15] 中国文化报. 陈世海,张阳. 张家港实施"网格化公共文化服务"[N/OL]. (2011 - 12 - 13)[2014 - 09 - 20]. http://epaper. ccdy. cn/html/2011 - 12/13/content_ 63040. htm.

[16] 臧运平等. 我国农村地区公共图书馆建设的诸城模式研究[J]. 中国图书馆学报,2012(5):4—14.

[17][23] 中华人民共和国文化部. 中国文化文物统计年鉴 2014[M]. 北京:国家图书馆出版社,2014:106—113.

[18] 王学思. 全国第五次公共图书馆评估定级综述[EB/OL]. (2013 - 09 - 11)[2014 - 09 - 20]. http://www. ndcnc. gov. cn/zixun/xinwen/201309/t20130911_755143. htm.

[19] 潘寅生. 图书馆绩效评估简论[J]. 图书馆论坛,2006(6):31—36.

[20] 财政部预算司关于印发《预算绩效评价共性指标体系框架》的通知[EB/OL]. (2003 - 04 - 21). http://yss. mof. gov. cn/zhengwuxinxi/zhengceguizhang/201305/t20130507_ 857159. html.

[21] 沅陵县文广新局. 沅陵县图书馆文化馆和乡镇综合文化站免费开放工作绩效考评办法[EB/OL]. (2012 - 07)[2014 - 09 - 20]. http://www. ylxwhj. com/Article/ShowArticle. asp? ArticleID = 184.

[22] 车俊美. 新农村建设背景下的农村图书馆发展探讨[J]. 农业经济,2011(6):75—77.

[24] 汪强. "十二五"时期欠发达地区农村图书馆的发展困境[J]. 新世纪图书馆,2013(7):83.

[25] 朱婧文. 论农村图书馆的困境与出路[D]. 太原:山西大学,2007.

[26] 严文郁. 中国图书发展史[M]. 新竹:枫城出版社,1983:110—133.

[27] 王效良.浙江图书馆志[M].北京:中华书局,2000:99—114.

[28] 章明丽.解读嘉兴模式[N].中国文化报,2008 - 05 - 10(3).

[29] 王效良.基层图书馆的农村服务工作[M].北京:国家图书馆出版社,2010:33—39.

[30] 中图学会社区乡镇图书馆专业委员会等.发展中的社区乡镇图书馆[M].深圳:海天出版社,2004:128.

[31] 中图学会社区乡镇图书馆专业委员会等.图书馆服务均等化与资源共享[M].武汉:湖北科学技术出版社,2008:99.

[32] 申晓娟,李丹.公共图书馆服务评价研究——兼论文化部全国县以上公共图书馆评估工作[J].图书馆杂志,2013(9):51—56.

（执笔人:万群华　贺定安　徐力文　徐金安　荀晋
　　余嫚雪　李红　王炼　余眈　王锦东）

第六章　社会力量参与农村图书馆建设

　　按社会学的概念,我们一般所说的社会力量是指,能够参与、作用于社会发展的基本单元,包括自然人、法人(社会组织、党政机关事业单位、非政府组织、党群社团、非营利机构、企业等)[1]。但本章所指的社会力量,则确应另有一番定义。一般地说,我们所指的是除政府资源之外的其他力量;从更确切的定义来说,社会力量是指除了直接或间接依靠政府财政资源履行乡镇村及其区域内中小学的图书馆建设和管理职能的政府部门、事业单位之外的社会机构、单位、团体、企业以及自然人。

　　我国当前社会力量助推图书馆(包括农村图书馆)事业发展的潮流,是在党和政府21世纪初出台的一系列政策的鼓励催化下逐渐形成的。2003年,国家启动了文化事业体制的改革,明确"继续鼓励对宣传文化事业的捐赠",其中包括"对公益性的图书馆、博物馆、科技馆、美术馆、革命历史纪念馆的捐赠"[2]。在《国家"十一五"时期文化发展规划纲要》中更提出了"引导和鼓励民间力量捐助和兴办图书馆、博物馆、文化馆等,在用地、税收等方面给予政策优惠。民间力量通过依法成立的非营利公益性组织和国家机关向公益文化事业的捐赠,纳入公益性捐赠范围"。中共中央办公厅、国务院办公厅2007年进一步要求各级政府要"积极引导民间力量以兴办实体、赞助活动、免费提供设施等多种形式参与公共文化服务。支持境内各类文化基金会和文化投资公司参与公共文化服务。支持民办公益性文化机构的发展,鼓励民间开办博物馆、图书馆等,促进公共文化服务的多元化、社会化"[3]。2010年,国务院发布了《关于鼓励和引导民间投资健康发展的若干意见》,为鼓励民间资本参与图书馆等文化设施建设开辟了通道。接着,文化部也在2012年发布了《关于鼓励和引导民间资本进入文化领域的实施意见》,鼓励民间资本捐建或捐资助建图书馆等公共文化基础设施;采取政府采购、项目补贴、定向资助、贷款贴息、税收减免等政策措施,引导民间资本投资兴建民间图书馆等文化设施。一些地方政府如北京、湖北、山东、浙江等省、直辖市以及深圳、乌鲁木齐两市也在其颁布的地方性法规和规章中专门规定,鼓励和支持社会团体、企事业单位和个人兴办向社会开放的图书馆(室)并参加公共图书馆网络[4]。

综上所述,国家政策条件的不断深化调整,为这几年社会力量加大对农村文化事业的支持力度做了一个很好的注解。

通过收集各方面的资料信息,我们用"点、线、面"的方式,从7个方面综合述评国内社会力量支持农村图书馆发展的现状。"线"的方式则首先是回顾民间支持公共图书馆(包括农村图书馆)发展的历史,时间跨度长达110余年。然后从基金会、企业、私人和志愿者以及其他社会力量4条线详细阐述社会力量助力农村图书馆建设的方式、力度、重点、特点以及趋势。接着又用"面"的方式,根据对不同县域进行农村图书馆梳理式调查的结果来说明目前社会力量在支持农村图书馆整体发展中所占的份额和比重。而"点"的方式贯穿于文内,对一些重点案例进行原汁原味的介绍和分析。本章结尾最后从政府、社会力量和公共图书馆3个方面阐述对推动社会力量进一步参与农村图书馆事业发展所应采取的对策。

第一节　社会力量助力图书馆事业发展之沿革

一、民间助力图书馆事业发展的传统

站在历史的角度看,尽管政府是推动图书馆这一"公器"发展的主要推手,但世界上任何国家的图书馆事业都离不开民间力量如影相随的助力。"中外最早的高等教育机构的图书馆,初期都来源于社会知识精英的个人捐赠"[5]。国外如此,国内也如此。清末的改良派和维新派对藏书应"遍惠士林"[6]的大力倡导,冲击了封建时代的藏书楼理念,促进了新型图书馆的诞生。康有为、梁启超等人一面呼吁敦促朝廷开办新型公共图书馆,一面也率先行动,筹办强学会图书馆。尽管强学会图书馆只有短短4个月寿命,但是行动就是启示,各地成立的数十个新型学会也纷纷开辟书藏,不设禁规,出现了民间图书馆的雏形[7]。1900年,浙江绍兴的开明士绅徐树兰开风气之先,先后捐银2.3万余两,集书7万余卷,筹建古越藏书楼,3年后开馆,向公众公布借阅章程和开放时间[8]。继而,清廷开始在新办学堂里开设图书馆(亦名藏书楼),并逐渐成为法定规范。随着新学堂如雨后春笋般的出现,第一所官办的公共图书馆于1905年在长沙成立[9],酝酿已久的图书馆运动开始发力。1909年韦棣华女士创办的文华公书林成为我国首家举私人之力兴办的现代图书馆[10],文献开架开放,供人自由阅览,中国的图书馆运动走上了现代轨道。与此同时,中国早期的实业家也颇具远见,早早就投入了刚兴起的图书馆运动。清朝最后的状元、南通实业家张謇于1912年,无锡实业家荣德生于1916年分别开办了藏书十万卷左右的图书馆。此外,史量才、冯平山等也多有建树[11]。1916年,鼓吹理想、倡导维新的梁启超致电各省,发起创办松坡纪念图书馆,以纪念刚刚病逝的弟子蔡锷将军。梁启超自筹书籍1万册,又从北洋政府处筹得2.4万余册观海楼旧藏,于1924年和1925年分两地开放,梁自任馆长,以践行自己对于现代图书馆的理想[12]。因此可以说,中国早期的图书馆运动,不但不缺乏民间力量的参与,而且恰恰是民间力量的加入和奋力推动,才促进了政府对于图书馆建设的认识。

中国对民间图书馆建设的探索,是与官办公共图书馆的发展同步前行的,尤其是从20世纪20年代到抗战爆发前,更是出现了一个较为显著的高潮。抗战以前,"几乎每县市政府所在地均设有图书馆。此种图书馆有两种形式:一为由税收公款支持的公立图书馆,一为由私人捐助的私立图书馆"[13]。据1931年12月中华图书馆协会的调查结果,全国县立私立图书馆共921所,但没有细分,所幸严文郁的书中又列出了1935年10月许晚成编的《全国图书馆调查录》的数据,全国27省市共有图书馆2520所,其中私立者515所,占比为20.4%[14],这些数据已能大致反映出民国时期图书馆界民间力量的身姿光影。著名的云南腾冲和顺图书馆也是由一些缅甸归侨发起筹备的阅书报社,于1924年对外开放,1928年改成现名,这是我国农村的首家图书馆。接着,一些乡绅和有识之士开办的民间图书馆也逐渐走向乡村,尤其是在南方,其原因与"南方乡村宗族势力影响力大,士绅与村庄的价值关联度强有很大关系"。1923年8月,蒋显曾兄弟与成本琛利用家藏图书在湖南省湘乡县西阳乡(今为娄底市娄星区)创办了一个丰乐图书馆。1933年1月,云南保山籍的张木欣创办的云南腾冲六保街木欣图书馆落成开放,他从北平收藏家手中买来数万件文物古籍并新建了馆舍。1931年在陕西省乾县城内药王庙,刘文伯开办了私立敬业图书馆,每天有近50人到馆阅读。1935年,河南的宋天才将军在嵩县城内中山大街创建了首三图书馆,4月正式对外开放,其藏书以《万有文库》为主,阅书人数也达到每天15人左右[15]。在这一民间图书馆建设潮流中,规模最大的是闻名遐迩的上海商务印书馆东方图书馆,藏书50余万册,其中善本方志6千余部、6万余册,不幸于1932年全部毁于日军炮火[16]。即使在抗日战火当中,国民政府当局无暇顾及文化建设,一些民间人士照样开设私立图书馆,如 1938 年开办的成都私立图书馆、上海合众图书馆,1939 年开办的湖南武冈县私立都梁图书馆、湖南长沙私立长沙青年图书馆、江西泰和私立江西天翼图书馆,1944 年开办的福建同安私立巷声图书馆。武冈、泰和、同安都是农村地区,但也是抗战的后方,图书馆所带给人们的精神力量,同样是抗战所必需的[17]。

二、文化建设新时期的有利条件

中华人民共和国成立初期,土地改革导致私营经济受到严格限制,乡绅开办的私立图书馆就基本当作地主财产而被没收或停办。这种状况一直延续到改革开放之初的 20 世纪 70 年代末。在这 30 年中,尽管也有个别私人图书馆由于处在特殊环境中而勉强生存了下来,但大部分私人图书馆都已并入了公办图书馆或自生自灭了[18]。

自 1978 年至 1980 年,国内民间图书馆的建设开始复苏。由于被"文化大革命"所禁锢的读书热情的释放,全社会涌动着一股图书馆热,公立图书馆门前办借书证的人们排起了长长的队伍。于是,一些矢志不渝在农村藏书、读书的文化人便勇敢地立风气之先,敞开了书屋书架,办起了私人公益图书馆,以补充公立图书馆的不足。短短 3 年间,湖北、江西、河南、山西、天津、海南、浙江等地都出现了民间图书馆。"从 1978 年到 2002 年这 25 年间,仅新闻媒体报道,全国各地至少成立了 118 所私人公益图书馆,平均每年新生近 5 所私人公益图书馆,这一增长速度略高于民国前期年均增长 4 所的速度"[19]。同时,许多具有官方背景的公益组织也开始以各种方式支持和援助基层的农村、学校图书馆。但改革开放后全国以经济建设为中心任务,暂时还无法关注文化建设,公共文化方面的政策法规也乏善可陈,何谈对民间力量的支持。

2002 年 11 月,《北京市图书馆条例》开始实施,这是我国第一部涵盖各种图书馆类型的地方性图书馆法规。其中第 11 条规定:"本市鼓励自然人、法人和其他组织兴办图书馆或者以捐赠资金、文献信息资料、设备等形式资助图书馆事业的发展。捐赠人依照《中华人民共和国公益事业捐赠法》享受税收等优惠。"这是国家和政府层面向有志于图书馆建设的社会民间力量发出的一个春天的讯号[20]。接着,前文所述的国家政策连续、适时地出台,奠定了社会力量参与国家文化事业建设的基础。在公益捐助的减免税方面,国家规定"民间力量通过国家批准成立的非营利性的公益组织或国家机关对宣传文化事业的公益性捐赠,经税务机关审核后,纳税人缴纳企业所得税时,在年度应纳税所得额 10% 以内的部分,可在计算应纳税所得额时予以扣除;纳税人缴纳个人所得税时,捐赠额未超过纳税人申报的应纳税所得额 30% 的部分,可从其应纳税所得额中扣除"[21]。2008 年 1 月 1 日起施行的《企业所得税法》中则进一步规定:"企业发生的公益性捐赠支出,在年度利润总额 12% 以内的部分,准予在计算应纳税所得额时扣除。"吴汉华检索从 2003 年到 2009 年建成的私人图书馆数量,其结果是 126 所,平均每年新建 18 所,大大超过了 20 世纪末期 20 年中平均每年新建 5 所的速度[22]。"近几年来民间掀起的捐建捐助贫困乡村图书馆的热潮,应该说与这一系列文件的发布有着密切联系"[23]。

2003 年,我国遭遇了新中国成立以来未曾有过的全国性的天灾——"非典"。在谈"非典"色变的时期,政府为了动员全国的力量来战胜灾害,鼓励社会各界积极捐赠,实施了凡向防治"非典"的单位机构捐赠,均可给予所得税减免的优惠政策。灾害影响的规模和范围以及政策的激励唤醒了企业家和社会团体的慈善情怀,复苏了社会公民的公益意识。社会上出现了一批自觉承担抗击"非典"责任的志愿者,他们活跃在抗击"非典"的第一线,又被媒体广泛宣传,从而使更多人参与进来。自此开始,民间志愿活动在全国传播开来。因此,吴汉华称:"'非典'疫情结束之后,激发起来的社会公众的公益热情并未就此消退,而是转向了更多的公益领域,建设民间图书馆也是他们所从事的公益事业之一。"[24]2004 年 2 月,国务院通过的《基金会管理条例》出台,不但对国内公、私募基金会的运作做了详尽的规定,而且明确开放境外基金会进入国内。这一开天辟地的举措极大释放了社会的能量,大力推动了国内公益事业的发展,支持帮助农村和贫困地区文化教育事业已成为各类基金会和非政府团体的热点工作,在政府与民间力量共同推动下,各地的农村中小学图书室和乡村图书馆也雨后春笋般地发展起来。同时政府也越来越重视图书馆的社会职能,把共享工程和农家书屋工程列入国家级工程并由各层级政府直接管理,给全社会支持农村图书馆建设提供了强大的动力。

第二节　当前参与农村图书馆建设的主要社会力量

梳理近年来活跃在图书馆事业上的社会力量,主要由 4 个方面组成,即以基金会为代表的非政府组织(简称 NGO)、企业、个人(志愿者)或小社团,加上社会的其他方面。这 4 个方面中,以前三位为主要组成部分。据《慈善蓝皮书——中国慈善发展报告(2014)》报道,2012 年年底,我国的社会团体有 27.1 万个,基金会有 3029 个[25]。据基金会中心网初步统计,约 200 家基金会投入了援建图书馆的工作,它们的目光大都注视着贫困地区,并且聚焦在贫困地区最短缺的条件上①。另据《中国民间公益组织基础数据库数据分析报告》[26]的调查,完善信息的 810 家除基金会之外的民间公益组织中,服务领域涉及最多的就是儿童青少年、教育助学和综合志愿服务,而这些领域都与农村图书馆事业息息相关,企业的关注点也如此。对于中国企业来说,"企业社会责任"早已不是一个陌生的名词,企业履行社会责任的必要性已是全社会的基本共识。2013 年 10 月,国务院常务会议要求企业年检改为年度报告,将企业的相关信息透明化。据《中国慈善发展报告(2014)》透露,全国《企业社会责任报告》从 2006 年的 32 份猛增到 2013 年的 1231 份[27]。企业对于文化教育事业的支持帮助,都可以从中找到踪迹。比如中国移动通信集团公司的《2013 年可持续发展报告》中就列出明确数据,至 2012 年年底,为 23 个中西部省区建设了 1694 个"爱心图书馆",比上年增加了 184 个[28]。而个人(或合伙)投身公益图书馆的人员则从未绝迹,它如同涓涓细流,"春雨润物悄无声",同时,它也理所当然地呈现此起彼伏的状态,一些馆消失,而另一些馆又悄然而起。截至 2010 年年底,"寻找文化火种之旅"网站收录媒体报道过的全国私人公益图书馆的数量在 320 所左右[29],而吴汉华著《中国民间图书馆研究》列出截止到 2011 年 9 月底的 338 所民办图书馆名录[30]。随着公益理念日渐深入人心,私人公益图书馆也迎来一个迅猛发展的时期。

在上述三方面的社会支持中,志愿者的身影无处不在,队伍日益庞大。据 20 家 NGO 不完全统计,截至 2010 年年底,他们已向创建和资助的民间图书馆提供志愿服务19 042人次。这些志愿活动集中在如下方面:①图书的募集与分拣工作;②图书馆日常管理活动;③阅读辅导;④参与培训与指导等[31]。从本质上归纳,所有支援农村图书馆的活动,其所包含的大量人力劳动,都应该属于志愿者的活动,无法实现精确统计。

---

① 根据中国基金会中心网 2014 年 6 月和 8 月专为本书提供的 2012、2013 年全国各基金会年度报告中相关段落的文字摘要和数字统计的综合摘录资料。本章所涉及的许多文字表格数据,其依据均出自此。因此,下文中凡与此资料相关的需明确的出处均标注为"基金会中心网 2012(3)年年度报告摘要"。

在上述以投入公益事业为主要目标的社会力量之外,还有许多分散的社会力量不断加入到支持农村图书馆发展的队伍里来。这些力量大致可以分为媒体、草根组织、官办的慈善机构以及其他团体、单位。近年来,媒体在公益战线上极其活跃,它们或单独出手,或与NGO等组织团体合作,采用各种方式支援和帮助贫困乡村,尤其是在中小学生的阅读方面,助建了许多学校图书馆(室)。由于媒体本身的传播能力,这种支持就具备了动员范围广、社会影响大的特点。而草根组织指的是除正式获准注册的NGO之外的社会团体,它们或是未登记注册,或是已登记为企业法人,或是一些社团的二级分支机构,或是民办非企业组织。这些团体一般规模不大,实力不强,组织形式比较松散,但是这个群体的体量很大,贴近地气,行事方便,单个个体支持力度并不强,但聚合起来则不可小觑。如吉林省长春的辛文助学会就是由长春的中小学教师自发组织起来的,参会的教师每月会从工薪中抽百十元统一缴纳,由项目责任人统一筹划,从事助学和建馆等活动[32]。官办的机构、团体、单位对农村图书馆事业的支援帮助,则大部分体现在拨款采购适合支援对象阅读的书籍或者电脑、书架等设备送下乡。除了"送书下乡"之外,也采用"一帮一"方式,帮助一些有特定联系的乡镇和村庄建设图书馆(室)。

一、各类基金会对于农村图书馆所做的贡献

自改革开放以来,海内外NGO最早最多地开始规模化支持中国图书馆事业,尤其是农村图书馆事业的民间力量,其中绝大部分是基金会或者带有基金会性质的社会团体。截至2010年年底,NGO已在我国内地建设民间图书馆26 023个。在NGO建设的民间图书馆中,有政府背景的NGO创建的民间图书馆占据多数,例如中国青少年发展基金会已建立"希望工程图书室"14 753个,中国红十字基金会的"红十字书库"已为博爱小学、农村中小学、农村文化站、社区图书室以及乡村博爱卫生院(站)等捐建了1035个书库,中华文学基金会的"育才图书室"工程自2004年创建,6年内已为老少边穷等贫困地区1469所中小学校和福利院捐建了"育才图书室"[33]。据统计,截至2012年年底,中国青少年发展基金会累计已建立"希望工程图书室"17 023个,后来开展的"希望工程快乐阅读"项目在2012年又配置了32万册书籍;截至2013年年底,中国红十字基金会的"红十字书库"累计捐赠数已达3307套;中华文学基金会的"育才图书室",2013年继续在山东、河北、湖南、湖北、安徽、云南、

西藏、浙江的 141 所中小学里建成①。从全国各地 NGO 的活跃程度看,支持农村图书馆事业的力度在不断加大,而且更可喜的是,捐建的图书馆软硬件质量在不断提升,势头越来越好。

1. 投身于农村图书馆事业的基金会群

用"声势浩大,波澜壮阔"来形容当前全国公益慈善组织对于农村图书馆事业的百般关心实不为过。基金会中心网提供的全国基金会 2012 年推进农村图书馆事业发展的慈善行动数据很能说明问题(见表 6 - 1)。

表 6 - 1　全国各地基金会 2012 年推进农村图书馆事业发展慈善行动概况一览表

基金会名称	捐建形式
黑龙江省妇女儿童基金会	爱心书屋　中小学生自救图书
贵州文化薪火乡村发展基金会	筑梦乐园送电脑、绘本、可移动书箱
贵州省妇女儿童发展基金会	47 所蒲公英留守、流动儿童之家
贵州文化薪火乡村发展基金会	真爱梦想(2012)梦想书屋升级版梦想中心
贵州省青年志愿服务基金会	微笑小屋　多功能为留守儿童服务
贵州省妇女儿童发展基金会	建武警春蕾希望学校图书室
福州市教育基金会	资助福清学校图书
福建尚德教育基金会	55 所尚德爱心图书室
福建省潘振东教育基金会	振东图书馆　振东文化中心
福建省福光基金会	为贫困农村中小学配备图书室
福建泉州南安市芙蓉基金会	支持李成智公众图书馆
福建平潭县林光炜教育基金会	农村学校捐赠图书
福建尚德教育基金会	捐赠永泰长庆中心小学电脑
厦门观音寺慈善基金会	捐赠莆田、埭头、后郑小学各 20 台电脑、图书室 1 个
成都市成华区爱心教育基金会	8 所学校捐赠图书
成都市青少年发展基金会	向中小学捐赠图书
成都市红十字会　成都教育基金会	红标成都助学行动　红十字书库

---

① 中国基金会中心网 2012 年年度报告摘要。

续表

基金会名称	捐建形式
四川省红十字基金会	画家冯明捐助尔玛图书阅览室建设
四川省青少年发展基金会	为希望小学配备图书
四川省汶川地震灾区重建基金会	慈善拍卖筹建留守儿童图书屋
湖北龙感湖中学雪龙教育发展基金会	1.68 万元购龙感湖中学图书
湖北省青少年发展基金会	"关爱城市流动花朵"援建农民工子女学校图书室
心平公益基金会	书香校园工程　贫困地区建学校馆
重庆红十字基金会	为山区小学配置图书
重庆卢作孚教育基金会	1.2 万元捐赠北碚图书馆
重庆市妇女儿童基金会	援建儿童图书室或留守儿童之家
重庆市妇女儿童基金会	接受捐赠的儿童读物光盘等配送农村地区
云南省妇女儿童发展基金会	"春蕾桥"结对款购赠图书
云南士恒教育基金会	赠1800 余册给两所小学"诚明图书室"
云南省青少年发展基金会	捐赠36 所希望图书室
云南士恒教育基金会	银海阅览室捐建项目,赠8 个社区图书
云南士恒教育基金会	向沧源县10 余个学校教学点捐赠50 台电脑
昆明市春蕾少年儿童基金会	帮助中国儿童基金会在寻甸县新街完小建"春蕾图书室"
陕西纯山教育基金会	10 所农村小学建"纯山乡村图书馆"
陕西国运教育慈善基金会	1.2 万元购赠图书
陕西省妇女儿童发展基金会	"中小学生教育系列丛书"图书捐赠
陕西众泰慈善基金会	资助舟曲城关一小电脑40 台
陕西妇女儿童发展基金会	转赠30 台电脑支持渭南培华艺校残疾人
韬奋基金会	捐赠宁夏农家书屋图书约300 万册
中国青少年发展基金会	希望工程图书室项目和快乐阅读项目
中国华侨公益基金会	"侨爱心"工程在全国建侨爱心图书室
中国光华科技基金会	"书海工程"

续表

基金会名称	捐建形式
中国人口福利基金会	为四川仁寿杨柳中学捐爱心图书阅览室
中华文学基金会	近470万元继续建立金叶育才图书室
中国留学人才发展基金会	建广东省爱心图书室
中国文学艺术基金会	向珠海的小学捐赠爱心图书、字典
中国残疾人福利基金会	开展2012集善行动之一——爱心图书馆项目
中国残疾人福利基金会	资助中国盲文图书馆数字图书馆建设
中国人口福利基金会	"幸福书屋—2012"，为贫困村庄捐建书屋
中国华文教育基金会	在玉树黄河源小学校舍设多媒体室
中国人权发展基金会	书香校园公益读书行动，捐赠数字文化信息资源
中国下一代教育基金会	向黑龙江肇东赠100台电脑和青少年图书
中华思源工程扶贫基金会	为贫困地区建"思源扬帆图书室"
中国儿童少年基金会	"安康计划2012"建68所"安康图书馆"
中国下一代教育基金会	"书香基金爱阅行动"向贵州黎平送书
中国孔子基金会	继续建"国学流动图书馆"
中国西部人才开发基金会	资助新疆阿勒泰幼儿园教学所需的图书
中国下一代教育基金会	留守儿童教育救助项目捐赠电脑
中国光华科技基金会	"捐物助困行动—2011"向10省市捐赠电脑
中国光华科技基金会	"物华工程—2012"捐赠电脑
中国西部人才开发基金会	为"伊利方舟（校园安全）"项目配套相应图书
中国社会福利基金会	"随手送书下乡"全国建立99个乡村免费借阅点
中华少年儿童慈善救助基金会天下溪教育咨询中心	"汇丰悦读计划"，建流动儿童图书馆80余家
中华少年儿童慈善救助基金会	青少年成长救助和生存救助，图书出版，小屋援建
中国红十字基金会	捐赠贫困地区中小学电脑教室和"红十字书库"

续表

基金会名称	捐建形式
中国关心下一代健康体育基金会	向汶川地震灾区少年儿童赠多媒体阅览室
江苏省儿童少年福利基金会	向苏北苏中学校捐5个爱心图书馆
江苏昌明教育基金会	"新阅读行动"定向贫困地区学校捐书
江苏省豪爵慈善基金会	"让读书成为习惯",设立开放式图书馆
江苏昌明教育基金会	建"萤火虫亲子悦读馆"推广亲子阅读
江苏苏州和合文化基金会	"甘泉工程",在宁夏小学建和合书屋
浙江省新华爱心基金会	在5省28所小学捐赠爱心图书室
杭州市图书馆事业基金会	对吉林延边图书馆提供图书
宁波市江北区人民教育基金会	0.6万元给贫困学生捐赠图书
杭州市图书馆事业基金会	与健华社订约,扶持杭州的健华图书馆
杭州市图书馆事业基金会	奖励示范性乡镇/街道图书馆
宁波市江北区人民教育基金会	送慈城中心小学图书
浙江东湖教育基金会	捐赠图书给98人
浙江永康市人民教育基金会	资助中小学图书报刊支出
浙江余姚市人民教育基金会	建设数字化校园平台,电子图书馆等
广东岭南教育慈善基金会	资助贫困山区4所中小学书架和图书
广东省教育基金会	规范校舍,为9市17县学校建设图书室、电脑室
广东佛山市建设文化事业基金会	汽车图书馆公共服务项目
广东省南澳岛扶贫助学基金会	对5所中小学捐赠爱心图书室
广东省海鸥文教基金会	向海南兰英希望小学捐赠10台电脑
深圳市妈妈食堂关爱基金会	向山西西行春蕾小学捐赠25台电脑
韶关市教育基金会	"乡村百校图书工程"为173所学校配备书架图书
广西华侨爱心基金会	捐书给各侨校、侨场图书室
广西民族教育发展基金会	"感恩报恩,书送关怀"大型图书公益募捐活动
广西启明扶助基金会	在10所山区中小学建协力启明爱心书屋

续表

基金会名称	捐建形式
广西协力扶助基金会	向 84 所中小学赠书
广西民族教育发展基金会	林中阳捐 10 万元为新立小学购置电脑 7 台
老牛基金会	向北京蓝天丰苑打工子弟学校赠款购书
香江社会救助基金会	在 6 省新建 54 所香江爱心图书室
施耐德电气公益基金	向西部贫困地区儿童少年捐赠图书
北京市华夏人慈善基金会	慈善徒步为贫困山区孩子建图书室募捐
北京桂馨慈善基金会	在辽宁凤城建 48 个桂馨书屋
北京市华夏人慈善基金会	贵州金沙县扶贫，手提电脑捐赠学校
上海真爱梦想公益基金会	"梦想书屋—2012"送二手图书、电脑
上海师范大学教育发展基金会	奉贤区阅读推广项目，开讲座指导阅读
上海师范大学教育发展基金会	向安徽泾县丁家桥镇中心小学赠书
上海师范大学教育发展基金会	购书赠送西藏日喀则地区中小学
上海师范大学教育发展基金会	在奉贤推广阅读"大带小"—赠书
天津宏志教育基金会	开展捐助活动在蓟县山区中小学设立图书角
天津市华夏未来文化艺术基金会	向涉农区县学校和幼儿园赠书
新疆汇嘉十分孝心基金会	向特克斯县边远贫困学校捐赠电脑
新疆维吾尔自治区资助教育基金会	向 11 所贫困学校提供图书
新疆溢达杨元龙教育基金会	戈壁长征项目捐赠喀什三所小学 20 台电脑
安徽省儿童少年基金会	在全省新建 10 所爱心书屋
安徽国祯爱心慈善基金会	为老区山区学校建"国祯爱心书屋"
安徽省国际文化艺术发展基金会	向桐城松桂小学捐赠 2 台电脑
安徽省仁众教育基金会	向唐田镇凤凰小学捐赠电脑
河南省关心下一代基金会	购"中华魂"图书捐赠贫困地区
河南省宋河老子国学教育基金会	"温暖冬天"，为农村学校送图书
新乡市教育基金会	捐赠学校电脑
新乡市教育基金会	捐赠育才小学电脑
湖南省教育基金会	给边远山区学校建图书室

续表

基金会名称	捐建形式
湖南省郴州市教育基金会	组织学生参加"共建郴州图书馆"活动
青海妇女儿童发展基金会	给青海10所留守儿童学校配置爱心图书角
青海苏曼竹巴慈善基金会	开展义诊向青海玉树学校孤儿院养老院捐书
沈阳市职工爱心慈善基金会	为农民工子女学校捐赠电脑室
本溪市教育基金会	为13所偏远学校配多媒体梦想中心和图书
山西省科教文互助基金会	"全民助读工程"为多个小学建立图书室
吉林省青少年发展基金会	向社会募捐,资助希望小学图书电脑
河北省教育基金会	捐赠平山县中小学青少年自救图书

上述表格是根据基金会中心网提供的各基金会2012年度工作报告里的数据归纳的,直接支持农村图书馆事业的有102个基金会的125个项目。对工作报告中一些项目费用数据进行拆分估算的结果显示,上述项目所涉经费大约为4.27亿元。需要特别说明的是,上表中不包含企业所办公益性基金会的数据,因为这些基金会是企业参加公益慈善事业的一个平台,由它们运行的一些具体项目将在本章第二节第二小节中阐述。

从各基金会工作报告中可以看到,2013年直接支持农村阅读事业的基金会有170家,比2012年增加了66.6%;支持项目213项,同比增长69.1%;总用款项约为6.555亿元,同比增加53.5%。一些老牌项目继续加大力度推进,如光华科技基金会的书海工程,2013年捐书码洋2.96亿元;中国青少年发展基金会的希望工程项目投入1.04亿元。新进入农村支持阅读的基金会数量大幅增加,如广西革命老区建设基金会在百色市右江区汪甸瑶族乡投入80万元(地方配套120万元)建设一个民族图书馆,总建筑面积800平方米①。

从上述数据对比中可以看到,国内对于阅读关乎农村面貌的根本改变这一认识正在不断深化,关注农村图书馆事业的人群也越来越多,应该更加重视社会多方助力农村图书馆发展的现象,这说明国人的"图书馆意识"在社会的快速发展步伐中迅速地增强,它对图书馆界提出的问题是,我们应如何迎

---

① 中国基金会中心网2013年年度报告摘要。

接这个带着时代特点的阅读热潮?

2. 基金会支持农村图书馆的几个特点

从上述对基金会的调查可以发现,当前基金会支持农村图书馆的几个特点:一是基金会的支持方向集中于贫困农村的青少年,他们是可以改变农村贫困面貌的一代,可塑性强,对他们的支持能够取得比较明显的作用。表6-1 中98% 的项目都是针对青少年的。二是基金会全国性展开的工程项目越来越多,地域跨度明显扩大,项目落地的密度也在增加。说明了基金会这一公益组织的实力在快速强大起来。如心平基金会,2012 年捐助图书阅读项目的学校和社区新增了 490 所,其援助项目已经遍布 25 个省市的1125 所学校社区,仅在四川、山西和贵州,就分别有 174 所、166 所和 164所[34]。三是基金会之间的项目合作越来越频繁,而且不仅是基金会之间,基金会与志愿者组织、基金会与企业、基金会与事业单位、甚至基金会与政府部门之间都有大量的合作。如贵州文化薪火乡村发展基金会在贵州黔东南州开展的"筑梦乐园(2012)"项目,发起方是腾讯公益慈善基金会,执行方为上海真爱梦想公益基金会,而薪火基金会是第二执行方,这样的合作方式越来越普遍。尤其是出资基金会与执行性公益组织的合作,由基金会策划推出项目,公益组织承接执行项目,互补长短,相得益彰,反映了社会的日趋成熟和公益慈善事业的分工细化。在浙江,就有滴水公益、华夏公益等许多拥有百十名以上志愿者的公益组织。四是基金会的公益慈善行动已经逐步改变了初期的粗放方式,即单纯的硬件支援而没有后续监督、没有人员培训、没有阶段评估,更没有志愿者服务和资源使用方法形式的传授。现在的支援方式往往是"支援—服务—培训—评估",链式进程,环环相扣,货真价实,效益非凡。

3. 美国加州健华社与中国乡村图书馆

1989 年 11 月,以美国加州州立大学北岭分校(California State University, Northridge)的华裔教授为主体的华人公益社团(NGO)美国加州健华社①(Cultural Enrichment Coalition, California, U. S. A.)发起一项倡议,由南加州美籍华人捐资在中国较贫困的农村地区建立乡镇公共图书馆,弥补政府在农

———————————

① 美国加州健华社,其前身为加州圣峪中华文化协会健华社,简称圣峪华协健华社San Fernando Valley Chinese Cultural Association/ Cultural Exchange Committee,简称 SFVC-CA/CEC。

村文化建设上的缺位。该倡议得到广泛的回应。他们邀请曾在北岭进修的浙江大学图书馆的夏勇馆长担任健华社在中国的总代表,负责处理一应事务。健华社创立初期,捐款来自加州北岭地区的工薪阶层,所以前 10 年(1990—1999)一共才建了 13 所健华图书馆,其中有不少是健华社领导以各自家族名义捐赠,如林同坡教授、周广南教授、左四臧教授等。后来通过大力宣传,迎来了热心于健华图书馆事业的慈善人士邹庆国、刘永乐夫妇,牛春龙女士(其先生是著名电影导演吴宇森),金志成、陈丽香夫妇的加入,健华图书馆的数量有了快速增长。以上慈善人士的捐款数额占了总捐款数的 61% ,而捐赠一个图书馆以上的捐款人(包括家族、个人和单位)总数也已达 31 个。正是这些美籍华裔人士的无私奉献才使健华图书馆的发展能一直坚持下来。特别值得一提的是刘永乐女士,不仅与其丈夫邹庆国先生一起捐款,甚至为了健华图书馆事业辞去了自己在美国的教师工作,全职参与健华图书馆事务,现在她是健华社常务副社长,经常在中国内地广大农村奔波。

接受健华图书馆资助有四项基本条件:①申请者必须是中国内地的乡镇人民政府或乡镇中小学;②申请地区经济相对欠发达,财政比较困难,特别要关注少数民族地区、边疆地区、贫困地区;③申请地区有较高的文化需求,如有乡镇中小学,乡镇民众中有一定阅读能力并有一定图书馆基础,这意味着乡镇文化站中已经有图书室,村民中小学毕业文化程度者占成年人 60% 以上;④乡镇政府具有建立公共图书馆的积极性并且愿意提供 100 平方米以上的馆舍、图书馆基本设备,愿意提供建立小型电子阅览室的 ADSL 因特网接口;聘用一名具备图书馆专业技能的管理人员并承担图书馆的日常运行费用;资助期内乡镇政府还必须提供健华图书馆购书经费每年不少于 2000 元人民币;资助期满后政府承担健华图书馆所有费用,保证健华图书馆能长期运行,免费为民众服务。其中第四条是最为核心的。

有意愿的乡镇和学校都可以向美国加州健华社、健华图书馆中心、健华社联络代表递交申请书。健华社各地联络代表根据上述建馆基本条件,对申请单位进行考察和申请书审核,在充分与乡镇领导沟通后,确定合适的候选者,将其申请书和联络代表的考察报告同时发送美国健华社和健华图书馆中心。经美国健华社社务会议讨论同意后通知相关的健华社联络代表、健华图书馆中心和申请者,同时汇出第一笔捐款给相关的健华社省市联络代表,并请申请单位做好开馆前的所有准备工作,包括购置电脑、安装 ADSL 网线、购买书籍、预订报刊及馆舍设备购置、馆牌定制、图书馆管理员简单培训等,并选择合适的时间与当地政府签署协议书。一个健华图书馆的资助金总额为6000美元,分4年拨给。第一年3000美元,作为新建馆启动经费,购买2台电脑和书刊,使健华图书馆得以开办并保障日常工作正常运行。以后3年每年1000美元,通过连续4年资助,在健华图书馆具有一定的规模并取得办馆经验后,由当地政府继续拨给书刊经费,使图书馆永久地办下去,这种方式借助于健华社的捐款从而奠定乡镇图书馆的物质基础,启动前期建设,然后由政府接棒,继续推动图书馆发展。

健华图书馆设立了四级架构,即健华社、健华图书馆中心、各地联络代表、健华图书馆,力图加强对健华图书馆的管理。其中健华图书馆中心和联络代表,主要由致公党的机构和党员来承担。联络代表是健华图书馆能长期稳定发展的重要因素,他们不仅在建馆初期选择馆址时起关键作用,还要在健华图书馆、美国健华社、健华图书馆中心之间不断加强沟通工作,更重要的是帮助健华图书馆解决工作中碰到的问题与困难,例如辽宁的联络代表帮助辽宁省的健华图书馆从电信部门争取到免费网络。为了更好地开展健华图书馆工作,美国加州健华社和中国致公党浙江省委员会通过友好协商,建立健华图书馆中心,以协助美国加州健华社、健华社中国总代表做好健华图书馆工作。健华图书馆中心的主要工作是:全国健华图书馆的联络与信息沟通、新馆协议书的制定、《健华图书馆通讯》的编辑、接受申请书等。自健华图书馆中心成立以来,健华图书馆工作有了很大进展,特别在图书馆的管理上,开发了图书管理软件“健丽美管理系统”,并对图书管理员、联络代表等资料进行收集、整理、建档,使管理不断规范化、制度化。同时,通过网络平台,宣传健华图书馆,以提高其影响力。此外,还适时举办图书管理员培训、举办第100所健华图书馆成立纪念活动等,促进健华图书馆间的交流与学习。在资助期内的健华图书馆每年都要做一次评估,其依据除健华社联络代表对所管辖的健华图书馆每年不少于一次的走访和特邀的健华大使不定期巡视外,主要是健华图书馆的年终总结和年终报表。对于未兑现协议书中义务的图书馆,健华图书馆中心会告知其违反协议书的条款,并停止发放捐款,直到改正后一年发放①。

健华图书馆已经走到了第25年,截止到2014年6月底,健华社已批准在全国建立了161个图书馆,分布在21个省市自治区(见表6-2)。其中,2013

---

① 夏勇:在乾潭健华图书馆成立20周年上的发言。注:乾潭馆是第一个健华图书馆。

年建立了9个,2014年6月底前又建立了6个①。创建健华社的是一批美国华裔老教授和老图书馆员,他们念念不忘振兴中华,很有远见地将资助的重点放到农村,放到偏僻贫穷的地区,从"根"上开始"浇水"来帮助家乡摆脱落后。如今,80%以上的已建馆都在正常运行,其中美国健华社、各地致公党组织和健华社中国总代表夏勇三方齐心协力地努力发挥了重要的作用,同时也离不开各级政府越来越多的关注。致公党现已将健华图书馆项目列入其日常工作议程。虽然健华图书馆的捐赠数额不及现今许多团体和企业的捐建数,但是他们早期的独到眼光,严格的准入程序,细致周密的后期关注,注重与政府的密切互动,对中国农村图书馆事业的可持续发展具有独特的意义,在中国图书馆事业史上留下了令人瞩目的一页。

表6-2　健华图书馆在各省市的分布数量表

地区	数量(个)	地区	数量(个)
黑龙江	8	重庆	1
吉林	1	广西	28
辽宁	9	陕西	2
内蒙古	1	新疆	1
天津	1	安徽	5
河南	1	江苏	3
湖北	1	江西	1
湖南	1	山东	8
四川	21	福建	2
云南	16	浙江	27
贵州	23	合计	161

注:此为截止到2014年6月底的数字。

在所统计的参与和推动农村图书馆事业发展的基金会名单里,也有极个别团体将关注的目光投到了山乡村庄。如中国人口福利基金会与微软MSN中国在2010年联合发起的"幸福书屋——2012"项目,该项目第一阶段名为"幸福书屋——爱自2010",倡议"每人捐10元,集聚点滴爱心",为20个国家

---

① 本数据由夏勇先生提供。

级贫困县 2000 个贫困村庄捐建书屋,每所幸福书屋包括近 400 册图书和一个书架,总价值 5950 元。第二阶段名为"2012 有爱,世界不会终结"活动,作为前一阶段的延续和升级。活动通过 12 万网友网上投票,将书屋受助对象锁定在山东沂南革命老区、河南上蔡受艾滋病影响的家庭、湖北秭归三峡移民、宁夏海原少数民族以及湖南沅陵留守儿童 5 个地区 5 类人群[①]。

4. 陈一心家族基金会与农村中小学阅读教育

在主要关注农村图书馆事业的基金会中,陈一心家族基金会是一个不凡的例子。陈一心家族基金会是以香港为总部的慈善基金会,重点资助幼儿阅读、图书馆发展及教育改善等项目,从一开始,就以非常专业的精神介入中国农村教育事业,不断运用香港的经验和国际教育界的先进理念,在农村学校圈里提倡课堂与阅读相结合,同时从这个理念出发,根据各地不同的人群和环境特点,设计因地制宜的阅读推广项目。如与上海公益组织合作的"智慧之舟安徽金寨县关庙乡乡村小学读书活动计划",目标是让近千名学生及教师每人能拥有 4 本书,经过 3 年的努力,中心小学的学生年均阅读 23.17 册,村小的学生年均 9.4 册。他们与爱心传递基金会合作,在安徽阜阳开展"蒲公英乡村图书馆的网络化建设与教师培训"项目,在原有 3 座图书馆附近分别增建两座新图书馆,以老馆带新馆的模式形成地域集中优势,同时开展教师培训。在北京朝阳区,与蒲公英培训中心合作,开辟"社区阅读学堂",其目标是解决打工子弟学校因校舍拆迁和安全限制而遭遇的"无书可读"窘境。他们与北京昌平农家女实用技能培训学校合作实施"农家女学校亲子家园3—6 周岁幼儿阅读项目",通过各种方法,让幼儿逐渐学会阅读。在山西永济,他们与乡村教育促进会合作,实践"乡村小学阅读课程开发"项目,让学生阅读与自己生活息息相关内容的图书,之后讨论从书本联系实际生活的相关问题,从而学会各种阅读方法。陈一心家族基金会非常重视教师辅导学生阅读方面的培训,因为他们认为这是各类项目是否成功的关键所在,所以在项目设计中把教师培训作为重要内容做出安排。2012 年以后,他们在安徽合肥由 20 余家小学组成的"石头汤悦读校园联盟"里,着重开展了对学校图书馆管理老师的认证培训和图书分类培训,又组织了国际教育界专家在合肥做学生阅读实践调研,进行把脉问诊,步步做得细致扎实,提炼出很多"中国式"的经验,具有极强的指导意义。基金会还对中小学生必读书目的研制倾全力予

---

① 中国基金会中心网 2012 年年度报告摘要。

以支持。苏州新教育研究院的新阅读研究所是国内第一家专门从事阅读研究的公益性学术研究机构,他们从2010年9月开始,阅读大量童书,参考各种推荐书目和奖项,对6000名学生试读问卷调查,又在网上搜集了10万余条意见,于2011年4月推出了"30+70"的《中小学学生基础阅读书目》(即30本基础阅读书目+70种推荐阅读书目)。书目推出后,上百家媒体进行了报道,而书目亦得到国家新闻出版署和教育部的肯定,更被北京大学曹文轩教授认为是"目前中国最可靠、最有分量的一份书目",成为中国青少年发展基金会"快乐阅读"项目的指定书目。2013年,研究所在调研基础上又对上述基础书目进行修订,形成了《中小学学生基础阅读书目2014年修订版》。2011年5月3日至5日,陈一心家族基金会第三届国际图书馆会议在合肥召开,大会主题为"阅读的力量"。"仅仅数年前,'享受阅读'还是一个不受欢迎的说法,因为它站在了应试教育的对立面,而如今,整个学校教育界都视它为宝,以期阅读照亮人生"。合肥6所小学的经验引起了280多位代表的极大兴趣,为了鼓励学生阅读,学校不仅提供足够的书类(学生们需要的有益书籍),安排阅读时间,还要求教师身体力行,垂范学生。参会的国际教育家史蒂芬·克拉生教授指出,当学校(在这里指小学)切实重视阅读对学习中的促进作用,教育就事半功倍,合肥经验就是现实的例子,这一点值得国际同人思考。2012年11月,基金会启动石头汤悦读校园联盟图书馆老师培训,目的是培养优秀的图书馆老师,将图书馆打造成学校的资源中心。至2014年2月,联盟各校在图书馆建设上也取得了一系列显著的变化。石头汤悦读校园联盟也更加成熟,并得到了当地教育主管部门的支持。对于阅读的推广工作,未来将更加多元、主动,并带动其他区域发展,前景值得期待[35]。

陈一心家族基金会的公益实践,精准地击中了国内教育事业和图书馆事业中阻碍发展的要害,给业界以极大的启发,对中国的教育改革,无疑是醍醐灌顶,大有借鉴。同时,他们的公益实践,也给公益慈善界的同仁们树立了榜样,善款和善为能用到和做到如此精准,其运作理念、队伍、投入、伙伴等方面都是值得效仿的。

此外,通过各类文章还可以看到许多国内外基金会对于中国农村阅读事业的多方面支持,比如青树教育基金会、海外中国教育基金会、西部阳光农村发展基金会、新华爱心教育基金会、美国科技教育协会等,他们尽管方式方法各有不同,但是目标分外一致,就是助力中国偏僻乡村的农村教育迅速迈向现代社会。在许多方面,应该感谢这些中国公益慈善事业的先行者们,是他们的作为,为农村的图书馆事业打下了坚实的桩基。

5. 图书馆界内的公益基金会——杭州市图书馆事业基金会

杭州于2003年年底成立了直接与图书馆事业挂钩的基金会——杭州市图书馆事业基金会,开始探索用社会力量支撑图书馆事业发展的有效途径。杭州市图书馆事业基金会起初由浙江西子奥的斯集团和杭州一市六县(市)九家公共图书馆共同发起成立,其宗旨是宣传图书馆事业的文化担当和公益宗旨,凝聚和整合新时期有志于文化公益事业的社会力量投入公共文化服务,促进杭州市公共图书馆事业的繁荣进步。

从2008年起,基金会根据主管单位要求实行规范化管理,并成立了第一届理事会,理事会由公务员、企业家、寺庙主持、图书馆馆长及相关人员组成。理事会就规范捐赠及资金管理,起草了《捐赠暂行办法》和《基金使用财务管理规定》,以保障基金会有序运转。

基金会对于"文化民生"的深入理解,促成了他们对最基层图书馆服务点的充分关注,社区、乡村和中小企业图书室是社会人群接触面最大,同时也是最不稳定的图书室。因此对最基层图书馆的关注,才真正体现了基金会的根本宗旨。基金会首先通过基层调研,向政府提供实际数据来寻求政策支持。从2007年至2010年,由理事长牵头,组织市政协、农工党、致公党和浙江大学等单位的学者、专家,深入基层,摸底调研,在充分听取了多个部门和乡镇村有关人员及村民的意见想法以后,撰写了《杭州市乡村图书馆(室)面临困境亟待解决——杭州市乡村图书馆(室)现状调研及对策建议》一文呈送市委市政府,接着,又递交了《杭州市城区及街道、社区图书馆(室)现状调研与建议》,研究探索了杭州市基层图书馆事业的发展思路。两份报告获得了肯定,引起了重视,市委书记、副书记、副市长、宣传部长等领导均做出重要批示,促成了《市委办公厅、市政府办公厅关于进一步加强杭州市公共图书馆服务体系建设的实施意见》的形成。2009年,基金会分别就区级图书馆建设、总分馆制和基层图书馆网络方面进行实地考察,又一次形成了相应的意见呈送市委领导,其中关于拱墅区图书馆及嘉兴总分馆制的调查意见得到市委书记和宣传部长等市领导的关注,他们的意见解决了拱墅区图书馆馆舍小,人手紧的问题,同时也强化了全市各区区级图书馆新馆建设的速度和力度。今年拱墅区第二图书馆已建成,杭州市的城区区级新馆从1个区发展到了5个区。此外,基金会对各区图书馆、基层镇村图书馆、社区图书馆一直在进行各个角度的调研,了解共性问题和运行状态,对当前的公共文化服务体系支撑状态有了更清晰的把握,为基金会的工作路径提供了多个参照。

在为政府提供决策参考的同时,基金会的中心工作一直围绕着推动公共图书馆服务体系的发展而展开。2010 年,基金会加大对乡镇村级图书室的扶持力度,依照一定标准开展了典型村级图书室的评选工作,通过初选及逐个核实考察,对村级图书室的工作开展情况及存在困难做了深入了解,并在各县(市)、区各树立起一个村级图书室典型,这些图书室已陆续获得由基金会提供的如书刊、书架、电脑、打印机等一次性物质支持,支撑了它们的可持续发展,起到了典型引路的作用。2012 年开展了 2011 年度示范性乡镇/街道图书馆的评选活动,有 6 个区县共计推荐上报 11 家基层图书馆,基金会给予每馆 5000 元的奖励,并于年底前颁发。基金会对于基层图书馆的从业队伍一直予以关注。基层图书馆的管理队伍相当平凡,但是这些最平凡的人,用一腔对图书馆事业的热情,使当地的图书馆焕发出了生机,甚至吸引了许多邻镇邻村的村民。为了全面激发基层图书馆事业工作者的工作热情,2007、2008年两年,基金会连续发起优秀基层图书馆管理员的评选和颁奖,共对 216 家基层服务点进行了奖励,树立了典型。2009 年至 2012 年,基金会总结了经验,制定并逐步完善了《杭州市公共图书馆事业优秀工作者奖励暂行办法》及其细则,拨专项经费开展杭州市图书馆事业基金会优秀工作人员评选活动,4 届共表彰奖励了 200 余位在图书馆岗位上做出突出业绩的工作者,提升了基层图书馆管理队伍的积极性。

"天下图书馆是一家",在充分关注本地图书馆事业建设的同时,基金会作为社会资源也应适当分担一些全局的社会责任,以体现慈善的本质。这也是基金会理事会的共同认识。2007 年 6 月,借着甘肃通渭深厚的农民画优势,以及由此产生的发展需求,杭州市图书馆事业基金会在甘肃通渭县图书馆创办了集借、阅、藏为一体的"杭州市图书馆基金会美术资料阅览室",至今已为通渭县图书馆配置价值 10 余万元的美术资料图书。通渭县图书馆为此专辟了一间面积 120 平方米的阅览室,于 2008 年 1 月开始对外借阅,至 2009年共接待读者 3520 人次,流通 8621 册次。在近一年的对外借阅服务中,这个阅览室深受广大读者的欢迎和赞许,特别是这种"跨省区延伸,逾千里服务"的形式,赢得当地政府和社会各界的充分肯定和高度好评。2009 年基金会在捐赠人定向要求下又向黑龙江同江市捐赠价值 7 万元的书籍;在 2010 年青海地震后,通过青海省慈善总会向边远的青海玉树州图书馆捐赠了 2 万元购书款支持其灾后重建工作。2011 年分别向四川北川、七区、县(市)图书馆捐赠书籍、物品等共计 5 万余元。此外基金会在近 3 年中通过美缘艺联、大涵公司等书商向浙江省衢州市图书馆、吉林省延边自治州图书馆、贵州省毕节市图书馆和黑龙江省伊春市图书馆提供了总共价值超过 20 万元的图书。

弱势群体对于慈善机构来说是第一扶助对象,而弱势群体的文化需求更是杭州市图书馆事业基金会义无反顾的关注焦点。2008 年第十八届"全国助残日"期间,由基金会牵头召开了盲文读者服务工作研讨会。研讨会深入研究盲人精神文化生活现状与需求及盲文图书馆的运行模式,探讨利用杭州市残联的网络架构,提高盲文文献资源利用率与盲文馆服务辐射力度的可行性。此后,基金会出资向浙江省盲校图书馆捐助了数十台盲人阅读器,以改善在校盲童阅读条件,并促成了西子奥的斯公司向盲校图书馆捐赠了一台盲人专用电梯。另外,基金会两次通过杭州市老龄事业发展基金会向杭州市农村基层老年协会图书馆捐赠了价值共计 3 万元的书籍,也曾向社会募书以支持在杭打工农民的子弟。

2012 年基金会与美籍华人组织美国加州健华社签订了合作协议,鉴于健华社对杭州地区的大部分健华馆资助均已超过期限,因此基金会每年将对工作达到规定要求的这些馆继续给予数千元的扶持,现已实施了两期的支持。基金会还支持杭州图书馆佛学分馆的兴办,并在筹建过程中得到了市委统战部、市财政局、市民宗局、市佛教协会及一些企业的大力帮助。市佛教协会2010 年通过基金会捐款 200 万元专项支持佛学图书馆的建设,基金会严格专款专用,管理和使用好这笔善款,使中国第一座独立服务于普通市民的佛学图书馆在 2012 年顺利开馆。

成立至今,杭州市图书馆事业基金会在采取各类实质措施支持公共图书馆服务体系发展之外,也利用社会资源开展各类公益活动,通过与一些机构团体和单位合作,举办了主题写作、摄影讲座、图书义卖和红领巾绘本表演比赛等活动,还承办了中图学会的研讨会等。通过加强宣传,与社会互动,扩大了基金会在民间的影响,加深了市民对公共文化建设和文化慈善的认同感。

基金会从 2008 年至今,接收到来自杭州市钱江经济开发区管委会、西子联合控股有限公司、杭州市佛教协会、高兴控股集团有限公司、杭州灵隐寺、杭州旅港同乡会、浙江星燎原文化发展有限公司、杭州市财开投资集团公司、杭州喜得宝集团有限公司、杭州自动化技术研究院有限公司、艾康生物技术(杭州)有限公司、杭州绿盛集团有限公司、杭州大涵图书有限公司等近 20 家公司及社会各界人士的捐赠达 440 余万元。此外,在 2007 年至 2009 年 3 届公民爱心日中,基金会收到总价值约 29 万余元的社会捐赠物资、书籍。除捐赠给慈善总会的物资外,其余价值 11 万元的 5.5 万余册书刊,经过分类、整理,分别捐助给了临安、富阳、淳安的 10 余所贫困山村小学及杭州民工子弟学校等文化基础薄弱的欠发达地区的图书馆。这些年来,基金会还通过举办慈善笔会的方式,筹得省内外知名书画家的近百幅作品,并于 2011 年,通过对企业理事的走访恳谈,以义卖书画的方式募得资金 40 余万元。所得款项将作为基金会继续扶持基层图书室、支持贫困地区图书馆等的项目资金。

基金会在如何确保本金在安全稳健的前提下达到效益最大化方面做了多年探索并争取到了市财政局的支持。通过将基金会本金存入杭州市财税局的国库专门账户,既保证了资金安全,又参与国库资金的安全性理财而获得相应的收益,建立了基金会可持续发展的坚固保障。2014 年,在有关领导的支持下,基金会的本金规模得到了大幅度的扩充,当然,对其在推动全民阅读更快发展的行动方面也提出了更高的要求。杭州市图书馆事业基金会正满怀信心,准备在推动阅读文化普及的道路上迈出更坚实的步伐[36]。

杭州市图书馆事业基金会是中国图书馆界与社会之间架起的第一座桥梁,尽管这座桥梁还显得单薄简陋一些,但它毕竟是一条通道,是政府之外的一个专门关注图书馆事业和全民阅读工程发展的社会团体。由于地域所限,目前该基金会主要是在杭州地区发挥影响,工作开展也比较谨慎,但是它作为中国图书馆人走向社会的一个开端,其意义非同一般。

6. 腾讯基金会和上海真爱梦想公益基金会的"筑梦学堂"

在基金会的慈善实践中,产生了很多提高水平、增强效益的支持模式,腾讯基金会和上海真爱梦想合作推进的"筑梦学堂"(原名为"梦想空间")项目是其中一个比较典型的例子。腾讯公益慈善基金会经过尝试和考察,认为上海真爱梦想公益基金会是一个坚持用企业的管理理念运作的机构,其运作模式极富效率,其管理善款如管理投资基金一样严格,他们聚焦素质教育,不断整合资源,提供系统化的解决方案。因此,腾讯基金会与上海真爱梦想公益基金会互相信任,紧密合作,开展乡村中小学"筑梦学堂"项目。5 年来,腾讯共向上海真爱梦想公益基金会提供资金 1600 余万元,修建了 137 间"筑梦学堂",为 13 万个孩子提供了一个可以做梦的空间。"筑梦学堂"项目中有"筑梦书屋"一项,腾讯将"筑梦书屋"放到网上,展开"腾讯月捐""腾讯乐捐"活动,充分利用自己的有利条件实行网上公募。爱心网友在 2013 年 1—11 月为"筑梦书屋"捐赠善款363 351.13元,捐建了 34 所书屋,让10 358名学生体会

到了阅读的快乐,134 934 册图书带来的是有无限可能性的未来[37]。2013 年
11 月,山西运城盐湖区政府和真爱梦想公益基金会签约,共同开展 1000 万元
的"梦想中心"项目。未来 3 年,真爱梦想公益基金会将出资 150 万元,盐湖
区政府配套 850 万元,筹建 100 家"梦想中心"[38]。腾讯基金会与真爱梦想公
益基金会的合作还在继续,这种基金会互相联手,以小成本、高效率、办大事
的互补性合作模式前景广阔。

二、企业逐渐加大支持农村图书馆发展的力度

1. 企业参与农村图书馆建设的现状

近年来,随着国家的宏观政策引导,企业在经济发展实践中大踏步迈向
全面履行社会责任的现代化道路。国资委发布了《关于中央企业履行社会
责任的指导意见》,提出了一系列要求。从近 3 年中发布的各家大型企业的
社会责任报告或可持续发展报告中可看到,企业已经越来越自觉、越来越深
刻地认识到全面履行社会责任的必要性。这里所指的社会责任,既包括了
企业自身经营以人为本,均衡发展等方面,同时也蕴含了参与环境保护和公
益慈善的基本要求。通过从企业社会责任报告网(CSR)随机下载的 52 个
大型企业和 30 个中小型企业 2012 年或 2013 年的报告[39],分析了企业在
公益慈善方面的表现,发现在规模和力度上,我国的企业正在迅速追赶发达
国家的水平,主要体现在如下几个方面:①除了武汉光迅科技和安徽全柴动
力两家企业未展开公益慈善方面的内容,80 家企业全都有对公益事业贡献
的实质性表述。②在年度捐赠数字统计中,中小型企业基本在十万元等级
到百万元等级之间,个别的达到千万元等级;大型企业在百万元等级至千万
元等级之间,也有 6 至 7 家在十万元等级到百万元等级之间,还有两家在亿
元等级。③伴随着资金的大幅度投入,企业员工跟随项目承担了志愿者的
角色,全程保证公益项目的实施。如中石化 2012 年度报告中明确"现有志
愿者 2.5 万人,2012 年志愿服务上万次,志愿者参与近 50 万人次"。④企
业对于社会的履职统计,基本始于 2006 年。82 家企业在年度报告中对
2006 年以来的慈善捐赠统计数字有不同程度表述的有 42 家,充分说明了
企业对于公益慈善的坚持与推进。⑤许多企业在报告中阐述了由"授人以
鱼"到"授人以渔"的慈善捐赠深化过程,如英特尔(中国)、蓝色光标、平安
保险、华电集团、香格里拉(中国)等,表明中国企业的公益慈善事业正在迅
速迈向成熟。

在 82 份企业社会责任报告中,企业的公益慈善捐赠和志愿服务主要指向救灾、扶贫、助学、帮困等方面。"救灾"有明确的阶段性,"扶贫"多数也规定了地域和要求,而"助学""帮困"则成为公益事业的常态,几乎所有的报告都谈到了本企业在这两方面,尤其是"助学"的具体公益行动。"助学"既体现了企业对中国国情的深刻了解,对公益慈善的战略眼光,同时也蕴含了企业自身对人才成长的殷殷期望。

在谈及农村图书馆这个概念时,一般都只把注意力集中在乡村的公共图书馆上,而忽略了乡村中小学的课外阅读设施。这一思维是数十年以来国内按照教育与文化之系统的严格区分而形成的。事实上,除了统计和管理的需要之外,应该将"农村图书馆"概念扩展至在农村地域范围内的所有公益阅读设施,它不仅包括乡镇图书馆、农家书屋(村图书室)、老年文化中心的阅览室,而且更应该将中小学图书馆(室)纳入进来,因为它面对的是最需要培植人文意识和科学精神的农民后代,况且在实践中,学校图书馆(室)已经超越农家书屋而成为当地颇受欢迎的公共阅读设施。国内企业在公益捐赠的"助学"中,也将相当多的注意力投入到农村中小学的阅读设施的设立和完善之中,82 个企业中有 31 个企业明确表述他们参与了农村图书馆(室)的建设(见表 6 - 3)。

表 6 - 3　国内部分企业参与农村图书馆(室)建设简况表

企业名称	建设内容
南方基金	南方基金"与爱童行——爱心书架"活动,捐赠安徽寿县九井小学等学校
青岛啤酒	"六一"为青啤曲山镇小学的师生发放奖助学金,捐建学校爱心图书角
邮储银行	与安徽儿基会合作,向留守儿童捐赠图书,向合肥特教中心捐赠1200 册
社科文献出版社	参与"光华书海工程"向农村各类图书馆批量赠书,捐赠藏疆青赣等省
飞亚达	向厦门海沧东孚中心小学等捐赠"梦想中心",配备电脑、课桌和书千册

续表

企业名称	建设内容
朔黄铁路	沿线建希望小学 4 所,图书室 30 个,多媒体教室 70 个,电脑教室 45 个
国开公司	爱心团队"为贫困地区中小学生捐书"活动,书籍经北京青基会送去
香格里拉酒店集团	酒店将开展一个建设当地学校图书馆的长期项目,来提升社区居民能力
联想(中国)	广元嘉陵一中启动"联想爱心图书室",建成有 60 台电脑的电子阅览室
携程旅行	员工支援云南宁蒗三浪小学教学用具、图书、书包,并采购粮油给学校
普利司通	在陕黔桂等 7000 余少年中开展"幸福七巧板"活动,5 年捐赠 6 万册书
兴业银行	在杭州 30 场捐书活动集书万册,在成都大邑建图书馆,向云南马龙捐赠电脑
无限极	在广西新安镇兴宁小学建立"无限极优质阅读空间",将源源不断供书
长江电力	连续 12 年向秭归希望小学送书和设备,为金沙江乌东德新村小学送书
中国兵器工业集团	在江西兴国开展七大助学活动,建立 10 余个"兵工图书馆",已捐书数万册
中广核	30 万元援建云南澜沧拉祜族小学白鹭爱心图书室和广西光坡中学图书馆
中电投	与光华科技基金会合作,向青海贵南县 4 所学校捐赠 23 万余元的图书
中国联通	联合 7 万客户在新疆建立 56 所"联通爱心书屋",地方公司纷纷捐书
华电集团	向怒江的小学捐资 30 万建"爱心楼"并送书,为赤城的小学定制图书角

续表

企业名称	建设内容
中国移动	2012 年年底在 23 个省区已累计建立 1694 个爱心图书馆,同比增加 184 个
平安保险	已建 17 个集成图书室、电脑室和多媒体功能的平安希望小学"梦想中心"
中石油	2012 年向银川西夏区的希望小学捐赠"油海助学希望书架"和 20 万册图书
蓝色光标	在广东新兴建 4 所乡村公益图书馆并开展为期三周的阅读推广夏令营
中国远洋	参与"阳光 365 阅览室"的爱心派对,义卖义拍捐赠山区小学图书室
滨江房产	"为山区孩子送书香"活动,业主们亲手送书给淳安县叶家小学孩子们
中冶科工	捐赠 1500 本书给贫困山区小学儿童
国旅集团	为海南新盈中学建图书馆捐 90 万元。游客到青海贵德送好书,献爱心
哈药三精	为黑龙江明水双兴镇中心小学捐书近 3000 册
英特尔(中国)	2012 年 6 月起的一年半中,为农村中小学捐建图书馆 7 个,书 7059 本
长江证券	"捐一本书,开一扇窗",捐出 2000 余册书给黄陂山区 800 余名小学生

列入上述表格中的仅仅是直接提及图书或图书馆(室)的企业。由于每个单位对于企业社会责任报告的写法都有不同,对公益慈善活动的描述详略不等,因此这份表格并不能完整体现表中企业对于农村图书馆事业的支持,更无法体现其他企业在这方面的具体贡献。例如在《香格里拉(中国)2012 年可持续发展报告》中谈到"嘉里基金会从 2010 年至今,他们运行的基地从 9 个增加到 14 个,其中有 12 个位于偏远的乡村地区,另有两个全国性项目,分别支持进城务工人员的子女教育以及贫困儿童的心脏病筛查、手术和术后康

复项目"。报告中还提到一个成都香格里拉的志愿者的心声:"在今天陪伴孩子读书的活动中,我自己也收获良多。我已经很久没有像这样安静地读书和思考了。"[40]这就说明,那些项目中有涉及农村青少年阅读的内容,但是没有明白表达。类似这样的情况还很多。从各企业社会责任报告中看,娃哈哈、证券业、宝洁、广东粤电、吉利汽车、上港国际、无限极、中节能、中国南车、中石化、德勤(中国)、青岛海尔、携程旅行等企业都将大量的资金投入了希望工程,建立希望中小学(如宝洁集团到 2010 年已捐建了 200 所,青岛海尔到2012 年捐建了 165 所),在这些学校的建设中,通常也包含了学生的阅读设施。更有大批的企业志愿者如同上述成都香格里拉的志愿者一样,投入到为农村孩子送书、编辑书目、辅导阅读、培训图书室管理者等具体琐细的工作。当然,这也只是他们志愿服务的一部分。一些企业也报告了他们组织志愿者服务的数字,如英特尔(中国)2012 年中国员工参与志愿服务比例达 59%,服务时间 57 442 小时,2012 年 6 月至 2013 年 7 月,开展志愿服务项目 126 个,行动 374 个[41]。在志愿者的具体工作里,常常体现出比金钱和物质更能打动人的爱心的传播和感动。按照企业对人力价值的经济折算,志愿者们的无私奉献,更具有不可替代的经济和社会价值。

2. 企业参与农村图书馆建设的特点

在上述 82 份企业社会责任报告中,有 24 份报告了企业的年度公益支出,高者达 1.8 亿(中石化),低者数十万元,支出千万元以上的企业有 16家。由于没有要求提供支出明细,我们无从得知他们投向农村图书馆事业的具体数字。但是对于农村图书馆事业有具体表述的企业有 31 家,占比达到 37.8%,如果再进一步剔除在随机选择企业过程中的偶然性,大致可以得出这样一个结论,即有 1/3 的企业对发展农村图书馆事业的战略意义有相应的认识,这是一个不错的开端。从各份报告中也可以看出,企业对农村"助学",也经历了一个从粗到细、从单纯的硬件支持到关注师生身心健康、从知识教育到素质教育的认识转化过程。如普利司通的"幸福七巧板"活动,给学生带去的是音美手工第二课堂,强化乡村的审美教育。在三峡库区的活动中,他们加入环保因素,开展童画比赛,同时赠以相应的图书;在陕西的活动中,增添了本土文化教育,辅以相应的图书;在贵州的活动中,亮出"留住多彩民族文化"的牌子,展开特定的阅读;而进入广西后,又换成主题为"守护心灵之光"的支教活动,增加了儿童心理辅导类的图书。几年走下来,他们还对 11 所学校进行了回访,发现图书室尽管还存在,但图书已经消耗破损。短短 1 周内,员工募集 5 万余元,为这 11 所学校又增添了 5700 册书[42]。又如平安保险,从公司成立到 2012 年年底,已在全国规划了 112 所希望小学,建成了 106 所。多年来,他们从硬件建设的投入逐步进展到软件建设的支持,建立起了一套规范化系统化的扶持运作模式。于 2010 年开始在平安希望小学援建梦想中心,截至 2012 年 12 月 31 日,共完成了超过 17 个多媒体教室"梦想中心"的援建启用。梦想中心是一个集成了图书室、电脑室、多媒体功能为一体的空间课室,将多媒体、多功能教育融入教学中。中心配置图书、联网电脑、电视机、数码相机、MP3 等若干设施,以"梦想中心"为核心的知识供应系统未来将成为所有平安希望小学硬件教学设备的升级版[43]。再如中国移动,他们已连续 7 年与教育部联合开展"中国移动中西部贫困地区农村中小学教育捐助项目"。截至 2012 年年底,项目已累计为中西部 23 个省建起了 1694 个爱心图书馆和 674 个多媒体教室,并创新采用影子培训和信息化远程培训形式累计培训48 205名中西部农村中小学校长,旨在提高中西部贫困地区农村中小学教学水平和办学条件[44]。还有一个案例是北京蓝色光标。蓝色光标中的"蓝公益"组织,投资69 450元,2011 年在广东新兴建成 4 所乡村公益图书馆,2012 年又投入46 631元让 4 所馆升级,增加了 800 余册书。在比较完善的条件下,当年 7 至 8 月开展了为期 3 周的阅读推广夏令营[45]。这 4 个案例说明,相当部分的企业在公益工作中,已经不满足于单纯地捐资助物了。他们不但支持教育,而且也在改造教育。他们有策划,有步骤,要结果,要效益,真正让自己的爱心融入社会发展和人的进步之中,从而真实完整地履行自己的社会责任。从这些例子可以看到,阅读对于青少年群体的重要性、农村图书馆对于农村未来的重要性都将越来越快地被企业群体所理解,并逐步成为企业扶贫济困、助学支教的重点工作。

在整理这些企业的社会责任报告时,课题组进一步发现,企业既经营产业,也经营社会,已经把支持社会发展作为自身运营的一种常态了。因此许多企业制定并完善了本企业的社会捐赠管理办法,在 82 家企业中已经有 10 家左右的企业提到了规范社会捐赠,强化捐赠管理的方式和方法。我们也了解到,许多企业建立了以企业名命名的公益慈善基金会,或者专项基金,以专设机构来探索社会捐赠的专门化操作。另有一些企业在项目上委托或者联合一些资深的老牌基金会一起操作,从而更加规范地投入社会公益事业。根据基金会中心网提供的资料,2012 年,有 36 家企业通过基金会向社会提供了总计180 204 504元的捐赠款。投身公益慈善事业已经成为中国企业最具成长性的关注点,而这其中,贫困地区助学又成为热点中的热点。从日渐频繁的媒体报道亦可以证明这一点,例如2014年8月7日杭州《都市快报》报道浙江教育出版社向贵州13所小学爱心捐赠30万元图书,共建13所"向阳花书屋",报道题为《之江"向阳花"绽放黔州山乡》;而第二天,浙江《青年时报》又刊出题为《让孩子读好书,华润怡宝百所图书馆计划正式启动》的新闻,报道华润怡宝2014年将在全国30余座城市采用"你捐一本书,我送一瓶水"的方法,激励市民为贫困地区孩子捐赠书籍,捐建图书馆,实现华润怡宝百所图书馆计划。

3. 值得思考的现象

在我们为中国企业的公益慈善行动欢呼的时候,有一个问题需要我们冷静思考。企业对于青少年的学校教育充满了热情,但是对于广大农民的社会教育却似乎视而不见,少有行动。从82家企业对于公益慈善的安排来看,投入面向所有人开放的公共图书馆,如县级图书馆和乡镇图书馆的资金少得可怜,这和发达国家的情形截然不同。据《2013中国慈善捐赠发展蓝皮书》统计,2012年度公益慈善捐赠在100万元以上的中国企业有627个,总计捐赠数近94.45亿元[46],但是却不能分一杯羹给中国的乡村图书馆,原因是什么?这个问题涉及广泛,需留待后文讨论。

三、农村民间图书馆的自由生长

与国外一样,中国的民间图书馆发展历史也很长,前文已有阐述。民间图书馆的主要组成部分是私人图书馆。1970年至1979年间,私人图书馆数量增长缓慢,平均每年新生1.6所,最后两年加快了,每年新增3所;进入20世纪80年代,增长速度加快,每年4.5所新馆诞生;但90年代初,受社会经商思潮影响,速度开始放缓,每年增加3.4所;从1995年开始,国内私人图书馆的发展步入了快速增长时代,其增长速度逐年加快;1995年至1999年间,年增7.5所;2000年至2004年,年增14所;2005年至2009年,年增已达到20.4所[47]。这些数据表明,农村居民的文化意识与公益意识在社会发展大潮的推动下得到了广泛而深度的觉醒,社会志愿者纷纷深入农村开发民智,推动社会改造,中国已经不太有可以放任落后的角落了。这些数据从另一面也可以反证一点,公共文化服务体系的建设明显滞后,大量的应付性质的文化建设是不具备质量的,得不到民众的认可。

1. 农民及当地人自办的私人公益图书馆

个人自办的私人图书馆缺乏统计,因此无法得到全国范围内的精确数字。吴汉华在 2011 年年底通过网络检索到的私人图书馆是 338 所,其中农村图书馆为 297 所,占比为 87.8%。但据他保守地估计,2011 年年底,国内个人创办的私人图书馆总数量已超过 1000 所。他总结了个人自办私人图书馆的优点是:①贴近基层民众。因为办馆者长期与周围村民生活在一起,了解服务对象的文化底子和需求,本身又有浓厚的农村情结,"因此他们的服务定位通常比较明晰,能够贴近基层民众,能因地制宜地开展各项服务工作"。也就是说,他们真正了解读者,摸透了读者的需要,与读者没有距离。这是他们远远胜过其他公共图书馆的一点。②促进当地经济发展。正因为办馆者熟悉读者,读者又大都是身边的农民,因此作物种植、畜禽养殖以及农林牧副渔等方面的书刊都是他们馆藏书刊的题中之义。办馆者如果再多花些心思,就可以担起农技员的工作,这就使得阅读直接与经济挂上了钩,阅读的效益来得直接,来得快速。这也是私人图书馆受欢迎的主要因素之一。这也就是说,私人图书馆文献资源针对性特别强,书刊周转率相当快。③提高当地村民的文化素质。由于科技的大量应用,当今农民的劳作强度与时间已大大减轻和缩短,农闲时间较多。这个空档,如果没有良好文化因素的介入,赌博等沉渣就会泛起而破坏淳朴风气,危及农民自身和家庭。私人图书馆经常会利用这段时间开展文化活动,组织讲座和培训,引导农民投身阅读,愉悦身心,积累知识,即抓住共性问题,开展有针对性的辅助阅读的活动,从而进一步推动阅读。而且过了农忙时节,农民气闲神定,正是教育与自我教育的好时候。④开发当地非物质文化遗产。一般私人图书馆的办馆者都是当地颇有头脑和能力的"文化人",他们往往对当地的风土人情了如指掌,更有因地制宜、结合实际、办成大事的能力,只要政策支持到位,就能有作为。如湖北省武汉市黄陂区武湖农场的国强图书馆创办人李少先,其开发的家庭祖传烘糕技术就已被列入黄陂区非物质文化遗产。

(1)农村私人公益图书馆主人的故事

如果深入了解农村私人图书馆,就会发现,办馆者们大都是怀揣文化理想的人。他们接受文化教育的程度参差不齐,但是,都有改变命运的共同信念,因此,他们身上有一种百折不挠的勇气。王子舟教授连续多篇田野调查报告中的馆长群体,就是这样一群人,他们当中有:山西晋中地区左权县麻田镇上麻田村心连心家庭图书馆张小宝[48]、宁夏海原县史店乡苍湾村成林文体大院李成林[49]、山东沂南县湖头镇曹家小河村小河图书馆曹向荣[50]、河北赞皇县赞皇镇曲江村赵良弼图书馆赵东其[51]等。这些人为了办好农村图书馆都咬紧牙关与各种困难险阻搏斗,常常把自己逼到了山穷水尽的地步。张小宝将自家东、西两间共70多平方米的住房腾出来,改造成了家庭图书馆。为了买书增书,张小宝彻底戒掉了烟酒肉茶之类的"奢侈品",出门坐最便宜的车,住最便宜的店,吃最便宜的饭。他曾吃过多次五毛钱一顿的晚餐(一勺米汤),平时穿的也是别人给的或扔掉的衣服。为了增加藏书,他还"以工换书",即给人干了活不挣工资,让人家给他书;经常到周边废品收购站和纸厂挑拣尚有阅读价值的书,人家每斤一元钱买进,他每斤两元卖出;还在每年洪水之后或山里修路的时候,去河滩和山上捡拾好看的树根和石头,然后拿到太原、阳泉、邯郸等地换书,就这样一本一本地充实着馆内藏书。李成林变卖了家里的耕牛和摩托车,自家三间房腾出两间最大的用做图书馆。赵良弼图书馆成立于2005年4月,是一个农村家庭图书馆,由曲江村农民赵东其与赵彦民共同筹办的,他们是赵良弼研究会会员(赵良弼是元代名臣,官至元朝江淮安抚使、经略使、少中大夫秘书监等职,曾获忽必烈的赏识,派其出访日本,回国被任命为同金枢密院事,生前兴学育才,死后追封韩国公),靠自己的积蓄购买和四处募捐,收集到了各类书籍近6000册、报纸杂志10余种,并腾出一间40平方米的住房作为馆舍。截至2006年4月,开馆1年多,该图书馆已接纳十里八乡的乡亲近万人次。后因经费没有着落,赵良弼图书馆撑了两年多只好闭馆。赵东其为了重燃图书馆梦想,于是进京打工。只要发了工资,他就会买书,可资金有限。2010年12月23日,赵东其给《北京晚报》打电话诉说他想建个农村图书馆的愿望,希望北京市民把不看的书低价卖给他。媒体公布了这个电话,于是支援接连不断,老赵的难题终于解决了。而山东曹向荣,开始是接续自己哥哥曹继华的班,被动守铺(曹继华为中国农业大学博士肄业,回村办乡村图书馆,后因生活所迫,离家谋生计而下落不明),而后从自己受哥哥支持自学成才的经历中明白,小河图书馆是农民自我教育的基地,是新农村建设的文化平台,办好图书馆功莫大焉。小河图书馆开始是"一张木床、一个用砖头与木板搭建起来的书架,上面摆放着一些书刊资料"。而后曹向荣靠自己的兽医收入新建了100平方米的馆舍,购置了电脑,依靠湖头镇政府与沂南县图书馆所提供的书架,中国文化扶贫委员会、沂南县图书馆和中国农业出版社等单位的捐书,图书馆有了模样,成了规模。上述范例说明,这些农民,不是只埋头于田地的农民,而是具有现代公民意识的文化人,下决心为公益而奉献。他们的作为表明,他们也不是铜臭与书香兼具的文化人,而是洗净铅华,脱却俗缘,登上了道德和文化的高峰。一个小小的乡村私人公益图书馆,它的成长过程里交织着中国底层社会里纷繁复杂无所不有的矛盾,能够坚韧不拔争取成功的人,足可以称为"中国农村的脊梁"。

(2)私人公益图书馆正在成为农村的文化启蒙中心

乡村私人图书馆成功范例给我们的启示,就是这些图书馆已不单纯是图书馆,它们的走向是以图书馆为核心的农村文化启蒙中心。文化层次、文化形式的细分过程,实际上就是人类社会发展成熟的过程。因此,人们在接受文化传播的初期,喜欢多种传播形式,这样能够提升兴趣,易于"消化"。让山西麻田镇的张小宝倍感自豪的除了图书馆,还有在东厢房二楼上建起的民俗博物馆。一楼图书馆里的书架上摆满了书籍,二楼博物馆里则摆放着各种农村生活老物件。图书馆博物馆一体化是张小宝心连心家庭图书馆的最大特色。麻田镇是当年八路军的总部所在地,民俗博物馆仅红色文物就有700件,其收藏的数十件各种款式的油灯、数十枚新中国成立前的各式证章、奖章,都已经可以单独设立一个主题展了,还有农村旧衣柜、纺车、窗棂、糕饼模子、炮弹头与手雷,八路军用过的煤油灯、草鞋等。张小宝说:"近两年,因有了博物馆,来图书馆的读者越来越多。许多人对消失了的民俗、村史感兴趣,会来博物馆瞧瞧,同时也就顺便到图书馆看看书、翻翻书;到图书馆来看书的人,也会顺便参观博物馆,了解民俗和村史。图书馆、博物馆相结合,聚起了人气,每天来参观、看书的群众络绎不绝。"为了打理好图书馆、博物馆,张小宝每天从早忙到晚,十分辛苦,他说:"今年感到比往年累多了。还有,由于精力都投入到了图书馆、博物馆里了,自己做的小生意也放弃了。"宁夏苍湾村的李成林也是如此。河北赞皇曲江村的赵东其与前两位做法不同,他以赵良弼图书馆的名义,评选村户中的好家庭,给他们以各种荣誉,还颁发证书。看起来他的做法有些"越轨",可他却认为起到了激励作用,弘扬社会正能量。他送给村民的荣誉有"读书好家庭""五代勤劳道德门第""读书勤劳好家庭""勤劳道德家庭""读书好学生""农民书法家"等,村民也认可这些荣誉。在激励的同时,他也在一些村户家里设置阅读点,延伸自己图书馆的功能。

(3)农村私人公益图书馆最能接地气

贴近基层民众是农村私人公益图书馆最大的特点,也就是说他们的图书馆服务"接地气"。正因为他们办馆有强烈的公益情怀、公益目标,因此会采用类似现代商业企业常用的"适销对路""摸清需求""服务到家""提升效益"等方法策略。如果用图书馆工作的常用语言来描述,那就是阮冈纳赞五定律中的"为人找书""为书找人"。像张小宝会书法,他从11岁开始就给乡里乡亲写春联,全村300多户人家,每年2/3的对联都是他写的。从农历十一月开始,一直要写到大年三十,大年初一累得只想躺到炕上睡一觉。近两年春联有了印刷品,他才渐渐写得少了。但平时村里每年三四十桩红白喜事,还少不了要他来写对联、布置场地、记账,乃至当代东等。村里人写告状信、写起诉书,也要来求张小宝执笔,张小宝往往又成了纠纷调解人。村民有了吵架、离婚、土地纠纷等,都要来找他评评理。张小宝还帮助一位患抑郁症的青年人通过阅读重获自信,解除病症;让一位曾经在乡里人人躲避的"车匪路霸"通过阅读,逐步变成了毛泽东的钻研者、书法爱好者。有时中小学里搞活动,张小宝还运书到学校,为孩子们提供集中借阅。2013年10月15日,张小宝还为配合麻田中学阅读活动,特向该校捐赠《弟子规易解》《家言168句》等图书共计400余册。赵东其有这样的认识:"地区发展靠经济,经济发展靠文化;文化是发展的基础。"赵东其办起了赵良弼图书馆,不仅仅是给曲江村与附近村庄居民提供了一个看书借书的场所,他还以图书馆为依托,经常开展一些文化活动,如书法交流等。赵东其还帮助乡村邻里调解矛盾,已经成功调解了几个大的邻里矛盾。袁占国的家是赵良弼图书馆的一个阅读点。他说他主要经营的是果树(如核桃等),平时爱看农药、果树种植方面的书籍,有需要就给赵东其打电话,赵东其就送过来了。宁夏地处西北高寒山区,每逢冬季农闲时候,李成林的图书馆里男女老少围着火炉,读书看报、交流信息。孩子们来这里借书,李成林还要求他们写读书心得。这些读书心得经他阅读并批改错别字后,还被装订成册供大家参阅。李成林认为:"知识是人生道路上的盘缠,盘缠多了才能走得更远。"除了开展图书借阅,李成林还是山村专职人民调解员,平时还为村民提供法律咨询服务,调节当地的民事纠纷。他的文体大院追求的目标是"让读书成为习惯,让健康永驻乡村",他办的图书馆、开展的体育活动,是贴近现实、贴近群众的事情,有文有体、亦文亦武,深受乡亲们热爱,所以要平头并举,都要搞好。另外,文体大院还承担了普法、妇女培训、暑期学生教育基地等任务,这也是他为将"成林文体大院"打造成综合文化服务平台而一直所做的努力。至于家庭图书馆,李成林还打算建一个电子阅览室,以使村民们接触各种数字资源,提高村民的信息素养。而曹向荣是兽医,走百家院、吃百家饭,对周围村庄的村民家庭成员情况非常熟悉,村民们对他也非常熟悉,事情容易做成。他办图书馆以来,先后写了六七篇文章发表在报纸杂志上,在全国性的农民征文比赛中拿了两个一等奖、一个二等奖。例如,他写的《书改变了我的生活》登载于《农民日报》2006年2月7日第4版上,同年被评选为中宣部等九部门举办的"亚农杯'读好书促和谐'全国农民读书征文活动一等奖"。他颇为自豪地说,他写的文章来自真实生活,有乡土气息,因此能获好评。由于他走村串户时一直在推广阅读,因此他一下子就确定了五个家庭阅读点,提供给王子舟教授等做项目。

2. 志愿者举办的民间公益图书馆

近年来,我国的公益慈善事业突飞猛进,大批志愿者和公益组织如雨后春笋出现在多个公共事件和公益慈善事业的舞台上。他们对于农村图书馆事业的热情丝毫不亚于救助地震灾民等突发事件中的表现。据吴汉华的《中国民间图书馆研究》统计,截至2010年年底,纯民间的公益组织累计建立的图书室总数已超过3100家,其中有相当数量的民间图书馆(室)是在2003年之后建起来的。"公益组织一般都是自发生长起来的做实事的机构,这也表明了自2003年之后,国内公众的公益意识迅速觉醒起来"。而这些各方援建的民间图书馆,同样也绝大部分分布在农村。

这里所概括的"志愿者举办的民间公益图书馆"包含了各类外来因素及本地草根组织捐建的公益图书馆,这些图书馆所体现出来的最大特点就是它的现代因素。

(1)志愿者群体办馆的案例

浙江台州市三门县城边上有一个由乡镇企业旧厂房改造过来的"有为图书馆",是几个受过国外高等教育的年轻人凑钱开办起来的。他们宣布自己的宗旨是"以图书为载体,立足三门,连接一二线城市,推广阅读,提升本地精神文化生活",使命为"丰富本地精神文化生活,帮助本地青少年培育独立思想、开阔全球视野"。在这两句话中,可以很明显地感受到他们的与众不同,有为图书馆的许多方面值得刮目相看。首先,在团队组织方面,几个发起人成立了理事会,理事会为图书馆最高决策层,负责人事、募资、推广、活动项目决策等,受所有义工和执行团队的监督。理事长总筹划,另两位理事一位任馆长,一位负责筹款,这是第一层。第二层是3—4名员工,他们分任项目负责人,负责图书馆的正常运营和各活动项目的开展。一名副馆长负责统筹员工进行馆内工作和各项目活动的开展。第三层是本地热心人士(长期义工性质)另外组成的执行团队,对图书馆员工工作进行分担和补充。如财务会计、出纳、馆刊编辑、美工设计等。第四层则是馆内常设的一支志愿者队伍,包括协助开办冬夏令营的10多名大学生志愿者和"有为社团"。"有为社团"由中学生担任的小义工以及不定期来帮助图书馆的成人义工队伍组成。这四个层面组成的团队充分体现了"全民阅读全民办"的意味。其次,在活动方面,以图书馆为平台,开展一系列教育、文化、阅读等活动,包括亲子绘本阅读、读书会、环游全球N天、自由创作大赛、真人图书馆、冬夏令营、爱心"1+1"援助、漂流书等,活动"强调互动与参与,意在激发思考的广度,行动的深度"。"亲子绘本阅读"是由本地10余名热心青年教师义务组织家长与儿童一起读绘本,促进亲子交流,引导孩子正视自己的情绪、寻找幸福并学会分享,该活动在2014年上半年就举行了11次;"环游全球N天"邀请游学不同国家的学子来图书馆与读者免费分享他们在各国留学的经历,探索不同的文化与价值观,已举办澳大利亚、爱尔兰、英国、法国、日本、美国等站;"冬夏令营"是图书馆最有影响力、传播效果最好的活动,由来自全国各地的大学生志愿者义务为中学生开展为期一周的冬夏令营活动,分初中营与高中营,目前已举办6期冬夏令营,其主题有"体验大学生活""寻梦""我的未来"等。再次,在资金来源方面,他们的资金来源除了理事不定期捐出之外,全部利用新媒体向社会宣传,由社会捐赠。他们向外界披露信息的媒体平台主要有,官方网站 www.ywlibrary.org;新浪/腾讯微博:三门县有为图书馆;每月期刊《有为》;豆瓣小站:三门县有为图书馆。辅助的宣传窗口有,人人网、爱三门论坛、三门青年论坛等。有为图书馆的募资方式新颖特别,2014年4月图书馆理事团队发起了寻找78位"有为爱心100"捐赠者的活动,其内容是寻找78位热心人士每月捐赠公益图书馆100元,坚持1年,帮助图书馆支付员工工资等开销。这个活动用快捷信息媒介——微信转发募资信息,至4月5日就有114位爱心人士参与了"有为爱心100"的活动。三门本地及全国各地的热心人士都对有为图书馆给予了热切关注和极大支持。从2014年1月1日至5月31日,图书馆共接受社会各界捐赠194 281.05元,已足以维持一年的开支。有为图书馆2013年借阅书籍近万册次,图书馆持卡读者达981人,接受社会各界捐赠194 513.68元,接受赠书4252册,物品50件,共举办5场冬夏令营,参与的志愿者46人,营员166人,举办漂流书2期,漂流书籍近800册,开展4站

"环游全球 N 天"讲座,亲子绘本阅读举办 16 期,自由创作大赛开展一次,建立有为书箱 2 个,爱心"1+1"援助 5 人,举办馆内活动共计 71 场,影响 2800 人次。共有来自全国的近百名志愿者来到图书馆,参与日常管理和活动开展,还有杨红樱、乐嘉等近百位社会热心人士参与捐赠、活动等。2014 年上半年前 5 月共接受社会各界捐赠194 281.05元,赠书 963 册,图书借阅量为 5567 册次,来馆读者阅览 7185 人次,图书馆持卡读者达 1187 人。

有为图书馆的实践是一个志愿者团队集体实现公益理想的过程。这个过程中,由于每个人的目标高度一致,因此做事自觉,行动迅速,互相补缺,合力取胜,交出了一张漂亮的成绩单,体现了现代社会的效率和效益。

(2)志愿者个人办馆的案例

在全国各地,还活跃着一批单枪匹马与愚昧和贫穷做斗争,撑起一片蓝天的志愿者。

广西天等县(国家级贫困山区县)鹿溪公益图书室创建于 2009 年年底,主要服务对象为贫困山区弱势青少年及儿童(孤儿、留守儿童和贫困青少年,含青年农民工),创办人陈秀洪是广东人,大学英语专业毕业,从事公益活动 10 年左右,曾担任过英语老师、翻译、公益机构资讯助理、孤儿院项目主管及辅导老师等职。在长期的公益实践中,她注意到贫困山区弱势少儿群体在成长中信息闭塞,阅读资源严重匮乏,心灵需求得不到及时有效的关注和引导,在民族认同感及自我认知方面存在严重偏差。于是,她先是利用以往积蓄到省会城市的二手书市购买了一批图书,在天等县城租了一间比较老旧的民屋作为场地,接着多方寻求捐赠资源,先后获得心平公益基金会、海外中国教育基金会、八桂义工协会等爱心机构和人士的捐赠图书,同时不断尝试开展形式多样的阅读促进活动,从阅读到"悦读",培养少儿阅读兴趣,提高阅读和学习能力,扩大知识面。同时,传承文化,陶冶情操,在阅读中融入地方文化,引导少儿寻找自我,确立自我,发展自我,培养民族认同感和责任感。

至今,鹿溪公益图书室通过向社会各界募集图书和自行购买,已在天等县协建了 20 多个村屯图书角和乡镇学校图书室,同时通过讲故事、演话剧、破冰游戏、文字游戏、歌舞、童诗童谣诵读,及欣赏分享绕口令、谜语、小笑话、绘画、手工、手抄报等形式,让不同层次的少年儿童产生多种多样的阅读兴趣。平时陈秀洪在图书室本部或县城的公园和广场也组织少年儿童开展各种阅读活动,其形式有少儿书展、故事会、诗会、手抄报展、画展、征文展、艺术手工、海报展、黑板报展示、好书推荐、演讲会、辩论会、观影会等,已有近千名孩子参加过这些活动,至今开展的阅读活动达上百次,为文化知识在当地的传播做出了一定的贡献。鹿溪图书室的少儿阅读活动的特别之处,除了其执行团队成员由当地中学生组成,还体现在注重开发小读者的想象力、创造力和思辨力,注重对小读者情操的熏陶和情商的培育,引导其体会大自然的美,领悟人与自然的依存关系,体悟人间真情和家国之情,加深自我认同和反思。

在开展阅读活动的同时,陈秀洪从夯实根基,树立理想的目的出发,倡导和组织当地青少年积极参与公益活动,引入孤困学生“社会服务”奖学金项目,促成了当地青少年志愿者团队的组建和成长,培养了数十名青少年核心志愿者。因此,当地青少年志愿者(包括“社会服务”项目资助的孤儿和单亲、贫困学生)在少儿阅读活动,消除麻风歧视活动,敬老、环保、科普宣传、为孤儿孤老筹集物资等公益活动中崭露头角,大展身手。2012 年,陈秀洪带领的“协心助老”小志愿者团队因其“消除麻风歧视,关爱康复老人”项目荣获中国青少年发展基金会小天使行动基金的青少年公益创想项目2012 年度“天使团队”称号,进入全国前 10 名。次年,“润心趣读”小志愿者团队的悦读项目也进入该项目决赛。在弱势群体青少年心灵成长方面,陈秀洪利用馆藏的教育图书资源,策划和组织了一系列促进其沟通表达、自我激励、协作竞争、思维扩展、自我认知等方面成长的团体心理辅导活动,旨在改善这些青少年自卑迷茫、社交和耐挫能力低下、思维闭塞、自我认知偏差等心理状况。

陈秀洪的公益实践,在当地产生了一定的社会影响。2010 年 9 月 30 日的广西《左江日报》刊出该公益图书室的配图报道。10 月 31 日,当地电视台跟踪报道其关注孤儿成长的“同一蓝天,携手成长”交流联谊活动。2011 年 2 月底,广西人民广播电台对其爱心书签义卖活动进行报道。6 月底,《今日天等》刊出其倡导少年儿童关爱麻风康复老人的公益行动。2013 年 4 月,广西电视台跟踪报道采访其下乡阅读活动及关爱骨癌少女的公益活动①。

陈秀洪是一个专职志愿者,她没有任何工资收入,身体也不好,靠一些社团临时性的补贴维持最低水平的生活。到北戴河开会,上长城东端老龙头参观,10 元钱的门票钱她不肯花,宁可放弃机会,一些有限的募捐和项目经费她

---

① 系采访陈秀洪的记录。

精打细算省着用,可当听到志愿者中某人生了重病或者有大的难处的时候,她却义无反顾,用尽自己的全力为他(她)去募捐,她的行为也在为孩子们做着示范。

当然,与很多草根公益机构长期靠创办人垫付费用和充当活动主力一样,鹿溪图书室也面临着机构不给注册、资金来源极不稳定、人手短缺等发展中的瓶颈问题,发展受到很大的限制。陈秀洪真诚期待着与社会各界有识之士携手合作,共同推进天等县的少儿阅读事业,实现贫困山区的书香社会理想。

3. 两种不同类型农村民间图书馆的特点比较

综上所述,我们对"农民自办私人公益图书馆"(简称"农民馆")和"志愿者举办的民间公益图书馆"(简称"志愿者馆")进行业态比较,可以得到如下结论:①从基础来说,农民馆的"馆长、馆舍、馆藏"的物质基础基本具备,对地方文化的把握底子厚实,地方人脉深广,因此开办后会比较顺利。志愿者馆恰恰相反,经常会"水土不服",开始会遇到许多难题,需要磨合期。②从服务对象和服务形式来看,农民馆的文献建设和服务重点在成年群体,其目标是改善生产生活,提高农民文化素养,因此,农民馆以读者自主阅读为主要服务形式,开展活动为次。这些主办者往往社会经历丰富,人生体验对于文化有切肤之痛或先见之明,他们对于通过阅读改变同类群体命运的要求更为迫切。而志愿者馆瞄准的是青少年群体,他们以与农村中小学,尤其是偏僻贫困地区的中小学联手打造图书馆为主,在农村社区开辟"留守儿童之家"等少儿阅读场所为辅。从前文统计的82家企业在图书馆文化的支持方向上可以看到,有超过90%的支持图书馆的力量投向农村中小学,而不是王素芳所说的60%—70%[52]。这些馆遵循青少年的特点,大多以丰富多彩的活动带动阅读,将宏阔深远的阅读意义分解成浅显有趣的游戏活动透耳入心,从而让孩子们有一个愉快、有趣而智慧的童年。③从服务的现代化程度看,农民馆多数维持了传统图书馆的服务方式,以书刊的传统借阅为主,但也辅以计算机手段。部分农民馆更开通了上网检索功能。但是整体看,因为各种客观制约因素,其数字化信息服务还不能形成规模。而志愿者馆多数配备电脑,计算机查询、信息远程检索、网站发布等已经成为日常服务方式,微博、微信等新型通信手段也日渐普及。④从社会依存度来看,农民馆由于主办者条件所限,周边支持力量较为薄弱,因此他们的存在往往处于比较脆弱的状态。在这一点上,湖南长沙市走在全国的前面,凡是长沙市地域的私人公益图书馆,只要正常开放,都能得到每年两万元的政府补贴,但是这项政策目前还无法在全国得到推广。志愿者馆的社会依存度与农民馆的差距很大,他们来自于社会,服务于社会,如同浙江三门县有为图书馆的志愿者们一样,他们运行经费的解决、团队的壮大、读者的增加无一能离开他们的社会运作。有为图书馆的执行团队(包括长期义工)每周三晚上开例会,总结上周工作,安排下周事务,有条不紊,日日见新。"预则立,不预则废"。他们在现实存在的基础上,对将来可能会遇到危机的三个问题:经费、团队和读者的可持续发展做了预测,进行了缜密的筹划。至于大批的 NGO 和企业所捐建的志愿者馆,其本身的主管单位具备了解决问题的能力,这里不再赘述。

从上述业态的比较可以看出,农民馆的长处是与当地文化的联系紧密,接地气,有传承,受当地农民的欢迎。短处是生态比较脆弱,可持续发展能力不强。而志愿者馆重视农村人才的长远建设,自身具备创新能力,能创造自身长远发展的良性循环,但是根底浅,缺少入乡随俗的勇气,不容易被群众理解。如果从整个农村图书馆事业的现代化大局着眼,两者的互补融合,加上适当的改造就是一条可行的途径。

四、来自社会其他力量的支持

在当前政府所建公共文化服务体系之外,基金会等公益组织、企业和私人公益图书馆这三支富有生气的力量是农村图书馆事业得以顺利发展的重要因素。如果再细心一点观察,可以发现,社会上还有其他各种力量在用自己的方式哺育着农村图书馆,使其健康成长。

1. 社会各界"送书下乡"活动

涌动在全国的"送书下乡"热潮,已经延续了多年。这个热潮起始于 2003 年文化、财政部对于欠发达地区的"送书下乡"工程。工程目标是自 2003 至 2005 年,文化部、财政部向 300 个国家级扶贫开发工作重点县图书馆和 3000 个乡镇图书馆(室),赠送农村适用图书 390 万册。每年为每个县图书馆送书 1000 册,3 年合计 3000 册;每年为每个乡镇图书馆(室)送书 330 余册,3 年合计 1000 册[53]。其实在此前,各地都有自发向农村乡镇或学校捐书的行动,这个工程把社会上支持农村图书馆的热情和力量都揭示出来了。随着人民生活水平的大幅改善,公益慈善的理念深入人心,"送书下乡"一发而不可收,它成了人们改变农村落后面貌,参与公益慈善事业最简便易行的方法。这个热潮一直在延续。据网上随机检索的结果,全国各省均有"送书下乡"的动态反映,大至政府机关,小至社区家庭,其铺展范围之大,发动公众之深,在文化活动历史上实属罕见。大手笔、大动作处处可见。通过随机在互联网上搜索,就可以看到许多类似的报道。

例如,2013年10月3日,"百万册爱心图书送农村"活动来到萍乡市广寒寨乡,为该乡坚朗希望小学送上爱心图书一万册,带留守儿童畅游书海,帮助他们忘却孤独,在互相关爱的氛围中健康成长。当天,省政协副主席、"1%工程"名誉理事长汤建人专门赴萍乡市广寒寨乡,参加"百万册爱心图书送农村"活动。汤建人副主席寄语学校务必把好事做好,为孩子们阅读创造良好的条件,把书管理好,让留守儿童有书读、读好书,让爱心图书发挥最大的功效,让捐赠者的爱心得到真正落实。"关爱留守儿童、好书助我成长"——"1%工程"百万册图书免费送农村活动由团省委、民进江西省委会、江西省青少年发展基金会、江南都市报、二十一世纪出版社有限责任公司等单位联合发起,并于9月正式启动。二十一世纪出版社有限责任公司对该活动给予了大力支持,专门向"1%工程"捐赠了青少年优秀正版图书100万册。以"捐献1%,爱心100%"为主题的"1%工程",是2009年由共青团江西省委、民进江西省委会和江西省青少年发展基金会联合发起的一个以助学帮困、关爱弱势青少年成长为目的的公益项目。经过短短四年的发展,"1%工程"经历了从无到有,从小到大的历程,已逐渐成为江西公益界一个响亮的品牌[54]。

又如,《郑州晚报》2012年2月25日报道:2月11日和12日,随手送书下乡的志愿者们,为南阳淅川县山区贫困儿童设立了3个免费借书点。2月25日,又将去民权县野岗乡的郑庄寨村,为那里的缺书儿童设立全省第4个免费借书点。这一活动在社会上反响强烈,免费借书点几乎每天中午都爆满,大部分是孩子们来借阅。经《郑州晚报》连续报道后,不断有市民往捐书点捐书,越来越多的社会相关部门也参与进来,组织捐书[55]。

上述消息较为典型地反映了"送书下乡"工程的深入人心,它的走红,最大限度地映照出了人们正在迅速提升的公德观念和慈善心理。本书结稿前夕,我们又获悉吉林省于2014年8月1日举办首届吉林省农民文化节"送书下乡"活动,此活动将由吉林省新闻出版广播电视局送给省内农家书屋40余万册具可读性实用性的图书[56]。全国范围内"送书下乡"究竟有多少数量?看起来这个数字是无法统计的,如果真要测算,估计也有数亿至十数亿册之多了。

"送书下乡"之热还会一直延续下去,它将成为中国农村图书馆事业发展史上一段引起全民关注的佳话而产生历史回响。

2. 新闻媒体的示范和中介

媒体的作用在社会力量支持兴办农村图书馆的热潮中显得十分突出。它们或者率先垂范，带头去支持一些地方；或者根据受众心理策划方案，动员社会，组织捐赠；或者自身建立公益组织，投身于公益慈善事业。由于媒体的特殊地位，这些行动往往在社会上得到强烈的反响，效果出人意料。

（1）媒体直接支持的案例

"小桔灯乡村小学图书馆计划"由《21世纪经济报道》发起，携手东风标致508共同主办，旨在为偏远地区乡村小学建立适合小学生阅读和使用的小型公益图书馆。该活动自2007年启动以来，已先后组织超过140多名志愿者在云南、贵州、广西等省区的16所乡村小学建立起藏书2000册以上的公益图书馆16个，累计捐赠图书超过40 000册，并培训乡村小学图书管理人员30多名。2012年，"小桔灯"活动除为学校捐赠2000多册图书外，还协助学校建立起专门的图书馆，制定图书借阅和管理制度；在为期一周的时间内对学生进行图书馆使用、图书借阅的培训，同时开展丰富多彩的阅读课，教会学生如何阅读并培养他们的阅读兴趣。现在，"小桔灯"已在山东、山西、湖北、湖南、黑龙江、陕西、重庆、海南、江苏点亮[57]。

（2）媒体全程策划的案例

2014年3月28日，河北慈善联合基金会在其网站上发布公告，开展"用书香点亮乡村孩子的童年"大型送书下乡公益活动。从这个活动的具体方案中可以明显看出，《燕赵都市报》从咨询到捐书，从推荐学校到执行团队的招募都发挥了很重要的主体作用[58]。在捐赠主体与捐赠对象之间，他们负责安排捐赠过程。捐赠过程实际上也是一个文化传播过程，每一环节都体现文化意蕴。媒体在这些方面历练弥久，这也是他们的长处。对于公众来说，多年来在许多人的印象中，媒体就是权威，因此媒体策划的事情甚至一些细节，都能引起公众的特别关注，媒体策划的活动往往社会效应特别强烈和广泛，效果分外好。上文"送书下乡"小节中，《郑州晚报》所报道的公众捐书的纪实消息就很能说明媒体的号召力。

3. 各类社会团体的助学助读

（1）各级慈善机构的支持

在列数助力农村阅读事业发展的社会力量时不能忘记还有这么一支力量——各级慈善总会或者慈善基金会。慈善总会是各级政府推动公益慈善事业的半官方机构,他们与红十字会性质相仿,既接受也使用社会慈善捐款,因此他们与社会各界一样,把捐助贫困农村开展阅读事业也作为自己的一项业务。基金会中心网提供的 2012 年统计数据中,仅有的 8 家地方慈善基金会就投入了 2 847 632 元资金改善农村阅读条件。浙江省温岭市慈善总会还曾经拨款 10 余万元主办了两家乡镇图书馆,即石桥头镇图书馆和箬横镇图书馆。这些地方慈善总会熟悉当地情况,只要条件允许和主观认识到位,他们对于改变农民阅读状况也是当仁不让的。

(2)民间草根组织的作为

综合全国的信息,各地还活跃着大量支持农村图书馆事业的民间草根公益组织。这些草根公益组织由一些公益目标比较一致、志同道合的志愿者们组合起来。他们根据各自的不同条件,或独立建馆,自主经营;或与企业、基金会等组织合作,各司其职,合作经营;或接受委托,实施从建馆到管理和可持续发展的一系列业务操作;或派出志愿者,专门培训管理人才;或专门从事募书捐书,充实乡村阅读资源。这些草根组织有的以网站的形式与社会联系,有的自己拥有大批志愿者,有的又以中介形式出现,专门组织社会力量开展活动。总之,大大小小的草根组织如同大地上的汩汩泉眼,清流奔突,合成溪河,汇成湖海,形成了一股公益力量潮流,冲击着社会。在邱奉捷、王子舟的《NGO 援建民间图书馆发展报告(2011 年)》中列举的 50 余家 NGO 中,可以发现这样一些名字:烛光图书馆、芥菜种公益、贵州人公益行动网络、多背一公斤、北京捐书助学网、山魂公益、我们的自由天空、北京天下溪教育咨询中心、担当者行动、立人乡村图书馆、快乐小陶子教育公益工作室、微笑图书室、一公斤捐书网、启明书社、快乐阅读咨询、圣诺亚爱心公益社团、美味书斋、梦想行动国际、麦田计划、格桑花西部助学网、蓝天助学网。这些公益组织基本上是由一群有志于中国公益事业的志愿者自然结合而组织起来的。“启明书社”是上海志愿者的组织,他们的工作要点是在贫困地区设立免费的乡村图书室并持续管理;开展农村学生的读书、文化艺术活动;进行乡村图书管理员与校长的培训。截至 2011 年年底,他们在中西部 6 省设立了 19 座图书馆[59]。“担当者行动”于 2004 年在厦门建立,2013 年在广东注册成功。至今他们已在 19 个省的 437 个学校中建立了4371 个图书角,惠及 20 余万名孩子[60]。“微笑图书室”发现“有很多类似的自发为贫困地区学校支学助教的组织,有许多热心的朋友,有一些可以调用的资源,有太多太多渴求帮助的学子,但这一切,往往因为缺乏有效的沟通渠道而失之交臂。因此我们希望能够成立一个基于网站的沟通平台,为贫困地区的学生提供课外阅读的机会,为热心公益的社会人士提供方便可靠的捐赠途径,引爱的雨露滋润最饥渴的幼苗"。他们 10 年间为 224 所学校捐书184 208册[61]。"贵州人公益行动网络"前身是"贵州人"网站,它主要是为在外的贵州人、省内贵州人以及关心贵州发展各界人士创造和提供机会,为贵州的发展做出力所能及的贡献。创建以来,组织开展了贫困学生资助、图书室捐建、校舍等硬件设施援建、河流保护等项目和活动[62]。"芥菜种公益"的博客展示了志愿者与学生开展丰富多彩的读书活动的场景[63]。而"多背一公斤"是一个公益旅行活动,通过公益旅行动员大众在旅行途中探访乡村学校,传递物质和知识,收集学校信息和需求[64]。"我们的自由天空"网站募书捐书,然后建图书室。至 2009 年网站注册会员14 000余人,捐书 6 万余册;建立一对一帮困的孩子 1300 余名,另招募支教志愿者 80 余名[65]。"山魂公益"开展"智慧之舟"图书捐赠活动及学生读书活动等五六项公益项目,至 2010 年已开办了 26 个"智慧之舟"图书馆[66]。这些民间草根公益组织,他们有很强烈的个性特点,他们克难攻坚的勇气,他们表现出来的冲劲、韧性和包容性都胜过许多主流公益团体。在我们这个还是以政府为主导的社会里,他们做公益所遇到的困难要比别人多得多,可是他们从起初的"几个热心人,一间图书室"逐步走来,克服重重困难,渡过起落波澜,大部分都已经在社会上树立起自己的公益品牌,其社会效应立体式传播扩张,又带动起无数人加入公益队伍。他们是值得所有人尊敬的一群中国人。

第三节　农村图书馆层面的实情调查

前文已经对基金会、企业、志愿者及志愿者群体、农村草根组织等社会力量支持农村图书馆事业发展的情况进行了线性的条分缕析,并对当中一些典型的案例进行了解剖。在此基础上,从国家图书馆研究院于 2014 年年初对全国农村图书馆建设现状进行的问卷调查中,也能看到社会力量参与农村图书馆建设和服务的一些实际情况。该项调查一共收到 9 个省市的反馈,其中既包括县、乡、村各级图书馆(室)直接填报的本馆数据,也包括县级图书馆和图书馆主管部门汇总填报的本县总体情况数据。从前者来看,所有参与调查的馆(室)都声称其是由各级政府或村委集体力量举办的,而后者汇总的数据却反映出不同的情形。在个别的县区中,由非政府力量举办的图书馆甚至达到了数百所。经分析,产生这种现象的原因大致有三个:①理解有偏差。有些县区在汇总统计时,把乡村学校图书馆当作"企事业单位"所办馆纳入了社会力量办馆范畴进行统计。②统计中存在一定的随意性。个别县区在填报数字时由于没有历史统计数据作为依据,可能以估量数据替代实际数据的情况。③工作的推进、形势的变化所导致的复杂情况的反映,这一点我们在下文中再行展开。

针对上述问题,我们进一步通过电话与各县区对数据进行了核实,最终统计结果如表6-4所示。需要说明的是,本次调查并没有涵盖到全国31个省市,反馈数据的9省市中大多也只汇总了一部分县市区的数据,没有涵盖全部县域,所以表中数据仅作为我们分析全国情况的一个参照。另外,对表中反映的各县区不同数量的社会力量举办的图书馆,目前尚未掌握其具体属性,故尚未做进一步深入的分析。

表6-4 9省市参与调查的有社会办馆的县区市数量表

省域	县区	社会办馆个数(个)	省域	县区	社会办馆个数(个)	省域	县区	社会办馆个数(个)
青海	茫崖县	1	河北	隆化县	6	浙江	承德县	1
	天峻县	4		平泉县	10		古冶区	17
	治多县	5		鹰手营子矿区	4		淳安区	8
宁夏	惠农区	5					萧山区	3
	利通区	5		大城县	3		南湖区	1
	同心县	8		固安县	1		江干区	14
	红池堡县	1		永清县	1		拱墅区	15
	青铜峡市	4		丰南区	7		东阳市	4
	隆德县	2		高碑店县	2		嘉善县	30
海南	定安县	1		滦县	5		龙泉县	1
	临高县	5		迁西县	3		桐乡市	7
	万宁市	4		玉田县	3		庆元县	5
	文昌市	3		遵化市	4	贵州	白云区	1
	乐东县	5		邱县	2		花溪区	1

续表

省域	县区	社会办馆个数（个）	省域	县区	社会办馆个数（个）	省域	县区	社会办馆个数（个）
	乌当区	2		碧江县	10	北京	朝阳区	69
	息烽县	1		德江县	6		大兴区	7
	独山县	1		道真县	11		海淀区	5
	福泉市	4		红花岗区	14			
	镇宁县	1		青川县	10		肇州县	4
	紫云县	10		旺苍县	5		道外区	5
	百里杜鹃区	10		昭化区	1		方正县	2
				峨眉山市	3		呼兰区	1
	织金县	1		井研县	8		尚志市	1
	水城县	3		纳溪区	2		逊克县	1
	剑河县	3	四川	阆中市	1	黑龙江	鸡东县	1
	黎平县	1		南部县	8		富锦市	2
	天柱县	2		蓬安县	10		同江市	2
	镇远县	1		西充县	14		穆棱市	1
	册亨县	14		营山县	5		富裕县	1
	普安县	1		盐边县	2		甘南县	1
	兴仁县	15		长宁县	12		克东县	2
	兴义市	17		朝天区	5		肇东市	1

核实情况以后有社会办馆的县区市占该省参与调查县域的比例见下表6-5所示：

表6-5　9省市有社会办馆的县区市比例表

省域	参与调查的县域（个）	有社会办馆的县域（个）	所占比例（%）
北京	13	3	23
黑龙江	91	14	15.3
青海	17	3	17.6
宁夏	20	6	30

续表

省域	参与调查的县域(个)	有社会办馆的县域(个)	所占比例(%)
四川	56	14	25
贵州	85	23	27
海南	15	5	33.3
浙江	18	7	38.8
河北	38	15	39.4

在上表中,各省市有社会办馆的县域所占的比例,低的在15%左右,高的近40%,在加权平均以后,9省市的平均比例为27.71%。因为这些省市里西部地区占一半,因此也可以将这一数字视为全国各地有社会办馆地域的最低占比。也就是说,全国各地社会力量参与办公共图书馆事业县城占全国县城总量的比例不少于25%,而这一结论也是这次调查所蕴含之实际意义的主要标志。

在与各地进行电话核实的过程中发现了一些不同于常规民间办馆的新现象,这也就是前文所说要在后文展开的第三点原因。根据表6-4,浙江嘉善县和北京朝阳区的社会办馆数字较大。嘉善县有30家图书馆原本都是政府办的农家书屋。浙江省在建设新农村的工作中提出在各村都要建设"文化礼堂",而且要配齐标准的阅览室等设施。嘉善县一方面推广"文化礼堂",一方面就在干窑、大云等几个镇的村庄中进行试点,由当地的企业每家投资数万元,在一些房屋和场地宽敞的农民家中开设"文化庭院"30余处,将原有的农家书屋搬到这里,继续发挥作用,再配上一些文体设施,开展各类活动。文化礼堂是村里的文化中心,而文化庭院则是居家农民就近浸润文化,享受生活的便捷之处,在日常起居中用文化养生,以杜绝一些不良风气。"文化庭院"创建的实质,就是政府与社会共同担起传播健康文化,改造社会风气的责任,解决文化育人"最后一公里"问题。由于企业担负主要管理责任,因此将其放入社会办馆之列。朝阳区的社会办馆又是一番景象。近年来,随着第三产业的迅速发展,一些文化新业态悄然兴起。在朝阳区,"悠贝""爱贝乐""京布丁"等连锁书屋、亲子书屋成了品牌,单纯的租书摊蜕变成了以有偿会员制为契约形式,以养成教育为目标,以阅读活动为载体,以人性化服务为中心的儿童书屋。这里的儿童书籍经过精选,阅读活动丰富多彩,吸引了众多家长把尚未开蒙的孩子放心地送到这里,一些家长甚至认为"这里的服务水平远超少儿图书馆"。300 元—1000 元的年费对于他们来说,是一个字"值"。"字里行间"连锁书店,又是另一种业态。它是书店,但它在店中安置了与图书馆不相上下的阅读设施,创造出舒适的阅读环境,坦然迎接读者们前来"先看书,再买书",或者"既买书,也看书",甚至"只看书,不买书"。在消费能力明显提高的今天,经营者们既公益也经营,以公益带经营,他们吃透了文化消费的昨天、今天和明天,以优雅的文化姿态欣然面对世人。这些经营者们所体现的文化精神,值得图书馆人深思。朝阳区图书馆和文化部门感受到了它们的社会效应,欣然出手相助,解决它们实际运营的困难,建立了一个良性运行的合作机制,得到了双赢的效果。全国各地类似现象有很多,随着国家对于社会力量参与公共文化建设的支持力度不断加大,越来越多的合作、激励机制会涌现、发展、完善。

上述这些新的社会办馆现象说明,中国文化大发展的时代正在到来。一个民族的素质,从阅读可以看出端倪。近年来人们自身提升的要求越来越迫切,追赶的势头越来越猛。基于这种形势,政府动用了各种方式购买社会服务,嘉善的例子就是如此。他们将原有的农家书屋资产盘活,引进社会力量,用合力将农村文化的"一日三餐",送到农民嘴边,这些"文化庭院"就是社会办馆的典型例子。而朝阳区的这些连锁书屋,以不同的方式在展示着图书馆的特质。尽管它们脱胎于市场经济,但依然将天生带着公益基因的阅读服务做得很好。如果按照传统的"非此即彼"逻辑去划分它们的属性,去判断它们的目的,那我们很快就将"出局"。可以预见,社会的多元化将带给公共图书馆事业无尽的可能,公共图书馆与社会越来越紧密的联系赋予了人们无限的遐想。

在国家图书馆研究院开展农村图书馆调查的同时,笔者在有关省市图书馆学会的大力支持下,另外还抽取了黑龙江省牡丹江市东宁县、贵州省毕节市大方县、山西省晋中市榆次区、北京市密云县、陕西省渭南市临渭区等县域,委托当地县级图书馆进行了一次全县域农村图书馆的实时布点摸底。我们的目的是打破系统障碍,把在农村为群众服务的所有图书馆在这次调查中"一网打尽",一一列入并说明概况,包括学校图书馆、单位图书馆、个人图书馆和社会力量所建图书馆。调查的结果简述如下:5 个县区中,农家书屋(北京称"益民书屋")已经全覆盖。得到社会支持的有两个县区,贵州大方县有 30 所中小学得到社会力量援助,临渭区农家书屋中 3 家有外来捐书。除此以外,就没有其他由社会力量单独开办的公益图书馆了。得出的结论是,从全局看,社会力量对于农村图书馆事业的支持,还只是局部而少量的,社会支持的目标几乎都集中在农村学校,乡村图书馆得益的是极少数。

总结上述调查,我们已嗅到社会力量参与图书馆事业建设的春天气息。全国约四分之一的农村地区的图书馆中已经出现了社会力量的身影,这些身影里,有至诚服务、鞠躬尽瘁的退休老者,有为公益事业披荆斩棘的社会团体和志愿者们,更有怀揣抱负、熟谙现代理念的年轻业主,在越来越开放的社会大舞台中,他们的价值看涨,自信日增。相信在不久的将来,这里一定会出现百花争艳的春天。

第四节　当前社会力量助推农村图书馆发展的总结和思考

中国农村文化事业的发展正处在起步阶段,社会公众对农村文化事业表现出极大的关注,总结起来,可以看到以下几点,一是中国公益慈善事业目前的走向对于改变中国农村的文化贫困状态将是一个举足轻重的因素,它们有温度、有深度的支持帮助将会促成现代文明在农村的生根开花;二是中国公益慈善事业总体处在探索和起始阶段,随着国家对于社会建设全面改革的起步,各方面的社会力量将会挣脱羁绊而被动员起来,发挥其巨大的能量,投入到农村的彻底变革中;三是一批批满怀献身精神的志愿者的行动,正在唤醒越来越多民众的善意,传播现代公益理念,拉近现代社会人与人的关系,引领着社会主义核心价值体系的建设,这种人的因素是最宝贵的资源。近年来每年社会各界的支持无论从量到质都有大幅度的增长,参与助学助读的人数也在迅速增加,而且这种支持已经被越来越多的社会力量看作是理所当然的常规行动。我们相信,这将成为一股不可阻挡的潮流,是社会建设发展的必然,应该做好思想准备,迎接高潮的到来。

从另一面看,正是因为社会支持与农村图书馆事业都处在初级阶段,因此,摸索中会有不尽人意的地方,探寻中会产生值得总结的教训。我们在文末对前文中提出的问题做一番梳理,相信会对事业的未来发展大有裨益。

一个社会问题的产生,必然是由各种相关社会力量多方博弈、并取得暂时平衡后形成的。同样,要去解决这个问题,就需要改变力量对峙的架构,强化逆向效应。因此,要借助党的十八届三中全会开展全方位改革决定的力量,在农村强化公共文化服务体系建设,促进社团力量良性发展,推进图书馆自身改革,使众多社会正能量聚合起来,形成新的农村文化建设主体力量的架构,为较快地实现农村文化建设的现代化创造基础条件。

一、进一步明确农村图书馆职能,完善和强化农村公共文化服务体系建设

1. 形成"校热村冷"局面的三个原因

对于当前形成的社会力量支持"校热村冷"的局面,可以从三个方面去找原因。首先,从政府方面的角度看,教育事业一直是政府施政的重点,同时,它也是改革开放后中国社会的主要议题。这些年政府投入不断加大,教育事业有了很大改观。而农村中小学教育恰恰是整个教育事业中的"短板",是强势舆论中心里的弱势群体,自然更受到全社会的关注,不但政府重视,社会各界亦呵护有加。像贵州大方县的 358 所学校图书室,只有不到 1/4 的学校藏书少于 1000 册,大方县的进步说明政府加大了对农村教育的重视程度。政府近些年才开始对公共文化有所重视,但是在舆论热度上与教育相比差距还很大,更不用说投入了。由于公共图书馆属于文化系统,因此政府反复强调基层公共图书馆的建设是"归还和保证每个人的阅读权利",而较少强调公共图书馆的社会教育功能,这本身就扭曲了从民国以来中国图书馆人的理念,降低了公共图书馆在人们心目中的地位。这些因素潜移默化地在社会公共空间传播,逐渐形成了人们重教育轻文化的思维定式。其次,从公益人士的角度来说,他们目前更看重的是公益活动的效应、效益及其可持续的发展。学校教育是有组织的社会活动,运行着一系列的社会规则和标准,在较短期限内会产生可比较、可验证的结果,这对于开展公益活动是一个有利条件。少年儿童本身可塑性强,具有旺盛的学习欲望,是一张白纸,可以任人们画画。这是第二个有利条件,有利于公益人士达到目标。我们在一些公益人士处了解到,他们对于直接在农民中开展阅读活动是有许多顾虑的。农民的文化水平互相之间差距太大,甚至还有不少文盲。志愿者要应对不同的阅读需求,同时还要开展扫盲,这实际上是对农民进行文化再教育的大工程,单纯依靠公益组织是很难完成的。而且如果要想这样做,还必须要面对许多实际问题,如村民的意愿、村庄用来活动的场地、村组织的支持与否等人际与环境问题,因为村庄的管治远不如学校那样严整。相比之下,学校图书馆必然是公益组织的首选目标,况且,从前面的摸底调查中看到,即使是接受公益慈善活动帮助的农村学校,其所占比例也很小,公益组织对于农村孩子助读行动的发展空间还无限大,又怎么再来顾及现实乡村中的农民群体呢? 其三,从农村和农民的角度看,刨地种粮填饱肚子是天理,几千年过来都是如此,这都被叫作"务实",而科学与文化,多少年来与他们绝缘,近几年才开始与他们靠近,除了直接尝到甜头的一部分农民之外,相当多的人对它们还是感到陌生,认为这是"务虚",从绝大部分农家书屋极低的阅读率就可以看得出来。因此,除了政府出钱出力之外,要农民们积极主动地投入阅读,也许还是为时过早。这个"为时过早",并不是单纯从时间维度上的衡量,而更是说明需要对农民揭示他们自身潜在的对阅读的巨大需求,也就是"阅读启蒙",从而让他们有所醒悟。这其实是很重要的一个步骤,但也是很花费时间与精力的事情。

上述三个方面的综合因素,就构成了现在的"校热村冷"的局面,构成了中国社会力量推动图书馆事业发展的"理想很丰满,现实很骨感"的状态。那么,明白了症结所在,则须对症下药了。

2. 把农村公共文化建设的重点转移到科学与人文精神的培育上来

首先,要从国家政府层面上对农村的公共文化服务体系启动至今的状态做一个全面的总结梳理。就实践观察,大多数基层的图书服务机构现实中都处在半瘫痪状态。之所以说"半瘫痪",有两个原因,一是因为乡村,尤其是村里的图书室常常无人管理,兼职的管理员因为没有激励机制而很少有主动去履行责任的。二是农民中普遍缺乏阅读热情,其涉及的原因来自多方面。主管部门对一些基层图书机构经常做调查问卷,反馈回来的数据相当多的都有明显差误,或是单位之间数据雷同,或是文献很少而读者爆棚,诸如此类的现象只能说明一个问题:他们缺乏日常数据的统计和积累。也就是说,没有日常的管理。中国的农村图书馆事业几十年中一直在风雨飘摇中蹒跚学步,现在国家公共文化服务体系建设启动六七年了,农村的整体经济状况也已经大有改善,大量的投入为什么换不回正常的图书馆效益?我们认为,其根本点还在于国家对于农村公共文化服务体系政策设计的重点还不够突出,科学性还有待加强。农村的文明改造、农业的现代化、农民的自我发展都离不开科学与人文精神的培育和提升,这是农村文化建设的根本,也应该是公共文化服务体系建设的宗旨所在,而与这个宗旨最直接对应的就是图书馆机构,就是被国内外无数实践所证实的公共图书馆的运作。因此,应该将农村公共文化服务体系建设的重点放在图书馆机构上,而不是现行政策中的"两馆一站一室"的模式。"两馆一站一室"的做法在实践中的结果,就是让群众文艺主导了文化事业,让文化的低起点压制了高发展,让有形的"效果"替代了无形的效益,让形象思维更换了逻辑思维,从而延缓了我国基层民众科学文化水平的提升。况且从当今的社会实践中已经可以看到,群众文艺正在自发地形成热潮,文化馆这个历史产物的作用实际上正在趋于式微。相反,一路艰难的农村图书馆机构至今还没有被真正纳入公办的文化体系,它始终没有摆脱生计无着的阴影。因为,农家书屋工程在可持续发展方面的考虑还不够成熟,共享工程无法代替图书馆,而一些已经实行县、镇、村三级图书馆联动(总分馆制)的地区是主动作为,没有得到国家的法律和政策的根本保障,基础不稳定。应该打破"两馆一站一室"的农村文化建设模式,将货真价实的公共图书馆服务体系延伸至乡村,从法律和政策上确立以县图书馆为中心的总分馆制的地位,使农村的公共图书馆形态丰满起来,强壮起来,使县级政府能对全县的公共图书馆机构真正承担起责任来。

3. 从揭示农民潜在的阅读需求出发,强化农村文化建设的科学性

在农村文化建设将重点转移到建设公共图书馆体系的同时,更要关注建设的科学性。所谓科学性,就是要按照图书馆运行的规律,满足其规范运行的各种需求,如必要的设施、队伍、经费、环境以及服务要求、评估考核等软硬件条件,使它真正具备公共图书馆所应具备的一切必要条件。要让那种"什么时候有人来借书,就什么时候开放"的所谓"全天候开放"现象永远从农村根除掉。再则,还要强化图书馆的社会教育功能,就像当年晏阳初、陶行知一样,躬身实践,努力提升农民的文化认知水平,激发农民认识自我,改变自我。图书馆本应是一个自为的机构,成长性很强,应该能够解决各个历史阶段所产生的社会需求。现在社会的教育资源极其丰富,而且增长也很迅速,农村图书馆可以主动争取社会公益机构的支援,开展全方位、接地气的社会教育,用通俗易懂的方式引导农民对各类文化知识产生兴趣,逐步形成阅读需求,迈入阅读情境,从而打开农村图书馆的一片新天地。

在完成上述几个转变以后,农民潜在的阅读需求将会被激发出来,农村、农民对于公共图书馆的态度将会有一个根本的变化,社会与政府携手共建农村图书馆的局面也才会出现。

二、政府应出台政策,规范公益行为,协调多方利益

1. 出台法规政策,规范公益组织和公益行为

民间对于中国农村图书馆事业是怀抱一腔热情,愿意尽心尽力提供支持的。但是,从另一个角度也会发现,基金会、公益组织、企事业单位和各类私人因素的投入和帮助显得紊乱无序,是一种真实的"无政府状态"。一位资深

的公益组织负责人如此总结:"部分公益项目在调研、研发、执行等环节存在'不贴地气'的问题,从捐赠方意愿而非学校学生需求出发,从媒体报道和新闻宣传而非对学生的实际帮扶效果出发,从捐赠者个体情感满足而非受助者情感和尊严出发。""农村教育文化的公益慈善类项目,如捐赠、支教等,看似专业程度低,参与难度低,而呈现相当明显的'表面化、活动化、短期化、物质化'等特征。客观说造成学校和学生误解公益慈善的'助人自助,人人公益'内涵,形成'等靠要'的惰性思维,进而丧失主动性,甚至形成了对立抵触的情绪和做法。"这类问题的存在,反映了当前公益事业中一定程度的乱象,亟须国家有关部门的总体把控和适时调节。在目前这个国家政策已经放开、社会组织大量涌现、公益慈善势头大增的情势下,国家应该及时出台一些政策法规,以达到调节社会力量的精准使用、规范公益慈善适用范围及质量标准、阻止公益乱象发生、鼓励公益慈善的可持续发展的目的。各级基层政府更应该打开大门,欢迎社会公益团体进入本区域,向他们购买服务,提供本地的实际状况和适当的资源供他们选择,为他们解惑纾困,给他们行事的便利。政府相关机构更应该下狠心摒弃官僚作风,深入基层调查,真正建立可以跨系统共享,至少是可以互相印证的信息管理系统,建立有法律保障、真实有效的数据采集和验证机制,从而逐步形成全国统一标准的评估检验体系。这些措施对于公益慈善事业来说都是基础建设,期望有关部门拿出实际行动。

2. 统筹兼顾跨界合作,形成聚合效应

当前,国家已经意识到一些社会建设的重大系统工程是无法由单个部门来承担完成的,其中也包括了公共文化服务体系建设。一些公益组织反映,他们在实际操作中,发现公共图书馆、社会文化活动等文化资源配置不合理,未能形成聚合效应,甚至在某些区域,因为人为原因,违背教育均衡发展的战略,造成相当大的社会资源浪费。这里就涉及了多部门联手协调推进公益慈善事业的问题。在社会力量支持农村图书馆的问题上,教育和文化部门应该打破部门界限,从人民利益和统筹资源的总体目标出发,协调安排使用社会资源。跨部门实施一些社会工程,同样是一项紧迫的全局性的改革。

3. 深入开展乡村教育体制改革,调动教师队伍的积极性

一些积极热情投身于公益事业的志愿者感觉不少地方教师和学校缺乏主动性,连接受公益捐赠都显得比较淡漠。在深入了解后,他们认为,表层

原因是乡村教师的薪酬体制僵硬、生活条件艰苦、发展空间狭隘,以及乡村学校经费不足、发展前景不明朗,但深层原因是乡村学校在国家教育体系和政府行政管理体制中的定位相当尴尬,导致乡村学校校长和教师团队需耗费大量时间和精力应付政府和主管部门的行政性任务和工作,同时又受到相当多的约束,尤为重要的是缺少激励,不支持从事创新和探索式的发展。这就牵涉了社会对教育部门存在恒久的非议,同时也是乡镇一级政府与教育部门合作共建乡镇教育的问题。调动乡村教育队伍的积极性,解决近年来不断出现的"代课教师"、教师待遇等议题,同样是教育部门与乡镇政府面临的重要改革课题。

上述三点在一定程度上显示了农村公益慈善事业的局部困境。在本书定稿前的 2014 年 10 月 30 日,传来了"春天的消息",李克强总理主持国务院常务会议专题研究确定了发展慈善事业的措施,即落实减免税政策、发展慈善组织、强化行业自律和社会监督。三条政策条条都点到了公益慈善行业的痛处,相信时间是公正的裁判。

三、公共图书馆必须融入社会,与公众同呼吸共命运

1. 农村中小学生的阅读推动不能离开公共图书馆的参与

从表面上看,图书馆界对于来自民间和外部的支持的反应始终是平静的,除了偶尔有学者发表一些研究心得外,基本无人过问。这里有显而易见的原因,即人们感觉得益的全是教育系统的学校图书馆,与文化系统的公共图书馆无干,"无须过度反应";与私立图书馆的联系,多少还有些"公私不分"的思想障碍。正因为如此,从基金会、企事业和其他各类社会团体的各种资料、信息中,很难寻觅到公共图书馆介入捐赠活动的蛛丝马迹。有一位资深志愿者讲述过他们捐建乡村学校图书馆的困惑:学校本身就缺人手,但即使有人,也不知道应该如何去指导培训其学会管理图书馆,因为这是需要专门化知识的。我们不敢去公共图书馆请人,怕过多地增加他们的工作负担。另外,我们这些年给学校配书发现,在我们看来孩子会喜欢的书,实际的阅读率却不高。如何找到孩子们真正爱读的书并且把它们集合成一个书单,就成了我们非常挂心的事,但靠我们这几个人做不了这件事。这位志愿者的心结其实就是公共图书馆应该介入并且大有可为的地方。

2. 用制度要求公共图书馆介入社会力量的农村助读公益事业

公共图书馆多年来就承担着对基层图书馆(室)进行辅导的责任,大多数馆还因此设有相应的职能部门,历史上也为中国农村图书馆事业的推进做出了极大的贡献。但是,在公共文化事业迅速发展的今天,资源、环境、对象、需求等都发生了很大的变化,新事物新要求层出不穷,公共图书馆是否还能像世纪之交数字化应用之初那样意气风发,攀峰登高呢? 其实现实对我们的挑战比过去更深、更广、更复杂,形势的发展必然要求公共图书馆在公共文化服务体系中的图书馆体系里全面、真实、有效地起到引领的作用,着力去解决基层图书馆现代转型的各种问题。用制度来要求公共图书馆界与社会、与民间共进退,共同承担起建设农村图书馆事业的责任,公共图书馆应该打破系统界限,积极引领,主动服务,全程参与,尽心竭力。

3. 公共图书馆必须融入社会,接受公众监督

图书馆界一直以来都在强调公共图书馆应该由政府来办,其理由是强化政府对自己责任的认识。今天建设公共文化服务体系已经成为共识,似乎我们的终极目标已经达到了。世界各国的图书馆馆长们的第一要务是寻求社会的资助,其实在求助的同时,也是与社会互动,开展一段彼此融合、监督、促进的过程。而中国的图书馆馆长们只对上负责,没有压力或动力要与社会去互动。公共图书馆一些人身上的不思进取、恪守陈规、顾影自怜的毛病,其产生的更深层次的原因,就是与社会脱节,缺少他律和自律,缺少灵魂的触动和精神的浇灌,缺乏培养主观能动性的土壤。如果换一换思维,走入民间,了解社会,也去当一回志愿者,就会知道自己的职责在哪里。一些公益团体已经走在了我们的前面,像陈一心家族基金会,他们在安徽进行的儿童阅读实践的研究吸引了国际顶级专家的参与,在他们的鼎力资助下,苏州新阅读研究所通过海量的调查推出了权威性的基础阅读书目。面对社会力量的积极作为,公共图书馆再也不能置身度外,要建立适应时代发展的管理体制和服务机制,让图书馆这个"公器"的公益发挥到极致。好在十八届三中全会已经做好了顶层设计,抓准了图书馆界的要害:各级图书馆都要建立有社会各界人士组成的理事会,让"公器"充分接受公民的监督。在社会力量卷入农村发展大潮的前景下,中国公共图书馆的管理者们必须向发达国家的同行们学习,放下身段,融入社会,承担起农村阅读事业的宣传推广工作,在广袤的乡镇村庄与社会公益慈善力量之间架起一座桥梁,让乡镇村庄在公益慈善志愿者的眼中变得可爱起来,让村民乡亲的阅读意愿有更多的公益慈善之水来进行浇灌。我们相信,通过全国公共图书馆界的努力,中国农村的图书馆事业在政府和社会的多方关注下,一定会让世界惊艳!

参考文献:

[1] 朱佳莉.社会力量参与公共图书馆建设问题探讨——以上海近代文献馆·杨浦馆为例[J].图书馆研究,2015(4):28.

[2] 王子舟.民间力量建设图书馆的政策与模式[M].北京:国家图书馆出版社,2011:81.

[3][23] 王子舟.民间力量建设图书馆的政策与模式[M].北京:国家图书馆出版社,2011:82.

[4] 国家图书馆研究院.我国民办图书馆的现状及思考[J].图书馆决策参考,2012(21):7.

[5] 王子舟.民间力量建设图书馆的政策与模式[M].北京:国家图书馆出版社,2011:3.

[6] 严文郁.中国图书馆发展史[M].台北:枫城出版社,1983:7.

[7] 严文郁.中国图书馆发展史[M].台北:枫城出版社,1983:8—11.

[8] 吴汉华.中国民间图书馆研究[M].武汉:武汉大学出版社,2014:72.

[9] 严文郁.中国图书馆发展史[M].台北:枫城出版社,1983:21.

[10] 严文郁.中国图书馆发展史[M].台北:枫城出版社,1983:26.

[11] 吴汉华.中国民间图书馆研究[M].武汉:武汉大学出版社,2014:74—76.

[12] 吴汉华.中国民间图书馆研究[M].武汉:武汉大学出版社,2014:77—78.

[13] 严文郁.中国图书馆发展史[M].台北:枫城出版社,1983:100.

[14] 严文郁.中国图书馆发展史[M].台北:枫城出版社,1983:110—111.

[15] 吴汉华.中国民间图书馆研究[M].武汉:武汉大学出版社,2014:73—74.

[16] 严文郁.中国图书馆发展史[M].台北:枫城出版社,1983:109.

[17] 严文郁.中国图书馆发展史[M].台北:枫城出版社,1983:139—140.

[18] 吴汉华.中国民间图书馆研究[M].武汉:武汉大学出版社,2014:86.

[19-20] 吴汉华.中国民间图书馆研究[M].武汉:武汉大学出版社,2014:99.

[21] 国务院办公厅.国务院办公厅转发财政部、中宣部关于进一步支持文化事业发展若干经济政策的通知[EB/OL].(2006-06-09)[2014-08-20].http://www.gov.cn/xxgk/pub/govpublic/mrlm/200803/t20080328_32514.html.

[22] 吴汉华.中国民间图书馆研究[M].武汉:武汉大学出版社,2014:101.

[24] 吴汉华.中国民间图书馆研究[M].武汉:武汉大学出版社,2014:100—101.

[25] 杨团.慈善蓝皮书·中国慈善发展报告(2014)[M].北京:社会科学文献出版社,2014:1.

[26] 中国公益2.0、中山大学中国公益慈善研究院.中国民间公益组织基础数据库数据分析报告[R].2014.4.

[27] 杨团.慈善蓝皮书·中国慈善发展报告(2014)[M].社会科学文献出版社.2014:84.

[28][39] 责扬天下(北京)管理顾问有限公司.CSR报告网[EB/OL].[2014-08-20].

http://www.csrreport.cn/index.html.

[29] 文化火种寻找之旅[EB/OL].(2010 – 12 – 28)[2014 – 08 – 28].http://kindling.im.
pku.edu.cn/default.asp.

[30] 吴汉华.中国民间图书馆研究[M].武汉:武汉大学出版社,2014:140—142.

[31] [33] 邱奉捷,王子舟.NGO 援建民间图书馆发展报告(2011)[J].图书与情报,2011
(6):1—9.

[32] 吴汉华.中国民间图书馆研究[M].武汉:武汉大学出版社,2014:113.

[34] 心平公益基金会.心平公益基金会 2012 年度工作报告[R/OL].(2013 – 05 – 28)
[2014 – 08 – 20].http://www.chinanpo.gov.cn/dc/showBulltetin.do? id =
12122&dictionid = 102&websitId = 1000001&netTypeId = 2&topid = .

[35] 陈一心家族基金会.陈一心家族基金会(各年年报)[R/OL].[2014 – 08 – 20].ht-
tp://www.cysff.org/report_sc.html.

[36] 杭州市图书馆事业基金会第一届理事会工作报告(杭州市图书馆事业基金会第二届
理事会一次会议文件)[R].2014 年 5 月 30 日.

[37 – 38] 腾讯公益慈善基金会.2013:"筑梦学堂"公益反馈报告[R/OL].[2014 – 08 –
20].http://gongyi.qq.com/xinxiangcun.htm.

[40] CSR 报告网.香格里拉酒店集团 2011—2012 年可持续发展报告(1)[R/OL].
[2014 – 08 – 20].http://www.csrreport.cn/index.html.

[41] 和讯网.共创价值圆梦中国 2012—2013 英特尔中国企业社会责任报告[R/OL].
[2014 – 08 – 20].http://www.csrreport.cn/index.html.

[42] CSR 报告网.普利司通(中国)投资有限公司 2013 年可持续发展报告[R/OL].
(2014 – 01 – 09)[2014 – 08 – 20].http://www.csrreport.cn/index.html.

[43] CSR 报告网.中国平安保险(集团)股份有限公司 2012 企业社会责任报告[R/OL].
[2014 – 08 – 20].http://www.csrreport.cn/index.html.

[44] CSR 报告网.连接你我 开启明天 中国移动 2012 年可持续发展报告 2013 年 5 月 26
日[R/OL].(2013 – 05 – 26)[2014 – 08 – 20].http://www.csrreport.cn/index.html.

[45] CSR 报告网.北京蓝色光标品牌管理顾问股份有限公司 2012 社会责任报告[R/
OL].[2014 – 08 – 20].http://www.csrreport.cn/index.html.

[46] 刘京.附录(二):2013(2012 年度)企业捐赠榜.2013 中国慈善捐赠发展蓝皮书[M].
北京:中国社会出版社,2014:220—259.

[47] 吴汉华.中国民间图书馆研究[M].北京:国家图书馆出版社,2014:146.

[48] 王子舟,邱璐,戴靖.太行山里"种文化"的能手——心连心家庭图书馆田野调查手记
[J].图书馆建设,2014(9):92—96.

[49] 王子舟,邱璐,戴靖.一个乡村文化的旗手——成林文体大院田野调查手记[J].图书
馆建设,2014(2):93—96.

[50] 王子舟,邱璐,戴靖.一个自学成才农民的理想——小河图书馆田野调查手记[J].图书馆建设,2014(1):94—98.

[51] 王子舟,邱璐,戴靖.乡村精英在文化建设中的角色——赵良弼图书馆田野调查手记[J]图书馆建设,2013(11):22—26.

[52] 于良芝,邱冠华,李超平等.公共图书馆建设主体研究——全覆盖目标下的选择[M].北京:国家图书馆出版社.2011:114.

[53] 文化部,财政部.文化部、财政部关于印发《送书下乡工程实施方案》的通知[EB/OL].(2003 - 04 - 16)[2014 - 08 - 20].http://www.lawyee.net/Act/Act_Display.asp? RID = 810919.

[54] 新华网.“百万册爱心图书送农村”助留守儿童忘记孤独[EB/OL].(2013 - 10 - 12)[2014 - 08 - 20].http://www.jx.xinhuanet.com/news/focus/2013-10/12/c_117678842.htm.

[55] 送书下乡[EB/OL].(2012 - 02 - 25)[2014 - 08 - 20].http://club.autohome.com.cn/bbs/thread-a-100012-14338586-1.html.

[56] 凤凰网.首届吉林省农民文化节送书下乡活动正式启动[EB/OL].(2014 - 08 - 05)[2014 - 08 - 20].http://news.ifeng.com/a/20140805/41438744_0.shtml.

[57] 搜狐网.“以书会友,知行合一”2012 年小桔灯乡村图书馆出发啦![EB/OL].[2014 - 08 - 20].http://gongyi.sohu.com/s2009/xiaojudeng/.

[58] 河北慈善联合基金会.“用书香点亮乡村孩子的童年”大型送书下乡公益活动[EB/OL].(2014 - 03 - 28)[2014 - 08 - 20].http://www.hbcsw.org/2014/xmd_0328/1158.html.

[59] 启明书社[EB/OL].[2014 - 08 - 20].http://www.sunriselibrary.org/.

[60] 中国担当者行动[EB/OL].[2014 - 08 - 20].http://www.dandang.org/.

[61] 微笑图书室[EB/OL].[2014 - 08 - 20].http://www.smilinglibrary.org/.

[62] 贵州人[EB/OL].[2014 - 08 - 20].http://www.guizhouren.org/.

[63] 芥菜种公益的博客[EB/OL].[2014 - 08 - 20].http://blog.sina.com.cn/jiecaizhongxiaozu.

[64] 多背一公斤——爱自然,更爱孩子[EB/OL].[2014 - 08 - 20].http://1kgweb.blogbus.com/.

[65] 我们的自由天空(OFS)[EB/OL].[2014 - 08 - 20].http://www.ourfreesky.org/.

[66] 一起公益网.山魂公益[EB/OL].(2012 - 04 - 06)[2014 - 08 - 20].http://www.17gong1.com/gongyizuzhi/orgdetail/glzz12001418yo7.

（执笔人:王效良）

附录 1　新中国成立以来中央层面关于农村图书馆事业发展政策文件目录

序号	政策名称	文号	发布主体	发布时间	备注
1	中央人民政府出版总署动员令		中央人民政府出版总署	1951 年	
2	关于普遍建立工厂农村图书室开展读书运动的意见		新华书店		
3	出版总署关于查禁、停售图书应通知各地图书馆、文化馆、站的通报	(54)出机字第 284 号	中央人民政府出版总署	1954 年 7 月 17 日	
4	文化部关于加强与改进公共图书馆工作的指示	文社图字第 52 号	文化部	1955 年 7 月	
5	关于改进和进一步加强农村文化工作的指示		文化部	1956 年	
6	关于配合农村合作化运动高潮开展农村文化工作的指示		文化部、共青团中央	1956 年	
7	关于整顿县图书馆工作的通知		文化部	1962 年 3 月	
8	农村俱乐部工作要点(修改草案)		共青团中央	1965 年	
9	农村文化活动要点(修改草案)		共青团中央	1965 年	
10	国务院办公厅转发《关于出版工作座谈会的报告》		国务院办公厅	1971 年	
11	省、市、自治区图书馆工作条例(试行草案)		国家文物事业管理局	1978 年 11 月 13 日	

续表

序号	政策名称	文号	发布主体	发布时间	备注
12	关于加强当前农村宣传工作的几点意见		中央宣传部	1980 年 1 月	要求在县、社文化馆、站组织领导下开展图书阅览等文化活动
13	关于活跃农村文化生活的几点意见		中央宣传部	1980 年 1 月	要求公社创造条件建立文化站、阅览室等,多渠道开展文化活动
14	图书馆工作汇报提纲		中共中央书记处	1980 年 5 月 26 日	
15	文化部关于加强群众文化工作的几点意见		文化部	1980 年 7 月 14 日	要求把公社所在地逐步建成农村文化中心,健全巩固、稳步发展文化站(已失效)
16	关于关心人民群众文化生活的指示		中共中央	1981 年 8 月 15 日	要求各级党委和有关部门重视人民群众的文化生活
17	国务院办公厅转发文化部等单位关于全国少年儿童图书馆工作座谈会的情况报告的通知	国办发〔1981〕62号	国务院办公厅	1981 年 7 月 24 日	推进各级少儿图书馆建设,包括基层少儿馆建设
18	关于进一步巩固和发展农村集镇文化中心的报告		中央宣传部	1984 年	阐述建设集镇文化中心的意义
19	关于加强与改善少数民族地区图书馆工作的意见		文化部、国家民族事务委员会	1984 年 3 月 9 日	在馆舍建设、人才培训、对口支援方面支持民族地区图书馆建设

续表

序号	政策名称	文号	发布主体	发布时间	备注
20	国务院办公厅转发文化部关于当前农村文化站问题的请示的通知		国务院办公厅	1984 年 3 月 28 日	
21	中央宣传部、文化部、国家教育委员会、中国科学院关于改进和加强图书馆工作的报告	文图字（87）第 044 号	中央宣传部、文化部、国家教育委员会、中国科学院	1987 年 3 月 20 日	要求继续办好文化站图书室或乡镇街道图书馆
22	文化站管理办法		文化部	1992 年 5 月 27 日	
23	中央宣传部、文化部、国家教委、国家科委、广播影视部、新闻出版署、全国总工会、共青团中央、全国妇联关于在全国组织实施"知识工程"的通知	文图发〔1997〕1 号	中央宣传部、文化部、国家教委、国家科委、广播影视部、新闻出版署、全国总工会、共青团中央、全国妇联	1997 年 1 月 2 日	以发展图书馆事业为手段，以倡导读书、传播知识、推动社会文明与进步为目的的一项社会文化系统工程，要求推广到城乡各地
24	文化事业发展"九五"计划和 2010 年远景目标纲要		文化部	1997 年 2 月 5 日	要求继续加强县级图书馆、文化馆、乡镇文化站建设
25	文化部印发关于进一步加强农村文化建设的意见的通知	文社图发〔1998〕80 号	文化部	1998 年 11 月 26 日	已失效
26	全国文化先进县、全国文化工作先进集体和全国文化系统先进工作者、劳动模范荣誉称号授予办法	文化部令第 16 号	文化部	1999 年 4 月 22 日	对评选文化先进县县以下文化设施应达到的指标做了规定
27	文化事业发展第十个五年计划纲要	文政法〔2001〕44 号	文化部	2000 年 1 月 1 日	

序号	政策名称	文号	发布主体	发布时间	备注
28	文化部关于贯彻落实"三个代表"重要思想进一步加强农村文化工作的通知	文社图发〔2001〕3号	文化部	2001年1月21日	
29	关于"十五"期间加强基层公共文化设施建设的通知	计社会〔2001〕2257号	国家计委	2001年11月9日	要求加强县级文化馆图书馆设施建设
30	国务院办公厅转发文化部、国家计委、财政部关于进一步加强基层文化建设指导意见的通知	国办发〔2002〕7号	国务院办公厅	2002年1月30日	加强基层文化设施、队伍、活动等方面的建设,落实保障措施
31	文化部关于进一步活跃基层群众文化生活的通知	文社图发〔2002〕13号	文化部	2002年4月17日	要求认真实施共享工程,开展好图书馆、文化站等阵地文化活动
32	文化部、财政部关于实施全国文化信息资源共享工程的通知	文社图发〔2002〕14号	文化部、财政部	2002年4月17日	
33	教育部关于印发《中小学图书馆(室)规程(修订)》的通知	教基〔2003〕5号	教育部	2003年3月25日	
34	文化部、财政部关于印发《送书下乡工程实施方案》的通知	文社图发〔2003〕14号	文化部、财政部	2003年4月16日	
35	文化部关于高度重视农民工文化生活,切实保障农民工文化权益的通知	文市发〔2004〕51号	文化部	2004年12月24日	
36	中共中央办公厅、国务院办公厅转发《文化部、财政部关于进一步加强全国文化信息资源共享工程建设的意见》	厅字〔2005〕5号	中共中央办公厅、国务院办公厅	2005年3月25日	

续表

序号	政策名称	文号	发布主体	发布时间	备注
37	中共中央办公厅、国务院办公厅关于进一步加强农村文化建设的意见	中办发〔2005〕27号	中共中央办公厅、国务院办公厅	2005年11月7日	要求大力加强农村公共文化建设
38	中共中央、国务院关于推进社会主义新农村建设的若干意见	中发〔2006〕1号	中共中央、国务院	2005年12月31日	要求繁荣农村文化事业
39	文化部关于印发《全国文化信息资源共享工程"十一五"规划》的通知	文社图发〔2006〕16号	文化部	2006年6月15日	
40	国家"十一五"时期文化发展规划纲要		国务院办公厅	2006年9月13日	要求完善公共文化服务网络,加强农村文化建设,建立健全文化援助机制,鼓励社会力量捐助和兴办公益性文化事业
41	文化部关于印发《文化建设"十一五"规划》的通知	文政法发〔2006〕25号	文化部	2006年9月30日	要求健全公共文化服务体系,加强农村文化建设
42	中华全国总工会关于开展全国工会"职工书屋"建设的实施意见	总工发〔2008〕3号	中华全国总工会	2007年1月18日	
43	新闻出版总署、中央文明办、国家发展和改革委员会等关于印发《"农家书屋"工程实施意见》的通知		新闻出版总署、中央文明办、国家发展和改革委员会等	2007年3月6日	
44	文化部、财政部关于进一步推进全国文化信息资源共享工程的实施意见	文社图发〔2007〕14号	文化部、财政部	2007年4月3日	

序号	政策名称	文号	发布主体	发布时间	备注
45	"十一五"全国乡镇综合文化站建设规划		文化部	2007年6月11日	
46	中共中央办公厅、国务院办公厅关于加强公共文化服务体系建设的若干意见	中办发〔2007〕21号	中共中央办公厅、国务院办公厅	2007年8月21日	要求实施重大公共文化服务工程
47	关于印发全国"十一五"乡镇综合文化站建设规划的通知	发改社会〔2007〕2427号	国家发展改革委	2007年9月17日	
48	农家书屋工程"十一五"时期建设规划编制说明		新闻出版总署	2007年11月28日	对各地农家书屋工程建设目标进行了细化、量化
49	中华全国总工会办公厅关于申报全国工会"职工书屋"示范点的通知	总工办发〔2008〕4号	中华全国总工会办公厅	2008年1月18日	
50	文化部关于做好2008年全国文化信息资源共享工程建设工作的通知	文社图发〔2008〕17号	文化部	2008年5月20日	
51	关于印发《农家书屋工程建设管理暂行办法》的通知	新出发〔2008〕865号	新闻出版总署	2008年7月21日	
52	文化部关于认真贯彻中央决策部署切实做好基层公共文化服务工作的通知	文明电字〔2009〕5号	文化部	2009年1月20日	
53	国务院关于进一步繁荣发展少数民族文化事业的若干意见	国发〔2009〕29号	国务院	2009年7月5日	要求加快少数民族和民族地区公共文化基础设施建设
54	乡镇综合文化站管理办法	文化部令第48号	文化部	2009年9月15日	

续表

序号	政策名称	文号	发布主体	发布时间	备注
55	文化部关于进一步做好全国文化信息资源共享工程2010年度工作的通知	文社文函〔2010〕859号	文化部	2010年5月5日	
56	共青团中央、新闻出版总署关于开展书海工程服务农村文化建设活动的通知	中青联发〔2010〕26号	共青团中央、新闻出版总署	2010年7月22日	通过书海工程把图书资源与农民文化需求进行有效对接
57	新闻出版总署农家书屋工程建设领导小组办公室关于切实提高农家书屋使用率的通知	新出农字〔2010〕18号	新闻出版总署	2010年8月27日	
58	文化部关于开展全国基层文化队伍培训工作的意见	文社文发〔2010〕33号	文化部	2010年9月1日	要求建立健全基层文化队伍培训工作体制和机制
59	文化部办公厅关于印发《公共电子阅览室建设试点工作方案》的通知	办社文发〔2010〕31号	文化部办公厅	2010年11月4日	
60	文化部关于进一步加强少年儿童图书馆建设工作的意见	文社文发〔2010〕42号	文化部	2010年12月9日	要求加大投入,积极构建覆盖城乡的少年儿童图书馆服务体系
61	文化部、财政部关于开展国家公共文化服务体系示范区(项目)创建工作的通知	文社文发〔2010〕49号	文化部、财政部	2010年12月31日	
62	关于推进全国美术馆、公共图书馆、文化馆(站)免费开放工作的意见	文财务发〔2011〕5号	文化部、财政部	2011年1月26日	
63	文化部关于加强村级文化建设的指导意见	文社文发〔2011〕11号	文化部	2011年3月3日	

续表

序号	政策名称	文号	发布主体	发布时间	备注
64	财政部关于加强美术馆、公共图书馆、文化馆(站)免费开放经费保障工作的通知	财教〔2011〕31号	财政部	2011年3月7日	
65	中共中央、国务院关于印发《中国农村扶贫开发纲要(2011—2020年)》的通知	中发〔2011〕10号	中共中央、国务院	2011年5月27日	发展贫困地区教育文化事业,推动重大惠民文化工程建设
66	文化部、人力资源社会保障部、中华全国总工会关于进一步加强农民工文化工作的意见	文社文发〔2011〕45号	文化部、人保部、中华全国总工会	2011年9月11日	要求推进重大农民工文化惠民工程建设
67	中共中央关于深化文化体制改革推动社会主义文化大发展大繁荣若干重大问题的决定		中国共产党第十七届中央委员会第六次全体会议	2011年10月18日	要求构建公共文化服务体系,加快城乡文化一体化发展
68	新闻出版公共服务体系建设"十二五"时期规划		新闻出版总署	2011年11月3日	要求继续实施农家书屋工程、实施公共阅报栏(屏)建设工程
69	文化部、财政部关于进一步加强公共数字文化建设的指导意见	文社文发〔2011〕54号	文化部、财政部	2011年11月15日	要求实施重点公共数字文化惠民工程
70	文化部办公厅关于印发《全国文化信息资源共享工程2011年度资源建设指南》的通知	办社文函〔2012〕6号	文化部办公厅	2012年1月9日	
71	文化部、财政部关于印发《"公共电子阅览室建设计划"实施方案》的通知	文社文发〔2012〕5号	文化部、财政部	2012年2月3日	

续表

序号	政策名称	文号	发布主体	发布时间	备注
72	民政部关于"十二五"期间深入开展万家社区图书室援建和万家社区读书活动的通知	民函〔2012〕88号	民政部	2012年3月16日	要求加大农村图书室援建工作力度
73	文化部关于做好2012年中央补助地方文化事业专项资金申报工作的通知	文财务函〔2012〕373号	文化部	2012年3月20日	要求保障基层公共文化服务体系保障经费、乡镇综合文化站设备购置经费
74	文化部关于印发《文化部"十二五"时期文化改革发展规划》的通知	文政法发〔2012〕13号	文化部	2012年5月8日	要求加快构建公共文化服务体系
75	国务院关于印发国家基本公共服务体系"十二五"规划的通知	国办发〔2012〕29号	国务院	2012年7月11日	推进公益性文化发展,推动公共文化服务体系建设工程
76	国家标准化管理委员会、国家发展和改革委员会、教育部等关于印发《社会管理和公共服务标准化工作"十二五"行动纲要》的通知	国标委服务联〔2012〕47号	国家标准化管理委员会、国家发展和改革委员会、教育部等	2012年8月2日	要求基本建立我国公共文化服务标准体系
77	文化部办公厅关于做好2012年度全国文化信息资源共享工程地方资源建设工作的通知	办公共函〔2012〕443号	文化部办公厅	2012年8月27日	
78	文化部关于三馆一站免费开放督查工作情况的通报	文财务发〔2012〕37号	文化部	2012年9月27日	

序号	政策名称	文号	发布主体	发布时间	备注
79	文化部办公厅关于印发《全国文化信息资源共享工程2013年度地方资源建设方案》的通知	办公共发〔2012〕28号	文化部	2012年12月6日	
80	文化部关于印发《文化部"十二五"时期公共文化服务体系建设实施纲要》的通知	文公共发〔2013〕3号	文化部	2013年1月14日	要求推进基层公共文化服务体系建设
81	文化部关于印发《全国文化信息资源共享工程"十二五"规划纲要》的通知	文公共发〔2013〕7号	文化部	2013年1月30日	
82	文化部关于印发《全国公共图书馆事业发展"十二五"规划》的通知	文公共发〔2013〕8号	文化部	2013年1月31日	
83	财政部关于印发《中央补助地方农村文化建设专项资金管理暂行办法》的通知	财教〔2013〕25号	财政部	2013年4月10日	
84	文化部关于加强流动文化服务工作的意见	文公共发〔2014〕21号	文化部	2014年5月20日	
85	文化部办公厅关于开展公共文化服务标准化等试点工作的通知	办公共函〔2014〕318号	文化部	2014年7月23日	附件中有基层综合性文化服务中心建设试点工作方案
86	国务院关于进一步做好为农民工服务工作的意见	国发〔2014〕40号	国务院	2014年9月23日	
87	中共中央办公厅、国务院办公厅《关于加快构建现代公共文化服务体系的意见》		中共中央办公厅、国务院办公厅	2015年1月14日	

附录2　新中国成立以来农村图书馆重要著作目录

序号	著作名称	作者	出版机构	出版时间
1	办理农村图书馆的经验	刘子亚著	来薰阁书店	1951
2	农村图书室怎样管理图书	余何编	山东人民出版社	1951
3	晋江县图书馆整顿池店农村图书室工作小结	晋江县图书馆编	晋江县图书馆	1954
4	怎样办好农村图书室	中国青年出版社编	中国青年出版社	1955
5	农村图书室的工作	陈淑云、言海存编写	湖南人民出版社	1956
6	农村图书室的设备和用品	刘子亚编著	山东人民出版社	1956
7	怎样办好农村图书室	林凤五编	山东人民出版社	1956
8	怎样管理农业生产合作社图书室	重庆图书馆编	重庆人民出版社	1956
9	农村图书室怎样管理图书	石铭编著	上海文化出版社	1956
10	怎样办农村图书室	皓平著	上海文化出版社	1956
11	怎样管理农业合作社的图书室	张志新、张羽著	通俗读物出版社	1956
12	农村图书室的管理和活动	李东平著	云南人民出版社	1957
13	农村图书室怎样扩大图书流通和辅导读者	沙朝英编著	山东人民出版社	1957
14	怎样在农业社里办好图书室	贵州省文化局编	贵州人民出版社	1957
15	浙江百镇综合文化站发展研究	周航,王全吉主编	五洲传播出版社	1958
16	农村人民公社图书馆在前进	南京图书馆编	南京图书馆	1958

序号	著作名称	作者	出版机构	出版时间
17	公社图书馆(室)工作参考材料	河北省文化局编	河北人民出版社	1958
18	怎样办农村图书馆	马少亭著	陕西人民出版社	1959
19	农村人民公社怎样办图书馆	殷增简编写	河南人民出版社	1959
20	人民公社图书馆工作参考资料	浙江省图书馆编	浙江人民出版社	1959
21	人民公社图书馆补充图书参考目录	湖北省图书馆编	湖北省图书馆	1959
22	人民公社图书馆学	北京大学图书馆学系56级昌黎实习小队	北京大学图书馆学系	1959
23	人民公社的图书馆工作	广东省中山图书馆方法研究部	广东省中山图书馆方法研究部	1959
24	人民公社的图书馆工作	湖南人民出版社编	湖南人民出版社	1959
25	怎样办好人民公社图书馆	福建省图书馆编	福建人民出版社	1960
26	坚持七年如一日的睦乐图书馆	乐平县图书馆撰写	乐平县图书馆	1960
27	怎样在人民公社开展图书活动	湖北省图书馆编著	湖北人民出版社	1960
28	农村人民公社图书馆选书目录	辽宁省图书馆等编	辽宁省图书馆等	1961
29	配合农村社会主义教育有关文艺书目、索引	福建省图书馆编	福建省图书馆	1963
30	为农村青年推荐的优秀作品书目	兰州市图书馆	兰州市图书馆	1963
31	农村青年读物	共青团陕西省委宣传部等	共青团陕西省委宣传部,陕西省图书馆	1964

续表

序号	著作名称	作者	出版机构	出版时间
32	怎样办农村文化室	新疆青年出版社编	新疆青年出版社	1965
33	文化站工作二十讲	马少亭等编	陕西人民出版社	1965
34	怎样办农村图书室	山西省图书馆编	山西省图书馆	1973
35	学大寨赶昔阳文化工作紧跟上	泗阳县文化图书馆编	泗阳县文化图书馆	1973
36	农村文化站活动指南	焦勇夫主编	科学普及出版社	1973
37	怎样办好农村图书室	南京图书馆编	江苏人民出版社	1975
38	怎样办好农村图书室	北京大学图书馆学系工农兵学员	农村读物出版社	1975
39	努力办好农村图书室	湖南省图书馆	湖南人民出版社	1975
40	与乡镇文化站站长面对面	江东洲主编	广西教育出版社	1976
41	民办文化站工作问答	江苏省文化局编	江苏人民出版社	1976
42	基层文化站建设专业基础知识	韩彤主编	兰州大学出版社	1976
43	农村科技情报工作	武汉大学图书馆学系74级工农兵学员	武汉大学图书馆学系	1977
44	乡镇图书馆工作	华东地区省级图书馆协作会本书编写组		1985
45	北京农村文化建设集锦	中共北京市委研究室编	北京出版社	1985
46	农村图书室工作	卢子博,吴正芳编著	书目文献出版社(今国家图书馆出版社)	1986
47	农村图书室工作手册	麦群志编	山西人民出版社	1986

续表

序号	著作名称	作者	出版机构	出版时间
48	中国文化馆(站)发展之路	彭泽明著	重庆出版社	1986
49	农村图书馆(室)工作手册	刘波,孟谋立编	陕西人民教育出版社	1987
50	西安市街道文化活动站材料选	西安市文化馆编辑	西安市文化馆	1989
51	农村博览	上海图书馆编	上海文化出版社	1992
52	农村文化建设指南	李国恩主编	国际文化出版公司	1993
53	乡镇图书馆建设的实践与理论	季根章主编	宁夏人民出版社	1999
54	乡镇图书馆工作	卢子博主编	北京图书馆出版社(今国家图书馆出版社)	2000
55	点燃知识的火炬:广西乡镇图书馆建设与发展的探索	王雪光主编	广西人民出版社	2002
56	理性的探索:中国社区乡镇图书馆发展战略研究	王荣国主编	辽宁民族出版社	2003
57	数字时代的图书馆.上卷,社区图书馆建设	胡银仿主编	湖北科学技术出版	2003
58	发展中的社区乡镇图书馆	吴晞著	海天出版社	2004
59	润物细无声:社区乡镇图书馆与和谐社会	万群华,胡银仿主编	武汉出版社	2006
60	中国乡村社区图书馆的现状及发展模式研究	廖腾芳著	湖南大学出版社	2006
61	甘肃贫困农村图书馆信息知识援助	白兴礼,杨桂莲著	甘肃民族出版社	2007
62	首席执行官和乡村图书馆	朱闪,贾云峰主编;王晟撰稿	华艺出版社	2008

续表

序号	著作名称	作者	出版机构	出版时间
63	文化馆(站)服务与管理	王全吉著	北京师范大学出版社	2008
64	城镇乡村基层图书馆建设启示录	朱川连著	中国档案出版社	2008
65	农村(社区)图书室服务与管理	冷秀云,孙孝诗主编	中国海洋大学出版社	2008
66	农家书屋管理员实用指南	蔡莉静,顾玉青,佟延伟主编	海洋出版社	2008
67	农家书屋工程"十一五"时期建设规划	新闻出版总署农家书屋工程建设领导小组办公室编	中国书籍出版社	2008
68	农家书屋工程实施计划—2007	新闻出版总署农家书屋工程建设领导小组办公室编	中国书籍出版社	2008
69	农家书屋建设工程丛书		四川美术出版社	2008
70	农家书屋系列		甘肃科学技术出版社	2008
71	农家书屋管理员	全国农家书屋工程协调小组办公室	中国书籍出版社	2009
72	农家书屋管理指南	吴新颖,吴岱霞编著	湖南人民出版社	2009
73	文化民生的当代解读——农家书屋工程研究	朱立云,王旭东著	敦煌文艺出版社	2009
74	基层图书馆的农村服务工作	王效良著	国家图书馆出版社	2010
75	农村图书室管理员工作手册	黄祖祥主编	浙江科学技术出版社	2010
76	农村(社区)图书室工作实用手册	石焕发主编;山西省图书馆编	山西人民出版社	2010

序号	著作名称	作者	出版机构	出版时间
77	农家书屋管理员手册	全国农家书屋工程协调小组办公室	中国书籍出版社	2010
78	农家书屋实用手册	方允璋著	国家图书馆出版社	2010
79	文化馆(站)发展探究	张春武,董香玲著	阳光出版社	2010
80	农家书屋实践与探索	时菁著	黄山书社	2011
81	中国文化馆(站)发展之路	彭泽明著	重庆出版社	2011
82	"十二五"云南省乡村图书馆可持续发展创新模式研究	宁苹著	云南科技出版社	2011
83	2010—2011年农家书屋重点出版物推荐目录	新闻出版总署农家书屋工程建设领导小组办公室编		2011
84	文化馆(站)业务培训指导纲要	于群,冯守仁主编	北京师范大学出版社	2012
85	书香新农村——青岛市"农家书屋"工程建设实现全覆盖纪实	殷庆威等著	青岛出版社	2012
86	农家书屋管理手册	江苏省新闻出版局主编	江苏科学技术出版社	2012
87	陇原书香	谢志娟,吕宝林著	甘肃文化出版社	2012
88	文化站长业务手册	王寿宴主编	山东友谊出版社	2012
89	农家书屋理论与安徽实践研究	陆和建,张芳源著	安徽人民出版社	2012
90	农村公共文化信息服务研究	陈瑛著	国家图书馆出版社	2013
91	田野书香	杨宏峰主编	宁夏人民教育出版社	2013

续表

序号	著作名称	作者	出版机构	出版时间
92	中国农家书屋建设、管理与利用实务	周晓季编著	南京大学出版社	2013
93	怎样办农村文化室	新疆青年出版社编	新疆青年出版社	2013
94	民间力量建设图书馆的政策与模式	王子舟著	国家图书馆出版社	2013
95	广西农家书屋管理使用手册	于琛主编	广西教育出版社	2013
96	湖南农家书屋工程建设风采	《湖南农家书屋工程建设风采》编写组编	湖南人民出版社	2013
97	农家书屋建设的现状及可持续发展研究	刘丽编著	安徽科学技术出版社	2013
98	农家书屋建设与管理	刘晓云编著	万卷出版公司	2014
99	锄尖上的墨香——首届杭州市农家书屋优秀征文集	杭州市文化广电新闻出版局西湖读书节组委会编	浙江人民美术出版社	2014
100	中国民间图书馆研究	吴汉华著	武汉大学出版社	2014

附录3　"十一五"以来我国农村图书馆研究和建设领域重要研究项目目录

序号	项目类别	项目名称	立项时间	项目负责人	工作单位
1	国家社科基金西部项目	西部农村群体信息能力培育及区域信息共享机制研究	2006	赵静	西南科技大学图书馆
2	国家社科基金西部项目	西部少数民族地区信息化绩效评估	2006	梁春阳	中共宁夏回族自治区委员会党校科研部
3	国家社科基金西部项目	西部网上农业信息资源开发及其利用效率研究	2006	孙艳玲	成都信息工程学院
4	国家社科基金一般项目	中国民营图书馆发展与管理的实证研究	2006	张广钦	北京大学信息管理系
5	国家社科基金一般项目	面向学习型社会主义新农村建设的县级图书馆功能设计研究	2006	于良芝	南开大学商学院信息资源管理系
6	国家社科基金重点项目	现代信息技术促进农村社会全面进步的对策体系研究	2008	朱学芳	南京大学信息管理学院
7	国家社科基金西部项目	图书馆在社会主义新农村建设中的科学发展研究——成都市城乡一体化中图书馆发展模式研究	2008	李勇	成都理工大学
8	国家社科基金西部项目	西南地区图书馆服务体系理论研究	2008	程结晶	云南大学公共管理学院
9	国家社科基金一般项目	欠发达地区农村图书馆的科学发展研究——以云南省腾冲县农村图书馆(室)的发展为例	2008	杨勇	云南大学公共管理学院

续表

序号	项目类别	项目名称	立项时间	项目负责人	工作单位
10	国家社科基金青年项目	中部贫困农村知识服务体系建设研究——以山西省35个国家级贫困县为例	2008	郝玉宾	中共山西省委党校信息网络教研部
11	国家社科基金青年项目	经济不发达地区公共图书馆用户基本保障研究——案例以湘贵地区为主	2008	周彤	吉首大学图书馆
12	国家社科基金西部项目	西北地区少数民族信息资源开发与阅读文化构建研究	2009	王晓芳	甘肃省社会科学院
13	国家社科基金西部项目	面向农村信息化的图书馆知识服务模式研究	2009	张会田	西北师范大学图书馆
14	国家社科基金西部项目	信息技术对云南少数民族地区农业的支撑作用及问题分析	2009	杨路明	云南大学工商管理与旅游管理学院
15	国家社科基金一般项目	县以下基层图书馆的可持续发展与图书馆基金会运作机制研究	2009	刘兹恒	北京大学信息管理系
16	国家社科基金一般项目	图书馆与西部民族地区阅读文化建设研究	2009	王月娥	吉首大学图书馆
17	国家社科基金一般项目	农民工信息行为与信息服务策略研究	2009	俞守华	华南农业大学信息学院
18	国家社科基金西部项目	中央政府资助农村图书馆(室)建设工程研究	2010	万永林	云南大学图书馆
19	国家社科基金西部项目	农村信息服务模式研究——以贵州为例	2010	刘小平	贵州师范大学经济与管理学院
20	国家社科基金西部项目	西北地区农村用户信息需求结构与信息服务模式建构研究	2010	张晋平	甘肃省社会科学院
21	国家社科基金西部项目	西部民族地区发挥信息化为农业服务作用研究	2010	李习文	宁夏社会科学院

序号	项目类别	项目名称	立项时间	项目负责人	工作单位
22	国家社科基金西部项目	中央政府资助农村图书馆（室）建设工程研究	2010	万永林	云南大学图书馆
23	国家社科基金西部项目	西部少数民族文献资源建设研究	2010	郭向东	甘肃省图书馆
24	国家社科基金西部项目	西北欠发达地区图书馆联盟建设机制与模式研究	2010	吴新年	中国科学院国家科学图书馆
25	国家社科基金一般项目	农村信息服务的虚拟价值网络模式研究	2010	易法敏	华南农业大学经管学院
26	国家社科基金青年项目	"三网融合"进程中农村现代信息服务体系建设研究	2010	李瑾	北京市农林科学院
27	国家社科基金青年项目	西北民族地区农村信息消费特点与信息服务模式研究	2010	王恒玉	西北师范大学经济管理学院
28	国家社科基金青年项目	中国东北与俄罗斯远东地区农村图书馆建设的历史	2010	王迎胜	黑龙江大学信息资源管理研究中心
29	国家社科基金一般项目	中西部地区文化信息共享工程实施效果与问题研究	2011	杨玉麟	西北大学公共管理学院
30	国家社科基金一般项目	我国农民信息需求特征及其影响因素研究	2011	蔡东宏	清华大学图书馆
31	国家社科基金青年项目	公共文化服务体系中社区图书馆发展战略研究	2011	龚蛟腾	湘潭大学公共管理学院
32	国家社科基金青年项目	中国农民数字化贫困实证研究：现象、根源与对策	2011	闫慧	南开大学商学院信息资源管理系
33	国家社科基金西部项目	农转城新市民信息素养及促进模式研究	2012	张必兰	重庆工商大学图书馆
34	国家社科基金西部项目	边疆少数民族地区农家书屋建设研究	2012	毕东	云南农业大学图书馆

续表

序号	项目类别	项目名称	立项时间	项目负责人	工作单位
35	国家社科基金西部项目	欠发达地区农家书屋管理、使用及发展问题研究	2012	王旭东	甘肃省社会科学院
36	国家社科基金一般项目	民族地区农(牧)家书屋管理与发展问题研究	2012	王丽莉	青海省社会科学院
37	国家社科基金一般项目	农家书屋后续发展研究	2012	杨智慧	黑龙江省委党校
38	国家社科基金青年项目	农村文化信息资源共享的路径选择与实现策略	2012	王丽华	上海大学图书情报档案系
39	国家社科基金青年项目	农家书屋管理、使用及发展问题研究	2012	王少军	河北省社会科学院
40	国家社科基金一般项目	农业信息传播模式对我国农业现代化的影响研究	2013	臧运平	青岛农业大学
41	国家社科基金西部项目	西部民族地区城镇化建设中的农村公共阅读服务体系建设研究	2014	魏学宏	甘肃省社会科学院
42	国家社科基金一般项目	中国农村公共阅读服务体系研究	2014	金武刚	华东师范大学
43	教育部人文社会科学研究规划基金项目	湘鄂渝黔边欠发达地区农村信息需求与服务模式研究	2009	徐险峰	吉首大学
44	教育部人文社会科学研究青年基金项目	农家书屋可持续发展及基层图书馆服务整合机制构建研究	2010	刘丽	合肥学院
45	教育部人文社会科学研究青年基金项目	面向农村的图书馆服务实证研究	2010	汤曼	湘潭大学
46	教育部人文社会科学研究规划基金项目	农业院校图书馆对农村提供信息服务模式的研究	2010	臧运平	青岛农业大学

续表

序号	项目类别	项目名称	立项时间	项目负责人	工作单位
47	教育部人文社会科学研究青年基金项目	统筹城乡发展背景下西部地区城乡信息鸿沟研究	2011	李健	西南大学
48	教育部人文社会科学研究规划基金项目	农家书屋可持续发展的图书馆专业化援助机制研究	2012	姚秀敏	河北师范大学
49	教育部人文社会科学研究规划基金项目	市民化进程中的农民工信息保障研究	2012	杨玫	广州大学
50	教育部人文社会科学研究规划基金项目	我国农民信息需求与信息行为研究	2012	桂学文	华中师范大学
51	教育部人文社会科学研究规划基金项目	西部民族地区农民信息行为特征及其信息保障机制研究	2013	龚立群	昌吉学院
52	教育部人文社会科学研究规划基金项目	武陵山片区农村信息贫困程度评价及扶贫机制研究	2013	赵奇钊	吉首大学
53	教育部人文社会科学研究规划基金项目	公共文化服务体系视野下新生代农民工日常生活信息获取行为研究	2013	肖永英	中山大学
54	教育部人文社会科学研究规划基金项目	图书馆促进新生代农民工城市融入的模式及路径研究	2013	程孝良	成都理工大学
55	教育部人文社会科学研究规划基金项目	制度创新视野下西藏农家书屋工程后续发展问题研究	2014	李子	西藏民族学院

续表

序号	项目类别	项目名称	立项时间	项目负责人	工作单位
56	教育部人文社会科学研究规划基金项目	西部文化生态系统中的基层图书馆服务体系建设研究	2014	段小虎	西安文理学院
57	高等学校校内人文社会科学研究基金项目	衡水市农村社区图书馆（室）建设问题研究	2006	谢新栋	衡水师范专科学校
58	高等学校校内人文社会科学研究基金项目	柳州市社区图书馆建设调查研究	2006	廖球	广西工学院
59	省市自治区教委人文社会科学研究基金项目	农业院校图书馆服务"三农"信息资源建设与传播机制研究	2006	吴浪	湖南农业大学
60	省市自治区教委人文社会科学研究规划重点项目	农村学校图书馆在社会主义新农村建设中的发展策略研究	2006	石洁灵	南阳师范学院
61	省市自治区社科研究项目	农业院校图书馆信息服务在推进新农村建设中的作用研究	2006	周玉芝	河北农业大学
62	高等学校校内人文社会科学研究基金项目	地方高校图书馆与社会主义新农村建设问题研究	2007	渠彩霞	衡水师范专科学校
63	高等学校校内人文社会科学研究专项任务项目	地方院校图书馆参与当地新农村文化建设服务功能的开发与研究	2007	罗映红	零陵学院
64	高等学校校内人文社会科学研究规划项目	广西社会主义新农村图书馆建设研究	2007	苏瑞竹	广西民族学院

序号	项目类别	项目名称	立项时间	项目负责人	工作单位
65	高等学校校内人文社会科学研究规划项目	高校图书馆为新农村建设搭建信息技术平台研究	2007	桂秀梅	河北农业大学
66	省市自治区社科研究项目	网络环境下民族边远地区农村信息服务研究	2007	坤燕昌	西昌农业高等专科学校
67	省市自治区社科研究项目	四川农村公共文化供给品之乡村图书馆研究	2007	马蕾	四川大学
68	省市自治区社科研究项目	城市化进程中的外来农民工信息服务研究——以珠三角为例	2007	刁松龄	广州大学
69	省市自治区社科研究项目	甘肃"农家书屋"工程建设的长效机制研究	2007	朱立芸	西北师范大学
70	省市自治区社科研究项目	五邑氏族图书馆与侨乡文化建设研究	2007	吴蜀红	五邑大学
71	国家质检总局公益性行业科研专项项目	乡镇社区图书馆管理标准研究	2010	索传军、申晓娟	国家图书馆
72	文化部文化行业标准化研究项目	乡镇图书馆业务统计与评估研究	2010	谢林	国家图书馆、陕西图书馆、湖北图书馆

后　记

　　《中国图书馆事业发展报告》是我国图书馆界第一套较为完整的事业发展蓝皮书，也是国家图书馆履行全国图书馆发展研究中心职能的一个重要体现。该系列蓝皮书采用综合报告和专题报告交替出版的形式，由国家图书馆研究院组织编撰。

　　本书作为该系列蓝皮书的第一个专题报告，主要反映我国农村图书馆事业发展概貌。参与本专题报告编撰工作的既有来自教育科研机构的专业研究团队，也有长期从事实践工作的图书馆员。其中，总报告由南开大学商学院教授于良芝负责，王哲参与执笔；设施建设部分由首都图书馆副馆长邓菊英负责，徐冰、于景琪、张小野、杨洁雄参与执笔；资源建设部分由西北大学教授杨玉麟负责，刘亮、黄体杨参与执笔；服务部分由华东师范大学教授范并思负责，吕梅、马一铭、陈彦旭参与执笔；管理体制与运行机制部分由湖北省图书馆学会原秘书长万群华、湖北省图书馆党委书记兼副馆长贺定安、湖北省图书馆学会秘书长徐力文和湖北省图书馆研究馆员徐金安负责，荀晋、余嫚雪、李红、王炼、余眈、王锦东参与执笔；社会力量参与建设部分由浙江省图书馆学会原秘书长王效良负责和执笔。文后三个资料性附录由国家图书馆研究院章遥整理。

　　由于历史的原因，有关农村图书馆事业发展尚缺乏系统全面的调查统计数据，为此，在文化部公共文化司的支持和部分省、自治区、直辖市及各区县文化主管部门的帮助下，编委会面向全国县、乡、村等农村图书馆（室）进行了问卷调查，回收调查问卷近千份。与此同时，参与本书撰稿的杨玉麟、王效良、万群华等专家学者还亲赴陕西、甘肃、四川、浙江、广东等地进行实地走访，搜集生动鲜活的实践案例；于良芝教授多次带队赴北京、南京等地的图书馆、档案馆，查阅大量历史资料……经过编写组成员的反复交流，精心磨砺，本书终于得以草成，在此一并致谢！

国家图书馆研究院

2015 年 12 月

国家图书馆出版社
图书馆学、信息管理科学重点图书推介

中国文化文物统计年鉴 2015

中华人民共和国文化部编　　　　定价:220.00 元　出版日期:2015 – 10

中国文化文物统计年鉴 2014

中华人民共和国文化部编　　　　定价:220.00 元　出版日期:2014 – 10

中国图书馆年鉴 2014

中国图书馆学会,国家图书馆编　定价:340.00 元　出版日期:2015 – 01

中国图书馆分类法(第五版)

《中国图书馆分类法》编辑委员会编　定价:360.00 元　出版时间:2010 – 09

中国图书馆分类法(未成年人图书馆版)(第四版)

《中国图书馆分类法(未成年人图书馆版)》编辑委员会编

　　　　　　　　　　　　　　　定价:180.00 元　出版时间:2013 – 11

中国图书馆分类法简本(第五版)

《中国图书馆分类法》编辑委员会编　定价:120.00 元　出版时间:2012 – 09

中国图书馆事业发展报告 2012

周和平主编　　　　　　　　　　定价:160.00 元　出版时间:2013 – 03

中华人民共和国文化行业标准

WH/T 49 – 2012 音频数据加工规范　定价:20.00 元　　出版时间:2015 – 12
WH/T 65 – 2014 电子图书元数据规范　定价:20.00 元　　出版时间:2015 – 12
WH/T 67 – 2014 期刊论文元数据规范　定价:20.00 元　　出版时间:2015 – 12

WH/T 71 - 2015 图书馆参考咨询服务规范

定价:20.00 元　　出版时间:2015 - 12

WH/T 63 - 2014 视频资源元数据规范　定价:20.00 元　　出版时间:2015 - 12

WH/T 45 - 2012 文本数据加工规范　　定价:20.00 元　　出版时间:2015 - 12

WH/T 50 - 2012 网络资源元数据规范　定价:20.00 元　　出版时间:2015 - 12

WH/T 68 - 2014 学位论文元数据规范　定价:20.00 元　　出版时间:2015 - 12

WH/T 66 - 2014 古籍元数据规范　　　定价:30.00 元　　出版时间:2015 - 12

WH/T 64 - 2014 电子连续性资源元数据规范

定价:20.00 元　　出版时间:2015 - 12

WH/T 52 - 2012 管理元数据规范　　　定价:60.00 元　　出版时间:2013 - 04

WH/T 46 - 2012 图像数据加工规范　　定价:60.00 元　　出版时间:2013 - 04

WH/T 47 - 2012 图书馆数字资源统计规范

定价:40.00 元　　出版时间:2013 - 04

以上系列图书盗版严重　请从正规渠道购买

地址:北京市西城区文津街 7 号

邮编:100034

电话:010 - 66126153;66114536;66151313;88003146

传真:010 - 66121706

网址:www. nlcpress. com